KB111876

道·可道

道 道 道
道 道 道
道 道 道
道 道 道

壬寅年夏至節 翠雲 李昇勲

道자 모음 著者 書

道·可道

천지 창조 이전의 오묘한 진리 道

천지 창조 이후 걸어갈 진리 可道

이승훈 지음

지혜의나무

추천사

도가(道家)의 수련(修練)과 사유(思惟)에 관한 한 저자(著者) 모운(茅雲) 이승훈(李昇勳) 선생의 탐구열정은 도무지 끝이 없나 봅니다. 저자(著者)는 신용호비결(新龍虎祕訣) 1, 2, 3권(券)에 이어 도덕경(道德經)을 출간하더니 어느새 후속작인 도(道) 가도(可道)를 집필하였습니다. 본서(本書)는 도덕경(道德經)에 대한 심화학습과 보충학습으로서의 의미를 갖는 듯합니다.

본서(本書)는 제목이 보여주는 바와 같이 도덕경 제1장 도체(道體)의 첫 구절인 도가도(道可道) 비상도(非常道)에 관한 해설서입니다. 도덕경의 첫 구절은 간략한 함축적 문구로 이루어져 있지만 도(道)와 깨달음의 속성을 너무도 적확(的確)하게 설파한 불멸의 경전(經典)이라고 합니다. 외형상으로는 단지 여섯 글자에 불과하지만 도덕경 전체를 관류(貫流)하는 최고의 지혜와 안목이 담겨 있고, 특히 수련자에게는 자아(自我)의 늪에 함몰되지 않고 끝없는 정진을 촉구하는 영원한 화두로 자리매김하고 있습니다.

「도(道)는 도(道)라고 하면 영원한 도(道)가 아니다」 의미로 해석되는 도가도(道可道) 비상도(非常道)라는 명제에는 특유의 역설과 모순이 담겨 있습니다. 이 때문에 역설과 모순을 뛰어 넘어 참된 의미와 맥락을 이해하고자 오래 전부터 그 해석이 극히 분분하고 다양하다고 할 수 있습니다.

저자(著者)는 종전 저술인 도덕경(道德經)에서「도가도(道可道)」를 「도(道)」「가도(可道)」로 이해한 후, 「도(道)」를 무극(無極)의 무위(無爲) 상태인 형이상학적(形而上學的) 표현으로 해설하는 한편, 「가도(可道)」는 태극(太極)의 유위(有爲) 상태인 형이하학적(形而下學的) 표현으로 해설하였습니다. 그 결과 저자(著者)는 도(道)의 개념과 의미를 다원적(多元的)으로 설명하고, 도(道)가 상도(常道)가 될 수 없는 이유에 관하여도 자연스럽고 논리적으로 설명하고 있습니다.

도덕경의 후속편인 본서(本書)는 제1편 무극(無極), 제2편 태극(太極), 제3편 인체(人體), 제4편 도가와 도교, 제5편 윤회(輪回) 등으로 구성되어 있습니다. 이 가운데 도덕경의 첫 구절인 도(道) 가도(可道)에 관한 심층적 이해를 뒷받침하는 내용은 제1편과 제2편 태극에 주로 기술되어 있습니다. 저자는 무극(無極), 홍몽(鴻濛), 혼돈(混沌), 선천(先天)과 후천(後天), 기(氣), 현(玄), 무위(無爲), 혼백(魂魄), 원신(原神)과 식신(識神), 성(性)과 명(命), 형(形)과 질(質), 삼종(三種)에너지, 정(精)과 기(氣)와 신(神), 태극(太極), 자연(自然), 음(陰)과 양(陽), 천지(天地), 오행(五行) 등을 설명하고 있습니다.

저자(著者)는 도(道)를 "자연을 자신으로 인식하기 위해 사용하는 표현이고, 만사와 만물의 운행원리와 궤적이며 변화운동의 장을 말한다"라고 정의합니다. 우주(宇宙)와 만물(萬物)과 생명(生命)과 나의 궁극적 생성원리인 무극과 태극의 이론을 적용하여 도(道)의 개념을 이해함으로서 도(道)에 관한 이해의 차원을 확장하고 있는 것입니다. 이로써 도(道)에 의하여 나의 내포(內包)와 외연(外延)은 심층화되고 확장될 것입니다. 저자(著者)는 전작(前作)에 이어 독자들이 도(道)의 속성을 정확히 이해하고 독자들의

6

사유(思惟)가 도(道)의 영역에 이를 수 있도록 안배하고 있습니다.

　본서(本書)는 저자(著者)가 오래전부터 전해오는 자료를 해설하고 정리한 것이므로 일반인이 읽기에 다소 어려운 부분도 있었지만 수련자와 도가(道家)에 관심이 있는 분들에게는 모두 금과옥조에 해당하는 소중한 자료들입니다. 저자(著者)에게는 본서의 출간을 축하드리고 독자(讀者) 여러분에게는 본서의 열독(熱讀)을 권고하오니 저자(著者)가 힘들게 정리한 정보와 자료를 부디 여러분의 것으로 체화습득(體化習得)하시기 바랍니다.

2022. 6. 20.

변호사 임상택

序文

당연한 것들의 소중함

자연自然! 즉 하늘과 땅, 해와 달, 온갖 만물이 한 치의 오차나 쉼이 없이 운행되는 것, 이것이 자연의 법칙이고 작용이다. 만약 이 자연이 오차가 발생해서 아침에 당연히 떠올라야 할 태양이 떠오르지 않았다고 가정해 본다면 정말 하늘이 무너져 내리는 충격이다. 자연은 이렇게 그 무엇도 대신할 수 없는 위대한 일을 해내고도 자기의 공을 드러내거나 대가를 바라지 않는다. 그래서일까, 사람들은 모든 자연작용을 당연시한다. 그렇다. 당연하다는 것에 이의는 없다. 다만 당연한 것들의 소중함을 알고 감사해야 하며 최소한 자연을 지키는 노력만큼은 실천해야 하지 않겠는가?

요즘 비자연非自然, 반자연反自然, 역자연逆自然이란 단어들이 횡행橫行하고 있다. 공功을 드러내지 않고 대가를 바라지 않는 자연도 이럴 때는 인간들에게 메시지를 보낸다. 예를 들면 인간을 비롯한 모든 생물들은 하루 중 일정 부분 수면을 취해야 살아갈 수 있도록 설계되어 있어서 낮과 밤이 균형이 잡혀 있다. 낮에는 생명활동을 해야 하지만 밤에는 잠을 자도록 하여 몸의 일체가 고요해지면서 몸 안의 탁기를 배출하니 피로도 풀리고 자정능력自淨能力이 강화되기도 하지만 몸의 성장, 즉 키가 자란다든지 하는 육체적 성장과 아울러 정신적 성장도 이때 이루어진다. 자고 나면 눈곱과 코딱지가 생긴 것은 몸 안의 탁기가 배출되어 공기를 만나 고체화된 것이니 이를 증명할 수 있다. 자연 속에 살아 숨 쉬는 초목도 이때 자란다. 그런데 작물이 자라야 할 논, 또는 밭의 두렁에 가로등을 세우고 밤에도 불을 밝혀 그들의 수면을 방해하고 있다. 결과는 작물의 성장과 결실이 이를 말해 준다. 이러한 것이 자연이 인간들에게 보내는 메시지이다. 더 크게 보아서 지구상의 기후변화로 온난화 현상도 자연의 메시지다. 첨단의 문명을 누리는 것도 자연을 거스르면 기후변화의 소용돌이에 휘말려 모든 것이 거품이 되어 사라질 수밖에 없다는 것을 인간들은 깊이 새겨야 할 것이다.

자연의 반대말은 인공人工이나 인조人造라고 말할 수 있을 것이다. 우리의 물질문명이 그것이다. 나이가 들어도 늙지 않도록 건강식품이나 화장품들이 하루가 다르게 발전하여 물질문명의 혜택을 누리다 보니 우리의 삶은 점점 더 젊어지는 것이 사실이다. 그러나 수천 년 동안의 생물 진화 법칙이 어떻게 외래 화학물질에 의해 바뀔 수 있겠는가? 이런 관점에서 강조하여 반문하지 않을 수 없다. 자연경관景觀, 자연환경環境, 자연순응順應이라는 말이 인간의 생활에서 일상화되었으면 하는 바람이다.

나는 엉뚱하게도 자연의 나이가 궁금해졌다. 과연 자연은 언제부터 시작되었을까? 별 어려움 없이 실마리가 될 단서를 하나 발견했다. 노자老子가 말한 《도덕경》 제25장에는 인법지人法地, 지법천地法天, 천법도天法道, 도법자연道法自然이라는 구절이 있다. 마지막 구절은 '도는 자연을 본받으라'는 말인즉 도에 앞서 자연이 먼저라는 것을 상징적으로 말하고 있다. 그러면 '도道는 언제부터 생겼을까?'라는 물음이 되돌아온다. 이것 역시 노자가 설설說한 《상청정경常淸靜經》 첫 구절에 나와 있다. "대도무형 생육천지, 대도무정 운행일월, 대도무명 장양만물大道無形生育天地, 大道無情運行日月, 大道無名長養萬物"이라고 했다. 하늘과 땅, 해와 달, 만물이 도道로써 이루어졌다는 것을 말해 주고 있다.

도道, 가도可道

텅 빈 허공虛空의 세상이 있었다. 허공도 없는 허무虛無한 세상이라는 표현이 더 어울릴 것이다. 무극無極의 세상인 것이다. 이때도 도道는 존재했고, 그 도道의 작용으로 진화進化는 진행되고 있었다. 허공虛空에서 진공眞空 상태로 진화되었고, 여기서 홍몽鴻濛한 기운이 혼돈混沌이라는 소용돌이의 혹독한 산고産苦를 치르고 태극太極의 세상을 열게 된다. 무극 선천先天의 도道에서 태극의 가도可道, 즉 후천後天세계에서 말하는 도道로 다시 탄생되는 순간이다. 《도덕경》에서는 이렇게 태어남이 있는 가도可道는 영원한 도道가 아니(비상도非常道)라고 했다. 즉 태어남이 있으면 언젠가는 멸멸滅滅한다는 자연의 이치를 말한 것이다.

태극太極의 세상이 열리자 천지天地와 일월日月과 만물萬物이 자리를 잡으면서 음양陰陽, 사상四象, 오행五行 등이 이어지고 자연을 이루었다. 그런데 여기서 한 가지 모순을 발견하였다. 위에서 말한 도법자연道法自然이 그것이다. 그래서 나는 주장한다. 자연법도自然法道라고. 즉 '자연은 도를 본받는다'가 맞는 말이라고 주장해 보는 것이다. 도道라는 본本에서 내리고 흘러 자연自然이라는 말末에 이른 것이기 때문이다. 자연법도自然法道가 어색하다면 도이자연道而自然이란 말을 생각해 보았다. '인법지人法地, 지법천地法天, 천법도天法道, 도이자연道而自然(사람은 땅을 본받고, 땅은 하늘을 본받고, 하늘은 도를 본받고, 도는 저절로 그러함이다.)'이라는 말은 어색하지도 않은 것 같다. 물론 이 말은 후천의 '가도可道'를 말한 것이며 선천의 '도道'는 말로 할 수 없는 '도'이다. 그래서 《도덕경》 첫장에 "가도可道는 비상도非常道"라고 했지만 '도'는 말할 수 없는 도여서 말하지 않았다.

내 몸의 소중함

세간世間에서 얻기 어려운 것이 사람 몸 받는 일이다. 사람으로 태어나서 가장 얻기 어려운 것이 도道이다. '나에게 대환大患이 있게 된 것은 나의 몸이 있기 때문인데 나에게 몸이 없다면 어찌 우환이 있었겠는가?' 그래서 선현들은 절규했다.

"세상 사람들이여! 사람 몸 받기가 어렵고, 명사明師가 있는 곳에 태어나기가 어렵고, 불법佛法 만나기가 어렵고, 대도大道 만나기가 어려운 것을 알라. 이제 사람 몸을 얻었으며 다행히 명사가 있는 곳에 태어났으니 절대로 어리석은 한 평생을 허비하지 말라. 성명性命 두 글자의 중요함을 파악하고, 식신識神과 원신元神을 마땅히 분간하고, 진신眞身과 가신假身을 마땅히 밝게 하며, 인심人心과 도심道心을 마땅히 밝히면, 절대 인심이 도심을 당해내지 못할 것이고, 식신이 원신을 당해내지 못할 것이며, 가신이 진신을 당해내지 못하리라. 이 가신을 진신이라 여기고 서로 다투며 술과 고기로 이 몸을 살찌우고, 아름다운 옷에만 연연하여 이 몸을 치장하고, 미색美色만 탐애貪愛하여 이 몸의 반려로 삼으려고만 하니 가히 한탄하지 않을 수 없구나."

"무릇 사람이 천지와 동격인 삼재품三才品에 들지만 장구할 수 없는 것은 무엇 때문인가? 그것은 모두가 차고 기우는 소장지리消長之理를 모르기 때문이다. 사람은 불선佛仙과 똑같은 몸을 지니고 있으나 불선처럼 초생료사超生了死를 입증할 수 없는 것은 무엇 때문인가? 선천대도先天大道를 모르기 때문이다. 사람은 군신과 똑같은 모습을 하고 있으나 군신과 같이 부귀할 수 없는 것은 무엇 때문인가? 모두 적덕지공積德之功을 모르기 때문이다. 사람은 만물과 똑같은 질성을 지녔으나 만물처럼 상해가 없을 수 없는 것은 무엇 때문인가? 모두 측은지심惻隱之心을 모르기 때문이다."

　백년 인생이 길다고 하면 길고 짧다고 생각해 봐도 역시 짧지도 않다. 우리는 매우 템포가 빠른 시대에 살고 있다. 고정되어 보이는 그 세월 속에서 할 수 있는 일이 더욱 많아졌고 우리의 생활은 매우 충실하고 멋진 세월이었다.

　도가 사상은 무위자연無爲自然을 근간으로 모든 것을 자연을 이용한 치유법으로 역설한다. 조물주가 세상만물을 창조할 때 질병도 함께 만들었다. 그리고 그 치유법도 그 테두리 안에서 찾도록 배려했다. 그것을 터득하여 무병장수無病長壽하고 장생불사長生不死하는 것을 선인들은 몸으로 보여 주었다.

　상식적으로 우리가 반드시 알아야 할 것이 바로 인체 기관이 노쇠해진다는 사실이다. 이를 알아야 우리는 생생한 모습에 속지 않고 생명을 더욱 소중히 여기고 삶의 질을 중시하며 건강하고 친환경적인 생활습관을 만들어 갈 수 있기 때문이다.

　소중한 몸을 받고 이를 지키기 위해서 비자연非自然, 반자연反自然, 역자연逆自然을 벗어나 자연순응自然順應의 삶을 살아가노라면 초자연超自然의 길을 찾을 수 있을 것이다. 그것을 찾는 지름길은 수련修煉하여 선불仙佛이 되는 것이다.

　살아생전 죄를 지어 사람 몸 받지 못하고 잡귀로 떨어진 귀신들도 사람 몸에 접신하여 사람 행세를 하려 하고, 천년 묵은 여우도 사람 몸 받기 위해 평생을 달을 보고 울부짖는 등 그 나름대로 수련한다고 한다. 사람의 몸이라야만 수련하여 선불仙佛이 될 수 있기 때문이다. 이렇게 사람 몸은 소중한 것이다.

중국인들의 각별한 추앙을 받고 있는 신선 여동빈이 후학들에게 남긴 7언절구의 시를 음미해 보자.

　　人身難得今已得, 大道難明今已明. 此身不向今生度, 再等何時度此身.
　　사람 몸 얻기 어려우나 이미 사람 몸을 얻었고,
　　대도가 훤히 드러나기 어려우나 지금 이미 드러났는데,
　　이 몸을 금생에 제도하지 못하면,
　　다시 어느 때를 기다려 제도할 것인가.

　　끝으로 이 책의 편찬을 위해 애써 주신 모든 분들에게 감사의 말씀을 표한다.

2022. 양춘 화기지절陽春和氣之節에

이승훈 근지謹識

목차

제2편 태극太極

제1편

무극無極

도道

1 무극無極

'무극無極'은 《도덕경道德經》에서 말하는 고대 철학哲學 사상思想으로서, 도道의 궁극성窮極性이라고 하는 개념들은 사물이 생겨나기 이전의 상태에 대한 추상적 이해를 대표한다.

현대과학은 약 150억 년 전만 해도 우주는 태어나지도 않았고 허무하고 가물했다고 본다. 우주는 아직 앞뒤도 없고, 좌우도 없고, 상하도 없고, 중심도 없고, 경계도 없는 혼돈混沌 바로 그것이었다. 우주 대폭발 직전 상태에 대한 상고시대上古時代의 노자老子 등 도가道家에서 주장한 추상적 이해와 맞닿아 있다. 옛 성현들은 이런 추상적 이해의 혼돈 상태를 '무극無極'이라고 불렀다.

고인古人들은 수렴收斂과 발산發散의 이 모순矛盾, 즉 두 판단이, 중간에 존재하는 것 없이 서로 대립하여 양립하지 못하는 관계를 음양陰陽이라고 불렀다. 수렴과 발산은 우주의 가장 본질적인 모순이며, 다른 모든 갈등은 수렴과 발산의 기초 위에서 조합되고 형성되면서 이루어진다. 선善과 악惡, 유有와 무無, 동動과 정靜 등이 그것이다. 수렴은 자연스럽게 거두어들이는 것이라고 본다면, 발산은 현창顯彰하게 드러내는 것이다. 허무虛無하기만 한 우주 원시 상태, 이것은 무극無極의 세상이다.

우주가 탄생하기 전, 무극無極의 헤아릴 수 없는 홍몽鴻濛(하늘과 땅이 아직 갈라지지 아니한 상태)한 기운이 음陰과 양陽으로 분열을 시작했는데 음양陰陽 이전에는 태극太極이 있었고 태극太極 이전에는 무극無極이 있었다. 태극과 무극 사이에는 황극皇極이 있다.

사람의 탄생도, 아버지의 정精과 어머니의 혈血의 교접으로 무극의 한 점을 찍으니 수태되어, 맨 처음에 무극이 먼저 맺히고 이 무극을 좇아서 황극이, 황극으로 말미암아 태극이 되었고, 그로 말미암아 양의와 사상과 팔괘 등이 몸에 두루 365골절과 84,000의 솜털 구멍을 이루니 이 모두는 무극無極으로 말미암아 생기게 된 것이다. 회태한 지 10개월째 되면 선천의 기氣가 만족하게 되어 포태를 찢고 오이가 익어 꼭지가 떨어지듯 한 덩어리가 곤두박질치며 울부짖는 외마디 소리에, 즉 혼돈의 과정을 거치면서 무극규無極竅가 터지면서 원신元神과 원기元氣와 원정元精이 무극의 선천세계를 나와 태극의 후천세계에 자리를 잡게 되는 것이다.

무극無極이란 말은 《도덕경道德經》에서 처음 사용하였다고 한다. 《도덕경》 제28장에 나오는 말로 '복귀어무극複歸於無極'이 그것이다. 즉 도가道家 수련을 통해 그 무극 속으로 다시 복귀하자는 말이다. 그 방법도 제시했다. 《도덕경》 제28장 중 일부를 인용한다.

"知其白守其黑, 爲天下式. 지기백수기흑, 위천하식.

爲天下式, 常德不式, 複歸於無極. 위천하식, 상덕불특, 복귀어무극.

그 흰 것을 알고 그 검은 것을 지키면 천하의 모범이 되니,

천하의 모범이 되면 상덕이 어긋나지 않아 다시 무극으로 돌아가리라.

"백白이란 밝은 빛과 지혜를 말하고 흑黑이란 어둡고 우매한 것을 말한다. 식式이란 본보기의 법칙을 말하고, 특忒이란 어긋나거나 변경된 것을 말한다. 사람이 비록 밝게 빛나는 만물의 영장임을 안다 해도 마땅히 다시 묵묵함을 지켜 마치 어리석은 바보처럼 자신을 낮춘다면 천하의 규범이 될 수 있어 항상 덕이 함께하는 것이다. 이렇게 되었을 때 그 덕과 함께하니 다시는 어긋나지 않을 것이고 덕이 어긋나지 않으면 환골탈태하니 수도修道하여 득도得道하고 다시 무극의 세계로 돌아갈 것이다." (지혜의 나무. 이승훈 저, 《도덕경》 중에서)

《도덕경》은 그 자체가 '무극'을 핵심사상으로 하는 변증법辨證法의 논리를 펼쳐 보인 책이다.

어느 선사先師는 말했다. "도道는 무극無極이다. 도道라고 하는 것은 너무나 크도다! 과연 어떠한 물건일까? 말할진대 무극無極이라 할 뿐이로다."

1) 우화寓話로 본 무극無極

《열자列子》라는 책은 중국 고대 선진 사상사의 중요한 저서 중의 하나이다. 그 사상은 도가道家와 매우 가까웠으며, 훗날 도교道敎에 의해 경전經典으로 받들어졌다.

《열자列子》는 《충허경沖虛經》이라고도 불리는 초기 황노도가黃老道家의 고전이다. 황노黃老에 바탕을 두고 노장老莊에 가까운 사상思想의 취지는 허무자연으로 돌아가는 경지를 추구하였다. 《충허경》의 각종 명언 및 우화 속에는 모두 정신의 자유에 대한 도가의 마음이 표현되어 있으며, 그 웅대한 시야와 정밀한 논리, 아름다운 문필, 경건하면서도 간결한 학문저술은 준수하기만 하다. 《열자》의 매 편마다, 장단 상관없이 모두 체계적이고, 각기 주제를 가지고 있으며, 예지叡智와 철리哲理를 반영하고, 평이하고 이해하기 쉬우며 매우 흥미 있다. 우리가 아는 '우공이산愚公移山'도 《열자》에 있는 내용이다. 《열자·탕문湯問》편에 있는 무극無極에 관한 내용을 소개한다.

문問, 은탕殷湯 : 태고시대에도 물질이 있었습니까?

답答, 하혁夏革 : 태고시대에 물질이 없었다면 지금 어떻게 물질이 있었겠습니까? 만약 후손들이 현재 물질이 없다고 주장하면 되겠습니까?

문, 은탕 : 선생의 말처럼 그렇게 물질의 생성에는 선후가 없습니까?

답, 하혁 : 사물의 종말과 시작은 원래 정해진 규칙이 없다오. 시작이 끝일 수도, 끝이 시작일 수도 있는데 어떻게 그 차이를 알 수 있겠소? 하지만 물질의 존재 밖에 또 무엇이 있고, 그 사정 발생 이전에는 또 어떻게 됐는지 나는 알지 못하오.

문, 은탕 : 그렇다면 상하 양방 모두 한계와 종극이 있습니까?

답, 하혁 : 모른다고 대답하겠습니다.

그러나 은탕은 이것을 분명히 물어보자고 끝까지 고집했다. 하혁은 '무無'라면 극한極限이 없는 것이 자연스럽고, '유有'라면 궁진窮盡, 즉 다하여 없어지는 것이 자연스럽다. 그러나 극한極限도 없고, 또 없음의 극한極限도 없다. 다하여 없어지는(窮盡) 중에도 또 다하여 없어짐의 다하여 없어짐이 없다. 극한이 없고 극한의 없음이 없는 것은 다하여 없어짐이 없고 또 다하여 없어짐의 다하여 없어짐이 없는 것이다. 그래서 상하 팔방이 끝이 없는 극한은 없다는 것을 알고 있다. 은탕은 극한極限도 있고 궁진窮盡도 있다고 믿었다.

우문又問, 은탕殷湯 : 사해 밖에는 무엇이 있습니까?

답答, 하혁夏革 : 우리가 있는 곳과 같습니다.

우문, 은탕 : 무엇으로 증명할 수 있겠습니까?

답, 하혁 : 나는 동쪽으로 영주에 가봤는데 그곳의 사람들도 우리와 같았습니다. 나는 영주의 동쪽 상황을 물었는데 또 영주의 동쪽 경우도 같았습니다. 나는 서쪽의 빈주豳州 상황을 물었더니, 또 빈주도 같았습니다. 그래서 나는 사해 밖, 황량한 극단의 지역이 모두 우리가 있는 곳과 다를 바 없다는 것을 알았습니다. 그러므로 '크기가 서로 포용하는 것은 끝이 없고 한계가 없고 만물을 포용하는 천지도 태허와 같다. 만물을 포용하기 때문에 끝이 없고, 천지를 포용하기 때문에 한계가 없다. 세상 밖에 천지만큼 큰 것이 없다'는 것을 어떻게 알겠습니까? 이것도 내가 알지 못하지만, 그렇다면 하늘도 사물事

物일 것입니다. 무릇 사물은 모두 부족할 수 있기 때문에 옛 여와女媧씨로부터 오색석五色石을 만들어 하늘의 부족함을 고치고, 거구巨龜의 발을 잘라 사극四極을 지탱하였으나, 후에 공씨工氏와 전욱顓頊이 제왕이 되려고 싸우다가, 공씨는 화가 나서 부주산不周山을 들이받고, 하늘을 지탱하던 기둥을 부러뜨리고 대지를 유지하는 밧줄을 끊어버리니, 그로 말미암아 하늘은 북서쪽으로 기울었고, 해와 달도 거기에 따라갔고, 대지의 남동쪽이 가라앉아서 강에 고인 물이 그쪽으로 모였다고 합니다.

《탕문》의 이 한 편의 글은 붓끝으로 천하를 휩쓸고 천지가 지극히 합리적이어서 만물이 오묘하다는 것을 시사하고 있다. 글 속에는 천지가 끝없이 넓고 만물이 번잡하며 세상 사람들의 시야에 갇히는 천박한 상식을 타파하기 위해 많은 초월적·신화적 전설이 실려 있다. 표상表象에 흐르는 크고 작은 것, 길고 짧은 것 같은 불일치를 모두 없애고, 《열자》는 은탕과 하혁의 대화를 통해 시공간視空間에 관해 무진장無盡藏의 이야기를 나누는 것을 알 수 있다. 또한 "천지역물天地亦物"(천지도 역시 하나의 사물이다)이라고 하는 우주관은 우리의 상상력을 뛰어넘는 사고를 훌륭히 표현하였다. 우화寓話라기보다는 진리眞理의 또 다른 표현이라는 생각이 든다.

2) 무극도無極圖

북송北宋 초에 가장 명성을 떨쳤던 진단陳搏은 전통 도가道家 학설을 핵심으로 유교와 불교의 선정禪定사상을 흡수하여 체계적인 내단 이론을 형성하였다. 그는 송원宋元시대 도교 내단파 형성의 발판을 마련하였다.

진단陳搏의 자字는 도남圖南이고, 호는 부요자扶搖子, 보주숭감(현재는 충칭에 속함) 사람이다. 5대 송대의 유명한 도사道士이며, 역학대사易學大師이고, 삼교지학三敎之學에 통달하였다. 그가 개설한 도서 문학은 스승의 전수를 거쳐 전래되었다고 한다. 송대宋代 학문의 중요한 구성 부분이 모범이 되어 역학 내지 전체 동양문화에 많은 공헌을 했다. 여기서 진단이 창안한 무극의 세계를 어떤 관점과 사상으로 보았는지 그의 '무극도無極圖'를 살펴보기로 하자.

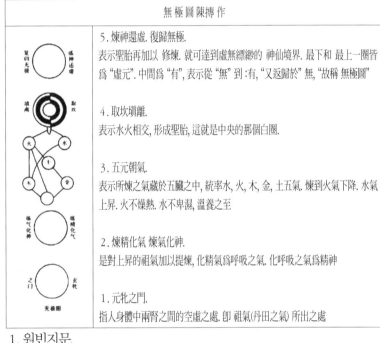

無極圖 陳搏 作

5. 煉神還虛. 復歸無極.
表示聖胎再加以 修煉. 就可達到虛無縹緲的 神仙境界. 最下和 最上一圈皆 爲 "虛元". 中間爲 "有", 表示從 "無" 到 :有, "又返歸於" 無, "故稱 無極圖"

4. 取坎塡離.
表示水火相交, 形成聖胎, 這就是中央的那個白圈.

3. 五元朝氣.
表示所煉之氣藏於五臟之中, 統率水, 火, 木, 金, 土五氣. 煉到火氣下降. 水氣上昇. 火不燥熱. 水不卑濕, 溫養之至

2. 煉精化氣 煉氣化神.
是對上昇的祖氣加以提煉, 化精氣爲呼吸之氣. 化呼吸之氣爲精神

1. 元牝之門.
指人身體中兩腎之間的空虛之處. 卽 祖氣(丹田之氣) 所出之處

1. 원빈지문.

신제 중 양 콩팥 사이의 비어 있는 곳, 즉 조기(丹田之氣)가 나오는 곳.

2. 연정화기 연기화신.

상승하는 조기를 정련하여 호흡의 기운으로 정精을 기氣화 하고, 그 기를 신神화 한다.

3. 오원조기.

정련된 기가 오장 속에 숨어 있음을 나타내며, 수·화·목·금·토의 오기를 통솔한다. 화기가 아래로 내려오고 수기가 상승하면, 불은 건조하지 않고 물은 비습하지 않으니, 이것을 온양하는 것이다.

4. 취감전리.

수와 화가 서로 교차하여 성태를 이루었음을 나타내는데, 이것이 바로 중앙의 그 백권白圈이라는 것이다.

5. 연신환허 복귀무극.

성태 상태에서 다시 수련을 더하면 허무하고 비단같이 아득한 신선의 경지에 이를 수 있음을 나타낸다. 맨 아래와 맨 위 한 바퀴는 모두 "허원虛元"이다. 가운데가 있음으로 "무"에서 "유"까지를 나타낸다. 다시 "무"로 회귀하여 "무극도"라고 부른다.

북송北宋의 주돈이周敦頤는 당대 유학자儒學者이다. 유학자의 관점에서 도가의 도사 진단陳摶의 '무극도無極圖'에 근거하여, 《태극도설太極圖說》에서 도가의 무극無極 개념을 역학易學에 넣어 개조하여 내용을 새롭게 해설했다. 무극지진無極之眞은 도가의 흐름에서 비롯되었다. 태극도는 무극을 선천지先天地로 하여 존재하는 실체로 무극, 태극이라는 명제를 제시하며 유생무有生無라는 뜻을 가지고 있다. 그러므로 무극無極을 만물의 근원으로 삼는다.

"무극無極은 진리眞理이다." 무극의 관념으로 그 허정虛靜의 성질을 취하여 정지靜止를 무극의 본성으로 하고 태극의 운동을 무극의 정지靜止 위에서 한다. 태극의 운동은 일시적·상대적이지만 무극은 영원하다. 주돈이는 무극→태극→음양2기→오행의 기운→만물과 인류를 우주에서 발생 변화시키는 과정을 구축하였다.

　진단陳搏의《무극도》와 주돈이周敦頤의《태극도》양식은 서로 대동소이하다. 그 근원을 추적해 보면, 비록 진단《무극도》에 단서가 있지만, 목수穆修가 주돈이에게 무극도를 주었으니 주돈이는 목수에게 그림을 받았다. 주돈이가 목수에게 은혜를 입었다는 것은 역대 학자들이 공인한 것으로, 당시 유학의 거두 주희朱熹가 주장한 것처럼 자신의 지주였던 주돈이가《태극도》를 자작하였다는 주장을 폈지만, 목수가 주돈이에게 영향을 미쳤다는 점도 부인하지 않는다. 과연 태극도의 도식은 어떤 모습일까? 무극도의 유래는 아닌가? 이 모두가 진단의《무극도》에 대해 반드시 연구해야 한다고 보고 있다.

　《태극도》에 관해서는 태극太極편에서 자세히 다루기로 한다.

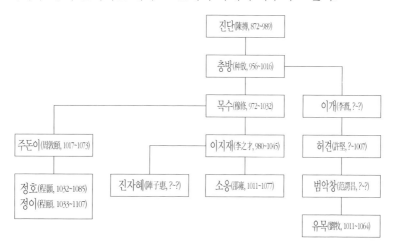

주진(朱震 1072~1138)이 주장하는 도서(圖書) 전수도

　도가의 경전인《태상노군설상청정경太上老君說常淸靜經》을 수정자水精子가 주해註解하고 혼연자混然子가 도설圖說을 붙였다.《태상노군설상청정

경》은 394자, 96구절로 되어 있는데, 수정자는 24장으로 나누어 주해하였고 이것을 혼연자가 24도의 그림으로 완성했다. 그 중에서 무극도는 제일 앞장에 나온다.

無極圖 混然子圖	太上老君說常淸靜經원문과 水精子 註
無極圖 空○虛 ○—○—○ 無 無 無 名 情 形 神 魂氣魄 精 上 玉 太 淸 淸 淸 空○眞	(원문) 老君日 大道無形 生育天地 大道無情 運行日月 大道無名 長養萬物 吾不知其名 强名日道 (水精子註) 노군 왈에서 老는 乾陽이고 君은 性王이며 日은 말씀하시다는 뜻이다. 老君의 출세가 언제였는지 그 근원은 알 수 없으나 저 태초의 혼돈 이래 늘 세상에 출세하지 않음이 없으셨는데 상삼황 시대에는 만법천사라 불렸고 중삼황 시대에는 반고산왕이라 불렸으며 후삼황 시대에는 울화자로 불렸고 신농 시대에는 대성자로, 헌원 시대에는 광성자라 불렸다. 천 가지로 변화하시고 만 가지로 화신을 나타내신 것을 다 추측하기 어렵다. 혹은 유성으로 화현하시고 혹은 석부로 화현하시기도 했으며 혹은 도선으로 화현하시기도 했는데 은신하시고 현신하신 모습을 헤아릴 수가 없다. 혹은 감응편을 지으시고 혹은 도덕경을 지으시고 혹은 청정경을 지으시니 그 공덕이 끝이 없도다.

혼연자는 원말명초元末明初 도사道士이며 이름은 왕개王玠 자字는 도연道淵, 호는 혼연자混然子이다. 강서남창江西南昌 수수현修水縣 사람이다. 내단內丹 수련을 위주로 하였고, 내단內丹을 주축으로 남종南宗과 북종北宗을 아울렀으며 도가 내단 수련의 많은 저서를 남겼다.

2 홍몽鴻蒙

홍몽鴻蒙은 중국 상고시대의 전설적傳說的 신화神話이다. 아직 사물의 구별이 뚜렷하지 아니한 천지가 개벽할 무렵의 세상을 말한다. 세계 전설에 의하면 반고盤古가 천지개벽하기 전에는 세상은 홍몽의 원기였다. 이런 자연의 원기를 홍몽鴻蒙이라고 해서 그 시대를 홍몽鴻蒙시대라고 한다. 훗날 이 단어도 흔히 상고시대를 가리키는 말로 사용되었다.

무극의 헤아릴 수 없는 홍몽鴻濛한 기운의 분판은 음양으로 분열을 시작했는데 가볍고 맑은 것은 위로 떠서 하늘이 되었으며 그 질성은 양이고, 무겁고 탁한 기운이 아래로 내려와 엉긴 것을 땅이라 하였는데 그 질성은 음이다. 맑은 기운과 탁한 기운이 서로 섞인 것을 사람이라 하는데 그 질성은 음양이 서로 합해서 조화를 이루고 있는 것이다. 이것이 천지인天地人이라고 일컬어지는 근거가 되는 것이다.

홍몽鴻濛에 대한 선인先人들의 생각과 정의를 살펴보면 다음과 같다.

① 우주 형성 전의 혼돈상태

《장자·재유莊子·在宥》편에서는 "구름은 동쪽으로 헤엄쳐 휘청이는 가지를 건너고 홍몽鴻蒙을 맞는다." 하였고, 성현영소成玄英疏는 "홍몽鴻蒙은 원기元氣이다."라고 했으며, 또한 "홍몽이 판단을 일으키면 바람의 기운이 처음으로 열린다."라고도 했다. 또 누군가는 "홍몽이 처음 일어났을 때는 빈부귀천이 어디 있었나."라고 일갈一喝했다.

② 미만광대모迷漫廣大貌《한서·양웅전상漢書·揚雄傳上》

홍몽이란 "밖으로는 정남에서 바다의 끝이고, 해지는 곳(우연虞淵)은 사계邪界이고 수면은 광대(항망沆茫)하여 가물하고, 산을 숭상함으로 우뚝 솟아(갈이碣以) 있다.”고 했다. 안사고주顔師古注에는 “홍몽항망鴻濛沆茫하고 광범위 하다.”고 했고, 송宋 범성대 시에는 “집구석이 우뚝 솟아 있고 구름은 가물 하다.”고 했으며, 《홍루몽紅樓夢》에는 “내가 사는 곳에는 푸른 두렁의 봉우리가 있고, 내가 노닐 곳에는 광대한 우주가 있다.”고 말했다.

③ 동방지야 일출지처東方之野日出之處《회남자·숙진훈淮南子·俶眞訓》

“천지를 거느리고 만물을 다스리며, 홍몽을 경주景柱로 삼으며, 경계선이 없을 때이다. 고유주高誘注에서는 홍몽을 동방의 들이라 했고, 해가 떠서 보이면 경주景柱로 여겼다.”

3 혼돈混沌

현대과학은 우주 대폭발 직전까지를 중심과 끝이 없는 혼돈混沌의 상태로 봤다. 우주 대폭발 이전에는 하늘과 땅이 따로 없었고, 우주 대폭발 이후에야 하늘과 땅이 따로 있었다. 우주宇宙라는 말을 살펴보면, 사방四方과 상하上下를 우宇라고 하고 옛날부터 지금까지를 주宙라 한다.

《장자·경상초莊子·庚桑楚》에는 "사실만 있고 실속이 없는 사람은 우宇이고, 길이만 있고 본질은 없는 사람은 주宙이다."라고도 했다.

> 宇出無本 有實繼無實 無何處 處在四方上下. 우출무본 유실계무실 무하처 처재사방상하
>
> 宙入有邊 無量容有量 有乎長 長於千秋古今. 주입유변 무량용유량 유호장 장어천추고금.
>
> 우宇가 나오면 근본이 없고 실재는 있으나 계속 이어지면 실재가 없으니 어디에도 없는 사방과 상하이고,
>
> 주宙가 변두리에 들어오면 분량은 없으나 담을 수 있으니 분량이 있어 어찌나 긴지 천추고금이 그곳에 있네.

위의 글은 《장자》,《시자屍子(시체)》와 관련된 우주에 관한 개술이다. 도학우주道學宇宙, 이때의 사물, 고금古今의 일, 두 가지 범주가 명명백백하다. 우주를 36자로 묘사한 것, 문장의 대구對句가 완벽하여 놀라지 않을 수 없을 정도로 뛰어나다. 도학우주道學宇宙는 과학우주科學宇宙보다 더 넓고 명확하다.

이렇게 우주의 탄생에서 보듯이 무극에서 태극으로 전화轉化될 때, 즉 선천에서 후천으로 바뀔 때는 반드시 혼돈이라는 대가를 치러야 한다. 이 혼돈은 선천의 세계를 뛰어넘는 과정에서 생기는 소용돌이다. 이 소용돌이에 말려드는 것은 선천의 기억을 잊어버리기 위해서라고 하니 자연의 신비는 경이롭기만 하다. 이 혼돈을 거치면서 도道에서 가도可道로 이어지고 있는 것이다.

천지의 탄생도 이럴지어니 하물며 사람과 생명력을 갖는 모든 만물의 탄생도 예외일 수는 없어서 모두 자기의 격에 맞는 혼돈을 거쳐서 탄생하게 된다.

사람도 선천에서 후천으로 바뀔 때 반드시 거쳐야 하는 과정이 있으니 혼돈이다. 태아가 10개월을 모태 안에 있을 때 머리는 높고 꼬리뼈는 낮은 자세로 탯줄을 통해 어머니와 교류하다가 달이 차서 출산을 앞두고는 선천의 기억을 잊어버리기 위해 위치가 180도 바뀌면서 포태를 찢고 세상에 나와 탯줄을 끊는 그 순간까지가 혼돈의 과정이다. 출산하는 어머니의 산고産苦도 이루 다 말할 수 없겠지만 어머니의 깜깜한 모궁에서 아무것도 모르는 채 좁은 자궁을 거쳐 넓고 밝은 세상을 처음 대하는 소용돌이에 말려든 신생아에게도 대변혁이며 죽음을 담보로 한 대가가 아닐 수 없다.

세상에 나와 태를 자른 후부터는 심장과 폐의 기능이 분리되고 생존 환경이 우주와의 상관관계에 놓이게 되면서 오장도 상호 관계를 이루고 그 기능을 발휘하게 된다. 후천세계에 접어든 것이다.

우주가 탄생하기 전, 무극無極의 헤아릴 수 없는 홍몽鴻濛한 기운이 음陰과 양陽으로 분열을 시작했는데 음양陰陽 이전에는 태극太極이 있었고,

태극 이전에는 무극이 있었다. 태극과 무극 사이에는 황극皇極이 있다. 사람의 몸도 아버지의 양과 어머니의 음이 교접하여 한 점을 찍으면서 무극에서 태극을 만들어 내었다. 이때부터는 후천의 세계이고 질質은 순양체純陽體이다.

자연으로 말하면 이 혼돈의 회오리를 겪으면서 우주가 폭발하여 처음으로 나누어진 하늘과 땅이 자리를 잡았으니 그 형체는 알과 같아 육합六合(동서남북상하)으로 둘러싸여 공처럼 둥글다고 한다. 해와 달은 하루마다 한 번은 그 위를 운행하고 한 번은 그 아래를 운행한다. 해는 동에서 떠서 서쪽으로 지기 전까지가 낮이 되고 서쪽으로 져서 동으로 다시 뜨기 전까지가 밤이 된다.

사람의 탄생도 무극에서 황극으로 말미암아 태극이 되고, 음양과 사상과 팔괘와 만물과 몸에 두루 365골절과 84,000의 털구멍이 모두 무극의 한 점으로부터 사람 몸이 생기게 된 것이다. 회태懷胎한 지 10개월째 되면 선천先天의 기기氣가 만족하게 되어 포태胞胎를 찢고 오이가 익어 꼭지가 떨어지듯 한 덩어리가 곤두박질치며 울부짖는 외마디 소리에 무극규無極竅가 터지면서, 즉 혼돈의 과정을 겪으면서 원신元神과 원기元氣와 원정元精이 무극의 선천세계를 나와 태극의 후천세계에 자리를 잡게 된다.

사람은 지선至善을 근본 삼아 여러 모습으로 태어나는데 부모의 이기二氣가 교합함에 이르러서 부父는 곧 양이니 먼저 나아가고 음이 뒤를 따르는데 진기眞氣가 진수眞水를 만남으로써 순수한 정精을 이룬다. 이 순수한 정이 이미 나와 있으면 모母의 음陰이 나아가서 만나면 쓰임이 없게 되어 그것을 씻어 내지만 모의 양陽이 먼저 나아가서 만나면 자궁의 앞에서 혈血(난자)이 이어받음으로써 정과 혈이 포태胞胎를 이루니 비로서 무극이 맺혀진다.

이것은 부의 정과 모의 혈로써 조화하여 형체를 이뤄낸 것이어서 처음으로 하나의 기(一氣)가 생긴 것이다. 티끌 하나 없는 순수한 무극상태의 태胎는 진기를 품고 모의 자궁으로 들어가 날이 지나고 달이 차면 진기의 조화로 사람이 이루어진다.

이처럼 사람은 순수한 공空에서 시작된다. 처음 교합할 때 부의 정이 먼저 나가고 모의 혈이 뒤에 가서 혈이 정을 감싸면 여자가 된다. 여자는 속이 양이고 겉은 음이니 모의 형상이요 대개 혈이 바깥에 있기 때문이다. 만약 모의 혈이 먼저 나가고 부의 정이 뒤에 가서 정이 혈을 감싸면 남자가 된다. 남자는 속이 음이고 겉은 양이니 부의 형상이요 대개 정이 바깥에 있기 때문이다.

모의 자궁으로 들어간 포태는 어머니의 기와 호흡에 의해 줄이 생기게 된다. 그 줄은 어머니와 연결되어 있고 점차 늘어지며 그 속이 대롱처럼 텅 비어 있어 기가 그 줄을 통해 왕래한다. 그 줄은 앞에는 배꼽, 뒤로는 콩팥에 통하고, 위로는 협척에서 인당 산근(양 눈썹사이)에 이르러 구멍이 쌍을 이룬다. 쌍을 이룬 구멍은 아래로 코끝에 이르러 두 개의 콧구멍을 이루어 내니 인체 부위의 제일 첫 번째 작품이다. 비조鼻祖라는 어원은 여기에서 연유되었다. 이때부터 나의 기는 어머니의 기와 통하게 되며 어머니의 기는 천지의 기와 통하게 되고 천지의 기는 태허의 기와 통하게 되면서 구멍과 구멍이 서로 통하여 닫히고 막히는 일이 없어지게 된다. 이에 반달은 양을 생하고 반달은 음을 생하니 이로 말미암아 오장이 생성되고 육부도 생기면서 주천을 이루는 365골절이 만들어지고 84,000의 털구멍이 생기는 등 인체 부위가 차례로 완성되어 간다.

4 도道

1) 도·가도道·可道

도道는 철학적 개념으로 황제黃帝 때 광성자廣成子, 자연경自然經에서 처음 나왔으며 한자와 함께 동양의 문명과 함께했다.

도는 자연을 자신으로 인식하기 위해 사용하는 명사名詞로 만사 만물의 운행궤도運行軌道나 궤적軌跡을 의미하며 사물 변화운동의 장場이라고도 할 수 있다.

모든 사물은 사물이 아닌 스스로의 자연이다. 즉 해와 달은 타지도 않으면서 스스로 밝고, 별은 사람이 배열하지 않아도 스스로 순서가 있고, 짐승은 사람이 도와주지 않아도 생긴다. 바람은 사람이 부치지 않아도 저절로 움직이고, 물은 사람이 밀지 않아도 스스로 흘러가고, 초목은 사람이 심지 않아도 저절로 자생한다. 숨 쉬는 것을 의도하지 않아도 잠을 자면서도 숨은 쉬고 있고, 설레지 않고도 가슴이 뛰는 것 등등 이와 같은 것들은 자연의 순행順行 법칙이다.

이렇게 사물에 감응하여 움직이는 것의 의미는 영향을 감지했기 때문이다. 만약 작용한다고 주장한다면 작용이 아니다. 작용하는 것 이전의 현상이다. 명물明物(드러나 있는 물체)은 암물暗物(숨어 있는 물체)의 절제節制나 충돌로 존재하며 암물은 명물에 작용하지만 영향력은 갖지 않고 명물 스스로 감지된 영향력을 발휘하는 것이다.

이러한 현상은 우리가 살고 있는 우주 안에서 쉼 없이 이루어지고 있으며 이러한 자연의 섭리는 도道에서 가도可道로 이어지는 순리를 따르고 있기 때문이다.

도에서 가도 이전의 세상이 있었다. 우주 폭발 이전의 선천무극의 세상이다. 하늘과 땅이 아직 열리지 않은 무극의 세상에는 홍몽한 도의 세상 이었고 여기서 가도로 가기위한 혹독한 혼돈이라는 소용돌이를 거쳐 우주 대폭발을 겪고 태극의 세계로 진입했다. 여기서부터 도道라고 말하는 도道는 가도可道, 즉 후천의 도道이며 이것을 가도可道라고 하지 않고 도道라고 말하고 있는 것뿐이다.

우주가 탄생하기 이전은 무극의 세상이었다. 헤아릴 수도 없는 홍몽한 기운은 혼돈의 소용돌이 속에서 분열하기 시작하였다. 그리고 무극의 선천에서 후천의 태극 세상이 열리더니 다시 음양으로 나누어진다. 가볍고 맑은 기운은 위로 떠서 하늘이 되었으니 그 성질은 양陽이다. 무겁고 탁한 것은 아래로 내려와 엉긴 것이 땅이 되었는데 그 성질은 음陰이다. 하늘의 맑은 기운과 땅의 탁한 기운이 섞인 것을 사람이라고 하며 그 성질은 음양이 반반으로서 조화를 이루고 있다. 이렇게 세상에 우주가 탄생한 것이다. 선천에서 후천세계가 도래한 것이다. 당연히 사람도 천지인天地人 삼재三才 가운데 끼여 천지와 동격을 이룬다. 그래서 사람을 소우주라고 말함이다.

이렇게 우주의 탄생에서 보듯이 무극에서 태극으로 전화轉化될 때, 즉 선천에서 후천으로 바뀔 때는 반드시 혼돈이라는 대가를 치러야 한다. 이 혼돈은 선천의 세계를 뛰어넘는 과정에서 생기는 소용돌이다. 이 소용돌이에 말려드는 것은 선천의 기억을 잊어버리기 위해서라고 하니 자연의 신비는 경이롭기만 하다. 도道에서 가도可道로 이어지고 있는 것이다.

1) 도道

'도道'라는 것은, 무극의 홍몽한 기운이 혼원混元으로 아직 갈라지지 않은 즈음이고, 선천에서 후천으로 아직 나타나지 않은 때이고, 하늘과 땅의 형상이 없었던 때이고, 해와 달의 밝음이 없었고 음양의 2기氣가 분판되지 않았고, 만물의 조화가 이루어지지 않았던 때의 조짐兆朕이 '도道'이다. 이것은 우주가 생성되기 이전의 원기元氣이고 천지만물의 근본이며 모든 조화의 중추가 된다.

대도란 하늘과 땅을 낳아 기르면서도 형체가 없어, 보이지도 않고 만질 수도 없다. 대도란 해와 달을 운행하기에 어디에나 존재하며, 또한 성품이 원만하여 그 깊이를 잴 수도 없고, 폭도 헤아릴 수 없다. 대도란 만물을 낳고 기르기 때문에 있는 것 같지만 없고, 없는 것 같으나 존재한다. 위와 아래도 없고, 머리와 꼬리도 없고, 좌우 역시 따로 없다. 변하거나 바뀌지도 않고, 밝지도 어둡지도 않다. 천지보다 먼저 생겼지만 시작과 종말이 없고, 죽은 듯 살아있는 듯 끊임없이 활동하며 영원히 멈추지 않는다. 그리고 전할 수는 있되 주고받을 수가 없으며, 터득할 수는 있되 볼 수는 없다. 태극 위에 있어도 높은 척하지 않고, 육극 아래에 있어도 깊다고 하지 않는다. 색깔도, 순서도, 거리도, 소리도 없다. 한마디로 도는 형상이 없고 색깔이나 냄새도 없으며 우주에 가득하여 늘거나 줄어들지 않고 영원히 존재한다. 그래서 이 '도道'라는 것은 '도道'라는 문자에 국한하지 않고 선천무극先天無極의 무위無爲 상태인 형이상학적形而上學的으로 표현한 용어이다.

《도덕경》제25장에서는 "혼연하게 이루어진 하나의 형상이 있는데 천지보다 먼저 생겼다. 고요하고 쓸쓸하여 소리도 없고 형체도 없이 변함없이 쉬지 않고 운행하니 나는 그 이름을 알지 못하지만 글자로 나타내기 위하여 '도道'라고 말한다."고 했고, 도교 경전인 《태상노군설상청정경》에서는 "대도는 형상은 없으나 하늘과 땅을 낳고 자라게 하며, 대도는 정이 없으나 해와 달을 운행하고, 대도는 이름이 없으나 늘 만물을 길러낸다.

나는 그 이름을 알지 못해 억지로 도라고 하였다(大道無形 生育天地, 大道無情 運行日月, 大道無名長養萬物, 吾不知其名 強名曰 道)."고 했다.

이로써 알 수 있듯이 노자老子가 말한 '도道'는 실제로 혼원混元 이전 무극의 상태에서 형상도 없고 색깔이나 냄새도 없으며, 있지 않은 곳이 없고 갖추지 않은 것이 없으며 항상 가득 차 있어 늘거나 줄어들지 않고 영원히 진실로 존재하는 것이다.

한자를 처음 창시한 창힐부자倉頡夫子께서 도道라는 글자 속에 심오하고 깊은 이치를 넣어 만드셨는데, 도道라는 글자는 먼저 두 점(丷)을 찍으니 왼쪽 점은 태양이요 오른쪽 점은 태음이 된다. 이는 흡사 태극의 음양이 서로 감싸고 있는 것과 같은데, 하늘에 있어서는 해와 달이 되고 땅에 있어서는 금오金烏와 옥토玉兎가 되며 사람에 있어서는 양 눈이 되고 수련가에게는 회광반조回光返照라 하는 것이다.

다음으로 한 일一 자를 쓰는데 이것은 무극의 한 원圓이다. 이 원은 선천에 있어서는 건괘에 속하고 역易에서는 건원乾圓이라 한다. 홍몽한 기운이 한번 갈라져 하늘이 열리고 원이 꺾어지고 끊어져 하나(一)가 되었다. 역에서는 건乾을 하나(一)라고 한다. 경전에서 말하기를 "하늘이 하나(一)를 얻어 맑아지고 땅이 하나(一)를 얻어 평온하며 사람이 하나(一)를 얻어 성인聖人이 된다." 하였다. 유가에서는 오직 정미로운 것은 하나다(唯精唯一) 하였고 불가에서는 모든 법이 하나로 돌아간다(萬法歸一) 하였으며 도가에서는 원시를 품고 하나를 지킨다(守中抱一) 하였다.

다음으로 자自 자를 그 아래 쓰는 것은 일자一字와 일권一圈과 건원乾圓, 해와 달의 둥글고 둥긂 등의 이치가 모두 자기 신상에 있다는 것으로, 유가에서 이르기를 "도道라는 것은 잠시도 떠날 수 없다. 떠난다면 도道가 아니다." 하였다.

아래 위의 글자를 서로 합하면 수首라는 글자가 되는데 수首라고 하는 것은 머리이다. 수도修道는 이 머리에서 일자종지의 훌륭한 일이 벌어지는 것이다. 다음으로 쓰는 것이 주辵 자인데 이는 움켜지고 나아간다는 것으로 행지行持란 곧 온몸의 법륜을 스스로 굴린다는 말이다. 이러한 말들이 도道라는 글자의 외형상 뜻이다.

노자는 사람들이 편히 쓸 수 있도록 '도道'라는 글자를 만들어 주셨으니 이것을 인정하고 연구하고 활용하는 것은 후세 후학들의 몫이다.

2) 가도可道

'도道'가 무극無極의 무위無爲 상태를 형이상학적形而上學的으로 표현한 용어라면 '가도可道'는 태극太極의 유위有爲 상태를 형이하학적形而下學的으로 표현한 용어이다.

무극의 홍몽한 기운이 열려 태극이 이어받아 음과 양으로 비로소 분열을 시작했는데 가볍고 맑은 것은 위로 떠서 하늘이 되었으며 그 질성은 양이다. 무겁고 탁한 기운이 아래로 내려와 엉긴 것을 땅이라 하였는데 그 질성은 음이다. 하늘에는 해와 달, 그리고 여러 별들과 바람과 구름과 우레와 비가 있으며, 땅에서는 동서남북의 사방이 있으며 산과 바다가 있고, 하늘과 땅 사이에는 날아다니고 헤엄치는 동물과 식물, 그리고 인간이 있게 되었다. 이와 같이 형상이 있는 사물은 모두 생生과 멸滅이 있어 영원히 존재할 수가 없다. 이렇게 생멸하는 모든 사물은 모두 '가도可道'의 범위에 속한다. 그래서 비상도非常道라 한 것이다.

'가도可道'라고 하면, 그 '가도' 속에서도 '도'라고 하는 그 묘妙를 말할 수 있어야 한다. 그러나 그 미세한 '도'를 도라고 말하기 어려움이 있다는 것은 사실이다. 주의할 점은 '도'라는 것은 늘 쓰려고 찾는 인륜人倫의 '도'

도 아니고 치국안민의 '도'도 아니지만. 이 '가도'는 구함을 돕기 위해 앞에도 있고, 홀연히 뒤에도 있고, 좌우에도 있고, 높이 우러러볼 수 있어서 우주만물 일월성신 모두 잠깐이라도 '가도'를 떠날 수 없이 견고한 것이다. 그러나 그 틈을 뚫는 것이 있으니 이것을 '현玄'이라고 한다. '현'은 비어 있지 않고 가득 차 있는, 실로 현묘한 묘미가 있는데, 이러한 상태를 즉 '도'의 현상 내지는 작용이라고 말하는 것이다.

'가도'는 형질을 지니면서 변화하고 생멸하는 가운데 있으므로 '비상도非常道'라고 한다.

다음은 도道에서 가도可道로 전화轉化되는 과정의 용어들을 살펴본다.

5 선·후천先,後天

1) 선천先天

선천先天이란 형이상학形而上學이다. 감각으로는 파악할 수 없으며 형체가 없는 것, 시간·공간을 초월한 추상적·철학적·초경험적인 것이 선천이라면 후천後天이란 형이하학形而下學이다. 형체를 가지고 있어 감각으로 알 수 있는 것을 말한다. 후천세계에는 태극이 이미 결정되어지고 음양이 나누어지면서 황황홀홀恍恍惚惚하다고 한다. 마음이 고요하면 선천이요 마음이 7정6욕에 떨어지면 후천이며, 기氣가 순수하고 맑으면 선천이요 탁濁하면 후천이다.

중국어 어휘로 천생天生이라고도 하는데, 후천에 대응해 태어날 때부터 선천과 후천으로 갈린다. 선천은 사람이나 동물이 태어나기 전의 배아 및 잉태 시기를 가리키며, 우주 본체, 만물 본원을 가리킬 수도 있다. 선천에 관한 여러 학설들을 알아본다.

① 우주의 본체, 만물의 본원을 말한다.

무릇 천지는 태공太空을 근본 삼아 사람과 짐승 만물을 생겨나게 하였다고 한다.

사람은 아버지의 정精과 어머니의 혈血, 하늘의 양기와 땅의 음기, 태양의 양혼陽魂과 달의 음백陰魄, 화火의 양신陽神과 수水의 음정陰精을 받아 생겨나는 것이니 사람의 몸은 천지의 기가 조화를 이루어 생겨난 것이다.

사람도 선천에서 후천으로 바뀔 때 반드시 거쳐야 하는 과정이 있으니 혼돈이다. 태아가 10개월을 모태 안에 있을 때 머리는 높고 꼬리뼈는 낮은 자세로 탯줄을 통해 어머니와 교류하다가 달이 차서 출산을 앞두고는 선천의 기억을 잊어버리기 위해 위치가 180도 바뀌면서 포태를 찢고 세상에 나와 탯줄을 끊는 그 순간까지가 혼돈의 과정이다. 출산하는 어머니의 산고產苦도 이루 다 말할 수 없겠지만 어머니의 깜깜한 모궁에서 아무것도 모르는 채 좁은 자궁을 거쳐 넓고 밝은 세상을 처음 대하는 소용돌이에 말려든 신생아에게도 대변혁이며 죽음을 담보로 한 대가가 아닐 수 없다.

세상에 나와서 태를 자른 후부터는 심장과 폐의 기능이 분리되고 생존환경이 우주와의 상관관계에 놓이게 되면서 오장도 상호 관계를 이루고 그 기능을 발휘하게 된다. 후천세계에 접어든 것이다.

② 하늘보다 먼저이기 때문에, 때로는 선견지명先見之明이라고도 한다.

무릇 대인大人은 천지와 그 덕을 같이 하고, 일월과 그 밝음을 같이 하며, 사계四季와 그 서열을 같이 하며, 귀신과 그 길흉을 같이 하며, 선천은 하늘을 어기지 아니하고 후천은 하늘을 받드는 것이다.

선후천先後天의 표	
선천先天	후천後天
홍몽←혼돈←무극 鴻濛←混沌←無極	태극→음양→사상→8괘→16관→64괘→만수 太極→陰陽→四象→八卦→十六官→六十四卦→萬殊
하도河圖	낙서洛書
무위無爲의 도道	유위有爲의 법법
형이상학形而上學	형이하학形而下學
원신元神	식신識神
태아의 모궁 10개월	태아가 모궁에서 세상에 나와 호흡을 할 때부터

③ 타고난 것, 감각적 경험과 직접적 실천에 선행한다.

"사람이 명命이 있음은 선천이다. 사람이 수긍하는 것은 후천이다. 선천이 일어나지 않으면 후천이 없고 후천이 이루어지지 않으면 선천이 없다."고 말했다.

④ 사람이나 동물이 태어나기 전 배아 시기를 말한 것이다.

사람도 소우주라서 자연과 같이 선·후천으로 나눌 수 있는데, 부모의 교합으로 태가 만들어진 태아는 모궁母宮 안에서 어머니와 탯줄을 통해 교류하면서 오장육부가 만들어지고 주천을 이루는 365골절이 이루어져 이로 말미암아 84,000 모공毛孔이 생기고, 선천의 기氣가 만족하게 되면 세상에 나와 첫 울부짖는 외마디 소리에 오이가 익어 꼭지가 떨어지듯 한 덩어리가 땅으로 곤두박질치며 선천 무극규無極竅가 터지고 이어서 탯줄을 끊으면서 세상 속으로 떨어지는데, 여기까지가 사람의 선천이다. 다음으로 호흡을 하면서 천지의 기운을 마시고 엄마의 젖을 먹으면서 후천의 세계로 접어든다.

여기서 생명이 탄생하는 신비를 다시 한 번 새기기 위해서 병아리가 탄생하는 과정을 살펴보기로 하자. 암수의 닭이 수정란을 만든 후 어미 닭이 그 알을 품어 21일 만에 병아리로 깨어나게 하는데, 이것이 중요하고 묘하다. 영양공급이나 어떤 화학적 작용도 없이 단지 알을 품고만 있었는데 날 수가 차면 껍질을 깨고 병아리가 되어 나오는 것은 정말 신비스런 일이 아닐 수 없다.

도가道家의 단丹에 관한 책에서 언급한 것을 보면 "닭은 알을 품고서 마음으로 변함없이 알 속에서 나오는 소리를 들을 수 있다."고 했는데 이것이 참으로 중요하고 묘한 방법이라고 한다. 닭이 알을 깔 수 있는 것은 따뜻한 기운 때문이다. 따뜻한 기운은 다만 껍질을 따뜻하게 함에 그치고, 그 알 속으로 들어가지는 못하는데 닭이 마음으로 그 기운을 이끌어서 그 속으로 들어가게 한다. 그렇게 하면서 속에서 나오는 소리를 듣는데 그렇게 하기 위하여 한결같은 마음을 그곳에 쏟아붓는다. 마음이 그 속으로 들어가면 기기氣도 들어가게 되고 따뜻한 기운으로 생명을 얻어서 알이 깨어져 나오게 된다는 것이다. 암탉이 모이를 먹기 위해서 가끔씩 둥지 밖으로 나가는 경우가 있더라도 변함없이 알 속에서 나오는 소리에 귀를 기울이고 있어서 그 신神을 쏟아 붓는 바에 조금도 틈이 없게 하니 따뜻한 기운도 역시 밤이나 낮이나 틈이 없게 된다. 항상 신이 살아 있게 하는 것이다.

알은 무극의 상태이다. 무극에서 어미닭의 따뜻한 기운, 즉 진기眞氣가 조화를 이뤄 내서 위대한 새 생명을 탄생시킨 것이다. 여기서 우리는 한 가지 배우고 넘어가야 할 것이 있다. 위대한 생명이 탄생하는 신비는 값진 영양의 공급이나 어떤 화학적 조합이 아니라, 진기眞氣의 조화이다. 이것을 닭의 부화에서 똑똑히 보았고 그 근원은 진기眞氣의 조화라는 것도 확실히 알았다.

이 진기는 알을 깔 때의 암탉이나 임신을 한 어머니 등 만물이 각기 자기 자손을 복제할 때 모태에서만이 생성된다고 하니 이것은 자연을 형성하고 유지하기 위한 자연의 방편이며 자연의 위대한 섭리이다.

⑤ 이 밖에도 복희황제가 지은 역易을 가리키기도 한다.

2) 후천後天

후천이란 형이하학이다. 형체를 가지고 있어 감각으로 알 수 있는 것을 말한다. 우주와 인간이 태어나기 이전, 선천의 형이상학적 인연에서부터 인간이 세상에서 태어나 후천의 형이하학적 삶을 살아가는데서 오는 인위人爲적이며 작위作爲적인 윤리 등을 배제하고 순리에 따라 순응하여, 부자연不自然과 반자연反自然이 만연하지 못하도록 경계하여 결과적으로 끊임없이 수련하고 연마하여 득도得道하고 성선成仙하여 종국에는 선계仙界, 즉 무극으로 돌아가야 한다는 것이 도가의 공부이다.

육체의 본체적 에너지는 어머니의 태중에서부터 모양을 갖춘 신체를 받았고 후천적으로는 음식물을 섭취하여 신체가 점점 커가면서 에너지가 최대화되고 또한 운동을 통해서, 그리고 음식물을 통해서도 얻어지며 지식을 쌓은 사유思惟나 사상思想 등도 후천의 본체 에너지에 모두 포함된다.

육신은 나의 유형유질有形有質이다. 육신은 후천의 '나'이기도 하다. 모든 수련은 육신(有形有質)이 존재함으로 이루어진다.

세상에 드러내 보인 사물이나 보이지 않는 사유思惟까지 후천의 삶은 모두 상대적이다. 동양철학에서는 이것을 음양陰陽으로 표시하였다.

인체의 삼보三寶인 정精·기氣·신神의 약물 중에서 정精은 생명의 물질을 정화精華하고 정액精液 등 내분비물의 질을 원래 상태대로 유지시키는 역할을 한다. 정·기·신의 기氣도 선천 원기와 후천 호흡지기 모두 질량과 에너지를 함유하고 있어 정精과 기氣는 공히 생명력을 회복시켜 준다. 정·기·신의 신神도 생명력의 의식계통意識系統이다. 기본적 원리로 연정화기煉精化氣, 연기화신煉氣化神, 연신화허煉神還虛의 과정을 거쳐 최후에 체내에서 내단內丹을 결성하여 장생불사의 약이 되게 하는데, 이것을 소위 도가道家에서는 내단술內丹術이라고 하는 것이다.

우리의 몸은 선천에서 갓 태어날 때는 순양체純陽體로 몸속이 진공眞

空 상태 그대로 맑고 밝고 빛이 있었다. 이러한 상태를 명심明心이라고 한다. 나이를 먹고 성장하면서 후천세계의 삶을 살아가면서 차츰 순양체의 몸이 퇴색해 간다. 생후 5000일(15세)이 되면서부터는 음과 양이 반반으로 조화를 이루었다. 이때가 인체의 최절정기였다. 15세를 지나면서부터는 누정漏精, 즉 정精이 새어 나가게 되면서 우리의 몸은 엄청난 변화를 일으킨다. 천목혈天目穴이 막히고 12경락經絡이 막히고, 기경팔맥奇經八脈도 막히고, 오장五臟과 육부六腑 등 모든 몸의 기능이 반전되면서 음질화陰質化되기 시작한다. 특히 현대에서는 문명의 이기利器 때문에 발생하는 공해와 더욱 풍요해진 음식 등으로 노폐물을 더 많이 생산하지만 환경악화로 인한 자연적인 몸의 기능은 떨어져서 자연 배출이 미약하다 보니 몸에만 쌓여 있어서 더 빠르게 음질화로 치닫고 있다. 이러한 결과가 지속되면서 우리의 몸은 나이가 들어갈수록 만병의 수렁 속에서 헤매다 보니 노화를 막을 수도 없고 수명은 단축되어 가고 있다. 체내를 완전히 비우기는 쉽지 않다. 일상생활을 하다 보면 좋지 않은 환경과 부딪칠 때도 있고 다른 사람들과 접촉도 해야 하는데, 이 과정에서 우리 체내는 새로운 것들을 접하고 그것이 쌓이게 된다. 때문에 체내를 완벽하게 비우는 것은 쉽지 않다. '몸속을 비운다'는 말은 몸속에 나쁜 요소들이 제거되었다는 뜻이다. 나쁜 요소가 제거되면 빛이 보이게 된다. 원정元精과 원기元氣로 채워졌다는 징조이다. 예전에는 이를 명심明心이라고 했고 명심은 내 마음속에 좋지 않는 요소들과 나쁜 생각까지도 없어진 상태를 뜻하기도 한다. 정좌수련 시 느낌이 따르고 통함을 알 수 있는 것은 후천이다. 태극이 이미 결정되어 음양이 나뉘면서 황황홀홀하다.

선천의 원기元氣 손실은 본인들이 느끼지 못한다. 후천의 기氣 손실은 본인들이 느낄 수 있다. 비위脾胃에 음식물이 들어가지 않으면 배가 고프고 기력이 떨어지게 된다. 반대로 신광과 방광의 선천 원기가 모두 소모된 경우 우리의 몸은 그러한 메시지를 전달받지 못한다. 예전부터 연단 수련을 하는 이유도 이와 같은 선천 원기를 보충하려는 것이었다. 훈련을 거치면 몸의 선천 원기의 손실과 소모를 느낄 수 있게 된다.

성性을 닦는 수련에서 선천의 자리에 있을 때에는 원신元神이라 부르고 후천에 있게 되면 사려의 신이라 부른다. 따라서 명命을 닦는 수련은 선천의 자리에 있을 때에는 원기元氣 또는 원정元精이라 하고, 그것이 후천에 오게 되면 호흡의 기氣 또는 교감의 정精이라고 한다.

후천이란 유행하는 기이니 후천은 천시를 받드는 연명술延命術인 것이다. 그래서 알 수 없는 것이 선천 무위의 도이며 후천 유위의 술術인 것이다. 만약 후천이 없다면 선천을 무슨 수로 불러내겠는가? 만약 후천이 선천을 얻지 못한다면 어떻게 변화하고 통달할 수 있겠는가? 이것은 바로 무 속에서 유가 생긴 것이며 유 속에서 무가 생긴 것이다. 무는 유로 인하여 흘러서 상象을 이루고, 유는 무로 인하여 감응하여 신령과 통한다. 선천 후천의 두 기운은 계곡이 소리에 응하는 메아리와 같다 할 것이다.

괘상에도 선천팔괘도와 후천팔괘도가 있는데 이것도 역시 후천팔괘를 선천팔괘로 되돌리는 일이다. 선천팔괘도를 하도河圖라 하고 후천팔괘도를 낙서洛書라고도 한다.

선천팔괘에서 서로 상대가 되는 것은, 건乾☰은 남이고 곤坤☷은 북이며 리離☲는 동이고 감坎☵은 서西로 사정위四正位이다. 진震은 동북이며 손巽은 서남, 간艮은 서북, 태兌는 동남으로 사우위四隅位이다. 이를 괘의 상대라 한다.

50

선천팔괘에서 괘의 상대

4정위四正位	건☰南	곤☷北	리☲東	감☵西
4우위四隅位	진☳東北	손☴西南	간☶西北	태☱東南

건☰의 3효는 양이고 상대되는 곤☷의 3효는 음인데 이름 하여 천지정위天地定位라 한다.

감☵은 안쪽이 양이고 밖 양쪽이 음인데 상대되는 리☲는 안쪽이 음이고 밖 양쪽이 양으로 수화불상사水火不相射라 이름 한다.

진☳은 제일 아래 효가 양이요 위 두 효가 음인데 상대되는 손☴은 아래 효가 음이요 위 두 효가 양으로 뇌풍상박雷風相搏이라 이름 한다.

간☶은 위가 양이고 아래 두 효가 음인데 상대되는 태☱는 위가 음이고 아래 두 효가 양으로 산택통기山澤通氣라 이름 한다. 이를 이르기를 효爻의 상대라 한다.

괘卦와 효爻의 상대되는 이러한 것들이 곧 선천인데 하늘을 거스르지 않는 성聖을 이루는 도道인 것이다.

4정위四正位	리☲남	감☵북	진☳동	태☱서
4우위四隅位	건☰서북	손☴동남	간☶동북	곤☷서남

　리☲는 남이고 감☵은 북이며 진☳은 동이고 태☱는 서며 건☰은 서북에 위치하고 손☴은 동남에 위치하며 간☶은 동북에 위치하고 곤☷은 서남에 위치하므로 선천이 변하여 후천이 되는 것이다. 후천이란 유행하는 기氣인 고로 후천은 천시를 받드는 연명술인 것이다. 그런 까닭에 알 수 없는 것이 선천 무위의 도이며 후천 유위의 술인 것이다.

　후천에서 선천으로 되돌아가려면,

　감☵ 가운데 일양이 리☲의 가운데 효 자리로 되돌아가 리☲가 변하여 건☰이 되어야 하고,

　리☲의 가운데 일음이 감☵의 가운데 효 자리로 되돌아가 감☵이 변하여 곤☷이 되어야 하며,

　진☳의 위 일음이 태☱괘의 초효 자리로 되돌아가 태☱가 변하여 감

☷이 되어야 하고,

　태☱의 아래 일양이 진☳괘의 상효 자리로 되돌아가 진☳이 변하여 리☲가 되어야 하며,

　건☰의 위와 가운데 이양이 곤☷괘의 위와 가운데 효 자리로 되돌아가 건☰이 변하여 간☶이 되어야 하고,

　간☶ 의 위 양과 아래 음이 손☴괘의 위와 아래 이 효 자리로 되돌아가 손☴이 변하여 태☱가 되어야 하며,

　손☴의 위 양과 아래 음이 간☶괘의 아래와 위 이 효 자리로 되돌아가 간☶이 변하여 진☳이 되어야 하는데, 이것은 효를 뽑아 괘상을 바꾸는 것이니 바로 후천을 선천으로 바꾼다 하는 것이 이것이다.

　만약 후천이 없다면 선천을 무슨 수로 불러내겠는가? 만약 후천이 선천을 얻지 못한다면 어떻게 변화하고 통달할 수 있겠는가? 이것은 바로 무無 속에서 유有가 생긴 것이며 유 속에서 무가 생긴 것이다. 무는, 유로 인하여 흘러서 상象을 이루고, 유는 무로 인하여 감응하여 신령과 통한다.

6 기氣

우주 만물이 기氣이다. "천지에 하나의 기운이 흘러 다닌다." "천하를 관통하는 것은 하나의 기氣일 뿐이다." 라고 하여 선현들은 천지간에 가득 차 있고 천지 사이에 존재하는 것을 기氣로 파악하였다. 기氣는 우주 일체의 모든 것을 관통하고 있다. 하늘도 땅도 우주안의 모든 것의 본질은 기氣이다. 이 모든 것이 기氣이므로 당연히 하늘도 땅과 같이 우리들 가운데 함께 있다. 그리고 기氣는 모든 유형, 무형의 사물에도 존재한다. 사람에 있어서 기氣도 마음이 한번 움직이면 곧 기氣가 생기게 되는데 그 이유인즉 기氣라는 것은 본래 마음이 변화되어서 이루어진 것이기 때문이다.

기氣의 뜻을 설명한다면, 일정한 형상과 부피가 없이 자유롭게 흩어지는 물체, 호흡; 자연계의 한냉, 따뜻, 흐림, 맑음 등의 현상을 말한다. 코에서 나는 냄새; 사람의 정신 상태 화가 나거나 사람을 화나게 하거나 괴롭히는 것도 기의 현상 또는 작용이라고 한다.. 한의학계에서는 인체의 기관에 기능을 발휘하게 하는 동력을 가리키기도 한다. 기공氣功, 기혈氣血, 기허氣虛 등이 그것이다. 다른 측면에서는 경상景象을 말하기도 한다. 화기和氣, 기분氣分, 기운氣韻(문장이나 서예 회화의 아담한 멋과 운치). 등이다.

기氣라는 낱말을 응축, 요약해서 설명한다면 '움직임을 일으키는 힘이나 낌새'라고 말할 수 있다. 힘이 없을 때는 '기氣가 죽다'라고 말하고 '기氣가 살다'는 힘이 나다, 라는 말이며 '기氣를 펴다' 는 억눌린 처지에서 벗어나다, 라는 뜻을 담고 있다. 기氣는 공간의 도처에 널리 가득 차 있으며 견고한 물체로 응축될 수 있고 그러나 보이지도 않고 감지 될 수는 있지만 만지고 싶어도 만져지지 않는 형태로 떠있다.

동양철학에서는 공허하며 형체가 없으나 모든 형상들을 산출할 수 있는 것이 기氣의 성질이라고도 한다.

풍수지리설에서도 지기地氣가 어떻게 만사萬事에 영향을 미치게 되는 가를 밝힌, 기氣 감응인식체계의 기본 논리를 보면 일정한 경로를 따라 땅속에 돌아다니는 생기生氣를 사람이나 주파수가 같은 조상들이 접해 서 그것을 후손들이 받음으로써 복을 얻고 화를 피하자는 것이다.

한의학 측면에서는 인체의 질병은 기氣가 몸 안을 운행運行하는데 부 조화를 이루고 이것이 인체를 구성하는 형形과 기氣에 어떤 방식으로 영 향을 주고 있는가를 파악하여 치료에 들어가는데 기氣를 기氣로서 조절 하는 침법鍼法, 안마按摩, 뜸 등으로 기초 치료와 함께 부조화된 기氣를 조절해 줄 수 있는 형기形氣를 지닌 약물인 한약제로서 치료에 임하는 의학이다. 한의학韓醫學을 기의학氣醫學이라고 하는 이유는 바로 우주의 만물이 기氣라는 본질로 구성되어 있으며 이러한 氣의 특성을 파악하여 인체를 조절하는 것이 한의학의 중요한 특성이기 때문이다.

그러나 기氣는 우리들의 눈에는 보이지 않는다. 눈에 보이고 손에 잡 히고 사진에 찍혀야만 인정하는 과학문명시대의 중심에 있는 서양의학 西洋醫學에서는 기氣에 관한 존재여부를 부정하는 추세다.

기氣는 하나의 통일된 본체론적 기氣이며, 동시에 생명에 이르는 과정 에 처할 수 있는 속성을 가지고 있다고 본다. 기氣는 물질적 특성을 갖고 있는데, 그것은 매우 정미精微한 것으로서 그 변화과정이 기氣의 창조능 력이라고 하였다. 철학자들은 원기元氣의 개념을 제시하여 원기元氣를 기 氣의 시작으로 기氣를 만물의 본원本原으로 삼았다. 인간을 포함한 우주 만물은 모두 기氣를 바탕으로 하여 생겨난다고 보았다. 이때부터 자연과 인간을 매개하는 연결고리로서 우주론이 등장하게 된 것이다. 만물은 기氣라는 기초 위에서 보면 동질성을 지니게 되며, 자연과 인간은 기氣라는 연결고리를 통하여 합일의 근거를 찾을 수 있게 된다는 것이다. 고대에서도 대부분 이 기일원론氣一原論을 기본으로 삼았다. 고인古人들도 우주만물은 음양오행의 기氣로 이루어졌다고 말했다. 온갖 만물은 다섯 가지 요소要素로 이루어 졌고 온갖 만물을 이루는 물질物質 또한 다섯 가지로 이루어졌다는 것이다. 이는 오행五行이 어떤 실체적 요소라기보다는 다섯 가지의 속성적인 힘으로 보는 것이 더 타당함을 보여준다. 어떤 사물이든지 음과 양의 두 측면을 가지고 있으며 이 둘의 조화를 궁극적으로 만족된 세계로 보고 이 개념이 복합되어 우주를 구성하는 개념이 된다고 말한다. 기일원론氣一原論은 결국 자연과 인간이 하나라는 천인합일天人合一 론의 길로 나아가게 된다.

도교의 음양이론陰陽理論은 협력과 경쟁, 평등과 계급, 직관과 논리, 여성과 남성처럼 반대의 성격을 설명하는데 사용되므로 기氣에도 음기陰氣와 양기陽氣로 나뉘어 서로 협력 보완하고 경쟁하면서 대립적 관계를 펼쳐간다.

주로 도가道家에서 쓰는 기氣 자에 관한 단어들을 모아보면, 공기空氣, 정기精氣, 진기眞氣, 생기生氣, 원기元氣, 양기養氣, 흡기吸氣, 호기呼氣, 천기天氣, 지기地氣, 인기人氣, 정기正氣, 사기邪氣(風,寒,暑,濕,飢,飽,勞,逸氣의 8개를 말함), 병기病氣, 열기熱氣, 냉기冷氣, 형기形氣, 독기毒氣, 폐기閉氣, 활기活氣, 객기客氣, 용기勇氣, 곡기穀氣, 심기心氣, 오기五氣(木,火,土,金,水氣), 연기緣氣, 청기淸氣, 탁기濁氣, 행기行氣, 통기通氣, 신기神氣, 조기調氣, 사기死氣, 살기殺氣 등과 기후氣候, 기색氣色, 기미氣味, 기공氣功, 기화氣化, 기혈氣穴, 기혈氣血, 기해氣海, 기법氣法, 기수氣數, 기액氣液, 기품氣稟, '기분에 살고 기분에 죽는다'는 기분氣分 등 다수이다.

도가에서는 기氣 자를 氣·炁·気의 3가지 측면에서 각기 다르게 표현하고 있다. 기氣 자는 气 자에 쌀미米 자가 들어가는 것으로 인체 밖의 천지우주자연의 기氣를 말한 것이고 기炁 자는 자연우주가 아닌 몸 안에서 생성되고 운행되는 것을 말한다. 무无는 무無의 고자古字이고 아래 네 점은 화火자인데 해석하자면 화火가 없다는 뜻이다. 몸 안에서의 화火는 심장을 말한 것이고 심心이 없다면 마음이 청정하여 아무 잡념이 일어나지 않는 경계를 말하는 것이다. 다음으로 気 자인데 气 자에 火 자가 들어간 글자인데 이 気는 몸 안에서 수련을 통하여 단련된 기炁가 몸 밖으로 표출되었을 때의 기気를 의미한다. 이 기気로 환자를 치료하고, 사람의 마음을 움직일 수도 있으며 이 기気를 수진修眞하는 것이 신선이 되는 길이다.

사람의 눈에는 보이지 않은 이 같은 기氣도 고양이나 개들의 눈에는 보인다고 하며 개들이 허공을 향해 짖어 대는 것은 기체氣體로 된 귀신을 보고 짖고 있다고 보고 있다. 사람도 수련하여 신선의 경지에 오를 수 있는 경지에 이르면 이 같은 氣·炁·気를 눈이 아닌 천목혈天目穴로 볼 수 있을 뿐 아니라 기체로 되어 있는 귀신과도 대화가 가능하다고 한다.

기氣와 관련된 선현先賢들의 글들을 몇 개 추려 보았다.

○《제의祭義》에서는 "기氣라는 것은 신神이 성성盛한 것이다. 기는 쉬쉬하며 드나드는 사람이라고 한다."
○ "날씨를 '원기元氣'라 한다. 원기元氣는 천기天氣이다."
○ "음양을 이기二氣라고 한다.《태극도설》은 두 기가 교감하여 만물

을 낳는다고 했다."

○《소문素問》은 "한寒, 열熱, 풍風, 조燥, 습濕하여 오기五氣가 모여든다. 한생수寒生水요 영생화熱生火요 풍생목風生木이요 조생금燥生金이요 습생토濕生土다."

○《장자莊子 소요유逍遙遊》에서는 기氣는 천지의 바름이고 6기六氣를 다스리는 것을 대변한다.

　주註 : 평일의 아침은 조하朝霞, 낮에는 정양正陽, 석양에는 비천飛泉, 야반에는 항해沆瀣(넓은 이슬기운)으로 천지에 누런 황기와 함께 6기六氣가 된다. 춘식春食은 아침노을로 해가 뜨려 할 때 노랗다. 하식夏食은 정양正陽이며 남방의 한낮의 기운이다. 추식秋食은 해가 물에 잠긴 후에 빨갛고 노랗다. 동식冬食은 넓은 이슬 기운이 북방의 야반 기운이다. 아울러 하늘과 땅의 기운을 합쳐 6기六氣라고 한다.

○ 도가에는 식기법食氣法이 있다.《참동계》에서는 식기食氣는 장과 위를 울리며, 정기正氣와 사기邪氣가 있는데 정正은 흡입하고 사邪는 토해 낸다고 했다.

7 현玄

현玄은 도가사상에서는 중요한 표현이다. 자의字意에 유의해야 한다.

《도덕경》에도 "현지우현玄之又玄"이란 글귀가 제1장에 중복된 어문으로 턱 버티고 있어서 현玄의 위세와 위엄을 느끼게 한다. 여기에 대한 주석이나 번역들도 십인십색이다. 여기서 선인仙人이 해석한 '현지우현玄之又玄'에 대한 해석을 보자.

> "아무런 징조나 단서도 없으며 형상이나 관계가 없는 지극히 심원한 것을 '현玄'이라고 한다. 지극히 미묘하고 또 미묘하며 지극히 멀고 또 멀며 지극히 은밀하고 또 은밀하여 헤아려 규정 지을 수 없는 것을 가리켜 '우현又玄'이라 한다." 《도덕경석의》 임법용 저)

우리가 흔히 '검을 현'이나 '가물 현'으로 이해하는 시각을 무색하게 하는 해석이다.

그러나 이 '현'에 대해서 우리의 상상을 초월하고 현학적이고 형이상학적이고 명쾌한 논법으로 언어를 구사한 선인이 있으니 그가 바로 동진東晋 시대에 《포박자抱朴子》를 저술한 갈홍葛洪이다. 여기에 포박자 내편에 나오는 창현暢玄 중에서 '현'에 대한 글을 옮긴다.

> "현玄은 자연의 시조이고 각기 다른 만물이 생성될 수 있게 하는 대종大宗이다. 그 깊이는 아득하여 차라리 어두울 정도이다. 그러므로 '미微'라고 불리운다. 그 멀기는 가없이 보일 정도이다. 그러므로 '묘妙'라고 부르기도 한다.
> 그 높이는 구천九天을 덮으며 그 넓이는 팔방八方을 한 아름에 안은 듯하다.

해나 달보다도 더 빛나며 번개보다도 더 빠르다. 때로는 홀연히 빛나 빛처럼 가버리고 불쑥 솟았다가 별처럼 흘러버린다. 때로 넓은 연못처럼 맑고 때로는 뜬구름처럼 떠다닌다.

'현玄'은 형체를 가진 만물에 의해서 '유有'가 되고 정적 속에 몸을 감추면 '무無'가 된다. 유명계幽冥界에 감기면 아래로 깊이 가라앉고 북극성을 오르면 위로 높이 떠다닌다. 금석이라도 그 군셈에는 비할 수 없으며 촉촉히 내리는 이슬이라 할지라도 그 유연함에는 미치지 못한다. 모가 난다 해도 정각이 아니며 원이 된다 해도 정원이 될 수 없다. 온다 해도 그것을 볼 수 없고 간다 해도 쫓을 수가 없다.

하늘은 그것(玄)에 의해서 높아지고 땅은 그것에 의해서 낮아진다. 구름은 그것에 의해서 날아다니며 비는 그것에 의해서 내리게 된다.

'현'은 유일한 실제를 안아서 잉태하여 그것이 음과 양의 양 범주範疇로서 전개해 간다. 그 호흡의 원천은 마치 대장간의 풀무처럼 억만의 사물을 만들어 낸다. 그리하여 이십팔수 별들이 하늘을 돌게 하여 최초의 세계를 창출한다. 시간이라고 하는 신비한 기계의 채찍질 속에서 사계四季의 기를 들이마시고 내쉴 수 있게 한다.

숨어 있을 때는 천지간의 조화된 원기로 조용히 있지만 밖으로 펼쳐지면 찬연한 무늬를 나타낸다. 강물을 뜰 때는 탁한 것은 버리고 맑은 물만 떠 올린다. 물이 불어난다 해도 넘치는 일은 없으며 거기서 얼마를 떠낸다 해도 줄어드는 일도 없다. 무엇을 준다 해도 반가워할 것도 없고 빼앗아 간다 해도 슬퍼하지 않는다. 그러므로 '현'이 있는 곳에는 무궁한 즐거움이 있으며 '현'이 나가면 육체가 붕괴되고 정신이 달아나버린다."…하략

이와 같이 '현玄'은 하늘에서 주로 작용하는 것이라면 그렇다면 땅에

서 작용하는 글자는 무엇일까? 나는 그 글자를 황黃이라고 생각한다. 천자문 첫 구절에 천지현황天地玄黃이 이 말을 뒷받침하고 있다. 현玄에 관련된 도가의 명사나 용어들은 현일玄一, 현문玄門, 현천玄天, 현원玄元, 현기玄氣, 현단玄丹, 현술玄術, 현공玄功, 현빈玄牝, 현관玄關, 현곡玄谷, 현학玄學, 현규玄竅, 현묘玄妙, 현중현玄中玄 등 많은 단어들이 있다. 이러한 용어들을 바르게 알기 위해서는 우선 현玄을 바로 알아야 한다. 《기공사전》에는 "'현玄'이란 태극太極을 가리키는 말이며 천지만물을 창조한 어머니이다."라고 되어 있다.

'현玄'은 검은색이나 가물하다는 뜻으로 통하는 것이 보통이지만 노자의 《도덕경》이나 도가에서는 천지 이전부터 실제하고 있음을 의미하는 것으로 쓰여졌다.

'도道'의 모습을 드러내는 작용을 '현玄'이라고 함이 타당할 것 같다. 즉 '도道'가 체體라면 '현玄'은 용用인 것이다.

8 무위無爲

무위無爲는 어떤 방향이나 장소나 모양 모습에 의하여 가로막히지 아니 한다. 그래서 무위자연은 청정한 그대로이고 위엄을 만들지 아니 한다. 그러면 무위자연은 어디서 찾아야 하는가? 하늘과 땅을 낳아서 기르고 일월을 운행시키고 만물을 길러내는 어머니가 있으니 그것이 곧 도道이다. 마땅히 무위자연의 상태에서 도를 만날 수도, 얻을 수도 있다. 과연 도를 얻었다면(得道) 천지와 같이 장구할 수는 있는 것일까? 즉 윤회의 고리를 끊을 수 있겠는가? 답은 현신한 부처와 진선들이 이미 몸으로 보여주었다.

대체로 도를 말할 때 맨 먼저 떠오르는 것은 무위자연이다. 그만큼 무위자연이 도의 상징처럼 되었다. 일반적으로 무위無爲의 반대말은 유위有爲이다. 위爲란 '무엇을 꾸미다'라는 뜻으로 쓰여진다. 그러므로 무위는 '하는 것이 없다' '꾸미지 아니 한다' 등으로 쓰여질 수 있다. 그러나 이것은 문법상 형이하학적 논법이고, 무위無爲는 선천, 즉 형이상학적 논법으로 접근을 해야 한다.

무위는 터럭 하나를 더해도 많고 터럭 하나를 감해도 적다. 청정한 그대로이고 위엄도 만들지 않으며 태초의 허공에 하나의 티끌도 물리치므로 다른 것은 설 자리가 없으며 아득하고 묘하다. 불가에서는 "이 무위는 인연과 합하여 형성되지 아니한 것이다. 생멸生滅하는 절대존재가 아니다."라고 했고, 어느 선인은 "무위라는 것은 그 마음이 움직이시 않는다. 움직이지 않는다는 것은 안으로는 마음이 일어나지 않는 것이고 밖으로는 사악한 마음이 내 몸의 경계로 들어오지 못하는 것이며 안과 밖의 안정된 것, 즉 신神과 기氣가 평온한 것을 말한다."고 했다. 그리고 무위는 어떤 방향·장소·모양·모습에 의하여 가로막히지 아니한다.

《장자莊子》지락편至樂篇에는 "하늘은 무위 때문에 맑고 땅은 무위 때문에 편안하다. 그러므로 두 무위가 서로 합하여 만물이 생성, 변화하는 것이다. 이런 창조의 근원은 아득하여 그 생겨나는 바를 모르고 까마득하여 그 모양도 알 수가 없다. 그러나 만물은 무진장으로 이 무위 때문에 번식한다. 그러므로 천지는 작위作爲함이 없건만 만들어 내지 않은 것이 없는 것이다."라고 말한다.

이상에서는 무위자연, 즉 자연의 무위를 이야기했다. 그러면 사람에게도 무위가 존재하는가? 답은 존재한다. 그리고 그것을 경험할 수도 있고 맛볼 수도 있다. 이는 정좌수련靜坐修煉을 통해서 가능하다.

우리가 정좌수련을 함에 있어서 가장 핵심이 되는 내용은 다만 잡된 것이 섞이지 아니한 순수한 마음만으로 나가는 것뿐이다. 처음 정좌수련을 배우고 익히는 과정에서 잘못을 저지르기 쉬운 것은 어둠 속으로 깊이 빠져 버려서 정신이 없게 되어 잠이 드는 것, 즉 혼침昏沈과 이 생각 저 생각 걷잡을 수 없을 정도로 마음이 어지럽게 흩어지고 잡념만 생기는 것, 즉 산만散亂 두 가지라고 할 수 있는데 이런 상태에서는 정定에 깊이 들어갈 수가 없다.

그러면 무엇이 정定인가? 정은 산란하지도 혼침에 빠지지도 않으며, 깨어 있으면서도 적적寂寂하고 적적하면서도 깨어 있는 것이다. 마음은 이미 고요해졌지만 결코 죽어버린 것은 아니다. 그래서 깨어 있다고 말하는 것이니 비유하자면 화로에 불은 꺼지긴 했어도 재 속에 불씨가 남아 있는 것과 같으니 이처럼 깨어 있으면서도 고요한 경계가 바로 정定이다. '마음에 의지하지 않고 몸에도 의지하지 않으며 의지하지 않는다는 것에

도 의지하지 않는(不依心, 不依身, 不依也不依)' 경계에 이른 것, 다시 말하면 생각이 마음에 기대지 않고 몸에만 붙들려 있지도 않으며 심지어 기대지 않고 붙들려 있지 않는다는 것조차 벗어 던진 것, 이것이 바로 정定이다.

정定을 처음 닦기 시작할 때는 대개 산란하지 않으면 혼침에 빠지며 혹은 잠시 산란했다가 잠시 혼침에 빠지기를 계속한다. 사실 산란과 혼침을 벗어나는 것이 입정入定의 관건이다. 즉 잠자는 것 같지만 깨어 있고 깨어 있는 것 같으나 잠자는 것 같은 그런 경계가 정定이자 무위無爲이다. 이 무위 상태에서는 나의 몸과 마음은 정지되어 버린다. 지구는 쉬지 않고 돌고 시간도 흐르지만 내 몸은 모든 것을 정지하고 그대로이다. 그리고 그 상태에서만이 도道가 살아난다. 여기서 내 몸은 작위作爲함이 없건만 만들어 내지 못하는 것이 없게 되는 것이다. 이 무위 상태에서는 내 몸에서 흐르는 시간까지도 정지되어 버리니 앞으로 나아가지도 않고, 즉 늙지도 않고 그대로인 것이다. 이렇게 유위有爲를 빌려서 무위無爲 상태로 들어가지만 단번에 무위로 들어갈 수는 없다. 이러한 경지를 다른 말로는 원신元神이 작용하는 상태라고도 한다.

불법에서는 지관止觀이라는 말이 있는데 지止니 관觀이니 하는 것은 모두 정혜定慧를 얻기 위한 것으로 수행의 첫걸음에 불과하다.

지관止觀이란 뜻을 살펴보면 '헛된 모든 생각을 그친다'는 뜻이 지止라고 한다면 관觀은 '비추어서 살핀다'라는 뜻이다. 이는 마음을 흩어짐 없이 한곳에 머물러서(定) 슬기의 빛으로 고요히 비추고(慧) 있다는 뜻이기도 하다. 즉 정혜定慧라는 말과 상통한다.

육근六根(眼耳鼻舌身意)을 사용하는 방법으로부터 팔만 사천 법문이 파생된 것이니 일체 법문의 시작은 모두 생각을 고요히 정지시키는 것이다. 생각이 정지된 상태가 곧 정定이며, 그 정도의 차이는 공력의 깊고 얕음에 따라 차이가 있다.

우리가 정定에 들어가기 위해서는 마땅히 이 생각(念)이라는 것이 '어떠한 곳에 들어 있는가?' '어디로부터 일어나는가?' '어디에 가서 사라지는가?' 하는 문제를 붙들고 거듭거듭 끝까지 헤치고 들어가 봐야 하지만 마침내 그러한 곳을 붙잡아 낼 수는 없고, 다만 그 자체로써 이 생각(念)이라는 것이 일어나는 곳을 보게 되는 것이다.

나와 너, 즉 주관과 객관이 마음이 안정된 상태, 이것이 곧 비추어 살핌을 바르게 하는 일을 정관正觀이라고 말하고, 이러한 이치에 어긋나는 것, 곧 비추어 살피는 마음과 그 대상이 맞지 아니하는 것을 비추어 살핌을 바르게 하지 못하는 것을 사관邪觀이라고 한다. 이러한 상태로 되는 일은 그렇게 되고자 노력하여서 그렇게 되는 것이 아니고 다만 처음 배우기 시작하였던 때의 상태를 그대로 계속해서 끊어짐 없이 이어 나가노라면 이루어지는 것이다. 헛된 모든 생각을 그치고(止) 그것을 끊임없이 이어 나가노라면 비추어 살피는(觀) 경지가 이루어지고, 비추어 살피는 경지에 이르러서(觀) 그것을 끊임없이 이어 나가노라면 헛된 모든 생각이 그치게(止) 된다.

이러한 이치가 곧 "마음을 흩어짐 없이 한곳에 머물러서(定) 슬기의 빛이 고요히 비치게 함(慧)을 함께 닦는다(정혜쌍수定慧雙修)."는 가르침이 된다.

우리가 입정入定에 들어가기 위해서는 마음을 숨(息)에 함께 붙어 있도록 하는 수밖에는 없다. 숨(息)이라는 것은 스스로의 마음이며 스스로의 마음은 숨이 되고 있는 것이다. 마음이 한번 움직이면 곧 기氣가 생기게 되는데 그 이유인즉 기라는 것은 본래 마음이 변화되어서 이루어진 것이기 때문이다. 우리들 사람의 생각은 그 움직임이 지극히 빨라서 눈 깜짝할 사이에 하나의 헛된 생각(妄念)이 생겼다가 사라지는데, 그러는 과정에 한 번의 호흡이 그에 따라서 이루어지게 된다. 그러므로 속에서 일어나는 호흡과 밖에서 일어나는 호흡은 마치 사람의 목소리와 메아리가 서로 따르는 것과 같다. 결국 하루에 몇 만 번의 숨을 쉬니 그 자체로서 몇 만 번의 헛된 생각(妄念)을 일으키는 것이다. 그와 같이 흘러서 내면세계의 밝음을 유지하는 정신(神明)이 다 새어나가 버리면 마치 나무가 죽어서 마르는 것과 같고 불 꺼진 재가 싸느랗게 식는 것과 같아진다. 그렇더라도 생각이 없어지기를 바라는가? 생각을 없앨 수는 없다. 또한 숨이 없어지기를 바라는가? 숨도 없앨 수는 없다. 이도 저도 아니면 어떻게 하란 말인가? 결국 그러한 마음을 일으키는 얼개 자체가 바로 약藥으로 될 수 있음을 알아서 그렇게 되도록 하여야 하는 것이다. 다름 아니라 마음과 숨이 서로 붙어서 의존하는 일, 즉 심식상의心息相依가 그것이다.

9 하도河圖 낙서洛書

1) 하도河圖

상고시대 신화에서 복희씨伏羲氏가 천하를 다스릴 때에 머리는 용이고 몸은 말의 형상을 한 신비로운 짐승이 하수河水에서 출현하였는데, 그 등에 있는 55개의 점이 천지창조와 만물생성의 이치를 담은 신비한 그림이라고 믿었다. 또한 용마龍馬가 짊어지고 나왔다는 것은 실재하지 않는 상상의 동물로써 선천의 형이상학적인 도를 나타낸 것으로 보고 있다. 복희씨伏羲氏는 황하黃河를 통해 용마龍馬의 몸체에 떠오른 문양을 자신의 관찰과 함께 그린 팔괘八卦를 만들기도 했는데 용마龍馬의 몸체에 새겨진 문양을 하도河圖라고 한다.

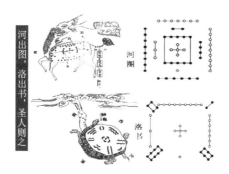

하도河圖는 하늘의 별들에서 유래한 상고문명의 산물로, 하도의 상상像, 수數, 이리라는 것은 지극히 쉽고 간단하다고 하나 심오한 깊이를 나타낸다. 그 유래는 중화문명사의 만고에 미스터리다. 하도는 원래 별 그림으로 심오한 우주의 별들의 비밀스러운 상상像을 담고 있다고 믿고 있다. 하도의 이 '하河'는 '별'을 가리키기도 한다.

하도락서는 중화문화라고 보아도 과언이 아니다. 음양陰陽과 오행五行,

술수術數의 근원이기도 하다. 최초로 《상서尙書》에 수록되었고, 다음으로 《역전易傳》에도 수록되었다. 태극太極, 팔괘八卦, 주역周易, 육갑六甲, 구성九星, 풍수風水 등에서도 그 근원을 찾을 수 있다.

하도와 낙서는 그 본원을 따지면 사실 수학數學 중의 하나라고 보이나 먼저 그것들이 세상에 나와 옛사람들에 의해 신격화되었다. 이후 역사 과정에서 오행, 음양, 사계, 방위의 설이 삽입되었고, 한편으로는 과학의 내용이 풍부해졌으며, 더욱이 절기, 음양, 만물의 생生·장壯·영榮·쇠衰의 상관관계를 진일보하게 설명할 수 있다. 반면에 황홀한 미신에 빠지는 경향이 많아졌다고도 볼 수 있다.

복희씨는 일월성신, 계절, 기후, 초목의 흥망성쇠 등에 대해 깊은 관찰을 하고 있었는데, 어느 날 낙양洛陽 동북 맹진孟津현 황하黃河에서 용마龍馬가 뛰쳐나온 순간 그는 자신이 강한 정신적 충격 속에 있음을 깨닫고 자신과 자연 사이에 어이없는 일치가 있음을 절감했다. 용마의 몸체에 새겨진 문양을 발견해 자연을 관찰해 온 자신의 의상意象과 궁합이 맞아떨어졌고, 용마의 몸체에 그려진 문양을 본떠서 자신의 몸체에 팔괘를 그렸다고 하는데, 용마의 몸체에 그려진 문양을 하도라고 불렀다.

하도는 열 개의 수로 되어 있고 낙서는 아홉 개의 수로 되어 있다.

河圖 (백색은 양 흑색은 음)		

	2, 7. 火	
3, 8. 木	5, 10. 土	4, 9. 金
	1, 6. 水	
河圖의 相生 數		

하도河圖를 살펴보면 열 개의 수로 되어 있는데, 1(하)·2(상)·3(좌)·4(우)·5(중)의 수가 안에 있고 6(하)·7(상)·8(좌)·9(우)·10(중)의 수가 밖을 둘러싸고 있는 모습으로 모두 55개의 점으로 구성되어 있으며 이 수를 합하면 55가 된다. 1·2·3·4·5는 안에 있으면서 만물의 생명을 낳는 근본이 된다 하여 생수生數라 하고 6·7·8·9·10은 밖에 있으면서 만물의 형체를 이룬다 하여 성수成數라고 한다.

2) 낙서洛書

낙서洛書는 아홉 개의 수로 되어 있는데, 낙수洛水(황하의 지류)에 나타난 신령스런 거북이의 등에 45개의 점으로 된 무늬가 있었는데 하우씨夏禹氏가 이 무늬에서 오행이 서로 상극하며 조절하는 작용 등 신묘한 이치를 깨달아 9년 동안 홍수를 다스릴 수 있어 치수사업에 성공하였다고 한다.

낙서가 거북이의 등에 나타남은, 실존하는 거북이로써 후천의 형이하학적인 법을 보인 것이라고 할 수 있다.

낙서를 거북이의 몸에 비교해 보면 등 한가운데의 5를 중심으로 꼬리 부분의 1과 머리 부분의 9, 좌측의 3과 우측의 7이 각기 상하좌우로 마주하여 있고, 어깨의 좌우에 4와 2가 있으며 발에 해당하는 8과 6이 좌우에 처하여 총 45개의 점이 구궁으로 나뉘어 배열되어 있다. 이 수를 모두 합하면 45가 되며 선천의 수와 후천의 수를 합하면 100이 된다.

지금 서적 등을 도서圖書라고 하는 것도 하도의 도와 낙서의 서에서 연유되었으며, 문자가 없었던 복희씨 때의 '하도河圖'와는 달리, 하우씨 당시는 문자를 사용하던 시대였기 때문에 '낙서洛書'라고 이름 한 것이다. 우리가 흔히 쓰는 정치 9단이라든지 바둑 등에서 9단 이상을 취하지 않는 것은 우리가 살고 있는 후천세계에서 9라는 숫자가 가장 높아서이며 그 이상 10은 선천의 수이기 때문이다.

4 陰金	9 陽金	2 陰火
3 陽木	5 土	7 陽火
8 陰木	1 陽水	6 陰水

가로, 세로, 대각선 어느 줄을 따라 3개의 숫자를
더하더라도 15가 되는 마방진이다.

오마五魔를 변하게 해서 오원五元이 되게 하고, 낙서洛書를 돌이켜 하도
河圖로 되게 하는 것을 가히 천하의 기인奇人이라고 할 것이며 도가 수련
은 그 하나의 방법이다.

10 혼백魂魄

혼魂은 사람의 정신적 영기靈氣를 가리킨다. 고대에는 혼을 양기陽氣로 여겨 인간의 사유와 지혜를 구성하였다. 백魄은 거칠고 탁한 음기陰氣로 사람의 감각 형체를 이룬다. 혼백(음양)이 조화를 이루면 인체는 건강해진다. 사람의 죽은 영혼(양기)은 하늘에 귀속되고 정신과 백(형체)이 떨어져 나와 이룬 골육(음기)은 땅에 귀속된다.

혼은 양신陽神, 백은 음신陰神이라고 한다. 도교에는 "3혼7백三魂七魄"이라는 말이 있는데, 오늘날 과학에서는 인간의 혼백이 종교가 말한 대로 되는지, 윤회하는지, 혼백의 조성이 옳은지를 증명하지 못하고 있다.

《내관경內觀經》에서는 움직여서 몸을 다스리는 것을 혼魂이라 하고, 고요하게 형을 진정시키는 것을 백魄이라 하였다.

"마음이 정미하고 상쾌할 때를 혼백이라 하는데, 그 상태가 오래갈 수 있겠는가? 혼백은 신령이라는 이름으로 본래 형기形氣가 있었으나 형기도 다르고 혼백도 다르다. 형形에 의지하는 영靈을 백이라 하고, 기氣에 의지하는 신神을 혼이라 한다. 부형지영附形之靈이라 하여 처음 태어날 때 귀와 눈이 마음을 알고, 손과 발이 운동을 하고, 울음소리를 내는 것을 백의 영靈이라 한다. 의지하는 것은 기氣의 신神이고 정신과 본성을 점차 알게 되는데, 이것을 부기지신附氣之神(기에 의지하는 신)이라 한다."

《황제내경》을 보면, "오장五臟은 심장신心臟神, 폐장백肺臟魄, 간장혼肝藏魂, 비장의脾藏意, 신장정腎藏精의 뜻이 있다."고 했다. 번역하자면 심장신은 마음을 품고 사람의 생명을 지배하는 것, 우리가 흔히 말하는 심신불만이 그것이다. 폐장백은 폐에는 7백七魄이 있고, 간장혼肝藏魂은 간에는 3혼三魂이 있으며, 비장의脾藏意는 비장은 사람의 사혈死穴과 관계가 있다. 또한 신장정腎臟精은 신장의 정精은 골수가 되며 골수는 뇌에 통하기 때문에 신장이 허약하면 사람의 기억력에 영향을 줄 수 있다.

혼魂은 인체를 떠나서 존재하는 정신이고, 백魄은 형체를 따라 나타나는 정신이다. 도가에서는 인신人身에는 3혼7백三魂七魄이 있다고 했다. 또한 신과 통할 수 있음을 얻고자 한다면 물과 불의 형체를 갖추어야 하고 그것은 스스로 몸속의 삼혼칠백을 알 수 있는 것이다.

1) 3혼三魂의 쓰임

도교 전적《운급칠첨雲笈七簽》에서는 "대저 사람에게는 세 혼이 있는데, 하나는 태광胎光이고 또 하나는 상령爽靈이고 마지막 하나는 유정幽精이다."라고 했다. 태광은 생명의 빛이라고 하는데 구체적으로는 어른에게 태광이 없으면 죽고, 어린 아이에게 태광이 없으면 위독하게 되는 것이다. 상령이라는 것은 지혜의 빛이라고 하는데 천성적으로 우둔한 사람은 대개 상령이 결핍되어 있다. 유정은 성령性靈의 빛이다. 유정은 사람의 기호를 결정한다. 가령 동성애자의 경우는 유정(기호)이 남자를 좋아하게 만들었다는 데 있다.

사람은 몸에 3혼三魂이 있어 이를 3명三命이라고도 하는데 주명主命과 주재록主財祿과 주재쇠主災衰이다. 즉 명命과 복록俸祿과 재난災難이 닥치는 것을 말한다.

2) 7백七魄의 쓰임

《운급칠첨》에 따르면 "혼은 양이고 백은 음이다."라고 되어 있다. "혼은 사람을 살리고자 하지만 백은 사람이 죽음에 이르는 것을 좋아한다. 혼이 슬퍼하면 백은 웃음진다." "칠백은 음흉한 기운이 귀신이어서 시체를 부려먹으니 탐욕스럽고 시기하고 질투한다. 여자를 좋아하여 정을 낭비하고 음탐함을 즐기니 순박한 것은 전혀 없고, 오로지 귀신이 저지른 것이다.”라고 말한다.

칠백은 사람을 망치지만, 사람 몸을 운행하는 데 중요한 역할을 한다. 도교에서는 칠백을 채취해서 이 칠백으로 하여금 그들이 순순히 말을 듣게 하기도 한다. 여기서 백은 욕망을 상징하기도 하는데, 욕망을 기대하는 것을 도교를 통하여 정을 끊는 것이 아니라 마음을 비우게 하는 것이다.

사람이 죽을 때 칠백이 먼저 흩어지고 그 후에 삼혼이 다시 떠나야 한다. 병이 났을 때는 백이 흩어지기 때문에 약물로 그것을 저지시킨다. 백과 힘이 흩어지면 귀신이 쉽게 접근하기 때문이다.

사람의 정신은 혼백이라 할 수 있는데, 그 혼은 세 가지이다. 하나는 하늘의 혼(天魂)이고 둘은 땅의 혼(地魂)이며 셋은 생명(命魂)의 혼이다. 그 백은 일곱인데 1 천충天沖, 2 영혜靈慧, 3 기氣, 4 력力, 5 중추中樞, 6 정精, 7 영英이다.

혼은 양이고, 백은 음이지만, 그중 삼혼과 칠백 중에서 음양이 따로 있다. 삼혼에는 하늘의 천혼은 양이요 땅의 지혼은 음이며 생명의 명혼은 양이다. 칠백 중 천충과 영혜의 두 백은 음이지만 하늘의 음백이고, 기백과 역백, 중추백은 양이며, 종백과 영백은 양이지만 땅의 백이다.

3) 인체人體와 혼백魂魄

3혼 중 천天·지地·두 혼은 항상 밖에 있거니와 오직 생명의 혼만 홀로 몸에 있다. 천天·지地·명命, 3혼은 결코 자주 머리를 맞대지 않는다. 7백七魄 중 두 개의 천天백, 두 개의 지地백, 세 개의 인人백은 음양이 상응하여 결코 분리되지 않는다. 인체에 항상 붙어 있다.

인간의 칠백을 비밀스럽게 설명한다면 인체의 머리 위부터 사타구니 아래 회음혈의 중맥 위에 있는 7개의 맥륜脈輪을 말하며 7개의 에너지장이라고 할 수 있다. 그중에서도 천충백天沖魄은 머리 꼭대기 바퀴 정륜頂輪에, 영혜백靈慧魄은 눈썹 심륜心輪에, 기백氣魄은 목 바퀴 후륜喉輪에, 역백力魄은 심륜상心輪上에, 그리고 두 손과 두 발과 동시에 연결되어 있다. 중추백中樞魄은 탯줄 바퀴 제륜臍輪에, 정백精魄은 생식 바퀴 생식륜生殖輪에, 영백英魄은 해저 바퀴 해저륜海底輪에 있다. 인체의 칠백은 모두 명혼命魂이 장악하고 있다. 명혼命魂은 인혼人魂 또는 색혼色魂이라고도 한다. 인간의 생명은 이때부터 혼이 빠져서 생겨난 것이다. 혼이 빠진 뒤에는 인체의 중맥에 있는 일곱 개의 맥륜 위에 에너지를 분포시킨다. 인간의 칠백이 형성된다. 백은 육신肉身의 소유자였고, 사람이 죽으면 칠백은 사라지고, 그 영혼은 스스로 떠나고 생명은 끝이 난다.

도가에서 원신과의 관계에서 말하는 바는, 혼백魂魄 중에서 원신元神을 형성할 수 있으며 혼백은 대대로 이변異變하므로 원신이 영원히 존재하고, 혼백은 곧 주혼主魂을 말한다. 혼백魂魄 중 주혼主魂은 사람의 의식을 지배하고, 각혼覺魂은 사람의 선악을 지배하며, 생혼生魂은 사람의 수명을 지배한다. 사람이 죽으면 7백七魄을 관장하는 생혼生魂(命魂)은 소멸되고, 각혼覺魂(守屍魂)은 인간 세상에 남아서 혼백魂魄(主魂)의 인과因果에 따라 순환하는데, 육도六道 가운데서 사람이 만약 선한 일을 하면 신神에게 돌아가게 되고 혼백과 각혼覺魂이 하나가 될 것이다. 각혼覺魂(시신을 지키는 혼)이 죽으면 대부분 세상에 남아 시간이 지나면 자연히 사라지는데, 시신을 지키는 훈련을 하면 어느 정도 새로운 영혼이 되어 환생 자격을 얻을 수 있다고 했다.

다음은 《신용호비결》(지혜의나무 간)에 밝힌 혼백에 관한 내용이다.

혼은 얼이고 백은 넋이다. 하나의 생명이 생길 때 영靈이 건궁乾宮에 떨어지면 그것은 곧 혼과 백으로 나누어진다. 혼은 하늘의 중심에 자리를 잡고 활동하게 되는데 그 성질은 양陽이고 가볍고 맑은 기氣다. 백은 음陰하고 무겁고 탁한 기의 성질을 가졌는데 모양이나 모습이 있는 모든 생물의 육체에 붙어 기식한다.

혼은 살기를 좋아하지만 백은 죽기를 바라는 성질이 있다. 이 세상의 물질적인 것을 좋아하며 움직이는 모든 기氣는 백이 그렇게 만들어 가는 것이라고 한다.

우리 몸에 있는 백(넋)은 의식에 붙어서 작용을 하게 되고 의식은 백에 힘입어서 생겨난다. 이 의식은 곧 식신識神을 말함이다. 백은 의식을 바탕(體)으로 삼는데 의식은 끊임없이 이어지니 생겨나고 생겨나서 한 세대에서 다음 세대로 이어지고 한 세상에서 다른 세상으로 이어지면서 백의 모습이 바뀌어지거나 그 백이 몸담고 있는 그릇이나 그것을 이루게 되는 재료가 변하게 되는 일은 끝나지 아니한다. 오직 이것을 갈무리하는 것은 혼(얼)이다.

우리 몸에 있는 혼(얼)은 낮이면 두 눈에 깃들어 있다가 밤이 되면 간肝에 가서 머문다. 혼이 두 눈에 깃들이게 되면서 눈이 볼 수가 있어 눈의 구실을 할 수가 있으며 간에서 머무르면 꿈이 이루어진다. 꿈이라는 것은 영계에서 신이 떠돌아다니는 것을 말한다. 위로는 아홉 단계의 하늘(九天)과 아래로는 아홉 층계의 땅(九地)을 눈 깜짝할 동안에 모두 다녀오는데, 깨어나면 그 모든 것이 언제 있었냐는 듯이 어둠 속으로 사라지고 마치 깊은 연못 속같이 되는 것이 꿈이다.

혼백은 음양의 두 기를 머금고 붙어산다. 혼이라는 것은 진정眞精의 양이다. 백이라는 것은 진정의 음이다. 혼백의 처음 이름은 진영眞靈이다.

'자산'께서 말씀하시기를 "사람의 시작은 백이다. 이미 살아서 양이 되고 혼이 된다. 두 기가 발생하여 진영이 응하므로 혼백이 아님이 없다. 살아가는 데 변화가 많으면 천변만화를 이루고 생도 그 속에 있고 죽음도 그 속에 있다. 하늘에 있는 일월과는 다 상象이 통한다. 일월이라는 것은 천지의 혼백이다. 고로 혼은 해이고 낮의 주인이며 하늘의 진정이다. 백은 달이고 밤의 주인이며 땅의 진정이다. 대개 사람의 혼백은 모두 일월의 상으로 통한다."고 하였으며, 또 '회남왕'은 말하기를 "하늘의 기는 혼으로 이루어졌고 땅의 기는 백으로 이루어졌다."고 했으며, 또 《오장내경五臟內經》에서는 "아버지의 정기는 혼이고 어머니의 정기는 백이다."라고 했다.

달의 차고 기우는 이치와 추위와 더위의 변화가 모두 혼백과의 유관함을 말하기도 하였는데, 사람이나 생물에 붙어사는 백은 자기가 붙어 있었던 생물이 죽은 뒤에는 피로 된 음식을 받아먹는다고 하며, 되살아나는 경우 음한 것들이 음한 것에게로 돌아가서 같은 것끼리 뭉치게 되면 불행한 일이 일어나게 되는 것은 당연한 이치다. 도가 수련은 정과 기와 신을 단련하는 과정에서 이 음한 백을 모조리 불태워 버리고 잡된 것 하나 없이 순수한 양으로 만드는 것이 수련의 요체이다.

옛 사람들은 세상을 벗어나는 방법으로 음한 찌꺼기들을 모조리 불로 태워서 잡된 것 하나 없이 순수한 양으로 다시 돌아오게 하는 것이었으며 백을 녹여 없애고 혼을 온전하게 하는 것이 그것이다.

세상살이를 하면서 변화무쌍함을 지키면서 쫓아가는 것은 하나의 안녕을 얻기 위한 것이다. 만 가지로 변화하는 것은 혼백이 움직이고 또 붙

76

어살기 때문이다. 우리가 어떤 형태에 사로잡힌다는 것은 다름 아니라 그 넋(백)에 사로잡힌다는 것이므로 수련을 함으로써 얼(혼)을 단련하면서 신을 보존하게 되면 넋을 제압하게 되고 결국은 넋의 바탕이 되는 의식을 끊어 버리게 된다.

혼백을 옛 선인들은 어떻게 정의를 내렸는지 정리해 보면 다음과 같다.

○ 기가 성하면 혼 가운데 음이 없으며 양이 왕성하면 백 가운데에도 기가 있다.

○ 혼은 기氣의 신이다. 맑음이 있고 탁함도 있다(有淸有濁). 간은 혼의 주인이며 혼은 간의 신이다. 백은 정精의 신이다. 비어 있기도 하고 차 있기도 하다(有虛有實). 폐는 백을 감추고 백은 폐의 신이다.

○ 이 혼백의 활동을 정신활동이라고도 한다. 혼이 고요하면 뜻이 어지럽지 않고 백이 안정되면 장수를 얻을 수 있으며 이것을 조절하는 것은 정신활동 여하에 달렸다. 안으로 신을 지키고 밖으로 너무 나서지 않으면 혼백이 안정되고 정서도 평온해진다.

○ 혼은 위로 올라가는 것을 좋아해 뇌로 돌아가며 백은 샘으로 들어가는 것을 좋아해 아래의 신장으로 돌아간다.

11 원신元神 식신識神

신神은 인체의 삼보 중의 하나로, 단도丹道의 기록을 보면 이를 선천과 후천으로 구분해 선천적인 신을 원신元神이라고 한다. 원신이란 신기神氣이다. 태어난 후 사물을 마음으로 삼아 점차 생겨나는 후천後天의 식신識神과는 본질적인 차이가 있다. 장백단은 "신이란 원신이 있고 식신이 있다. 원신이란 것은 한 점의 신령스런 빛이고, 식신이라는 것은 사람들이 신에 대한 욕심으로 후세에 물든 천성이다."라고 했다.

1) 원신元神

수행자가 환생할 때 원신은 태아를 따라 함께 세상으로 나와 몸 안에 갇혀 사물과 직접 접촉할 수도 없고 속성도 알지 못해 일정한 방식으로 원신이 깨어나서 지금까지 수행해 온 모든 것을 금세今世와 함께 엮어낸다. 대뇌는 지식과 정보를 축적할 때 대뇌에 일정한 지식과 정보를 저장한다. 원신이 깨어나기 전에 식신識神이 인식하여 대뇌를 제어한다. 원신이 깨어나지 않아 지식과 정보가 너무 적은 상태이다. 행동이 맹연盲然하고 유치하게 표현된다. 식신은 원신과 뇌의 소통을 가로막고 심지어 통제하여 영성이 약해지고 상실하게 되는데, 이것이 바로 원신을 잃어버리게 되는 원인이므로 원신을 수련하여 깨우치게 하고, 다시 식신을 대신하여 자신의 운명을 장악하게 하는 것이 도교 내단파가 원신을 수련하는 이론의 기초이다.

외부의 물질적 유혹과 자아를 인식한 후 생기는 이기적인 욕망의 식신識神은 사람의 감정과 욕망을 끊임없이 발생시키고 통제하며 정상적인 범위 안에서도 욕망이 사람의 행동 동력으로 바뀌지만, '구하지 않으면 안 된다'는 반응이 점점 많아지면, 의식은 사회가 규정한 윤리 도덕의 범위를 벗어나기 시작하고 욕망을 달성하려는 행위를 하게 된다. 사람은 반드시 원신을 단련함으로써 의식을 제약해야 한다. 왜냐하면 원신은 사람의 자제력과 이상 사유의 근원이기 때문이다. 원신이 뇌와 생명 행위를 통제하는 전제조건은 점진적으로 식신을 대체하고 생명 통제권을 장악하는 것인데, 이는 성명性命 수련을 거쳐야 도달할 수 있는 것이니 인류가 존재하는 한 성명性命 수련 현상의 근본을 아는 것이 도가 수련이다.

심리와 영혼은 자신의 본래 소질과 외부 조건에 구속되어 있지만, 인간은 의도적이거나 의도하지 않게 심경心境과 영혼靈魂 상태를 조절할 수 있다. 인간은 잠재의식 상태와 무의식 상태 두 가지 비의식적인 심리도 있다. 의식—잠재의식—무의식 세 가지 마음가짐은 일정한 연계를 가지고 있다. 의식적인 것은 목적을 위한 것이고, 잠재의식적·무의식적 자주성의 그 연결고리는 인체 스스로 유지한다. 그것은 신神만이 할 수 있다.

본질적으로 말하면 원신은 결코 초자연적 힘이 아니다. 원신은, 부모의 교접으로 선천先天의 무극에서 한 점을 찍을 때 이미 생겨서 모궁母宮에서는 니환궁에 거주했지마는 세상에 태어나면서 울음소리와 함께 호흡에 딸려 들어온 후천後天의 식신識神과 함께 동거하게 된다. 그러나 후천에서는 식신이 주인 노릇을 하고 있기 때문에 원신은 5차원 이하의 시공간에 존재할 수 없으며 시간이 지날수록 점점 약화되어 해체될 위기에 있는 것이다. 도가의 인식에서 원신은 사람의 잠재의식을 가리키며, 한 사람의 인격 존재의 근간이다. 이런 감각은 인간이 태어날 때부터 가지고 있던, 지혜로운 생명의 특징이다. 이러한 감각기관은 원신으로부터 나온 것으로, 그것은 완전히 과학적이다. 어떠한 신비로운 색채도 없으며, 인류의 가장 기초적인 본능 중의 하나이다. 원신을 소생시켜 그 감각을 되살리려면 자신의 도덕적 수양과 여러 방면의 소양을 높여야 한다. 그래서 예나 지금이나 모든 수련인들은 큰 지혜를 가지고 초연하게 대처해야 한다. 후천의 '오안五眼(肉眼·天眼·法眼·慧眼·佛眼)'을 만들려면 원신을 깨워야 한다.

2) 식신識神

식신識神은 생명체의 행동을 통제할 수 있는 주관적인 능동의식을 뇌에서 형성한 신화적 별칭으로, 생명체는 탄생하는 순간부터 천지간의 다양한 사물에 대한 정보 에너지를 신체(피부 및 신경 포함)와 감각으로 끊임없이 전달받아 왔다. 바람과 구름, 빛과 그늘, 맑고 흐림, 춥고 더운 것들, 그리고 소리를 비롯해 인간 생명체에서는 끊임없이 인문적인 사물, 특히 지식과 삶의 가르침을 많이 받아 뇌에 많은 지식 정보와 사물 정보를 축적한다. 뇌에는 특수한 생물학적 정보 가공 기능이 있다. 대뇌 기능과 정보 에너지 사이에 에너지 회전기가 생겨 뇌의 사유를 형성한다. 끊임없이 새로운 정보를 복사하고 진화하며 창조하고 정제한다. 대뇌 내의 정보를 빠르게 팽창시키고 정보 에너지도 덩달아 증대한다. 정보 에너지장을 형성하고, 에너지의 감응성을 가지기도 한다. 이런 감응성이 강해져 생겨난 뇌에서 결국 뇌 기능과 함께 분별기능과 신체 제어기능을 가진 의식체를 합성하는 것이 식신이다. 식신은 뇌의 기능과 뇌에 저장된 정보의 에너지에 의해 결정되는데, 어떤 뇌의 기능이 있고 어떤 정보 에너지가 저장되느냐에 따라 어떤 식신이 파생된다. 동물은 동물의 식신이 있고, 인류는 인류의 식신이 있다. 인간의 뇌 기능은 동물의 뇌 기능보다 생체 성능이 더 강하기 때문에 흡수할 수 있는 정보 에너지는 동물의 흡수 종류보다 많고 정보의 양이 더 크며, 이로 인해 식신의 생물성生物性이 더 고급스럽고, 식신의 의식성意識性과 의식력意識力이 더 강하다. 아무리 식신이 강해도 뇌 기능과 정보 저장에 제약을 받아 인간의 사상은 천차만별일 뿐 뇌 기능을 초월하는 사고력이 생기지 않고, 저장된 지식 정보 이상의 사고력이 생기지 않으며, 사람의 사상은 뇌 기능과 저장된 지식의 범위에 국한될 수밖에 없다. 식신과 뇌 기능의 혼성混成은 생명체의 유기적인 구성으로, 사람의 감정, 욕망 등은 모두 식신識神과 밀접한 관련이 있어 모두 식신의 작용과 통제하에 발생하며, 사람의 식신은 감정과 욕망의 요소를 가지고 있다. 사람의 뇌 기능이 손상되면 식신識神이 영향을 받고, 뇌에 저장된 지식 정보가 문란紊亂하게 되면 역시 식신도 같은 방법으로 문란이 발생한다. 이 두 가지 상황은 사람의 정신과 행동을 이상하게 만드는 근원이다. 식신은 사람의 생명이 끝날 때 대뇌 기능이 상실되고, 사람의 의식도 혼백이 떨어져 나가면서 사라진다.

도교에서 인식하고 있는 식신識神은 인간이 세상을 인식하고 신체의 행동을 통제하는 의식체로 후천적 의식에 속한다고 본다.《태을금화종지》에 따르면 식신은 백魄에 의해 존재하며, 유형有形의 범심凡心으로, 이것은 전체 몸의 주요 핵심으로서 배고픔, 졸음, 심지어는 화냄, 짜증, 슬픔까지 모두 이러한 부정적인 감정을 식신識神이 느끼는 것이다. 외부와의 직접 접촉에서도 식신도 자신을 구별하는 다른 인식을 갖게 되고, 이를 통해 식신도 이에 대응해 욕구를 내고 동력으로 전환해 자신에게 유리한 행동을 하도록 유도한다.

여기서 중국 8선 중 한 분이신 여동빈 조사의 《태을금화종지》에서 소개한 원신과 식신에 대해서 살펴보고자 한다. 이 책은 유럽, 아메리카, 아시아 등에서 많은 학자들이 관심을 보인 가운데 번역 출판되었다.

여조왈呂祖曰:

　조사께서 말씀하시기를 "하늘과 땅은 사람을 하루살이같이 보고 대도大道는 하늘과 땅도 물거품같이 본다. 오직 생명활동을 주재하는 원신元神만이 태어나기 전부터 있는 진성眞性으로서 시간과 공간을 뛰어넘고 그 위에 있다. 그 정精이나 기氣라는 것은 하늘이나 땅을 따라서 썩거나 허물어지게 되어 있는 것이지만 생명활동을 주재하는 원신元神이 그에 머물러 있게 되면 곧 무극이 이루어진다. 하늘을 생기게 하거나 땅을 생기게 하는 것도 모두 이 이치에 말미암아서이다. 배우는 사람이 다만 이 원신元神만을 감싸서 지킬 수 있다면 음과 양이 변화하는 굴레를 뛰어넘어서 그 바깥에 태어날 수 있으며, 더이상 길을 잃고 욕계欲界, 색계色界, 무색계無色界라는 굴레 속을 윤회하지 아니하여도 된다. 이것이 곧 불교에서 선禪 수행자들을 몽둥이로 때리거나 크게 외마디 소리를 지르면서 가르침을 전할 때에 흔히 쓰는 '본성을 보아야지…(見性方可)'라는 가르침이다. 이른바 '태어나기 이전부터 있는 본래의 모습(本來面目)'이라는 것이다.

　보통 사람이 어머니의 태胎에 태어날 때에 생명활동을 주재하는 원신元神은 사방 한 치 되는 곳(方寸)에 머물러 살게 되고 의식의 식신識神은 그 아래에 있는 심장에 살게 된다. 아래에 있고 피와 살로 된 심장은 모양이 마치 큰 복숭아 같은데 허파가 그것을 덮어서 감싸고 있고 간肝이 옆에서 돕고 있으며 큰창자·작은창자가 밑에서 떠받치고 있다. 만일 사람이 하루 동안 밥을 먹지 아니하면 심장에 아주 큰 지장을 초래하게 된다. 놀라운 일을 들으면 심장이 펄떡펄떡 뛰고 화나는 일을 들으면 심장이 괴롭고 답답하며 죽음을 보면 슬퍼지고 아름다움을 보면 눈길을 빼앗긴다. 그러나 머리 위에 있고 하늘의 중심인 사방 한 치 되는 곳에야 어찌 아주 미미한 흔들림이라도 맛볼 수 있겠는가? 그렇다면 하늘의 중심인 사방 한 치 되는 곳(인당)은 절대적으로 움직일 줄 모르는 곳이란 말인가?

사방 한 치 되는 곳 가운데 있고, 태어나기 전부터 있는 참된 뜻을 어찌하여 움직일 수 있다는 말인가? 그것이 움직일 때는 별달리 묘한 일이란 없지만 별달리 묘한 일이 없는 그것이 또한 가장 묘한 일이기도 하다. 보통 사람이 죽을 때에도 이것이 움직이게 되는데 그것은 정말 별일이 아니다. 가장 묘하다는 것은 빛이 이미 모여서 엉기고 뭉쳐져서 진리 그 자체인 법신이 차츰차츰 신령스럽게 통하면서 움직이려고 하는 것이다. 위에 말한 것은 모두가 지금까지 몇 천 년이 지나도록 가르쳐 전하여 주지 아니 하였던 비밀이다.

아래에 있는 의식의 식신이 마치 변방에 있고 세력이 강한 제후국의 사나운 장군과 같아져서 귀, 눈, 입, 코, 피부 같은 기관을 주재하고 있는 임금에 해당하는 심장을 속이고 그를 외롭게 몰아세워 두고는 멀리 떨어져서 한 몸의 법도를 잡고 있기를 오래 계속하게 되면 마침내 보검의 칼끝이 거꾸로 임금에게로 향하는 반역이 일어나게 된다. 이제 빛을 엉기게 하여 원신이 있는 궁궐을 비추면서 지키게 되면 마치 지혜가 빼어 나고 밝은 임금이 두루 돕는 것과 같고 날마다 빛을 돌리면 마치 왼쪽에 서 있는 문신과 오른쪽에 서 있는 무신이 마음을 다하여 보필하는 것과 같아진다. 안으로 다스림이 엄숙하게 이루어진 뒤에는 모든 간사한 무리들이 저절로 창끝을 아래로 향하여 내려뜨리고 임금의 명령을 듣지 아니함이 없게 되는 것이다.

단도丹道에 있어서는 정精이라는 수水와 신神이라는 화火와 의意라는 토土, 이 세 가지를 위없는 보물로 삼는다. 정이라는 수는 무엇인가 하면, 다름 아니라 태어나기 이전부터 있었고 참되고 하나뿐인 선천일기先天一氣이다. 신이라는 화는 곧 빛이다. 뜻이라는 토는 곧 가운데 궁궐 속에 있는 천심天心이다. 신神의 화火는 작용(用)이 되고 의意의 토土는 본체(體)가 되고 정精의 수水는 터전(基)이 된다.

83

보통 사람은 의意로 인하여 신身을 낳는데, 몸이라는 것은 우리 눈에 보이고 2미터도 채 안 되는 그 모습에 그치지 아니한다. 몸에는 넋魄이라는 것이 있는데 넋은 의식에 붙어서 작용을 하게 되고 의식은 넋에 힘입어서 생겨난다.

넋은 음陰하고 의식識의 바탕體이다. 의식은 끊임이 없으니 생겨나고 또 생겨나서 한 세대에서 다음 세대로 이어지고 한 세상에서 다른 세상으로 이어지며 넋의 모습이 바뀌어지거나 그 넋이 몸담고 있는 그릇이나 그것을 이루게 되는 재료가 변하게 되는 일은 끝나지 아니한다.

오직 얼魂이라는 것이 있어서 신神이 갈무리되어 있는 곳이 된다. 얼은 낮이면 두 눈에 깃들어 있다가 밤이 되면 간肝에 가서 머문다. 얼이 두 눈에 깃들게 되면 눈이 볼 수가 있고 간에서 머무르면 꿈이 이루어진다. 꿈이라는 것은 신神이 떠돌아다니는 것을 말한다. 위로는 아홉 단계의 하늘九天과 아래로는 아홉 층계의 땅九地을 눈 깜짝할 동안에 모두 다녀오기도 하는데 깨어나면 그 모든 것이 언제 있었냐는 듯이 어둠속으로 사라지고 마치 깊은 연못 속같이 된다.

어떤 형태에 사로잡힌다는 것은 다름 아니라 그 넋에 사로잡힌다는 것이다. 그러므로 빛을 돌리게回光 되면 그것이 원인이 되어서 얼魂을 불리게 되고, 신神을 보존하게 되면 넋魄을 제압하게 되어 의식識을 끊어 버리게 된다. 옛 사람들이 세상을 벗어난 방법은 음한 찌꺼기들을 모조리 불로 불려서 잡된 것 하나 없이 순수한 양으로 이루어진 상태, 곧 팔괘 가운데의 건괘乾卦 상태를 다시 돌아오게 하는 것이었으며 넋을 녹여 없애고 얼을 온전하게 하는 것이었다. 빛을 돌린다回光는 것은 음을 녹여 없애고 넋을 눌러 놓는 방법을 가리킨 것이다. 순수한 양만으로 된 상태인 건괘乾卦의 상태로 돌아오는 일이 따로 있는 것이 아니고 오직 빛을 돌리는 방법만이 있을 따름이다. 빛은 곧 순수한 양만으로 이루어진 상태인 건乾이고 그것을 되돌려 비춘다는 것은 곧 그것을 떠나갔던 상태로부터 되돌아오게 한다는 것이다. 오직 이 방법만을 지키고 있노라면 저절로 정精이 가득 차게 되고 신神이라는 화火가 피어 나오게 되고 뜻(意)이라는 토土가 엉겨서 흩어짐 없게 된다. 그렇게 되면 성스러운 태아(聖胎)가 맺힐 수 있게 된다. 쇠똥구리라는 곤충이 쇠똥을 동글동글 굴리면 그 알맹이 가운데에서 흰 빛이 생겨나는데, 이것은 신神을 그것에 쏟아 부어서 이루어지는 것으로서 신의 작용에 의한 보람(神功)이다. 이와 같이 쇠똥 알맹이 가운데에서도 새로운 것의 조짐을 낳고 그 껍질을 벗어 버릴 수 있거늘 나에게 있고 참다운 마음이 쉬고 있는 하늘의 가운데(天心)라는 곳에다가 신神을 쏟아 붓는다면 어찌 또 하나의 새로운 몸을 태어나게 하는 일이 불가능하기만 하겠는가?

하나의 신령하고 태어나기 전부터 있는 참된 성(眞性)이 하늘이라고 할 수 있는 건궁에 떨어지고 나면 그것은 곧 얼(魂)과 넋(魄)으로 나누어진다. 얼은 하늘의 중심에 있게 되는데 양하고 가볍고 맑은 기氣이다. 이것은 텅 비고 공한 우주의 근원(太虛)으로부터 온 것인데 우주에서 가장 으뜸이며 근원이 되는 창조주(元始)와 같은 모습이다. 백魄은 음하고 탁한 기氣인데 모양 모습이 있는 모든 생물의 육체 그것은 형체가 있다. 혼魂은 살기를 좋아하고 백魄은 죽기를 바라는 성질이 있다. 이 세상의 물질적인 것(色)을 좋아하여 움직이는 기氣는 모두가 백魄이 그렇게 하는 바이다. 다름 아니라 의식의 신(識神)인 것이다. 죽은 뒤에는 피로 된 음식을 받아먹는데 되살아나는 경우 음陰한 것들이 음陰한 것에게로 돌아가서 같은 것끼리 뭉치게 되기 때문이다 그것은 아주 큰 불행이 일어난다. 배우는 사람은 그 정精과 기氣와 신神을 불리는 과정에서 이 음한 백魄을 모조리 불태워 없애 버리면 곧바로 잡된 것 하나 없이 순수한 양陽으로 되는 것이다."

도교에서 말하는 '도생만물道生萬物'은 무극이 도의 본체이고 태극 음양은 도의 현재 드러나 있는 것이라고 생각하는데, 원신元神은 사람에 대한 무극 본체이고, 신神과 인신人身을 인식하는 것은 사람의 음·양 양면이 현재 드러나 있는 것이다. 수선修仙은 삼계三界(欲界·色界·無色界) 밖을 소요하여 음양오행의 윤전輪轉을 초월하는 것이므로 원신元神은 인간의 무극無極 본체로서 음양陰陽 밖을 초월해서 살아 있는 근본이다. 원신을 수련하여 식신에게 통제된 운명을 다시 원신으로 돌아가게 하는 것이므로, '금단 하나가 배(腹)를 삼키면 '내 팔자가 하늘에 달렸다는 것을 알게 된다'는 내단內丹의 수련 진언이 있다.

12 성명性命

성性이란 사람의 양기陽氣로서 마음도 따르고 생명도 따르는 성품이 좋은 것을 말한다. 인간의 본성은 생명력, 창조력, 향상력을 가지고 있다. 천명天命을 성性이라 하고, 성으로 나아가는 것을 도道라 하며, 도道를 닦는 것을 교教라고도 한다.

성이란 타고난 천성天性이 강하고 유연함과 더디고 먼 것의 차이가 있고, 명命이란 사람이 품성을 받은 것이 귀천貴賤의 차이가 있는데 이는 천명天命에 속하는 것이라는 말도 있다. 성의 본질은 마음이 생겨서 성이 되는 것이다. 이것을 심心과 생生과 성性으로 나누어 본다.

1) 심心

심장은 포유동물로서 수정란에서 발육한 첫 번째 기관器官으로, 생명이 시작되고 끝나는 과정을 수반하는 유일한 기관이며, 심장은 외부 정보를 받는다. 그리고 선악의 판단을 동기화하고 그에 맞는 의식 조정을 하는 가장 중요한 장기라고 할 수 있다. 마음은 사람의 생명을 높이 끌어올리는 기관이다.

2) 생生

사람이 종생縱生하므로 횡생橫生보다 귀하다는 말이 있다. 우리는 세로 방향으로 태어났다. (수술형 제왕절개수술은 제외) 이를 가로로 강생降生하는 동물과 구별한다. 금수禽獸나 초목草木도 천지의 마음에 따라 태어나지 못하고 오직 사람만이 천지의 마음에 따르게 된다. 그러므로 이와 같은 천지의 생이 지극히 귀중하다 할 것이다. 천지의 마음을 '인人'이라고

도 하는데, 천지와 덕을 같이할 수 있다고 본다. 이러한 사실은 사람이 타고난 영생靈牲과 높은 의식을 가진 뚜렷한 특징이 있기 때문이다.

3) 성性

창의력(心)과 생명력(生)을 갖춘, 위를 향해 올라가는 능력이 성性이다. 이것이 우리가 현재에도 살아갈 수 있는 끊임없는 본질이다. 우리의 창의력과 생명력은 세로로 뻗어 나가 인류문명을 창조하고, 넓게 무리지어 뻗어 나가면 끊임없이 번성한다.

인체가 기계라고 하면 뇌는 정보처리기이다. 우리의 생각과 글자는 마음과 뇌가 동시에 작용하는 정보처리 방식이다. 우리의 뇌는 지식, 기억, 논리, 계산, 분석, 변별, 판단 등의 기능을 담당하는 지능의 범주에 속하는 반면, 우리의 마음은 제한된 수십 년의 교육, 습관 등 상식적 지휘나 명령을 넘어 스스로의 능력, 외부로부터 받은 정보에 대한 다양한 처리, 감지, 이해, 연상, 감정적·균형적 포용의 범주에 속하는 지혜이다. 이것이 바로 사람의 의식의 등급, 혹은 영적인 등급이다. 요즘 말하는 유전자 기억이라고 할 수 있다.

4) 명命

性. 無體則 無爲. 善惡賢愚. 崇釋則 離宮守定.

성. 무체즉 무위. 선악현우. 숭석즉 이궁수정.

命. 有基則 有修. 貴賤壽夭. 修道則 坎宮求玄.

명. 유기즉 유수. 귀천수요. 수도즉 감궁구현.

性이란 몸이 없은즉 함도 없다. 선하면 현인이고 악하면 우매하다. 불교 공

부는 깨달음을 얻기 위해 상단전(이궁)을 지키는 입정에 들어가고 (불교는 깨달음 위주의 참선 공부다)

命이란 터가 있은즉 닦아야 한다. 귀해지면 수를 누리고 천해지면 요절한다. 도가 공부는 몸을 만들기 위해 하단전에서 단을 얻으려 수련한다. (도가는 금단 위주의 공부다)

위의 글은 《도장道藏》(도교 경전)에 있는 말이다. 도가에서는 성性과 명命의 공부를 매우 중요시한다. 처음부터 끝까지 성명쌍수性命雙修의 공법으로 성과 명을 동시에 수련하는 것이 도가 수련의 정수이다. 불교에서는 참선 위주의 간화선看話禪 화두話頭 수행이다 보니 성 공부를 위주로 하는 것 같다.

다음은 삼교三敎 성인께서 성과 명에 대해서 밝히신 어록을 발췌했다.

공자가 세상 법으로 성을 말하고 명을 말했으나 그 말씀은 지극히 미묘하였다.

석가세존께서 성은 말했으나 명은 말하지 않았으니 그 말이 지극히 비밀스러웠다.

성에 대하여 공자께서는 드물게 말하였고 부처께서는 은밀히 하였다. 은밀히 했다는 것은 그 가르침으로 인해 또 다른 가르침을 찾아야 하니 그 속뜻인즉 성 가운데서 감추어진 명을 찾아야 함이다. 몸이 세존의 지위에 오르지 못한 사람들이 어찌 스승의 깨달음을 말로 나타낼 수 있겠는가? 그러므로 불문의 제자들이 견성성불見性成佛을 외치나 그 속에 감추어진 명은 이미 끊어진 지 오래되었다.

노자의 가르침은 《도덕경》 등을 통해 일관되게 명을 말하였고 또한 성을 말했으며, 성을 말할 때에는 반드시 명을 곁들였고 명을 말할 때에는 반드시 성을 곁들였다.

공자는 성과 명에 대하여 그 그림자만을 비추어 보였을 뿐 그 몸체는 드러내지 않았다.

부처는 성과 명을 말할 때 성으로써 몸체를 삼고 명으로써 그림자를 삼았다.

노자가 성명을 말할 때는 그 그림자도 비추어 보였으며 아울러 그 몸체도 드러내었다.

유교는 진성입명盡性入命하고 불교는 견성도명見性度命하며 도교는 성성복명成性復命한다. 유교는 관일貫一하고 불교는 귀일歸一하고 도교는 득일得一하는 것으로서 그 공이 극에 이르면 이르지 못하는 곳이 없다. 생명이 탄생한 이래 너와 나는 이 일성一性을 같이하고 일명一命을 같이한즉 일도一道를 같이하고 있다. 그러므로 형체는 떨어져 있어도 기가 통하고 기가 통하므로 성과 명이 통하고 있다. (陶太定眞人)

'성과 명은 눈에 보이는 것이 아니고 하늘의 빛(天光)에 의지하여 있는데 하늘의 빛도 눈에 보이지 아니하고 사람의 두 눈에 의지하여 있다.'

너무나 추상적이기도 하고 조금은 환상적이기도 한 이 성과 명은 과연 어떤 경로를 통해서 우리 앞에 태어났는지 알아보기로 하자.

만물은 천기의 하강과 지기의 상승함을 얻어 음양이 서로 엉킴으로써 형상이 된다. 진도眞道는 형상이 생기게 된 최초의 원인이 된다. 사람은 아버지의 정과 어머니의 혈이 교합하여 태어나는데 이때 세 개의 성性을 부여받는다. 부모의 성과 자연에게 받은 성, 그리고 독자적으로 가진 성이다. 부성과 모성이 결합하여 육신을 얻었고 자연에서 또 하나의 성을 받았으며 나머지 하나의 성은 아버지와 어머니, 그리고 자연을 닮지 않은 독자적인 성이다. 즉 도가나 불교에서 말하는 견성성불見性成佛의 그 성이다. 그러면 과연 이 성은 누가 부여했을까?

육체는 유한하여 언젠가 없어지게 되지만 영靈은 천지와 함께 영원히 존재한다.

이 성은 바로 영이 주었다. 이것이 과학적으로 증명되었다고 한다. 아버지의 정과 어머니의 혈이 교합할 때, 즉 수정란이 이루어지면서 빛이 반짝이는 것을 포착했다고 한다. 이때의 빛이 곧 성性이다. 만일 이때 빛이 나지 않을 경우에는 무정란으로 그치고 만다.

《도덕경》에서도 말하기를, 도는 1을 낳고 1은 2를 낳고 2는 3을 낳고 3은 만물을 낳는다고 했다. 음과 양 그리고 영이 합쳐져서 만물을 낳는다고 보는 것이다. 그래서 1은 체體가 되고 2는 용用이 되며 3은 조화造化가 된다. 이 조화는 다 교합에서 기인한다.

이 성이 육신에 존재할 때에는 인성人性이라 하고 육신을 벗어나면 본성本性이라 한다. 수행修行과 수련修煉을 통해 육신 밖으로 나올 때가 독자적인 자기의 성, 즉 참 나다. 그때 자신이 누구인지 알 수 있다. 도가의 수련이나 불교의 수행 목적은 부모의 옷을 벗어 던지는 것이다. 그렇게 할 때만이 우리의 본성이 훤히 나타날 수 있으니 이것이 견성見性이다. 이것이 바로 무극 선천으로 돌아간 부모미생전父母未生前의 본래면목本來面目인 진정한 자기이다. 흔히 견성은 성을 본다는 것으로 알고 있는데 사실은 성을 밝게 드러나게 하는 것을 말함이다.

성性을 부여한 영靈은 다시 신神도 부여한다. 영과 성과 신은 육신肉身

을 벗어난 것인데 이것들이 도가나 불교에서 추구하는 죽지 않는 그 무엇이다. 이 세 가지가 합쳐져서 정신이 존재하고 이후에 사유思惟가 규칙적으로 생긴다고 본다.

육체 안은 물질적인 것이고 육체 밖의 것은 정신 또는 신이라고 하는데, 이 신은 양신陽神과 음신陰神으로 나누어진다. 육신(물질)과 육신 밖(비물질)의 교착점에 양신이 있으며, 육신 밖의 비물질에서 나타난 신이 음신이다. 우리가 수련을 하는 목적 가운데 하나는 육신, 즉 물질을 가지고 육신 밖에 있는 비물질(정신, 음신 등)을 마음대로 조절할 수 있는 공력功力을 키우는 데 있다. 육신과 육신 밖의 물질 내지 비물질은 넓게 보아서 사람의 인체 우주기장人體宇宙氣場 안에 포함된다.

그러나 인체 우주기장 밖에서 나를 조절하는 것이 있으니 그것은 영이다. 육체에도 비육체에도 속하지 않는 꿈을 꾸었을 때가 영의 작용이다. 이 영은 우리가 태어나기 전에도 있었고 우리가 죽어도 소멸하지 않고 영원히 존재한다. 정신은 육체가 없으면 사라지지만 영은 육체와 정신 모두 소멸해도 영원히 존재하기 때문에 기억력도 사람이 가지는 사유의 수 억만 배나 된다고 한다. 도가의 수련은 좋은 영을 많이 받고 이를 보존하는 것을 위주로 한다.

이렇게 성이란 선천의 자리에 있을 때에는 원신元神이라 부르고, 후천에 있게 되면 사려의 신이라 부른다. 따라서 명이란 선천의 자리에 있을 때에는 원기元氣 또는 원정元精이라 하고, 그것이 후천에 오게 되면 호흡의 기氣 또는 교감의 정精이라고 한다.

성과 명이 서로 갈라지는 과정은 이렇다.

어머니의 태중에 있을 때에는 하나의 기(一氣)가 엉켜 왕성하고 따뜻하게 쪄져서 하나로 합쳐 있다가 그 기가 가득 차서 태가 원만해지면 형체가 요동하여 포가 찢어지는데, 마치 높은 산에서 실족하여 땅에 떨어져 크게 비명을 지르듯이 울음을 터트린 그때(혼돈의 과정을 마치고 선천과 후천으로 갈라질 때) 성과 명이 나누어진다. 성은 그 뿌리를 심장에 두고 간직되며, 명은 그 뿌리를 신장에 두고 있다. 이 후부터 영원히 성은 명을 볼 수 없게 되고 명 또한 성을 영원히 볼 수 없게 된다. 도가 수련은 이것을 선천 상태로 되돌리는 데 있다.

《도덕경》에서는 성을 '만물의 본시 타고난 성질'이라고 말하고, 명은 '만물에게 주어진 갈 길'이라고 하였다.

우리가 귀로 들을 수 있고 눈으로 볼 수 있고 손으로 가질 수 있고 발로 다닐 수 있는 것이 사람이 살아 있는 것이고 원기도 살아 있다. 이것을 기로 말하면 명이라고 한다. 성이란 심心 속에 있는 것을 성性이라고 한다.

도가의 수련은, 이미 성과 명을 분리해 놓았지만 행공만은 동시에 할 수 있도록 설계되어 있다.

팔괘八卦상으로는 리離☲괘가 성性을 상징한다. 리☲괘는 바깥은 양이고 속은 음인데 본바탕은 건乾☰괘이다. 본바탕인 건☰괘의 속에 있는 효爻에 하나의 음이 들어와서 주인이 된 괘인 것이다.

감坎☵괘는 명命을 상징한다. 감☵괘의 가운데에 있는 양이 위로 올라가게 되는데 본바탕이 되는 곤坤☷괘의 속으로 건☰괘 중에서 하나의 양이 들어와 이루어진 것으로 본다.

리☲괘 가운데 음과, 감☵괘 가운데 양이라는 두 물질이 교차하게 되면 우주자연의 근원을 이루고 있는 것과 같은 기운이 가득 차서 살아 움직이는 조화를 부리는데 이것이 성性과 명命의 합일이다.

"도가의 공부는 性으로부터 시작하는 것이 아니겠습니까?"

어느 제자가 스승인 여동빈 조사에게 묻는 말이다. 여조사가 답하여 이르기를,

"성을 배운다고 해서 명을 배우는 일을 다 해서 마치지 않게 한다는 것이 아니다. 먼저 성을 찾아내서 그로부터 이끌어 가서 명에 이르도록 하여서 명에 막힘이 없어지면 성도 탁 터지게 되는 것이다. 성은 명이 아니면 탁 터지지 아니하고 명은 성이 아니면 다 이루어 마칠 수가 없는 것이다. 그러므로 《역》에서는 '이치를 끝까지 깨닫고 성을 다해서 명에 이른다(窮理盡性 以至於命)'고 했고, 기가 편안하고 숨이 멈춘 듯한 고요한 경지가 바로 나의 성과 명의 기틀이 다시 살아나게 되는 이치이다."

무릇 본성이 이미 나타나면(見性) 도道의 길을 다 지나와서 이미 마친 것이다.

13 형形과 질質

우리가 살아가는 우주宇宙라는 세계는 형形과 질質을 만질 수 있고 느낄 수 있어 유형유질이라는 이름으로 존재하고, 반면에 형도 없고 질도 없어 무형무질이 존재하는가 하면 형은 있고 질이 없는 유형무질이나 유질무형이 존재한다. 이것들도 인간의 삶과 뗄 수 없는 관계를 유지하는 자연의 세계이다.

무형무질無形無質은 우주에서 최상층이다. 가장 높은 상태에서 존재한다고 보아야 한다.

무형유질無形有質과 유질무형有質無形은 함께 중간층에 있다. 이것의 존재 상태는 음양의 구분이 있다.

유형유질有形有質은 제일 하층이다. 이것은 일반 사람들이 말하는 지구상에 존재하여 눈으로 볼 수 있고 손으로 만질 수 있는 만물 세계이다.

무형무질無形無質은 둘로 나뉘어 유형무질과 유질무형이 생겨났다. 유형무질과 유질무형의 두 가지 상태는 음양을 통해 상호 생성 변화하며 오행 속에서 만물, 즉 유형유질의 세계를 생성한다.

유형유질有形有質의 만물은 다시 기氣의 분화를 통해 생성 변화하여 유형무질과 유질무형의 두 가지 상태를 만들어 낸다. 이 두 가지 상태는 다시 승화하여 무형무질의 상태가 된다. 이렇게 운행하며 한 바퀴를 돌고 다시 반복한다.

결국 무無에서 유有가 생기고 다시 유에서 무로 돌아가는 변화 과정을 구체적으로 말해 주고 있다.

사람은 무형무질에서 왔다. 왜냐하면 내가 태어나기 전, 나는 이 세상에 없었으니까. 그래서 무에서 유로 왔다가 다시 무로 돌아간다.

유형유질有形有質 : 칠정육욕의 감각능력이 있는 상태. 즉 살아서 활동하는 현재의 모습.

유형무질有形無質 : 상상해서 모습을 본 상태. 형체 이전의 것. 영혼으로 존재. 꿈, 상상, 몸에서 발산하는 휘광 등.

유질무형有質無形 : 나의 생명의 근원인 정자精子는 질은 있지만 형을 이루지 못한 상태다.

무형유질無形有質 : 죽은 후의 뼈는 형은 없고 질은 있다. 유형유질에서 무형유질로 가게 된다.

무형무질無形無質 : 태어나기 전 나는 무형무질(靈)의 상태에서 부모의 교접으로 유질무형이 합쳐져서 내가 탄생한다. 무형무질은 다시 유형무질, 무형유질이 되면서 순환한다.

유형무질 → 무형유질로 승화하여 유형유질이 된다. 형과 질이 합일되면 유형유질로 변하고, 무형무질 → 유형무질 → 무형유질이 되어 순환하게 된다.

형과 질의 생성과 사라짐을 간단하게 예를 들어 보겠다.

집을 지어 보겠다고 방을 만들려고 할 때는 형도, 질도 없는 무형무질이다.

집을 짓겠다고 상상하고 설계하면 유질무형이다.

집을 지은 후에는 형과 질이 있는 유형유질이다.

건물이 오래되어 무너져서 없어지면 무형무질이다.

그러나 그 건물이 있었던 것을 알고 있는 사람은 그 정精과 상象과 신信이 살아 있어 유질무형이다.

1) 유형무질有形無質의 나

'유형무질의 나'는 인체 표면을 감싸는 광환光環을 의미한다. 유형무질이라고 해서 형만 있고 질은 없다고 하지만 인체 표면에 미치는 광환은 몸 전체에 대한 것이다. 쉽게 말해서 '유형무질의 나'가 '육체적인 나'를 둘러싸고 있다고 생각하면 된다. '유형무질의 나'를 '허무虛無한 나'라고도 한다. 심령心靈이 나에게 주는 형상이기도 하다. 사람은 그 형상에 따라서 자라고 성숙하고 발전한다고 한다.

도교에서는 외형인 '유형무질의 나'의 형상을 개선시킴으로써 나의 모습도 변화를 가져올 수 있다고 한다. 우리 육신은 하나의 결과물이라고 볼 수 있으니 이 결과물을 변화시키는 일은 쉽지 않다. 먼저 자신의 외형, 즉 '유형무질의 나'부터 개변改變시켜서 외형이 변화함으로써 우리 육신도 맞추어 변화할 수 있다. '유형무질의 나'는 이동도 가능하다.

도가道家 수련의 기초로서 '유형무질의 나'가 없으면 수련을 언급할 수 없다. 유형무질의 나는 '후천後天의 나'이다. 유형무질의 나는 육신의 주변에 존재하는 형상이기 때문에 종교적 표현에 의하면 우리 몸이 존재하기 이전에 이미 우리 형상이 존재했다고 본다. 여동빈 조사는 아버지의 정과 어머니의 혈이 한 점을 찍는 그 순간 아이의 형상이 만들어진다고 말하였다. 그 형상을 기초로 오늘날의 우리가 형성된다고 한다.

그런 의미에서 예전부터 우리의 형상이 있으므로 하여 오늘날 우리의 모습이 있는 것이다. 도가에서 수련을 하는 목적은 본래의 모습을 되찾고자 하는 것이다. 즉 욕심이 없을 때의 자기 모습을 찾는 것이다. 이 내용의 수련을 하다 보면 몸이 공허한 느낌이 있거나 말로 표현할 수 없는 느낌 등을 경험하게 된다. 형상은 있으나 물질은 없으니 형상에 의하여 오늘날 우리 모습으로 자랐다. 우리는 옛날로 돌아가는 과정이다. 도가 수련은 욕심이 개입되기 이전의 나의 모습으로 되돌아가는 과정이다.

우리들은 신외신身外身이라는 표현을 들어보았다. 그 신외신 수련의 처음 순서가 '유형무질의 나'에 대한 수련이다. 정상적인 반좌盤坐 상태에서는 유형무질의 나와 육체적인 나가 하나로 합해져 있다. 두 개의 내가 합해져 있지만 반좌를 하는 과정에서 '유형무질의 나'가 움직이는 경우도 있다. 유형무질의 나도 자체 의념이 있을 수 있다. 유형무질의 나의 의념이 나에게 영향을 주어서 공포감을 느끼게 할 수도 있다고 한다.

두 개의 나가 하나로 합치되어 있는 것은 좋은 현상이다. 하지만 수련을 진행하다 보면 두 개의 나가 완벽하게 합치되기 어렵다는 사실을 알게 된다. 내가 둘로 갈라져 있으면 두 개의 심心이 생긴다고 한다. 하나는 육심肉心이고 다른 하나는 진심眞心이다. 육심은 이기적 속성을 갖는 반면 진심은 지기 중심적이고 이기적한 속성이 없다.

반좌 수련 시, 인체 내의 열감熱感을 밖으로 방출하여 생기는 휘광輝光 즉 '유형무질의 나'는, 인체 우주의 변두리에 크기와 면적이 각 개인마다 다르고 차이가 있다. 이것을 인체우주장人體宇宙場이라고 하는데 각 개인의 장場은 모태 속에 있을 때부터, 혹은 태어나면서부터 이미 모두 다르다. 또한 태어나 자라면서 칠정육욕七情六欲의 변화에 따라 인체 주위의 휘광輝光도 달라질 수 있다. 체내에서는 여러 가지 심리적인 변화에 따라서 인체 외부의 휘광의 크기도 변화가 있을 수 있는 것이다.

가령 '유형무질의 나'에 관한 수련을 끝내고 자리를 비웠을 때에도 '유형무질의 나'는 그 자리를 지키고 있을 수 있다. 우리가 여기저기를 다닐 때 '유형무질의 나'를 여기저기 흘리고 다니면서 거두지 못한다는 말도 있다. 수련이 잘되어서 어느 정도 공력이 생기면 '유형무질의 나'가 그 방안에 남아 있는 시간이 길어질 수 있다. '유형무질의 나'에 대한 수련방법은 도교와 불교가 비슷하다고 한다. 고인故人들은 '유형무질의 나'가 크면 클수록 남에게 주는 영향도 크다고 표현하고 있다. 유명한 고승대덕高僧 大德은 자기의 장場을 확대하여 일반인들에게 영향을 주었다고 한다.

2) 나의 유형무질 수련

도인사를 살펴보면 신神을 자기의 몸 안에서 안정시키는 과정이 있다. 수련하는 과정에 본인이 주인이 되고 군주君主가 되어야 한다. 이 점은 항상 명심해야 한다. 우리의 원신이 체내에서 변화하지 않고 안정된 상태에서 '유형무질의 나'에 어떠한 변화가 생기든지 무서워하지 말고 그걸 지켜보고 느끼면 된다.

수련 중 반관내시하면서 육신과 유형무질의 나를 살펴보는 과정이 있다. 유형무질의 나는 부모님의 교합이 이루어지는 순간 그 형체가 생겼지만 질량質量은 기氣로 형성되어 있기 때문에 공력이 미치지 못하거나 일반인은 쉽게 그것을 볼 수가 없다.

칠정육욕도 이해하기 힘들 수 있다. 6욕은 눈·코·귀·입·몸을 통해서 외부에서 느끼는 것을 말하는데, 이는 신이 몸 밖에서 감지하는 것이다. 7정은 신이 이러한 것을 감지해서 몸 안에 들어와서 변화하는 감정의 유형이다. 몸 밖에서 움직이면서 우리에게 느낌을 주고 있는 것이다. 우리는 눈·코·귀·입·몸으로 외부를 인지하고 느낄 수 있는 것, 이것을 육감이라고 한다. 결국 우리는 눈·코·귀·입·몸으로 세상을 감지하고 있는 것이다. 그런데 눈·코·귀·입·몸으로 감지된 정보가 거둬들여져 우리의 몸 안으로 들어왔을 때 신이 체내에서 느끼는 내용을 7정으로 표현한다.

'유형무질의 나'는 우선 모공을 대상으로 호흡을 통해서 열을 방출하는 등 주변으로부터 수련을 한다. 호흡을 진행하는 사이에 '유형무질의 나'가 계속적으로 나타나게 하려면 모든 것이 안정된 상태여야 한다.

　나타나는 결과는 각자 다르다. 각자 개인마다 결과가 다른 이유는 원시적인 나의 모습이 개인마다 다르기 때문에 결과가 다르다고 한다. 수련을 하다 보면 금방 느낌이 있을까 하는 우려도 하게 될 것이다. 이 수련은 많이 힘들고 고통스럽다. 이 수련의 고통은 예전에 다른 수련에서 느끼던 고통과 다를 수 있다. 비유하자면 예전의 통증이 꼬집는 정도의 것이었다면 지금의 수련은 사람의 모든 것을 빼내서 내부를 비우는 상황이므로 통증의 차원이 다른 것이다. 자기를 망가뜨리고 싶을 정도의 통증이 느껴질 것이다.

14 삼종三種 에너지

1992년 서안노자사상연토론회西安老子思想研討論會에서 도교 용문파 제 18대 계승자 왕리핑(王力平) 선생이 제출한 우주 생성 공식이라는 글에서 처음으로 우주 에너지를 제시하며 우주 에너지는 상삼계上三界인 우주 시간 공간의 에너지라고 지적하였다. 왕리핑 선생은 최근 몇 년 동안 여러 차례 강의에서 우주宇宙 에너지, 본체本體 에너지, 전세轉世(환생) 에너지에 대해 강의를 해 오고 있으며, 이 세 가지 에너지와 관련된 이론理論을 전체적으로 깊이 이해하고, 수련자들이 실제 수련을 잘 할 수 있도록 지도하고 있다.

1) 삼종三種 에너지 개념

세상에는 우주宇宙 에너지, 본체本體 에너지, 전세轉世(환생) 에너지 등 '세 가지 에너지'가 있다. 세계와 우주, 자연을 제쳐두고 먼저 우리 인간에 대해 말하자면, 인간에게도 세 가지의 에너지가 있다: 하나는 우주 에너지다. 우주 에너지는 대자연에서 스스로 나온다. 대자연은 대자연의 공간뿐만 아니라 현재 우리의 생활공간에서도 나온다. 이것은 모두 우주 에너지에 속한다. 우리 공간의 물체에서 나온 것이다. 더 나아가서 오대행성五大行星과 28성수星宿에 관한 우주 에너지를 말할 수 있을 것이다. 우주의 에너지는 우리 몸으로 들어와서 본체 에너지와 하나가 될 것이다.

두 번째는 본체 에너지이다. 우리가 육체를 가지고 있으므로 육체 에너지가 곧 본체 에너지이다. 본체 에너지는 우리 부모님에게서 나오는데, 부모님은 지금의 모습을 만들어 주시고, 또 그런 몸을 주셨다. 우리가 먹는 음식과 먹는 것에서 온 것도 있다. 우리는 영양을 공급받아서 몸은 점

101

점 자라게 된다. 첫째 가장 큰 에너지는 바로 부모이다. 그리고 둘째 우리가 섭취하는 음식에서도 나오고 있다.

세 번째는 전세轉世(환생) 에너지인데, 지금의 과학자들은 유전 에너지라고 부른다. 어떤 과학자가 나(王力平)와 토론한 적이 있는데, 너의 이 전세轉世 에너지가 유전 에너지냐고 물었더니 아니라고 했다. 유전 에너지는 전세轉世 에너지의 일부분이다. 아주 작다. 어느 과학자는 말하기를 전세轉世는 일종의 에너지이지만, 이 에너지가 어떻게 전환되는지 모르겠다고 했다.

2) 삼종三種 에너지 상호관계

'세 가지 에너지'는 서로 연결돼 있고, 서로 전환할 수 있다. 인체 내에서 이 세 가지 에너지는 공존한다. 어느 것 하나 부족하면 안 된다. 이 세 가지 에너지는 인체 내에서 반드시 균형을 이루어야 한다. 세 가지 에너지가 체내에서 균형을 이룰 때, 그 사람은 정상인이다. 만약 당신이 화를 내면 정상적인 상태는 아니다. 이 세 가지 에너지는 변화가 있다. 어떤 에너지가 크고 어떤 에너지가 작은지 본인 스스로 느낄 수 있다. 지금도 세계 최고의 과학자 호킹 박사[1]가 우주가 어떤 모습인지 말하기 전에는 모르고 있다가 호킹 박사가 말한 후 모두들 그의 주장을 인정하였다.

그의 우주 에너지는 본체 에너지보다 크고 전세 에너지보다 크다. 그래서 그는 눈앞의 가까운 거리에 있는 것은 아무것도 보이지 않고, 그의

---

1) **스티븐 윌리엄 호킹**: 영국 케임브리지대 응용수학 및 이론물리학과 교수, 당대 가장 중요한 광의의 상대성이론과 우주론가로 오늘날 세계적인 명성을 얻고 있는 위인 중 한 명으로, 가장 위대한 과학자로 불리며 '우주의 왕'으로도 불린다. 21세 때 근육이 위축되는 루게릭병에 걸려 손가락 두 개만 움직일 수 있고 강연과 질의응답은 음성 합성기로만 이뤄졌다.

눈에는 우주가 보이고, 우주의 대폭발과 외계인, 우주 공간이 보이는 그런 모습을 하고 있다. 우리가 눈에는 그러한 우주가 보이지 않기 때문에, 우리의 우주 에너지는 크지 않고, 호킹의 우주 에너지는 매우 크다. 반면에 본체의 에너지는 아주 작아서 눈앞에 사물을 볼 수 없다. 마찬가지로 전세 에너지도 작다. 그는 바로 그렇게 해서 평생 말이 없으나, 그가 전한 것들은 모두 유용하니, 우리는 그가 전한 것이 옳다고 믿을 수 있다. 이것은 우주 에너지의 가장 좋은 예이다.

우리는 호킹이 쓴 논문이나 그의 영화를 보면 그의 눈은 매우 나쁘게 변해 있어서 사람이 그의 눈앞에서 손을 흔들어도, 그는 그것을 볼 수가 없을 정도로 가까운 것을 볼 수가 없었다. 그러나 아주 먼 곳의 물건은 볼 수 있다. 노자《도덕경》에서 말한 커서 그 모양이고, 멀어서 그 모양이고, 작아서 그 모양이라고 말한 것에 부합한다. 노자《도덕경》은 2천여 년 전부터 큰 것은 그 모양이니 어떻고 작은 것은 그 모양이니 어떠냐고 했다. 중국의 도교에서는 이 세 가지 에너지는 언제든지 변할 수 있다고 하는데, 나는 그것이 크면 크게 취하고 그것이 작으면 작게 취해서 변화를 가져오면 되는 것이라고 말한다. 도교는 이 수련 방법을 가지고 있다.

3) 삼종三種 에너지 운용

2010년 8월 왕리핑 선생이 호남湖南 창더에서 개최한 중국 제1회 도교 폐관道教閉關 캠프의 강의를 녹취해서 정리한 것이다.

왕리핑 선생님의 '세 가지 에너지'에 관한 논술 발췌문.
① 우주 에너지는 천성天性이며 본체 에너지는 근원根源이며 전세 에너

지는 인과因果이다.

② 사람은 '세 가지 에너지'를 가지고 있는데, 이 '세 가지 에너지'는 서로 전환이 가능하기 때문에 잘 전환하려면 수련을 해야 한다.

③ 폐관閉關[2]은 에너지를 전환해야 한다. 에너지 전환이 안 되었다면 폐관이 이루어지지 않았으며 이 상태에서 에너지 전환을 할 수 없으므로 폐관閉關할 수 있어야 한다.

④ 우주의 에너지를 흡수하는 방법은 실제로 매우 쉬우며, 방법을 잘 알고 교묘히 운용할 줄 아는지 아니면 교묘히 운용할 줄 모르는지가 중요하므로 수련 중에 도인사를 하면서 이를 지켜보고 있다.

⑤ 자연환기법은 우주의 에너지와 본체의 에너지가 서로 전환되는 아주 좋은 공법이다.

---

2) 폐관閉關: 의식이나 호흡이 출입하는 기운을 차단하는 것을 가리킨다. 행공行功 시 호흡을 조절하여 안에서 나오지 않고 밖에서 들어가지 않도록 하여 상대적으로 안정되게 한다. 천규天竅가 코이다. 천규로 통하는 것을 막는다. 백魄의 주인은 폐肺이다. 폐를 꿈쩍하지 못하게 하여 숨의 왕래를 끊는 것, 이것을 폐관이라 한다.

15 정精·기氣·신神

세상의 모든 것은 미시적으로 말하면 모두 정미 물질로 이루어져 있다. 예를 들면 소립자들이다. 유형과 무형, 주관적 관심사와 관련하여 사람들이 형태 구조에 관심을 가질 때 관찰되는 것이 물질의 유형 상태이고, 기능변화에 관심이 있을 때 관찰되는 것이 물질의 무형 상태이다.

정精은, 형태가 있으면서 떠있는 상태의 정미 물질이다. 예를 들면 입자粒子 상태의 기본 입자를 말한다. 이 입자가 사람에게 있어 인체의 생명 활동을 구성하는 각 층의 유형원소를 가리키며 고체나 액체 상태를 말한다.

기氣는 무형 상태의 정미 물질을 가리키는데, 예를 들면 파동 상태의 기본 입자를 가리킨다. 사람에게 있어 인체의 생명 활동을 구성하는 기본 무형원소를 말하며, 항상 기체 상태를 나타낸다.

신神은, 떠있는 정기의 활력이다. 예를 들면 기본 입자의 형태와 기능이 변화되는 것을 말한다. 사람의 경우, 인체의 생명 활동을 구성하는 각 층의 형태 기능 변화 활력을 가리킨다. 예를 들면, 신진대사를 원활하게 하고, 호흡하는 과정이 순조로운 것 등은 분명히 자연의 이치이며, 타고난 자기 신체조직의 안정적인 자동 제어 시스템이 작동한 것이다.

넓은 의미의 조신調神은, 우리의 이러한 생명 활동 자동 제어 시스템을 조정하여 더욱 건강한 경지에 가깝게 하는 것을 말한다. 그러므로 순리대로 신을 따르는 것은 보다 건강한 생명 활동에 순종하는 자동 제어 시스템이다.

좁은 의미의 조신調神은 심리 활동을 조절하는 것을 말한다.

연원에서 본다면, 도교 내단학의 정·기·신 개념은 선진철학과 의학에서 비롯되었다. 정교한 기氣가 응집돼 물형物形이 되고, 기가 흩어지면서 변화가 일어난다. 물형物形의 변화를 관찰하면 귀신鬼神의 실상을 알 수 있다고 한다. 상고철학에서는 '정기'라는 개념뿐 아니라 '정신'이라는 개념이 있기도 하다.

도교 내 단학에서는 정·기·신을 인간의 삼보라고 부른다. '정'은 사람의 생명조직을 구성하는 정화精華를 말하는데, 이는 선천적 측면과 후천적 측면에서 이해할 수 있다. 선천지정先天之精은 타고난 것으로 원정元精이라고도 한다. 후천지정後天之精은 남녀가 성교할 때 나오는 정액을 말한다. 기는 정精에 상응하는 선천적인 것과 후천적인 것이 구분이 있다. 선천적 기는 인체에서 근원적으로 발생하는 기이기 때문에 원기元氣라고도 불리며, 이는 선천적 근원이 화火의 추진력을 나타내므로 기자炁字를 쓴다. 자형으로 보면 기炁 자 아래 네 점으로 불이 아래에서 타오르고 있음을 나타내는 '화火'가 생명의 원동력이다. 후천적인 기는 호흡기, 즉 우주 공간의 외적인 기를 말하는데, 사람의 생존을 위해서도 호흡기는 필수적이지만 이것은 신화神火의 온양을 통해서만 내단 수련으로 에너지가 될 수 있다.

내단학에서도 신神은 선천과 후천으로 구별된다. 후천적 신이란 '식신識神'을 말하는데, 그것의 작용은 인지와 분별이다. 노자《도덕경》은 위학일익爲學日益이면 식신識神의 역할을 통해 지식을 늘릴 수 있는지를 이야기하지만, 내단 수련은 선천적인 신에 의한 관조觀照가 필수적이다. 이런 선천적 신을 '원신元神'이라고 하는데, 이는 인간 본연의 자아自我의 혜광慧光이다. 원신의 관조觀照로 식신을 갉아먹는 과정으로, 노자《도덕경》은 '위도일손爲道日損'이라고 하였다. 식신의 방해를 배제하고 무위無爲의 직관적 상태로 진입시키는 것이다. 이렇게 원신이 관조하고 후천적인 기운이 선천적인 기운으로 바뀌어 원정이 보양되고, 생명이 영원한 청춘으로 빛나게 된다.

정·기·신의 근본은 고대 철학에서 나온 개념으로 우주 만물을 형성하는 원시 물질로 원소를 함유하고 있다는 뜻이다. 한의학에서는 정·기·신을 인체 생명 활동의 근본으로 여긴다.

고대에는 양생을 중시하던 사람들이 모두 정·기·신을 신체의 삼보라고 불렀다. 흔히 '하늘에는 삼보로 일日·월月·성星이 있고 땅에는 삼보로 수水·화火·풍風; 사람에게는 신神·기氣·정精'이 있다. 그래서 정·기·신은 건신健身, 노화방지의 주요 원칙이며, 특히 정·기·신이 점차 쇠퇴하여 변화하고 사람이 이미 노년에 접어들었을 때 이 삼보를 더욱 소중히 여겨야 했다. 병이 나지 않게 정기신을 기르고, 행동하는 것이 고요하면 하늘도 어찌하지 못한다고 했다. 첫째는 '정·기·신'의 물질 보충에 신경 쓰라는 뜻이고, 둘째는 삼보三寶를 낭비해서는 안 된다는 뜻이다.

1) 정精

현대어로 해석하면, 정이란 잠재적인 특정한 기능을 가진 물질이다. 정精은 인체를 구성하고 생명 활동을 유지하는 물질적 기반이다. 넓은 의미에서 말하면, 정, 혈액, 정액을 포함하는 것으로 일반적으로 말하는 정이란 인체의 진음眞陰(원음)을 말하는데, 생식 기능을 갖추고 있을 뿐만 아니라 인체의 성장 발육을 촉진하고, 외부의 각종 나쁜 요인의 영향을 막아 질병 발생을 피할 수 있다. 따라서 음정陰精이 충만하면 성장발육이 정상일 뿐 아니라 질병에도 강하다.

선천지정先天之精은 부모의 조화 생식의 정으로 생명 활동 전반에 걸쳐 생명의 근원으로 작용하지만, 선천의 정은 끊임없이 물질을 보충해야

107

그 정에 부족함이 없도록 그 기능을 발휘하는 물질이다. 후천의 정은 음식에서 나오는 영양 물질로 수곡정미水穀精微라고도 한다. 영양 물질을 끊임없이 보충해야 인체의 생명 활동을 유지할 수 있다.

"신장腎臟은 선천적 근본이고 비위脾胃는 후천적 근본이다." 그러므로 사람의 비위 기능의 강건함은 정기를 보양하는 관건이다. 《황제내경》이 강조한 "득곡자창 실곡자망得穀者昌 失穀者亡"(곡식을 얻는 자는 번영하고 곡식을 잃은 자는 망한다)이라고 믿었다. 옛사람들은 이렇게 사람이 정말 기력이 소모되고 오장이 쇠약해진다고 믿고서 모두 음식을 자기 기혈로 먹는다고 생각하였다. 따라서 영양이 전반적으로 균형 잡힌 식사를 하는 것이 후천적으로 선천을 기르는 중요한 수단이다. '천금방'은 "음식은 검소해야 하고, 식탐을 부리고, 많이 상한 것을 먹으면 노인의 비위脾胃가 얇아지고, 과식하면 소화도 되지 않으니, 이는 건강에 좋지 않다."고 하였다.

누군가는 물었다. "어떻게 해야만 음식을 잘 먹었다 할 수 있습니까?" 하고. 답은 전인前人의 경험을 보아서 단지 잘 먹는다는 것은 정시定時에, 정량定量만, 편식偏食 없이, 불기호不嗜好에 불과하다. 적절한 음식 위에서만 약물 보양 문제를 고려할 수 있다. 보익제를 복용할 때는 반드시 의사의 지도하에 보補해야 한다. 그렇지 않으면 그 반대에 이를 수도 있다. 요컨대 합리적인 식보食補와 약보藥補는 몸을 보양하는 데 매우 중요하다.

2) 기氣

기氣는 생명 활동의 원동력일 뿐만 아니고 체내에서 볼 수 없는 미미한 물질인 동시에 인체의 각 장부를 움직이는 능력이 있음을 뜻한다. 그래서 한의사가 말하는 기는 물질이자 기능이다. 기는 특정한 기능을 수행하고 발휘할 수 있는 물질이며 에너지와 정보를 총괄한다.

인체의 호흡과 수곡水穀 대사代謝는 영양을 배포하고 혈액을 운행하고 물이 윤택하게 흐르게 하며 밖에서 들어오는 사기邪氣를 막아내는 등 모든 생명 활동을 기화하는 기능에 의존하여 유지된다. 《수친노후신서》에서 "사람은 기에서 나고, 기로 말미암아 신으로 가면, 기가 신으로 전화되어 온 정신이 길러지며 그 도를 얻는다."고 했다. 옛사람이 기를 기른 경험을 요약하면 "첫째, 말을 적게 하고 기혈을 기르며, 둘째, 색욕을 경계하고 정기를 길러야 하며, 셋째, 박한 맛으로 혈기를 기르거나, 넷째, 진액을 삼키고 장기를 기르거나, 다섯째, 분노하지 말고 간기肝氣를 기르거나, 여섯째, 좋은 음식으로 위기胃氣를 기르거나, 일곱째, 적게 생각하여 심기心氣를 기르거나 해야 한다."는 것이다. 7가지 요소는 신양愼養을 강조하지만 기氣는 전신에 유행하고 끊임없이 운동하기 때문에 인체도 적절한 운동으로 장부기기의 이착륙을 촉진해야 한다. 기체의 정상적인 생리기능을 유지하는 데 유리하다.

그래서 옛사람들은 "인체는 노동을 원하지만, 그것을 극대화해서는 안 된다."고 했다. 도교에서 전해 내려오는 다양한 외동공外動功 등 기공과 도인체조導引體操는 바로 이 기운을 북돋우는 소중한 유산이다.

3) 신神

현대어로 해석하면, 신이란 특정 기능의 외적 표현이다. 신은 정신, 의지, 지각, 운동 등 모든 생명 활동의 최고 통수권자다. 혼魂·백魄·의意·지志·사思·려慮·지智 등의 활동을 하는데, 이를 통해 사람의 건강 상태를 나타낼 수 있다. 예를 든다면 "눈빛이 형형하다"가 그것이다. 옛사람들은 사람의 신을 중시했고, '소문에 나오는 이정변기론'에서도 말하기를 "신을 얻는 자는 창성하고 신을 잃은 자는 망한다."고 했다. 신이 차 있으면 몸이 강해지고, 신이 쇠하면 몸이 약해지며, 신이 존재하면 살고, 신이 가면 죽는다고 했다. 한의사가 병을 치료할 때 환자의 신神을 관찰하여 환자의 병의 징조를 미리 판단한다. 신기神氣가 있으면 양호하고 신기가 없으면 좋지 않다. 이것도 역시 망진望診에서 중요한 내용 중의 하나다.

4) 삼자관계三者關系

정精·기氣·신神은 서로 자생하고 조장하는 관계다. 한의학에서 인간 생명의 기원은 정精이고, 생명을 유지하는 동력은 기氣이고, 생명의 발현은 신神의 활동이다. 그러므로 정기가 충분하면 기운이 왕성하고 정기가 부족하면 기운이 약하며 기운이 약하면 신이 약해진다. 바꿔 말하면, 신이 왕성하다는 것은 기가 찬 것을 뜻하고, 기가 왕성하다는 것은 정이 충만함을 뜻하는 것이다. 한의학이 한 사람의 건강 상태, 혹은 질병의 순역順逆을 평가하는 것은 모두 이 세 가지 방면에서 고려하는 것이다. 그러므로 옛사람들이 정·기·신을 인체의 삼보三寶라고 불렀던 데는 일리가 있다. 옛사람들이 정을 벗어난 자는 죽고, 기를 벗어난 자도 죽고, 정신이 나간 자도 죽는다고 했던 것을 보면 '정·기·신'이 인간 생명의 근간임을 알 수 있다.

5) 정精·기氣·신神

〈황정경黃庭經〉에서는 "최고의 약에는 세 종류가 있는데, 신神과 기氣와 정精이다."라는 구절이 있어서 정·기·신을 강조하게 뇌는 단서가 되었다고 한다. 정·기·신은 사람에게만 있는 것이 아니다. 우주에도 있으며 모든 만물에 정·기·신은 존재한다. 정·기·신은 모든 생명을 유지하기 위해 구성된 3개의 요소다. 정·기·신을 쉽게 설명하자면 정은 생명의 열에, 기는 힘에, 신은 빛에 비유될 수 있다. 만약 인간의 생명에서 빛과 열과 힘의 작용을 제거한다면 이는 곧 죽음을 의미한다. 이 정·기·신에서 신의 작용은 두뇌 부분에서 일어나며, 기의 주요 작용은 가슴 부분에서, 정의 주요 작용은 신장과 아랫배 부위에서 일어난다. 이 정·기·신 이론 중 정을 팽련하여 기화시키고 기를 신화시킨다고 하지만 빛·열·힘의 원리에 입각해서 보면 열과 힘은 모두 빛의 작용에 의해서 생기듯이 상호 혼합되어 보완해 가는 것으로 보아야 할 것이다.

여기서 알아두어야 할 것은 인체 내의 쾌감은 정으로부터 생기며, 의지와 결단력은 기력이 충만해짐으로써 생기며, 지혜는 신의 고요한 정으로부터 생긴다는 사실이다. 그래서인지는 잘 모르겠지만 불교에서는 수심양성修心養性을 중시하여 신과 기를 수련의 근본적인 출발점으로 삼아 편향성을 보이고 있다.

선도에서는 정·기·신을 인체의 삼보三寶라고 한다. 태어날 때 타고나는 선천의 정은 무위 상태에서 자연히 본능적으로 생산하는 원정, 또는 진정이다. 후천적 정이란 체내의 매우 정밀한 물질로서 우주에서 채취하는 기와 섭취하는 음식물 등에서 만들어지는데 유년기 및 청소년기의 성장 발육도 본질적으로 이 정의 작용이다. 만질 수 없고 보이지도 않지만 우리 체내에서 움직이면서 생명을 유지시켜 준다. 만약 정이 부족하거나 없다면 체내에서는 당연히 정밀한 물질이 운행되지 않으므로 무력해지고 몸에 있는 털도 윤기가 없고 빠지게 된다. 마치 몸의 활력을 주는 건전지와 같은 역할이라고 할 수 있다. 정은 신장에 저장되어 있으며 오행으로는 수에 속하고 삼전 가운데는 하단전에 해당한다.

기氣는 힘(에너지)이다. 선천적 기를 원기, 또는 진기라고 하고 후천적 기를 호흡지기라고 한다. 기라는 것은 형태는 없지만 분명하게 존재하면서

111

인체의 생명 활동에 필요한 운동적 기능을 할 수 있도록 어떤 작용을 하는데 그것을 에너지라고 볼 수 있다. 기는 몸 밖의 에너지, 몸 안의 에너지, 그리고 몸 안에서 몸 밖으로 발산하는 에너지의 3가지가 있다.

몸 밖의 에너지는 천원지기天元之氣라고 하는데 우주만물을 운행하는 에너지로서 모든 기의 총칭이며 "기氣"라고 표기한다. 이 에너지가 몸속으로 들어와 생체 내의 힘으로 변화된 것을 특별히 내기內炁라고 부르고 기氣자와 구별하여 "炁"라고 표기한다. 이 기炁는 정이 변환하여 생긴 것으로 정이 충실한 사람은 저절로 기炁도 왕성하다.

체내의 기炁를 발사하여 몸 밖으로 나오는 기気를 휘광이라고 하는데 "気"라고 표기한다. 수련이 수승하면 이러한 기気가 충만하게 되는데 예수님이나 성인들의 영안을 보면 몸 주위에 밝은 휘광이 있는데 바로 이것을 말한다. 체내의 기를 발사할 때의 기는 특별 형태의 기気인데 치료 에너지가 담겨 있다. 기공치료가 그것이다.

기는 오행으로는 토에 속하고 삼전 가운데는 중단전에 해당된다.

사람이 일단 모태에서 나오게 되면 정이 주主가 되지만 모태 속에 있을 때는 기가 주가 된다. 정좌 수련을 할 때는 사람이 모태 속에 있는 태아처럼 사고활동思考活動도 줄어들고 정과 신을 사용하지 않게 되며 따라서 기가 주가 되는 태아 상태를 유지하게 된다. 이런 경지를 황홀하다고 한다.

氣天体自然之息 : 기氣는 천지 우주 자연의 숨이고

炁人体宇宙之秘 : 기炁는 인체 우주 안에서 생기는 신비이고

気修眞成仙之密 : 기気를 수진하는 것은 신선을 이루는 비밀이다.

奧妙无穷氣炁気: 세상에서 오묘하고 무궁한 것이 氣·炁·気이다.

신神이란 양신과 음신으로 나눈다. 그리고 이 둘 사이의 교착점에 중성中性이 있어서 영이 매개체 역할을 한다. 또한 체내의 신과 체외의 신으로도 구별한다. 선천의 신은 원신이라고 하며 맑음이 극에 달해 사유가 없는 상태에서 신령스럽고 밝은 성性을 말한다. 후천의 신은 사려의 신이라고 한다. 신은 정이나 기를 통제하면서 사유의 중심을 잡아 주는데, 만약 신이 없거나 부족하다면 식물인간이거나 바보가 되는 것이다. 엄밀하게 말하면 신이 없는 것이 아니고 신이 몸에 깃들이지 못하는 경우다. 신神은 오행으로는 화火이고 삼전三田 가운데 상단전上丹田에 해당한다.

신神은 일종의 능력의 표현이며 어떤 때는 형상에서 유형 무질의 상태로 출현하기도 한다. 인체 오장의 예를 들어 보면 간의 신(肝神)은 청룡靑龍의 형상을 띠고 있으며, 심의 신(心神)의 형상은 주작朱雀, 비위 신(脾神)의 형상은 봉황鳳凰, 폐의 신(肺神)의 형상은 백호白虎, 신의 신(腎神)은 현록玄鹿의 형상으로 나타난다.

도가道家 수련 과정에서 쓰이는 정·기·신의 요점을 알아본다.

○ 정精 : 하복부 공간의 중심이 하전下田(결단 상태에서는 下丹田)이다. 정·기·신의 정精이 거주하고 본체本體 에너지가 모이고 원기元氣가 모이는 곳이어서 우리에게 힘을 준다. 결단結丹 시에는 기혈氣穴, 결태結胎 시에는 포중胞中이라고 한다.

○ 기氣 : 가슴 공간의 중심은 중전中田(결단 상태에서는 中丹田)이다. 정·기·신의 기氣가 거주하고 전세轉世 에너지가 모이는 곳이다. 내시內視해 보면 육질로 말미암아 암담하다. 기억이 저장되어 있어 우리에게 기억을 준다. 황정黃庭이라고도 한다.

전세轉世 에너지를 종교적 표현에 의하면 수천 수억 년 동안의 요소다. 유전적으로 내려오는 요소들을 모두 포함한다. 전세轉世 에너지는 자기의 후대로 계속 전해 내려가는 것이기도 하다. 중전中田은 하나의 공간이기도 하다. 따라서 그 공간에는 심장에서 옮겨온 칠정육욕七情六欲을 모두 소화할 수 있는 능력이 있다. 그리고 그것을 하전下田으로 보내서 본체 에너지로 전환시킨다. 사람 몸에서 중전과 하전은 가까운 거리에 있지만 하나는 하늘이고 하나는 땅에 해당한다. 도교나 불교에서는 중전과 하전 사이의 운용을 거치면서 업장業障을 소멸시킬 수 있다고 한다. 본인의 수련만으로 지나온 수천 년의 업장을 본인 스스로 소멸시킬 수 있다는 것은, 회개하고 기도하면서 신에게 의지하면서 소멸시켜 달라고 비는 것과 대비된다. 그래서 전세轉世 에너지를 윤회輪回를 거쳐 다시 태어나는 환생還生 에너지라고도 한다.

○ 신神 : 머리 공간의 중심은 상전上田(결단 상태에서는 上丹田)이다. 정·기·신의 신神이 거주하고 신이 드나드는 곳이기도 하며 우주宇宙 에너지가 모이는 곳이다. 우리에게 지혜를 준다. 니환궁尼丸宮이라고도 한다.

선인들이 정·기·신에 관해 언급한 것들을 정리해 보았다.

○ 정·기·신은 연공할 때 기본물질이다 그래서 상약이라고 한다. 《심인묘경》에도 정·기·신은 상등약품 중에 상약이라고 했다.
○ 영을 밝게 하고 지각을 깨우치는 것은 신이 하고 운동을 충족시켜 주는 것은 기가 하고 자액을 윤택하게 해 주는 것은 정이 한다. 신은 통제하고 기는 작용하고 정은 운화하여 각 전담하는 기능을 발

휘한다.

○ 정·기·신은 한 몸에서 떨어지지 않고 상호 작용한다. 신이 이르는 곳은 기 역시 이르고 또 서로 의존하여 자연히 만들어진다.

○ 신체가 순일하고 화평하게 하나로 통하는 것은 정·기·신의 역할이다. 순일하고 잡된 것이 없는 것을 정이라 하고, 혈맥이 막힘없이 잘 통하는 것을 기라고 이름하며, 텅 비어 있는 영의 활동을 하는 것을 신이라고 이른다. 셋이 하나이고 하나가 셋이다.

○ 천심天心(단전)을 주主로 삼고, 원신元神을 용用으로 삼으며, 삼보三寶(정기신)로서 기틀을 삼는다.

바깥 삼보(후천 정기신)가 차지 않으면, 안의 삼보(선천 정기신)는 스스로 합하여진다.

도 道

1 태극太極

1) 태극太極의 정의定義

태극太極이란 천지가 열리지 않고 혼돈이 음양陰陽을 나누기 전 상태인 무극無極에서 전화轉化되어 태극의 이름으로 이것을 받은 것이다.《역경계사易經系辭》는 "역易에 태극太極이 있으며 태극은 양의兩儀(陰陽)를 낳았다. 양의兩儀는 곧 태극의 음과 양이다."라고 했다.

태극에 관한 문헌은 지금까지 《장자莊子》에서 최초로 나왔다. 태극도식설太極圖式說에서는 '장자'의 '태극' 사상이 유가儒家와·도가道家 양가에서 결실을 맺은 결과라고 말하고 있다.

태극은 중국 도가道家 문화사에서 중요한 개념이자 범주로, 지금까지 본 문헌을 보면 "대도大道는 태극太極 위에 있되 높게 하지 않고, 육극六極 아래 있되 깊지 않게 하며, 천지보다 먼저이되 오래되지 않고 상고보다 길되 늙지도 않게 된다."고 한 말이 《장자》에 처음 보인다. 그 뒤에 보이는 것은 《역전易傳》에서 "태극이 양의兩儀를 낳고 양의兩儀는 사상四象을 낳고, 사상은 팔괘八卦를 낳는다."고 하였다. 장자 이후 후대 사람들은 주역 계사에 관한 태극의 논술을 바탕으로 세련된 태극 관념을 추연推演하며 장자莊子 혼돈철학의 정수를 흡수하고 저술해서 후세에 전했다.

장자의 혼돈철학처럼 태극 관념은 모든 만물의 현상과 본질을 흐릿하고 황홀하게 바라보는 삶의 태도와 그 사고방식 자체가 분명하고 지혜로운 철학적 사고를 함축하고 있다. 그 궁극적인 목적은 인간의 활동이 대도지덕大道之德과 자연의 섭리에 순응하여 외물에 구애받지 않고 '무위無爲는 하지 못하는 것이 없다'와 같이 결국에는 안 될 것이 없는 평화롭고 조화로운 정신의 영역에 도달한다.

도가에서 태극은 우주의 가장 원초적인 질서 상태로 음양 미분별의 혼돈기 이후에 나타나 만물(우주)의 본원을 이루는 것을 말한다. 태극이라는 개념을 비교적 일찍 사용한 것으로 《장자莊子》와 《역전易傳》이 있는데, 일반적으로 우주론 방법론에서 쓰이는 태극이라는 개념은 중국의 전적을 통해 '역易'은 천지의 신비를 다한 철리서哲理書로서 성괘成卦의 과정을 분석한 것으로 근본적으로는 천지개벽에 대한 개술이기도 하다. 태극이 양의를 낳는 것은 태극의 분화分化로 천지를 형성하는 과정으로, 양의兩儀는, 천지天地이자 음양陰陽이다. 태극의 개념은 흔히 역학易學과 함께 등장한다. 태극의 개념은 도가의 우주론에 중요한 기본 개념이다.

태극의 의미에 대해서는 몇 가지 해석이 있다.

(1) 우묘宇畝는 말하기를 처음 태극은 혼연일체가 된 원기를 말한다고 했고, 《주역정의周易正義》에서는 "태극이 천지를 가리기 전까지는 원기가 혼재돼 있었다."고 했다. 《역위·건착도易緯·乾鑿度》는 "유형有形은 무형無形에서 생긴다."며 '태역太易이 있고 태초太初가 있고 태시太始가 있고 태소太素가 있다'고 하는 4단계로 '태극'을 설명한다. 기氣를 못 볼 때는 태역太易이고, 기氣는 태초太初의 시작이고, 형形은 태시太始에서 시작하며, 질質은 태소太素에서 시작한다. 기氣와 형形과 질質이 혼연일체가 되어 분리되지 않은 상태를 혼돈混沌이라고 한다. 혼돈은 바로 옛사람이 말한 대로 원기元氣이다. 원기 미분별 상태가 태극이 되고 원초적 물질이라는 뜻이다.

(2) 허무한 본체를 태극으로 하여 왕필王弼이 해석한 것을 보면 "대연大衍의 수數, 그 하나를 쓰지 말라."고 설명한 것과 같이 "수를 쓰지 않고 수를 세어서 이루어 내니, 사역斯易의 태극이다. '하나'를 태극으로 삼았으나 '하나'는 수數가 아니라 '무無'로 보고, '무'는 49의 책수策數로 형성된 근

거가 된다. 한강백韓康伯은 "역에서 태극이 양의兩儀를 낳는다고 하나, 유有는 무無에서 시작되므로 태극은 양의를 낳는다."고 하는 것이다.

(3) 대연大衍의 49수는 태극으로 나누지 않았다. "마흔아홉을 합쳐도 나누지 않으니 이것이 태극 같다. 이 상태에서 나누면 둘이니, 상象이 양의兩儀다.《주역집해周易集解》에 따르면 최경崔憬은 대연大衍의 수에 대한 논술과 태극설은 하나를 쓰지 않는 것은 허무의 실체로 삼지 않고 마흔아홉 수를 태극太極으로 나누지 않으며, 팔괘가 대연의 수에 담겨 있다고 생각하기 때문이다. 이런 관점은 역학철학사에서 중요한 의미를 갖고 송宋의 역易과 장차 한漢의 역易이 우주 생성론을 본체론本體論으로 전환하는 방법을 제공한다.

(4) 음양 혼합으로 태극을 나누지 않는다. 주돈이周敦頤 태극도설太極圖說에 의하면 "무극無極이 태극太極이면서 움직이면 양陽이 생기고, 동動이 극에 달하면 정靜하고 정靜이 극에 달하면 다시 동動이 된다. 일동일정一動一靜이 상호 그 뿌리이다. 분음분양分陰分陽이 양의兩儀가 된다. 주돈이 이후 태극에 대한 해석은 크게 3가지 유파로 나뉜다.

① 소옹邵雍을 대표하는 사람들을 수數로써 설명한 것이 태극太極이다. 태극은 하나로 나오지만, 움직이지 않으면서 둘을 낳는 것은 신神이다. 사람에게는 마음이 태극이고, 천지에서는 도가 태극이라고 생각한다.

② 주희朱熹를 비롯한 당대 유학자儒學者들은 리理로 태극을 말한다. 극極이란 이理가 극極에 이른 것이라고 보고, 천지만물의 이치는 곧 태극이라고 말한다.《주자태극도설해朱子太極圖說解》에 의하면 "태극이란 이理다."《주역본의·계사상周易本義·系辭上》에서도 태극은 천지만

사 만물의 이理를 합한 것이고, 구체적인 것에도 태극의 이理가 있다. 그래서 "사람마다 일태극─太極이 있고, 사물에도 일태극─太極이 있다고 주장한다.

③ 대표적으로 음양의 있음이 없다고 인식한다면 그 하나는 변화무쌍할 것이고, 그 대립에서 서로 밀린다면 태극이 천지만물 운동 변화의 근원임을 알 수 있다. 왕부지王夫之는 장재張載의 학설을 밝혀 내고, 대립각을 세워 태극의 통일관을 설파했다. 단언컨대 태극과 양의兩儀는 부자父子 관계가 아니다. 또 태극과 음양의 두 기가 합일되었다는 실체는 스스로 운동의 본성과 변화 법칙을 가지고 있기 때문이라고 생각한다. 또한 천지만물에 깃든 모든 현상은 이 음양 통일체의 다른 표현으로 '태화지기太和之氣'이며, 세계의 본원本原으로 삼는 사상을 역설하기도 한다.

(5) 일음일양─陰─陽을 도道라고 하는 것은 태극에 대한 해석이다. 그러면 무슨 도道란 말인가? 천도天道, 지도地道, 인도人道를 가리킨다. 만사萬事나 만물萬物에는 모두 양면이 있고 끊임없이 변화하는 것도 연관이 있다. 천도天道·지도地道는 이미 모든 사람들에 의해 과학에 근거하여 이미 증명되었다고 이해하기 쉽다. 관건은 인도적이고, 또 인도적인 사상이며, 사상은 행위와 태도를 결정한다. 역시 모두가 자신의 사상을 존중하고 자연 법칙을 존중하는 것이 필요하다. 올바른 방법을 모색하는 것이야말로 우리가 노력해야 할 숙제다.

태극이란 무엇인가를 두고 선철先哲들, 특히 유학자儒學者들의 해석이 엇갈린다. 우번虞翻은 태극은 태일太─이라고 했다. 한강백韓康伯은 태극이란 무칭無稱을 칭稱한 것이고 "태극은 태초太初의 태일太一이다."라고 했다. 소자첨蘇子瞻은 "태극이란 물질이 있기 전에 있는 것"이라고 했다. 주희朱熹는 "태극이란 이理다."라고 했다. 내지덕來知德은 태극이란 지극한 이理라고 했다. 이렇게 각기 주해注解가 다르지만 사실 태극은 천지와 만물의 근본을 가지고 있는 몸체이다. 이 몸체는 무궁무진한 형상과 무한한 효용이 있고 본체 형상의 효용이 분리되지 않는다. 역경易經을 배우지 않고 이치를 잘 모르면, 나에게 사람 본래의 이런 것이 있는지 알지 못하며, 만물이 모두 나에게 준비되어 있는지 알지 못하므로, 매사에 근본을 버리고 밖으로 달려 나가 스스로와 군중에게 각종 재앙을 초래하게 된다. 배움으로써 이理를 알기 쉬우나, 길함에 따라 흉함을 피할 수 있다. 흉한 자는 생사를 위해 해결할 수 없고, 길한 자는 거룩한 성인들의 행위를 배우는 것이다. 성인을 배우려면 먼저 생사의 문제를 해결해야 한다. 《논어論語》에는 자로子路가 죽음을 묻자 "공자孔子가 삶을 알지도 못하는데 어찌 죽음을 알겠는가?"라고 답했던 것이다.

태극이 양의를 낳는다는 것은 태극은 적연부동寂然不動하므로 형상은 없고 오직 청정淸淨하고 광명光明한 몸체이어서 생生이 없는 이성理性이다. 움직이면 상象이 드러남이 보이는데, 이것이 살아 있는 행위이다. 그곳의 살아 있는 상은 그 수가 무궁하지만, 움직임을 시작할 때는 일명일암一明一暗 두 가지 형색이 있을 뿐이다. 명明색은 양이고 암暗색은 음이라 하여 음양양의라고 하며, 의儀는 《공씨정의孔氏正義》에서 해석한 바와 같이 작용의作容儀는 아직 상象이 되지 않았기 때문에 양상兩象이라 부르지 않고 양의兩儀라고 부른다. 그러나 이 양의가 사상四象에서는 만상萬象의 기본 구조이며, 만상은 양의로 세분화되어 있다. 만상의 수는 비록 무궁하지만, 기본의 수는 양陽을 기수奇數(홀수) 음陰을 우수偶數(짝수)라고 한다.

태극은 도가의 철학 개념이다. 이 개념은 유학·도교 등 중화문화의 유파流派에 영향을 미쳤다. 《열자列子》는 태역太易, 태시太始, 태초太初, 태소太素, 태극太極이라는 우주의 5단계 설법을 말했다. 송대宋代 유학자 주돈이는 태극도설 첫머리에 무극이라 했다. '노자' '장자'에 나오는 무극이라는 말을 이학적理學的 함의含意를 넣어 무극의 개념을 태극과 연결시킨 것이다. 청나라 건륭제 연간 태의원이 집대성한 《의종금감醫宗金鑒》은 "무극태허기중리無極太虛氣中理, 태극허리중기太極虛理中氣다."라고 했다. 기의 동정動靜을 타고 음양이 생기고 음양이 천지로 나뉜다. 우주의 기가 생김새는 없지만 이미 우주의 기가 머무르고 있다. 즉 기氣로 이리를 보는 것을 태극이라 한다고 했다.

2) 태극도太極圖

태극에 대해서 그 어원을 해석한 것을 보면, 태太는 지至의 의사가 있다는 것이고, 극極은 극한極限의 의의儀가 있다는 것이니, 태극은 극한에 이르러서 있음을 뜻하니 우주에서 아직 음양이 분화되지 않은 최초의 형식을 말한다. 그래서 음양의 허형魚形이 서로 안고 환전環轉하는 것이 태극도이다.

태극도는 여러 종류가 있는데 주돈이周敦頤 태극도설, 선천태극도先天太極圖(원명 "천지자연지도天地自然之圖" 속칭 음양어도陰陽魚圖), 고태극팔괘도古太極八卦圖(선천태극도. 주변에 팔괘를 붙임), 내지덕태극도來知德太極圖, 청나라 단목국호태극도 등 다양하다.

현대에서도 선천태극도先天太極圖(原名 "天地自然之圖") 속칭 음양어도陰陽魚圖는, 태고의 홍수 때 외계인이 지구인에게 선물했거나 인류 문명이 한 번 내지 두세 번 문명이 멸망했을 때 남긴 유일한 증거물로 보는 시각이 적지 않다. 또 어떤 변천에 따른 것일까? 진입부陳立夫 선생은 "대륙에서 출토된 옛 태극도는 주역이나 건착도乾鑿度의 책보다 3~4천 년 앞선다. 섬서陝西성 영정永靖소에서 출토된 6천5백 년 전(복희시대)의 쌍룡고태극도雙龍古太極圖의 경우 붓끝으로 그린 것으로 공자보다 4천 년 앞선다. 또 상대商代와 서주西周의 여러 청동기에도 암수 쌍룡이 얽힌 태극도가 출토됐다."고 밝혔다. 쌍룡전요도雙龍纏繞圖는 화하華夏 시조 복희伏羲와 여와女媧 간의 교미도交尾圖라는 점과 태극도가 석막산, 광동 곡강 석협 중층유적에서 출토된 신석기시대 토기에 황하黃河 문양이 새겨져 있다고 주장하기도 하는데 이것에 쌍어문양雙魚文樣 등이 있다.

태극도가 이렇게 오래되고 널리 퍼진 이상 그 기원과 변화 문제가 관심사다. 그 원류를 살펴보기 전에 태극도의 명칭과 도형의 상관관계를 분명히 밝혀야 한다. 태극도는 모양이 음양양어陰陽兩魚가 서로 엉겨 있는 것처럼 만들어져 '음양어태극도陰陽魚太極圖'라고도 불린다.

先天太極圖(原名 "天地自然之圖") 속칭 (陰陽魚圖),

이 도형들은 도대체 태극도의 공급원이 맞는가? 하는 물음표를 던질 수 있으나, 도형 속에 담긴 사상 관념상 태극도와 무관하다고 할 수는 없다. 이 도형들은 쌍룡, 쌍뱀, 또는 쌍어, 쌍봉, 그리고 그마저도 같은 두 기호를 교차시켜 만든 것으로 원시사회의 생식 숭배의 산물이다. 쌍쌍이 무늬를 그리거나 남녀(복희, 여와)를 표시하거나 암수(쌍어, 쌍뱀, 쌍룡, 쌍새)를 표시한다. 둘을 교차시켜 남녀, 암수 교합에 대한 원시생활의 직관적 인식을 반영한다. 양성兩性, 생식기, 남녀, 암수, 일월 등의 인체 현상, 생물 현상, 자연 현상으로 점차 음양의 개념을 깨닫게 된다. 그리고 음양의 동체, 음양 상대성의 교감을 통해 음양 상호작용, 음양 상호 전화 등의 사상적 이념이 전통문화를 음양문화로 규성한다.《역경易經》에 음양효陰陽爻와 음양괘陰陽卦는 바로 음양사상을 선線으로 완성했다. 태극도는 흑백으로 나뉘고 수미首尾 규합은 바로 음양이 통일을 기대하고 서로 뿌리내리는 이념에 최적화된 도표다.

다음은 《태상노군설상청정경太上老君說常淸靜經》의 제3장 태극편에서 소개된 원문과 수정자의 주해, 그리고 혼연자의 도해를 살펴보기로 한다.

混然子 太極圖	太上老君說常淸靜經의 태극편
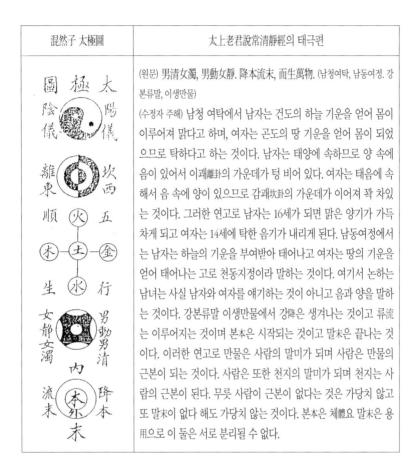	(원문) 男淸女濁, 男動女靜. 降本流末, 而生萬物. (남청여탁, 남동여정. 강본류말, 이생만물) (수정자 주해) 남청 여탁에서 남자는 건도의 하늘 기운을 얻어 몸이 이루어져 맑다고 하며, 여자는 곤도의 땅 기운을 얻어 몸이 되었으므로 탁하다고 하는 것이다. 남자는 태양에 속하므로 양 속에 음이 있어서 이괘離卦의 가운데가 텅 비어 있다. 여자는 태음에 속해서 음 속에 양이 있으므로 감괘坎卦의 가운데가 이어져 꽉 차있는 것이다. 그러한 연고로 남자는 16세가 되면 맑은 양기가 가득차게 되고 여자는 14세에 탁한 음기가 내리게 된다. 남동여정에서는 남자는 하늘의 기운을 부여받아 태어나고 여자는 땅의 기운을 얻어 태어나는 고로 천동지정이라 말하는 것이다. 여기서 논하는 남녀는 사실 남자와 여자를 얘기하는 것이 아니고 음과 양을 말하는 것이다. 강본류말 이생만물에서 강降은 생겨나는 것이고 류流는 이루어지는 것이며 본本은 시작되는 것이고 말末은 끝나는 것이다. 이러한 연고로 만물은 사람의 말미가 되며 사람은 만물의 근본이 되는 것이다. 사람은 또한 천지의 말미가 되며 천지는 사람의 근본이 된다. 무릇 사람이 근본이 없다는 것은 가당치 않고 또 말末이 없다 해도 가당치 않는 것이다. 본本은 체體요 말末은 용用으로 이 둘은 서로 분리될 수 없다.

2 자연自然

1) 자연自然

세상에 스스로 존재하거나 우주에 저절로 이루어지는 모든 존재나 그대로의 상태를 자연이라고 한다. 자연의 법칙, 자연자원, 자연에 순응하다, 자연으로 돌아가다 등이 이러한 의미를 담고 있다.

자연은 사람의 힘을 더하지 않는 천연 그대로의 존재, 즉 산, 강, 바다, 식물, 동물 등과 또는 그것들이 이루는 지리적 지질적 환경을 말할 수 있는데 자연경관, 자연보호, 자연과 벗 삼다, 자연을 노래하다 등의 의미를 갖고 있다.

자연은 가장 광범위한 의미로 천연적·물리적·물질적인 세계, 또는 우주를 들 수 있다. 자연은 물질세계의 현상도 가리킬 수 있고, 일반적인 생명도 가리킬 수 있다. 자연에 대한 연구는 유일한 것으로 보기에는 너무 큰 것이다. 만약 유일하지 않다면 일부 과학에서 말하는 인간은 자연의 일부지만 인간의 활동은 보통 다른 자연현상과 분리된 유형으로 이해되어진다.

이 자연이라는 단어는 하나의 전체적인 자연 개념으로서 물리적인 우주이며, 원시적인 개념이 몇 가지 확장된 개념이다. 지난 몇 세기 동안 현대 과학 기법의 출현에 따라 자연은 피동적인 현실이 되어 신성한 규율에 의해 조직되고 이동되었다. 산업혁명에 따라 자연은 점점 더 관여하지 않는 현실의 일부로 여겨지고 있다. 그러므로 자연은 어떤 전통에 의해 신성시되거나, 또한 신성한 하늘의 뜻이나 인류 역사의 의례에 의해서만 여겨진다고 보고 있었다.

오늘날 이 단어의 여러 용법에서 자연은 지질과 야생 동식물을 가리키기도 한다. 자연은 동식물과 동물의 일반적인 영역을 가리킬 수 있고, 어떤 경우에는 생명이 없는 물체와 관련된 과정, 즉 특정 유형의 사물의 존재 방식과 그들 자신의 변화에 적응하는 방식, 예를 들면 지구의 날씨와 지질 상황을 가리킬 수도 있다.

흔히 '자연환경', 즉 황야, 야생동물, 바위, 숲, 그리고 일반적이고 인위적으로 관여하거나 인위적으로 관여하지 않아도 지속적으로 변화할 수 있는 것들을 말할 수 있다. 인간과 인간의 상호작용은 보통 자연의 일부로 간주되지 않는다. 오늘날에도 찾아볼 수 있는, 보다 전통적인 자연 사물의 개념은 자연과 인공의 구별을 의미하며, 그중 인공은 인간의 의식이나 인간의 사상이 만들어 내는 사물로 이해되고 있다.

자연의 의미는 스스로 존재하거나 저절로 이루어진다는 뜻을 나타내기도 하는데, 자연증가, 자연식품 등의 말이 여기에 속한다고 보여진다. 그리고 철학적 의미로는 의식이나 경험 대상의 전체, 또는 사람과 물질의 고유성, 혹은 본연성 등을 '자연의 이치'라고 말하고 있다.

2) 자연自然의 세계世界

우리 인류가 살고 있는 천체는 지구地球이다. 태양계의 아홉 행성 중 하나이고 지구의 공전에 의해 사계四季가 생기고 그 주기는 365일이다. 지구의 자전에 의해 밤과 낮의 구별이 생기는데 그 주기는 24시간이다. 지구의 표면은 약 5억 2천만 평방 킬로미터로 알려졌다.

지구는 생명을 유지할 수 있는 행성行星으로 알려져 있으며, 자연적인 특징은 많은 과학 연구 분야의 주제이다. 태양계에서, 지구는 태양으로부터 세 번째 위치에 있다. 그리고 크기에 있어서는 전체 순위 5위다. 가장 두드러진 기후의 특징은 극지방 2곳, 상대적으로 좁은 온대지방 2곳, 그리고 넓은 적도의 열대지방 2곳이다. 강수량의 차이는 위치에 따라서 연간 몇 m에서 1mm도 안 되는 곳도 있다. 지구 표면의 71%는 해양으로 덮여 있고 나머지는 대륙과 섬으로 구성돼 있으며 대부분이 북반구에 있다.

지구는 지질과 생물 과정을 통해 진화했고 원시 상황의 흔적을 남겼다. 내부는 활발하게 유지되며 두꺼운 비닐 외투와 철심을 채워 자기장을 만든다. 이 철심은 고체 내상內相과 액체 외상外相으로 구성돼 있다. 핵심 중 대류對流 운동은 발전기 작용으로 전류가 흐르고, 이 전류가 지자기장을 만든다.

지구는 태양 성운星雲을 비롯해 태양과 다른 행성으로 이뤄져 45억4천만 년 전에 형성된 것으로 추정된다. 약 2천만 년 후에 달이 형성되었다. 처음에는 용화熔化되었지만, 지구의 바깥층이 냉각되어 경피硬皮가 형성되었다. 방기放氣와 화산火山활동으로 원시原始 대기大氣가 생성되었다. 응축된 수증기는 대부분 얼음이 혜성을 배달해 만들어 내는 바다와, 다른 물의 공급원에서 나온다. 고高에너지는 40억 년 전 자기복제 분자를 배출한 것으로 알려져 있다.

대륙이 형성됐다가 파열되고 다시 형성되는 것은 지구 표면이 수억 년 동안 재탄생돼 가끔씩 초대형 대륙으로 합쳐지기 때문이다. 약 7억5천만 년 전, 최초의 초대륙 로디니아(Rodinia)가 갈라지기 시작했다. 이 대륙들은 5억4천만 년 전 판게아, 1억8천만 년 전 파열된 파노티아로 재편됐다.

신원新元 고대古代에는 빙하와 빙판이 지구를 대부분 뒤덮었다. '눈덩이 지구'로 불리는 이 가설은 캄브리아기 폭발 직전에 일어났고, 이 폭발로 다세포 생명 형태가 약 530억~5억천만 년 전부터 확산되기 시작했기 때문이다.

캄브리아기 폭발 이래로 이미 명확하게 식별할 수 있는 대멸종이 다섯 가지나 발생하였다. 약 6600만 년 전 운석 충돌로 비조류 공룡과 다른 대형 파충류 멸종 가능성이 제기됐지만 포유류의 멸종은 면했다. 지난 6600만 년 동안 포유류의 삶은 다양했다.

몇 백만 년 전, 아프리카 원숭이는 직립 능력을 얻었다. 이후 인류의 생명이 도래하고 농업과 더 나아가 문명의 발전으로 인류가 지구에 미치는 영향은 이전의 어떤 생명 형태보다도 빨라졌으며, 다른 생물의 성격과 양뿐만 아니라 지구 기후에도 영향을 주었다.

날씨는 호재好材와 유해有害의 두 가지 영향을 동시에 가져올 수 있다. 토네이도, 허리케인 등 극단적인 날씨는 그 경로를 따라 많은 에너지를 소모하고 파괴한다. 지표면 식피植被는 날씨·계절 변화에 대한 의존성이 발달해 수년 간 지속된 갑작스러운 변화만으로도 식피植被와 그 먹이에 의존해 자라는 동물에게 큰 영향을 미칠 수 있다.

기후는 날씨의 장기 추세의 일종이다. 이미 각종 요인이 기후에 영향을 준다고 알려져 있는데, 여기에는 해류, 지표면 반사율, 온실가스, 태양 광도의 변화 및 지구 궤도의 변화가 포함된다. 역사적 기록에 따르면 지구는 과거 빙하를 포함해 급격한 기후 변화를 겪었던 것으로 알려져 있다.

한 지역의 기후는 많은 요소, 특히 위도緯度에 의해 결정된다. 비슷한 기후 속성을 가진 지표地表의 위도대緯度帶가 하나의 기후 지역을 이룬다. 적도의 열대 기후부터 북부와 남부의 극단적인 극지방 기후까지 이런 지역이 많다. 날씨도 계절에 따라 지구에 영향을 주는 축은 그에 비해 궤도가 평면적으로 기울어진다. 따라서 여름철이나 겨울철 어느 주어진 시간에도 지구의 일부가 더 직접적으로 햇빛에 드러나게 된다. 지구가 그 궤도를 돌 때 이런 폭로가 번갈아 일어난다. 주어진 시간, 계절에 상관없이 북부와 남부 반구半球에서는 상반된 계절을 겪는다.

날씨는 환경의 작은 변화에 따라 쉽게 변하는 혼잡한 시스템이어서 정확한 일기예보는 며칠에 불과하다. 전반적으로 전 세계적으로 온도가 평균 상승하고, 지역의 기후가 뚜렷하게 변하고 있다.

3) 생태 계통生態系統과 생명

생태계는 각종 서로 연관된 생물과 비생물 성분으로 이루어져 있다. 구조와 구성은 서로 연관된 각종 환경적 요인에 의해 결정된다. 이런 요인들의 변화는 생태계의 동적 변화를 야기할 것이다. 몇몇 더 중요한 성분은 토양, 대기, 태양복사, 물과 살아 있는 물체이다.

생태계 개념의 핵심은 생명 유기체가 현지 환경의 모든 다른 원소와 상호작용한다는 사상이다. 생태학의 창시자인 유진 오덤은, 주어진 구역의 모든 생물(즉 커뮤니티)을 포함하는 어떤 단원單元도 물리적 환경과 상호작용해 에너지 흐름이 명확하게 정의되는 영양 구조, 즉 생물계 내의 다양성과 물질 순환(생명이 있는 것과 생명이 없는 부분에서 물질을 교환하는 것)을 하나의 생태계라고 말했다. "생태계에서 물종物種은 먹이사슬에서 서로 연결돼 의지하고, 서로 간에 그리고 환경과 에너지와 물질을 교환한다. 인간 생태계 개념은 인간과 자연의 이분법, 그리고 모든 물종物種의 생태적 상호 의존과 그 생물 군락의 비생물적 성분이라는 사상에 기초하고 있다.

지구상에서 발달한 첫 번째 생명 형태는 미생불로, 약 10억 넌 전까지 다세포 생물이 출현하기 시작한 유일한 생명 형태였다. 미생물은 단세포 생물로 보통 미시적이며 사람의 눈에 보이는 것보다 작다. 세균, 진균, 고세균, 프로토리스타를 포함한다. 이런 생명 형태는 지구 내부를 포함해 거의 모든 액체 상태의 물이 있는 위치에 존재한다. 그것들의 번식은 신속하면서도 풍부하다. 높은 돌연변이율과 수평적 유전자 전이의 결합으로 적응성이 높고 우주를 포함한 새로운 환경에서 생존할 수 있게 됐다.

비록 생명의 정의에 대해 아직 보편적인 공감대는 없지만, 과학자들은 생명의 생물학적 발현의 특징으로 조직, 신진대사, 성장, 적응, 자극에 대한 반응과 번식을 일반적으로 받아들이고 있다. 생명도 생물체의 특징적인 상태라고 할 수 있다. 육지 생물(식물, 동물, 진균, 원생생물, 고세균과 세균)이 공유하는 특성은 세포이다. 탄소수를 기반으로 한 세포로서 복잡한 조직과 신진대사를 갖추고 성장하며 자극에 반응하는 능력을 갖추고 있어서 자기복제가 가능하다. 이런 속성을 가진 실체는 보통 생명으로 여겨진다. 인공의 생명 유사물도 생명이라고 여길 수 있다.

생물권은 일부 지구 껍데기에 토지, 표면 암석, 물, 공기, 대기가 포함돼 있어 지구의 살아있는 모든 것을 말한다. 지구화학적으로 지구상의 생물 전체를 나타내고, 생태학적으로는 생물이 생활하고 있는 장소 전체를 의미한다. 가장 광범위한 지구생리학적으로 볼 때 생물권은 모든 생물과 그 상관관계를 통합해 암석권(암석), 수권(水), 대기(空氣)의 상호작용을 포함하는 지구 생태계를 말한다. 지구 전체에 750억 t(150조 파운드)이 넘는 생물량生物量(생명)이 포함돼 있어 생물권 내 다양한 환경에서 생활하고 있다.

지구 전체 생물의 10분의 9가 식물생명이지만 동물생명은 식물의 생존에 크게 좌우된다. 지금까지 200만 종種이 넘는 동식물종動植物種이 확정됐고, 실제 종種의 추정 범위는 수백만에서 5천만 종이 넘는다. 개별 종의 수는 끊임없이 변화해 새로운 종들이 출현하고 다른 종들은 더 이상 존재하지 않는다. 종의 총수가 신속하게 감소하고 있다.

4) 진화進化와 대인류적對人類的 영향影響

생명의 기원인 지구에서는 아직 정확히 알려지지 않았지만 최소 3억 510만 년 전에 이미 생명이 발생했던 것으로 알려져 있으며, 명고冥古나 태고대太古代의 한 쌍의 영세永世 원시지구原始地球는 지금까지 발견된 것보다 훨씬 다른 환경을 갖고 있었다. 이런 생명 형식은 자기복제와 유전적 특징의 기본적 특징을 가지고 있다. 한번 살아보는 과정에서의 진화된 자연선택은 점점 더 다양해지는 생활 형식의 발전을 가져왔다.

변화하는 환경에 적응하지 못하고 다른 생명 형태와 경쟁하는 종種이 멸종했다고 하지만 화석 기록은 이런 앞선 생물종의 증거들을 많이 보유하고 있다. 현재의 화석과 DNA 증거는 모든 현존하는 종種이 최초의 원시생명 형태의 연속 조상으로 거슬러 올라간다는 것을 보여 준다.

식물생명의 기본 형식이 빛의 합성 작용으로 발전하는 과정일 때 태양의 에너지를 수집하여 조건을 창조함으로써 더욱 복잡한 생명 형식을 실현할 수 있다. 생성된 산소는 대기 중에 축적되어 오존층을 생성한다. 소세포小細胞가 큰 세포에서 통합돼 더 복잡한 세포의 발전을 가져오는 것을 진핵생물眞核生物이라고 한다. 균락菌落 내의 세포는 갈수록 전문화되어 진정한 다세포 생물을 형성한다. 오존층이 유해한 자외선을 흡수하면서 지구 표면에 생명이 정착한다.

인류는 지구상 모든 생물량의 극히 일부에 불과하지만 자연에 미치는 영향은 너무 크다. 인간이 미치는 영향의 정도 때문에 극단적인 경우를 제외하고는 인간이 자연과 '인조人造적 환경環境' 사이의 경계가 명확하지 않다. 극단적인 상황에서도 인간의 영향을 받지 않는 자연환경의 수는 점점 더 빠르게 줄어들고 있다.

인류의 기술 발전은 자연 자원을 더 많이 이용할 수 있도록 허용했고,

자연재해로 인한 위험도 덜었다. 그러나 이런 진전에도 인류 문명의 운명은 환경 변화와 밀접한 관련이 있다. 선진기술의 사용과 환경 변화 사이에는 고도의 복잡한 피드백 회로가 존재하며, 이러한 변화가 사람들에게 점차 이해되고 있다. 지구 자연환경에 대한 인위적 위협은 오염, 산림 벌채, 석유 유출 같은 재앙을 포함한다. 인류가 멸종에 기여한 많은 동식물 가운데 약 100만 종이 수십 년 안에 멸종 위협을 받고 있다. 지난 반세기 동안 생물 다양성과 생태계 기능의 상실은 자연이 인류의 삶의 질에 얼마나 기여했는지에 영향을 미쳤으며, 지속적인 저하는 빠른 항로를 제외하고는 인류 문명의 지속적 생존에 중대한 위협이 될 수 있다. 인간 사회에 대한 자연자원의 가치가 시장가격에 반영되지 않는 것은 대부분의 자연자원이 공짜로 제공되기 때문이다.

인류는 자연을 여가 및 경제활동에 이용한다. 산업용 자연자원의 획득은 여전히 세계 경제 시스템의 중요한 구성 부분이다. 농업은 기원전 9세기 무렵에 최초로 채택되었다. 식량 생산에서 에너지원으로 대자연은 경제적 재산에 영향을 주고 있다.

초기 인류는 경작하지 않은 식물 재료를 음식으로 수집하고 식물의 약용 특성을 이용해 질병을 치유했지만, 대다수 현대 인류의 식물 이용은 농업을 통해 이뤄졌다. 넓은 토지가 작물의 생장에 사용되면서 가용량의 조림과 습지를 현저히 감소시키고, 서식지의 많은 식물과 동물종의 상실과 침식을 증가시키고 있다.

3 음양陰陽

태극 음양 팔괘

음양의 철리哲理 자체는 통일統一, 대립對立, 화호화和互化 세 가지 특징을 가지고 있다. 사유상思惟上으로는 산술算術(算數)과 점술占術(論理)이 떼려야 뗄 수 없는 절점節點을 갖고 있다. 자연 속 생물의 유전자와 인공지능 속을 충분이 드러내는 음양의 생명력을 잘 보여 준다.

음양은 동양 고대 문명의 자연법칙 뒤에 내포된, 자연법칙의 발전을 변화시키는 근본 요인에 대한 묘사로, 각종 사물이 잉태되고 발전하고 성숙하며 쇠퇴하고 소멸에 이르는 원동력이며, 동양東洋문명의 논리적 사유의 기초를 다지는 핵심 요소이다. 우주 간의 가장 기본적인 요소와 그 역할을 묘사하는 복희역伏羲易의 기초 개념 중 하나이기도 하다.

음양이라는 단어는 많은 의미와 도리를 나타내는데, 간단히 요약하면 음양 대립, 음양 상충, 음양 전환으로 나뉜다.

지구상에서 음양의 두드러진 표현은 태양과 달이 지구에 미치는 영향이다. 이는 지구 자체 운동이 태양과의 상대적 운동과 달과의 상대적 운동 두 가지 운동으로 나타나 두 가지 운동 관계가 지구 운동 위에 통합되면서 음양이 연구 대상에 떼려야 뗄 수 없는 종합적인 영향을 미치기 때문이다. 양 속에는 음(양중의 음)이 있고, 음 속에는 양(음중의 양)이 있으니 떼려야 뗄 수 없다.

음양은 중국 문화의 근원지도根源之圖인 하도河圖·낙서洛書·복희 선천 64괘 방원도의 이론적 바탕이기도 하다. 쉽게 말해 동양문명은 음양이라는 기본 요소에서 출발하여 점차적으로 수립, 발전해 왔으며, 장기적으로 음양에 대한 깊은 인식을 통해 동양 고대 철학의 음양론을 형성하고 응용의 관점에서 철학, 자연과학, 사회과학, 생명과학, 정신과학 등 여러 가지 범주에 음양 지식을 포함시키고 있다.

물체는 모두 음양이 있어서 갈라놓을 수 없다. 음양은 반드시 상호 의존적이어야 한다. 만사 만물이 모두 음양의 특성을 포함한다. 컴퓨터 이진수二進數의 0과 1은, 0은 음이고, 1은 양이 되면서 기수奇數(홀수)는 양이고 우수偶數(짝수)는 음이다.

팔괘에 있어서도 음양 관계에는 여러 조가 있는데 건곤乾坤의 음양, 간태艮兌의 음양, 진손震巽의 음양, 감리坎離의 음양이 있다. 같은 음양 관계지만 구별이 있으니 일률적으로 말할 수 없다. 구체적으로 말하자면, 다음과 같은 부분이 있다. 쉽게 말해 땅의 개념이 있어야 땅 위의 하늘이 있다는 개념이다. 반대로 하늘은 땅의 하늘을 가리키며, 그 하늘이 없으면 그에 대응할 땅도 없다. 하늘은 땅 때문에 존재하고 땅은 하늘 때문에 존재한다. 건곤乾坤의 음양상호체陰陽相好體 관계이다. 여기서 상호체相好體는 쌍방이 서로 존재하기 때문에 존재한다는 뜻이다.

간태艮兌괘의 음양은 화육관계化育關系로, 여기서 화육은 새로운 것을 발생·잉태·창조하는 능력을 말한다. 간태 두 괘의 상호작용이 잉태되어 새로운 사물을 창조하게 된다는 의미이다. 복희역伏羲易은 이론의 관점에서 보면, 간태 두 괘의 상호작용이 잉태되어 새로운 사물을 창조하게 된다. 복희 선천 64괘 방원도의 원도 방위를 대조해 보면, 태궁兌宮은 동남쪽에 있고, 간궁艮宮은 서북쪽에 있어, 이 방위는 중국 땅의 지리적 환경에 들어맞는다.

음양이라고 하면 음양이 대립하는 일방적 관념만 있을 것이 아니라, 차별을 두고 공통성을 따르고 차이를 명확히 가려내는 데 신경 써야 한다. 운용의 묘는 한마음 한뜻이다.

1) 음양陰陽의 교감交感

동양의 옛 철학가들은 음양이기陰陽二氣의 교감交感이 만물을 화생化生한다고 보았다. 송대宋代 주돈이 태극도설에도 만물의 화생은 음양의 상호 작용에서 비롯된다고 했고, 또 "천지감각으로 만물이 화생한다."고 하여 음양 교감은 만물이 화생하는 변화이자 근본조건이라며, 그 중에는 합슴, 접接, 감응感應 등 상호 작용을 하여 상호 영향을 나타낸다고 보았다. 그러므로 천지 음양 간의 상호 작용은 만물의 생성과 변화의 시작이라고 할 수 있다.

우주 자연계에서 사물의 형성 법칙도 이와 같다. 하늘의 양기는 내려오고 땅의 음기는 상승하며 음양의 두 기가 교감하여 만물이 생성되고 있으며, 또한 비와 안개, 천둥, 번개, 이슬, 햇빛, 공기가 서로 교감하여 생명체가 생겨날 수 있다. 그래서 음양二氣의 교감운동이 없으면 자연계에도 생명도 없다는 것이다. 그만큼 음양 교감은 생명 활동이 일어나는 기본 조건이다.

음양은 즉각적으로 세상의 모든 사물이나 현상에 대해 서로 대립하는 두 가지 측면이 있는데, 예를 들면 위와 아래, 동動과 정靜, 상승과 하강 등이다. 이 중 위는 양陽, 아래는 음陰, 하늘은 양, 땅은 음, 동은 양, 정은 음, 상승은 양, 하강은 음이다. 대립하는 음양陰陽은 어느 한쪽이 다른 한쪽을 떠나 따로 있을 수 없이 상호 의존적이다. 위는 양, 아래는 음이므로 위가 없으면 상관없고, 열은 양, 추우면 음이므로 춥지 않으면 마찬가지로 무난하다. 그래서 양은 음에 의존하고 음은 양에 의존하며, 한쪽은 상대적인 다른 한쪽의 존재를 존재의 조건으로 삼는 것이 바로 음양 상호감각이라고 할 수 있다.

음陰의 고자古字는 '侌'인데 가상의 실체를 뜻하는 '阜'를 보태 '陰'으로 썼고, 양陽의 고자古字는 '昜'인데 가상의 실체를 뜻하는 '阜'를 더하여 '陽'으로 했다. '侌' 자는 구름을 좇아 선회하는 안개의 기운을 뜻한다. '昜'은 '발산하는 기체'를 뜻한다. 고대인들은 물질 세계의 본질인 기운과 기체의 운동이라는 두 관점에서 '음양'을 정의했음을 알 수 있다. 양음陽陰이 아닌 음양陰陽으로 불리는 것은 옛사람의 우주 기원의 논리와 관련이 있다. 그 우주 창생 순서는 무극생태극無極生太極→태극생양의太極生兩儀이다.

무극無極은 곧 '혼돈'이고, '혼돈'은 곧 산만해 있는 수기水氣. '태극'은 곧 원심圓心인데, 원심의 출현은 원주圓周 운동과 같은 시각이다. 원주 운동의 주체는 바로 산만한 수기水氣이다. 산만했던 수기가 서서히 돌기 시작하면서 공중의 운무雲霧 기둥으로 형성되고, 운무 기둥의 회전이 더욱 가속화되면서 상하 양 끝에 원심력이 생기고, 원심력은 운무 속 가벼운 물질을 상승시켜 하늘을 형성하며 탁하고 무거운 물질을 하강시켜 '땅'을 형성한다. 하늘과 땅이 곧 세계를 이룬다. 창생 과정에서 알 수 있듯이 세상은 운무수기의 회전, 즉 혼돈의 질서정연 운동에서 태어나고, 천지가 있어서 음양의 구분이 생긴다(세상이 없어지면 전 상태로 돌아가는 것도 같다). 그래서 '음'은 '양' 앞에 있다고 한다. 이렇게 천지의 기원을 보아야 음이 양 앞에 있다는 것을 이해할 수 있다.

《도덕경道德經》에서 "도생일道生一, 일생이一生二, 이생삼二生三, 삼생만물三生萬物"이라고 했는데 만물은 음을 품으면서 또한 양을 품는다. 이것은 우주의 기원에서 음양을 이야기한 것이지 음양이라는 단어 자체를 정의하거나 해설하는 것은 아니다. 이러한 정도正道의 질서 있는 운동이 태극의 탄생을 가져왔다. 태극은 하나(一)이며 혼돈이 무질서한 운동에서 질서 있는 운동으로 바뀌던 그 시점에 탄생했다. 태극이 탄생하면 천지의 등장이 뒤따른다. 천지가 바로 둘(二)이다. 천기가 떨어지고, 지기가 솟아오르며, 두 기가 합쳐지고, 그 결과 사람이 탄생한다. 사람은 삼三이다. 삼三도 만물의 생령을 포함하고 있는데, 사람은 만물의 생령 중에서 가장 신령한 자로서 만물의 대표이다. 이후 만물은 음양 상교 작용에서 대대로 교체되어 종군種群과 수량數量의 균형을 유지하게 된다.

음양은 모든 사물의 가장 기본적인 대립하는 면을 대표한다

음陰은 춥고, 어두우며 모이는 성질을 가지고 있고 실체는 변화한다.

양陽은 열이 있고 빛이 있으며, 전화轉化하여 발산하고 기화氣化하는 성질을 갖고 있다. 음 중에는 양, 양 중에는 음이 있어 충기이위화沖氣以爲和(무형의 기와 같이 음양을 분리하여 각각 제자리를 차지하게 하는 것)된다. 음양의 위치는 끊임없이 변화하고, 다시 시작되는 것이다. 우리가 볼 수 있는 사물은 음내양외陰內陽外(이것은 바로 중합하여 생성된 양이 차지한 정물질)이고, 반대로는 반물질反物質(블랙홀과 같은 것)이다. 모든 사물은 음양의 법칙과 구조에 부합해야 한다. 사람이 태어나고(聚合) 죽는(消散) 것, 이것도 음양의 법칙이다. 인체 내 음양의 불균형이나 음양이 있는 위치가 사람에게 맞지 않으면 병이 난다.

이것이 바로 음양의 진정한 의미이며, 이에 따른 태극의 근본적 의미이기도 하다. 국학(의학, 천문, 지리, 수술, 철학, 나아가 각 경전)은 이를 바탕으로 하

여 인간의 세계관과 인생관에 깊이 영향을 끼쳤다.

2) 음양陰陽과 의학醫學

《장자·천하莊子·天下》에서 "역이도음양易以道陰陽"이라고 했다. 음양과 오행은 역학의 기초이자 한의학의 기초다. 한의사는 인체의 정체성을 강조하면서 전체를 대립적으로 통일하는 두 속성, 즉 음양으로 나눈다. 한의학 이론에 의하면 인체가 병이 난 것은 인체의 음양의 불균형 때문이다. 병을 고치는 근본은 환자가 음양을 조절하여 음양의 균형을 이루도록 돕는 과정이다. 만약 한 사람이 음양의 균형을 이루게 되면 신체는 자연히 건강해질 것이다.

한의학에서 겉과 속이 한寒과 열熱의 허虛와 실實은 모두 질병 과정에서 나타나는 것이며, 한 조組가 대립적이면서도 통일된 정반대의 현상인 음양이기 때문이다. 매 그룹의 찬반 양 방면에서 대립하는 의의意義에서 말한다면, 표증表證·열증熱證·실증實證은 양증陽證의 범주에 속할 수 있고, 이증裏證·한증寒證·허증虛證은 음증陰證의 범주에 속할 수 있다. 따라서 음양팔강陰陽八綱의 대강은 모든 병증을 음증陰證 또는 양증陽證의 대원칙으로 분류할 수 있다.

① 음증陰證

안색이 어둡고 정신이 없고 몸이 지치고 몸이 냉하며, 숨이 짧고 입이 마르지 않으며, 오줌이 맑고 변에 당이 있으며 혀가 담백하고 맥박이 무겁고 힘이 없다.

② 양증陽證

얼굴이 붉고 몸이 뜨겁고, 신경이 쓰리고, 목소리가 크며, 목이 마르고 냉랭하며, 소변이 붉은 색이고 변에 줄기가 있으며, 입안의 이끼는 노랗고 맥박에 힘이 있다.

이밖에도 음허陰虛와 양허陽虛, 망음亡陰과 망양亡陽 등이 임상적으로 입증되고 있다.

① 음허陰虛

음액이 부족하기 때문에 내열內熱이 발생한다. 수족심열手足心熱, 도한盜汗, 구조인간口燥咽幹, 요소이황尿少而黃, 대변비결大便秘結, 설홍무태舌紅無苔 등 맥이 가늘고 힘이 있다. 거듭 취하면 맥이 없다.

② 양허陽虛

양기가 부족하기 때문에 양허즉생한陽虛則生寒이 발생한다. 주증主證으로는 추위에 지치고 피곤하며, 자한自汗·소변小便이 잘 나오고, 밤에는 오줌이 많고, 변이 당박溏薄하며, 입안 이끼가 희고, 혀가 무겁고 맥이 힘이 없다.

③ 망음亡陰

초조하고 불안하며 목이 마르고 숨이 차며 땀이 기름처럼 나고 뜨겁고, 사지가 순하며 혀가 빨갛고 마르고 맥이 홍실洪實하거나 조급하여 누를 힘이 없다.

④ 망양亡陽

식은땀이 나고 오한이 나며 수족이 냉하고, 숨결이 미약하고 뜨거운 음식이 좋고 혀가 담백하며 맥이 끊어질 듯하다. 쇼크 환자에게서 많이 나타난다.

오행의 상생상극은 음양의 균형을 잡는 한의학의 수단이 된다. 예를 들어 폐가 금에 속하여 '피모皮毛'와 '코'도 금에 속하고, 간은 목에 속하니, 근筋과 안眼도 목에 속하고, 신장은 수에 속하여 뼈와 귀(耳)도 수에 속하고, 심장이 화에 속하여 맥脈과 설舌'도 화에 속하고, 비장은 토土에 속하여 그 육肉과 구口도 토에 속한다. 한의학에서는 목생화, 화생토, 토생금, 금생수, 수생목의 상생相生과 목극토, 토극수, 수극화, 화극금, 금극목의 상극相剋의 방식에 따라 인체의 음양의 균형을 조절하여 인체 전체의 건강을 실현할 수 있다.

우리 현대인들은 아직 음양과 오행의 본질을 제대로 이해하지 못하지만, 우리는 이러한 음양오행의 조화 이론에 따라 인간에게 건강을 가져다주고 질병을 줄일 수 있었다. 우리가 옛날 역경과 오래된 중국 문화를 버렸던 것처럼 한의학을 버리자고 주장하는 의학자도 있다고 한다. 그러나 이러한 우매한 사상은 현실이 되지 않아야 한다는 기류이다. 왜냐하면 한의학 이론은 모든 의학에서 가장 좋은 이론이기 때문이다. 그것의 연구 내용은 이미 인체의 본원本源에 침투되어 있다. 반면에 서양 의학은 해부학의 각도에서 우리의 눈으로 본 사물과 현상을 통해서만 총결산해 내는 규칙과 이론이기 때문이다.

3) 음양의 역학易學과 명리命理

태극생양의太極生兩儀에서 음양陰陽이 사상四象으로 사상은 팔괘八卦로, 팔괘는 64괘를 낳는다는 원칙에서 하나하나가 생생生生하는 것은 태극생생의의 진일보한 표현이다. 태극의 초기는 혼돈일 때, 음양을 구분하지 않고 음양 양의가 나타나는 것이 사물의 변화의 첫걸음이고, 음양을 다시 조합하여 사상을 낳는 것이 변화의 두 번째 걸음이고, 그다음이 팔괘, 64괘 등 무궁하다. 그래서 음양은 역학易學을 예측하는 근본이다. 이 역易의 근본을 배워 익혀야 한다. 우리가 역학 예측을 제대로 파악하려면 음양을 먼저 알고 음양의 본질을 파악하지 않으면 역학의 참뜻을 이해할 수 없다. 음양은 모순의 대립적 통일체로서 일반적으로 음양의 네 가지 요소인 음양 대립對立, 음양 전화轉化와 음양 소장消長, 음양 상호 근간根幹을 이해해야 한다.

① 음양 대립對立

우리는 음양 대립·통일의 성격을 알아보았다. 음양 대립·통일은 태극의 존재 필요조건이자 필연적 발전이다. 역학적으로 목화木火는 양이며 양극陽極이 되고, 금수金水는 陰이며 음극陰極이다. 팔자八字 예측에서 하나의 명국命局이 성립하는 것은 어떤 형태든 간에 언제나 용신用神과 기신忌神이 존재할 것이다. 그러므로 좋은 명국命局은 반드시 간지幹枝 음양의 균형을 이루는 명국이기 때문에, 한寒이 심해도 따뜻한 기운이 있어야 하며, 온난해도 찬 뿌리는 필요하다. 그러면 만물을 생성할 수 있다. 만약 추워서 기운이 없고 따뜻해서 뿌리가 없으면 그 형성의 묘가 없다. 너무 추운 것이 오히려 덥지 않은 것보다 좋다. 지나치게 따뜻하면 오히려 춥지 않은 것보다 좋다. 개한극난蓋寒極暖의 기회는 온난의 징조이다. 이른

144

바 음극陰極이 양생養生하여 양극陽極으로부터 음생陰生하는 것이 자연의 불변의 법칙이다.

② 음양 전화轉化와 음양 소장消長

《역경》에서 "군자가 거처하고 편안한 것은 역易의 순서이다."라고 한다. 여기서 역의 순서는 첫째는 64괘 순서, 둘째는 오행의 순서, 셋째는 사상의 순서라는 여러 가지 해석이 가능하다. 그러나 어느 서열이든 결국 음양의 작용과 전환의 서열이 된다. 여기서 우리는 우선 사상四象과 오행五行의 각도에서 논술한다면 목생화, 화생토, 토생금, 금생수, 수생목은 오행의 순환으로 영원히 깨뜨릴 수 없는 순환의 법칙이다. 봄·여름·가을·겨울도 사시사철 사람의 의지로 전이轉移되지 않는 자연의 규칙이다. 봄 이후는 반드시 여름이고, '목능木能'은 '화능火能'으로 발전한다. 대서大暑가 되어 양기가 왕성하면 반드시 흐려지는데, 바로 가을이다. 가을 이후에는 반드시 겨울이 되고, '금능金能'은 '수능水能'으로 발전한다. 이것도 역시 자연과 사회의 발전 법칙을 깊이 있게 제시하였다.

한 사람의 운이 자연 및 사회의 발전 규율에 적응하면 자연과 사회의 조력을 얻어 길하게 되고, 그 반대이면 불리하게 된다. 팔자八字 예측에서 음양소장은 음양전화와 마찬가지로 운세에서 음양이기陰陽二氣의 변화 상태를 말한다. 음양은 변하는 동시에 소장消長의 성질로도 나타난다. 예를 들면, 하루에 12시, 점심때는 양陽의 극極인데, 이 시각은 음陰이 생생하는 시점이기도 하다. 시간이 지날수록 양지陽地는 계속 줄어들고 음지陰地는 음陰의 극極으로 바뀌는데, 이 시각부터 음지陰地는 점점 더 길어지고, 그리고 다시 양지陽地로 변한다.

또 팔자八字 원국原局은 고요한 상태이어서 대운大運의 해가 바뀌어야 팔자 대운의 전체적인 움직임이 나타난다. 대운은 일주日主의 10년 중 운을 제시하는 것인데, 어느 대운이 음소양장陰消陽長이냐 아니면 음장양소陰長陽消냐 하는 것을 보는데, 주로 이 대운이 용신用神이냐 기신忌神이냐, 용신과 기신의 소장에 유리함과 팔자명국八字命局의 음양 균형을 맞추느냐에 따라 길하고, 반대로 흉함에 대응한다.

③ 음양陰陽의 상호相互 근간根幹

양이 있어 음이 쉬지 못하고, 음이 있어 양이 떠나지 못한다. 고음孤陰은 불생不生이고, 독양獨陽은 부장不長이다. 양이 없으면 음이 살 길이 없고, 음이 없으면 양도 변화하지 못하니, 그러므로 하늘과 땅이 음양으로 배합되었다. 그래서 음과 양아 서로 뿌리가 조화되어야만 만물이 살 수 있다. 금·목·수·화의 장생점長生點은 모두 오행五行의 시작점이며, 인寅·신申·사巳·해亥는 4장생의 달이며, 오행의 치령值令은 다음 오행의 진기進氣를 예고하고 춘하추동春夏秋冬사계절이 반복적으로 순환한다. 어느 때라도 단독으로 존재할 수 없다. 한극寒極은 난暖의 계기契機가 되고 난극暖極은 한寒의 징조徵兆이다. 소위 음극은 양생하고 양극은 음생한다는 것이다. 이것은 천지의 자연적인 이치이다. 어떠한 사물의 발전 변화도 모순이 없으면 세계도 없고, 모순이 없으면 갈등 해결도 발전할 수 없다는 모순 대립적인 통일의 이론은 유물변증법의 기본 관점 중 하나다.

4) **음양과 철학哲學**

음양은 사물의 발전 과정 중의 대립적 통일 개념이다.

첫째 음양은 우선 같은 것으로 나타난다. 음이든 양이든 태극太極에서 음양으로 바뀌는 것이기 때문에 '체體'가 같은 태극에서 유래한 것인데,

음양이 서로 다른 성질과 특징을 보이는 것은 '용用'이 다를 뿐이고, 음양 상호 의존은 한쪽이 없으면 다른 한쪽에서 생길 수 없으며, 음은 양이 존재한다는 긍정이고, 양은 음에 대한 긍정이기 때문이다. 그래서 음양은 같은 것이다.

둘째, 음양 쌍방은 서로 싸우면서 서로 부정적이다. 그래서 음시비양陰是非陽이고 양시비음陽是非陰이 되는 것이다. 이 개념은 우리가 생물을 동물과 식물로 나누듯이 동물은 식물이 아니고 식물도 분명히 동물이 아니다.

그리고 음양의 동일성과 투쟁성은 서로 연결된다. 같은 음양 대립면對立面이 양쪽의 동일성이며, 이는 대립면 사이의 차별과 대립을 전제로 한다. 투쟁은 태극통일체 내부의 음양투쟁으로, 음양 대립면의 상호 의존이 존재하며, 상호 침투는 물론 상호 전환까지 가능하다.

음양철학은 우주·천지·만물의 근본과 변화의 길을 연구하고, 자연의 근본과 변화의 길에 따라 생명체와 인간 사회의 변화하는 길로 나아가야 한다. 그러기 위해서는

첫째, 음양 이론은 우주·천지의 생성과 변화를 설명할 때 쓰인다. 중국의 고전철학 및 관련 종교는 우주가 무극 세계에서 생겨난 후 혼돈상태로 먼저 표현된 후 청양清陽이 하늘 위로 떠오르고 탁음濁陰이 땅으로 가라앉기 때문에 청양은 하늘, 탁음은 땅으로 둔갑한다고 못박고 있다. 현대물리학 연구는 시공간이 생성되면 기본 입자가 물질 입자·분자를 더 형성해 물질을 만들어 물질끼리 끊임없이 작용하고 모여 별을 형성한다는 성과를 얻었다. 이런 연구 성과는 동양 고전철학의 연장선상에 있다. 동양 고전철학 이론, 특히 음양 이론에 대한 긍정이기도 하다.

둘째, 음양 이론은 만물운행의 법칙을 설명하는 데 쓰인다. 노자는 만

물이 음을 지고 양을 껴안아 화기애애하게 여긴다고 했다. 음양의 영향과 작용이 만물운행의 근본 법칙이자 사물을 변화시키는 원동력이라는 것이다. 음양의 작용과 영향이 없거나, 이 세상 음양이 완전히 중화되면 시공간 제로인 무극 세계로 돌아간다. 이것을 인체에 이용하면 《황제내경黃帝內經》에 청양清陽은 상규上竅로 나가고 탁음濁陰은 하규下竅로 나간다고 했다. 청양은 피부에 스며들고 탁음은 오장에 숨어 있다. 청양은 사지四肢가 실하고, 탁음은 육부로 돌아간다.고 했다.

셋째, 음양 이론은 생명 변화의 법칙을 논술하는 데 쓰인다. 생명은 자연의 한 구성 부분에 속하는 자연의 한 모임체이기 때문에 생명의 변화 법칙은 반드시 자연의 변화 법칙에 복종하게 된다. 중국은 고대 생生·장長·수收·장藏으로 생명의 변화된 형식과 과정을 설명했는데, 이를 가능케 한 원동력이 바로 음양이다. 음양 사이의 영향과 작용으로 태양太陽, 태음太陰, 소양少陽, 소음少陰의 사상四象이 생기는 것이며, 양은 발생하고 음은 소멸한다. 그래서 사상의 생·장·수·장을 만들었다.

음양이란, "천지의 도, 만물의 기강, 변화의 부모, 생사의 근본, 신명의 창고"라는 말이 있다.

요컨대 음양은 우선 자연계에 존재하는 두 개의 대립적 통일의 에너지로, 대립적 통일의 성질을 가진 두 개의 입자를 형성하는데, 이러한 대립적 통일의 성질을 가진 두 가지 에너지와 입자는 자연계에 인간의 생·장·수·장 변화의 법칙을 모두 포함하도록 하는 충전의 조건이다. 중화선 성들은 상관천문上觀天文 하찰지리下察地理를 통해 자연 음양에 대한 관측·총화·귀납·제련으로 역학이 형성되고, 역학 음양 발현을 통해 의학·군사학·철학·예측학 등 다양한 분야에 응용된다. 우리 후손들에게 귀중한 재산을 남겼다.

5) 음양과 도가道家 수련修煉

음양의 성질 구분

	현상	공간	시간	명암	온도	습도	무게	계절	심리	생리
음 -	수렴收斂	땅	밤	어둠	차가움	축축함	중重	추동	침울	오한惡寒
양 +	발산發散	하늘	낮	밝음	따뜻함	마름	경輕	춘하	경쾌	발열發熱

세상에 드러내 보인 사물事物이나 보이지 않는 사유思惟까지 후천後天의 삶은 모두 상대적이다. 동양철학에서는 이것을 음양陰陽으로 표시하였다. 천심은 진심이다. 마음은 태극의 뿌리이다. 허무한 몸은 음양의 조상이다. 이것이 천심이다.

하늘은 선천의 기운이고 사람은 후천의 형상이다. 그런데 몸의 안과 밖과 사방 위아래가 모두 후천의 음양에 속해 있다. 오로지 선천의 한 점 지극한 양의 기운이 아득하고 헤아릴 수 없는 저 안에 혼용되어 있어 지극히 허령虛靈하니 구하여 보기가 어렵다. 비록 바깥에서 왔다 하나 실은 안으로 말미암아 잉태된 것이다.

지기地氣가 상승하여 올라간 것은 구름이 되고 흩어지면 비가 되어 내린다. 천기天氣가 하강하여 흩어지면 안개가 되고 응결하면 이슬이 된다. 음기가 쌓여 과해지면 이슬·비·서리·눈이 되고 양기가 과해지면 안개·연기·구름과 노을이 생긴다.

음양의 수련修煉 역시 자연과 하나가 되어 자연을 그대로 받아들이는 것을 원칙으로 삼아야 한다. 그 핵심은 음양의 조화를 그대로 받아들이고 활용하는 것으로부터 시작하는 것이 최우선이다.

만물은 천기의 하강과 지기의 상승함을 얻어 음양이 서로 엉김으로써 형상이 된다.

도가에서는 천지天地를 제일 큰 사물로 보고 인간을 사물 중에서 제일 큰 영기靈氣를 지니고 있는 존재로 본다.

자연은 우리가 원하든 원하지 않든 하루는 하루마다, 또 매 달마다, 매 해마다 시時와 기期를 좇아 변화를 일으킨다면 그 변화에 순응하면서 살아가는 것이 인간이다.

소우주인 인체 내에는 천지·일월·음양이 들어 있고 금·목·수·화·토의 오행이 운행되는데 그것들은 상생相生과 상극相剋, 상승相乘과 상모相侮의 상호 작용으로 균형을 이룬다.

음양의 정신적 심리적 분류		인체人體와 음양 관계	
양陽	음陰	양陽	음陰
미래 지향적	현실을 중시	담膽	간장肝臟
적극적	소극적	소장小腸	심장心臟
강함	약함	위장胃腸	비장脾臟
대범	소심	대장大腸	폐장肺臟
명분중시	실리 중시	방광膀胱	신장腎臟
이상적	현실적	배腹(몸 안은 반대)	등背(몸 안은 반대)
대인 지향적	자기중심적	좌左(女子는 반대)	우右(女子는 반대)
남성적	여성적	상부上部	하부下部

도가의 수련은 음양으로 나뉘는 후천세계를 음양이 나뉘기 전인 선천세계로 되돌리는 것이니 만큼 모궁에서 태아로 있을 때처럼 잡된 것 하

나 섞이지 않고 순수 그대로 돌아가는 것이 도가의 수련이다.

대도大道에는 음양이 있다. 음양에는 동정動靜이 있다. 사람의 아득한 규교竅가 정靜이라고 한다면 동動은 황홀함을 감응한다. 동은 움직이는 것이고 정은 정지해 있는 상태이다. 동이라는 것이 싹이 틔어져 쑥쑥 자라면서 어떤 기미가 생기는 것이라면 정이라는 것은 사유 활동이 허극정독虛極靜篤하여지는 상태이다. 이 때 동과 정이 서로 사귀는 작용을 한다. 이것을 음양의 뿌리가 이루어지고 음양교구陰陽交媾 작용을 한다고 한다.

음양이론陰陽理論은 협력과 경쟁, 평등과 계급, 직관과 논리, 여성과 남성처럼 반대의 성격을 설명하는 데 사용되므로 기氣도 음기陰氣와 양기陽氣로 나뉘어 서로 협력 보완하고 경쟁하면서 대립적 관계를 펼쳐간다.

몸속에도 천지天地가 있다고 했다. 인체 내부에 3개의 공간이 있는데 머리, 가슴, 복부의 공간이 그것이다. 중전中田(丹이 형성되면 中丹田)은 압력을 가장 많이 받는 공간이다. 아래와 위로부터 압력을 받기 때문이다. 상전上田(丹이 형성되면 上丹田) 쪽 머리를 천天으로 보고 하전下田(丹이 형성되면 下丹田) 쪽 복부를 지地로 보는 천지天地가 있다. 이는 음양의 기운이라고도 표현한다. 인체 내의 천지天地에서는 하늘과 땅이 따로 존재한다.

고대 중국에서 발생한 이론으로 음양은 우주만물과 자연의 현상은 서로 상대성 있는 두 가지 기운으로서 이원적 대립관계를 나타내는 것, 즉 하늘과 땅, 해와 달, 겨울과 여름, 남과 북, 여자와 남자 등은 모두 음과 양으로 구분되어진다. 음양을 쉽게 구분 짓자면 활동적이고 동적인 특성을 가진 것이 양이며, 발산형發散形이라고 하고, 반대로 고요하고 정적인 특성을 가진 것을 음이며, 수렴형收斂形이라고 한다.

음양이론은 자연현상을 설명하는 중요한 개념이다. 또한 만물의 모든 구분은 음과 양의 조화로 이루어져 있다. 자연주의 사유 방법은 인간이

임의대로 설정한 인간 중심의 철학과는 다르다고 보아야 한다. 음양이라는 자연의 비밀을 푸는 열쇠를 쥐고 있는 사람의 능력에 따라 그 쓰임이 달라질 수도 있다. 음과 양의 구분은 절대적으로 상대성이다. 불과 물을 예로 든다면 불이 양이고 물은 음이다. 그러나 물과 산으로 말하면 물이 양이고(물은 움직이므로) 산은 음이다. 이렇게 상대적相對的·대구적對句的 설명 방법으로 사물의 본질을 파악하려고 하는 사고방식이 습성화되어 사물을 상대적으로 파악하려다 보니 음양 사상으로 귀결되었다고 보아지며 상대적으로 사물을 파악하려고 하는 사고방식은, 중국 고대에서부터 이어져 왔던 것이다.

이 음양 사상은 상대적으로 사물을 파악한다는 점에서 과학적이고 또한 동양의 철학적 사고의 틀이다. 고대 중국인들은 모든 환경을 음양으로써 해석했다. 음은 여성적인 요소로 양은 남성적인 요소로 간주하여 동아시아 특유의 의미 중첩 방법으로 확장되었고, 다양한 분류의 기준과, 그 분류로 양분된 두 부분의 총칭이 되었으며 그 음양 사상을 근간으로 인간 사회의 현상을 예측하고 인간의 길흉화복을 해석하고 판단하려고 한 것이 바로 '역易'의 탄생이다. 음양을 떠나서는 '역易'은 있을 수 없다. 인체도 마찬가지다. 한의학에서는 인체의 현상과 질병을 이해하는데 음양이론을 가장 근본으로 하고 있으며, 인체에 음양의 균형이 깨지면 그것을 곧 병으로 보고 치료 방법으로는 음양의 균형을 맞추는 것이었다. 즉 어떤 물건이나 상황을 설명할 때 그것이 어떤 성질을 가지고 있는가를 자세히 묻다보면 대답이 나오는 것처럼, 서로의 상반되는 성질과 비교되는 성질을 이용하여 인체를 관찰하는 방법이 음양을 통한 방법이라는 것이다.

우주는 태극으로 존재하여 다시 음양으로 나뉘고, 양이 다하면 음이 시작되고, 음이 다하면 양이 시작되는 자연의 법칙에 따라 음과 양은 끊임없이 순환하면서 우주 만물과 함께하고 있다.

태양은 양陽이므로 항상 둥글고 항상 가득 차 있으며 달은 음陰이므로 그믐날이 있고 이지러짐이 있는 것이다. 봄은 양이므로 만물이 움을 트고 나오고 가을은 음이므로 만물이 잎을 떨구고 앙상하게 가지를 드러내는 것이다. 성인聖人은 양이므로 해탈하여 신선되어 승천하고 범부凡夫는 음이므로 수명이 끝나면 귀신이 되고 마는 것이다.

인체에서 음양 관계는 몸 앞쪽이 음陰, 등 쪽이 양陽(몸속에서는 앞쪽이 양, 뒤쪽이 음이다), 머리 부분이 양, 하복부 부분이 음, 좌측이 양, 우측이 음(여자는 반대로 좌측이 음陰, 우측이 양陽), 몸 밖이 양, 몸속이 음, 오장이 음, 육부가 양, 심장이 양, 신장은 음, 등으로 나뉜다. 사람의 몸을 사지四肢를 뺀 몸통으로만 보아 머리의 최고 높은 점의 혈穴 자리를 백회百會(陽中陰)라고 하는데 이는 자연으로 보면 하늘이어서 맑고 가벼운 기운, 즉 양기가 모인다고 해서 붙인 이름이며, 최저로 낮은 전음前陰과 후음後陰 사이 중간에 있는 혈 자리를 회음會陰(陰中陽)이라 하는데 이는 자연으로 보면 땅이므로 탁한 음기가 내려와 모이는 곳이다. 회음會陰에서 위로는 하늘과 닿은 지점에 백회혈百會穴과, 아래로는 땅에 닿은 발바닥의 용천혈湧泉穴이 서로 통로가 이어져 있어서 기氣가 움직일 수 있다. 이 세 혈穴 자리가 막히지 않고 서로 기氣가 통하여 조화를 이루는 것이 가장 이상적인 몸 컨디션이다.

호흡은 묵은 탁기를 몸 밖으로 내보내고 새로운 맑은 청기를 몸 안으로 이끌어서(토고납신吐故納新) 음양을 평온하게 하는 비밀의 열쇠이고, 또한 오장육부를 조화롭게 조절하는 공능을 갖고 있다. 호기呼氣는 양으로 분류되며 코를 통해 나가면서 양을 내리고 심장과 폐장을 돕는다. 흡기吸

氣는 음으로 분류되며 코를 통해 체내에 들어오면서 음을 내리고 간장과 신장을 돕는다. 이런 호흡 과정에서 체내는 음과 양으로 분리되어 태극 모양이 되는 것이다. 인체를 음양으로 나누면 머리 쪽은 양, 아래 하복부 는 음이고, 등쪽은 양, 앞쪽은 음, 좌측은 양, 우측은 음이다. 좌우의 음양 관계만은 남자와 여자가 달라 여자는 좌측이 음, 우측이 양이 된다.

수련자는 호흡을 통해서 정좌수련을 이끌어 가므로 사람의 두 눈으로는 일월을 삼고 머리와 복부를 음양으로 나누어서 좌측 눈은 양, 우측 눈은 음이며 머리는 양, 복부는 음으로 보아서 호흡으로 조화를 이루어 낸다.

내단술內丹術은 전국시대戰國時代부터 전해오다가 당송唐宋 시대에 번성하였다.

내단內丹을 단련하는 공법의 뿌리는 음양의 변화를 가져오는 것이다. 오행의 생생生과 극剋, 천인합일天人合一, 천인상응天人相應 등으로 단을 이루는 논리이다. 이런 것을 관철하기 위해서는 외기를 들이 마시고 내기를 기르고 음양을 조화롭게 하고 경락을 타통打通하고 병행해서 연정화기煉精化氣, 연기화신煉氣化神, 연신환허煉神還虛의 수련을 통해 칠금팔석七金八錫의 내약內藥과 우주의 신광神光을 끌어들인 외약外藥을 하전下田에서 제련하여 공양供養하여야 한다. 즉 인체 내에 있는 음양의 기氣와, 천지天地의 기氣와, 오행五行의 기氣(7가지의 기)가 하전에 모여서 정鼎 속에 내약의 숫자가 단丹을 만들 수 있는 조건이 이루어진 다음에 안신조규安神祖竅로 우주의 신광을 끌여들이고 혼백魂魄을 더하여 단丹을 형성해야 하는 것이다. 이 단계의 경지까지 오기 위해서는 지난至難한 수련을 거쳐야 한다.

기氣를 단련하면 음양이 화합하고 단을 생산한다. 가령 신장의 기가 심장의 기에 투합되어서 기가 극에 달하면 심에서 생긴 그 액 중에서 정양지기正陽之氣는 서로 배합되어 진수眞水가 되니 이것이 음 중에 양을 취하여 음 속으로 들어가고, 양 중에 음을 취하여 양 속으로 돌아가서 음양의 상호 작용이 단을 만드는 것, 이것이 용호교구龍虎交媾이다.

연홍鉛汞이란 기공학의 명사이며 곧 약물을 말한다.

연鉛은 천지의 부모이고 음양의 뿌리이며 터가 된다. 대개 옛 조사들은 천지부모의 뿌리를 캐내어 대단大丹을 만드는 터로 삼았고 음양의 순수한 정을 캐서 대단의 질로 삼았다.

홍汞의 성분은 날아가기를 좋아하나 연을 만나서는 뭉쳐 있으니 그 둘은 서로 사모한다. 홍은 심心이고 화火에 속하고 정양正陽의 정精이고, 연은 신腎이고 수水에 속하고 원양의 진기를 감추고 있다. 심이 안정되어 있으면 신이 편안하고 연홍이 상투하여 용호가 친해진다. 연은 정精이고 홍은 신神인데 이 신과 정을 단련하는 것을 연홍상투鉛汞相投라고 한다.

인체 최고점과 최저점에 음양陰陽의 기氣가 있다. 음양의 기를 하전에 모았다. 인체 내에도 천지天地가 있다. 인체 내에는 심心을 천天으로 보고, 신腎을 지地로 보는 천지天地가 있다. 체내호흡을 거쳐 역시 하전에 모으는 것이다. 정신이 곤궁(하단전)을 지키면 진화眞火가 저절로 나타난다. 곤궁坤宮은 곧 약을 생산하는 원천이며 음양이 사귀는 장소이다.

우리의 몸에 병의 원인을 제공하는 독기를 풀어내는 것도 중요하다. 독이 없어야 건강할 수 있다고 믿었는데 독은 급격한 감정 변화로 인한 음양의 조화 및 기혈의 균형 파괴로 생기며, 과로로 인한 기력부진 등 백병의 근원이다.

동양에서는 옛날부터 귀신을 주로 음양설陰陽說로 해석하는 경향이 많았다. 한국에서도 이익李瀷의 《성호사설星湖僿說》을 보면 귀신의 존재에 대하여 귀鬼는 음지령陰之靈이고, 신神은 양지령陽之靈이라 하였다. 즉, 생물을 구성하는 본질은 음과 양의 두 기氣이며, 이 두 기의 영靈이 그 생물에서 떠나는 경우에 혼魂·백魄·정精·신神 또는 귀신이 되고, 이들 혼백 및 귀신의 존재 기간은 장단長短이 있어 영구히 존재하는 것이 아니라고 하였다.

순음純陰에서 양陽이 없는 것이 귀신鬼神이고 순양純陽에 음陰이 없는 것이 신선神仙이며 음양이 서로 섞여 있는 것이 사람이다.

우리가 수련을 하는 것은 인간세계에 공덕을 쌓고 덕행을 이루어서 천지를 이끌고 음양을 붙잡아서 음양이 나를 만들 수 없게 하여야 한다. 그렇게 되었을 때만이 해탈되고 신선되어 윤회를 벗어날 것이다.

4 지구地球

우주에는 수없이 많은 행성이 있다. 태양계 8대 행성 중 하나인 지구는 태양으로부터 가까운 순서로 세 번째이다. 태양계에서 생명이 살기에 가장 적합한 위치이다. 현재의 지구 시스템을 통제할 수는 없지만 다양한 종의 식물과 동물에게 양분과 서식지를 제공하고 있다.

태양계 중 지름과 질량, 밀도가 가장 높은 지구행성으로 태양으로부터 1억5천만㎞ 떨어져 있다. 지구는 서쪽에서 동쪽으로 자전하면서 동시에 태양 주위를 공전한다. 현재 40억~46억 세인 달은 하나의 천체 시스템인 지월地月 시스템을 갖추고 있다. 46억 년 전 원시 태양 성운星雲에서 기원했다.

지구 적도 반경 6378.137천㎞, 극 반경 6356.752천㎞, 평균 반경 약 6371천㎞, 적도 둘레는 약 40076천㎞로 양극이 약간 납작한 적도의 불규칙한 타원구체를 띤다. 지표 면적은 5억1천만㎢로 이 중 71%가 바다, 29%가 육지여서 우주에서 보면 지구가 푸른색을 띤다.

지구 내부에는 핵, 휘장, 껍데기 구조, 지구 외부에는 수권, 대기권, 그리고 자기장이 있다. 지구는 현재 우주에 생명이 존재하는 것으로 알려진 유일한 천체이며, 인간을 포함한 100만 종種 이상의 생물들이 사는 곳이다. 자기장을 가지고 있고 온실가스를 조절하고 양분을 순환시키는 시스템이 있어서 다양한 형태의 생명체가 진화하면서 살아갈 수 있도록 설계되어 있고, 안정적인 기후가 오랫동안 유지되어 오면서, 이러한 특징들이 결합해서 인간이 살아갈 수 있는 행성으로 진화되어 온 것이다.

특히 태양과의 적당한 거리에 의해 물이 존재하게 되었으며 물은 지구에 생명체를 탄생시킨 용매溶媒이자 생명을 유지하는 데 필요불가결必要

157

不可缺한 물질이다.

1) 태양계太陽系

46억 년 전, 지구가 탄생했다. 지구의 진화는 크게 세 단계로 나눌 수 있다.

1단계는 지구권 형성 시기로 46억 년 전 태어났을 때의 지구는 21세기와는 크게 다르다. 과학자들은 지구 형성 초기에는 뜨거운 액체 물질(주로 마그마)로 이뤄진 뜨거운 공이었다고 추정한다. 시간의 추이에 따라 지표면의 온도는 끊임없이 떨어지고 고체 상태의 지핵地核이 점차 형성된다. 밀도가 높은 물질이 지구를 향해 이동하고, 밀도가 낮은 물질(암석 등)이 지구 표면에 떠오르면서 표면이 주로 암석으로 구성된 지구가 형성된다.

2단계는 태고주太古宙·원고주元古宙 시대다. 지구는 끊임없이 에너지를 방출하고, 고온의 마그마가 내뿜는 수증기, 이산화탄소 등 가스는 매우 희박한 초기 대기권인 원시 대기를 이룬다. 원시 대기 중의 수증기가 끊임없이 증가함에 따라, 갈수록 많은 수증기가 응결되어 작은 물방울이 되고, 다시 모여서 빗물이 지표면에 떨어진다. 이렇게 원시적인 바다가 형성되었다.

3단계는 현생주顯生宙 시기로, 현생주가 이어지는 시간은 상대적으로 짧지만, 이 시기에는 생물과 그 번성, 지질 진화가 매우 빠르고 지질 작용이 풍부하며, 게다가 지질체가 전 세계에 널리 퍼져 널리 보존되어 있어 관찰과 연구가 잘 이루어지고 지질과학의 주요 연구대상이 되며 지질학의 기본 이론과 기초지식이 수립되었다.

① 온도溫度

지구 표면의 기온은 태양 복사의 영향을 받아 전 지구 지표면의 평균 기온은 약 15도 정도이다. 반면 햇볕이 들지 않는 땅속 깊은 곳에서는 주로 지열의 영향을 받아 깊이가 증가하면서 온도가 높아진다. 지구 중심부의 지핵 온도는 6000℃ 이상으로 태양광구 표면 온도(5778K5500℃)보다 높다. 지구 표면에서 가장 더운 곳은 바스라로 최고기온이 58.8도였다. 지구 북반구의 냉극은 동시베리아 산지의 오이미아콘에서 1961년 1월 최저 온도는 -71도였다. 세계의 냉방은 남극 대륙에서 1967년 초 러시아인들이 동방역에서 -89.2도로 가장 낮은 온도를 기록한 바 있다.

② 전성電性

지구는 서쪽에서 동쪽으로 돌고 지자기장 바깥은 자기북극에서 자기남극(남극은 북극을 향함)을 향하기 때문에 지구 자전 방향과 반대 방향으로 순환하며 음전기를 띤다.

③ 형상形狀

월식을 할 때 자세히 보면 달에 투영된 지구의 그림자는 항상 둥글고, 남쪽이나 북쪽으로 장거리 여행을 할 때는 같은 별이 하늘에 떠 있는 높이가 다르다는 것을 알 수 있다. 일부 총명한 옛사람들은 이와 같은 거미줄로 지구가 구형일 것이라고 이미 추측해 냈다. 프톨레메이의 마음설도 지구가 구형球形이라는 것을 명확하게 묘사했지만 16세기 포르투갈의 항해사 마젤란 선단이 인류 역사상 첫 세계일주 항해를 완수하고 나서야 지구가 구체임을 입증했다.

과학자들은 오랜 세월의 정밀 측정 결과 지구가 규칙구체가 아니라 양극 부위와 적도가 약간 납작하고 불규칙한 타원의 구체球體라는 사실을 밝혀냈는데, 과장해서 말하면 배 모양체라고 부른다. 지구의 적도 반경은 약 6378.137㎞로 지구 평균에 비해 매우 미미해 우주공간에서 보면 규칙구체規則球體로 볼 수 있다. 비율로 반지름이 1m인 지구본을 만들면 적도 반경이 극 반경보다 3㎜ 정도 길어져 사람의 육안으로는 알아채기 힘들기 때문에 지구본을 만들 때 항상 규칙구체規則球體를 만든다.

④ 위치位置

우주에서 지구의 위치가 최근 1세기 동안 이 인식이 근본적으로 넓어졌다. 당초 지구가 우주의 중심이라고 여겼을 때 우주에 대한 인식은 눈에 보이는 행성과 천구에 고정돼 있는 것처럼 보이는 항성만 포함했다. 17세기 일심설日心說은 널리 받아들여졌고, 이후 윌리엄 허셜과 다른 천문학자들은 태양이 항성으로 이루어진 반상 은하 안에 있다는 사실을 알아냈다. 20세기에 이르러 나선상 성운에 대한 관측은 우리 은하가 우주에 수십억 개나 팽창하는 은하 중 하나에 불과하다는 것을 보여 준다. 21세기가 되면 관측 가능한 우주의 전체 구조가 밝아지기 시작한다. 초성계단超星系團은 큰 척도의 섬유와 공동을 포함하는 거대한 그물망 구조를 이루고 있다. 초성계단의 척도尺度는 섬유상纖維狀 구조이며 공동가능空洞可能은 아마도 우주에 존재하는 가장 큰 상간相幹 구조일 것이다. 더 큰 척도에서(10억 초 차이 이상) 우주는 균일하다. 각 부분이 평균적으로 동일한 밀도와 구성, 구조를 가지고 있다는 것이다.

우주는 '중심'이나 '경계'가 없기 때문에 우주 전체에서 지구의 절대적 위치를 표시할 수 없다. 지구가 우주를 관측할 수 있는 중심에 있는 것은 관측 가능성이 지구까지의 거리에 의해 결정되기 때문이다. 여러 척도에

서 우리는 특정한 구조를 참조계로 삼아 지구의 상대적 위치를 제시할
수 있다. 우주가 무궁한 것인지는 여전히 확실치 않다.

⑤ 기후氣候

지구 기후는 예나 지금이나 큰 변화가 있고, 그 변화는 계속 진전될 것
이기 때문에 지구 기후를 요약하기 어렵다. 지구상에서 날씨와 기후와
관련된 자연재해는 토네이도, 태풍, 홍수, 가뭄 등이다.

양극지 기후는 적도 부근의 넓은 열대 기후와 약간의 고위도상의 아
열대 기후, 강수 패턴은 지역에 따라 차이가 커 강수량이 연간 몇 m에서
연간 1mm 미만인 지역에 따라 크게 구분된다.

⑥ 해륙 분포海陸分布

지구 전체 면적은 약 5억1072만㎢로 이 중 약 29.2%(1억4894만㎢)가 육지
이고 나머지 70.8%(3억61132만㎢)는 물이다. 육지는 주로 북반구에 있으며,
유라시아, 아프리카, 아메리카, 호주, 남극 대륙 등 5개 대륙이 있고, 또 다
른 섬도 많다. 대양은 태평양·대서양·인도양, 북극해·남빙해 등 5개 대양
과 그 부속해역이다. 해안선은 총 35만6000㎞다.

⑦ 해발海拔

육지 최저점: 사해-418m

세계 최저점: 마리아나 해구 -11,034m

세계 최고점: 에베레스트 8848.86m

2) 지구 자전自轉과 공전公轉

① 자전自轉

지구는 자전축을 중심으로 서쪽에서 동쪽으로 돌며 평균 각의 속도는 시간당 15도 회전한다. 적도에서 자전하는 선의 속도는 초속 465m다. 하늘에서 각종 천체가 동쪽으로 솟아오르고 서쪽으로 떨어지는 현상은 모두 지구의 자전의 반영이다. 사람들은 최초로 지구의 자전을 이용해서 시간을 재는 기준으로 삼았다. 20세기 이래로 천문 관측 기술의 발전으로 사람들은 지구의 자전이 고르지 못하다는 것을 발견하였다. 1967년 국제적으로 지구 자전보다 더 정확하고 안정적인 원자가 만들어지기 시작했다. 원자의 건립과 채택으로 지구 자전 중의 각종 변화가 잇따라 발견되었다. 천문학자들은 지구의 자전 속도에 장기간의 감속, 불규칙한 변화, 주기적인 변화가 존재한다는 것을 이미 알고 있다.

지구 자전의 주기성周期性 변화에는 연年 주기周期의 변화, 월 주기, 반월 주기, 근주일近周日과 반주일半周日 주기의 변화가 주로 포함된다. 연年 주기周期 변화를 계절적 변화라고도 하는데, 1930년대에 발견되었다. 주기의 변화는 봄에는 지구의 자전自轉이 느리고, 가을에는 지구의 자전이 빨라지는 것으로 나타나며, 그 속에는 반년 주기의 변화도 있다. 연年 주기周期 변화의 진폭은 2025㎜로 바람의 계절적 변화에서 비롯된다. 반년 동안 변화한 진폭은 8~9㎜로 주로 태양 조석潮汐 작용에 의한 것이다. 또 월 주기와 반월 주기의 진폭은 약 ±1㎜ 정도로 달의 조석력潮汐力 때문에 발생한다. 지구 자전이 주일周日과 반주일半周日의 변화를 갖는 것은 최근 10년 사이에 발견돼 입증된 것으로 진폭은 약 0.1㎜에 불과하며 주로 달의 주일과 반주일 조석 작용에 의한 것이다.

2021년 2월 10일 연구에 따르면 2020년 중반 이후 지구의 자전 속도가

지난 50년 만에 가장 빠른 것으로 나타나 하루 24시간이 채 안 됐다.

② 공전公轉

지구가 공전하는 궤도는 타원형이며, 공전 궤도의 반지름은 149,597,870㎞이고, 궤도의 편심솔偏心率은 0.0167㎞이다. 공전하는 평균 궤도 속도는 초당 29.79㎞이다 공전하는 궤도면(黃道面)과 지구 적도면赤道面의 교각交角은 23°27로 황黃이 국제우주정거장에서 지구를 내려다보는 적교각赤交角이라고 한다. 지구 자전은 지구상의 밤낮의 변화를 일으켰고, 지구 공전 및 황적교각黃赤交角의 존재는 사계절의 교채交替를 초래하게 한다.

지구상에서 보면, 태양은 황도黃道를 따라 시계 반대 방향으로 운동을 하는데, 황도와 적도는 천구상에서 180° 떨어진 두 개의 교점이 존재하며, 이 중 태양이 황도를 따라 천적도天赤道 이남에서 북쪽으로 천적도를 통과하는 점을 춘분점이라고 한다. 춘분점과 180° 떨어진 것을 추분점이라고 하는데 태양은 매년 춘분(3월 21일 전후)과 추분(9월 23일 전후)을 통과한다. 북반구에 사는 사람들에게 해가 각각 춘분점과 추분점을 지날 때는 이미 봄 또는 가을이 됐다는 뜻이다. 태양이 춘분점을 통과해 가장 북쪽에 도달하는 점을 하지점, 그것과 180° 차이가 나는 것을 동지점이라고 하며, 태양은 매년 6월 22일 전후와 12월 22일 전후로 하지점과 동지점을 통과한다. 마찬가지로 북반구에 사는 사람에게는 해가 하지와 동지점 부근에 있을 때 천문학적으로 여름과 겨울로 접어들었다는 것을 알 수 있다. 남반구에 사는 사람에게는 정반대다.

3) 인문지리人文地理

① 인구人口

세계 인구 총수는 인류가 특정한 시간 안에 지구상에서 생활하는 숫자다. 미국 인구조사국에 따르면 2013년 1월 4일 현재 전 세계에 약 70억 5800만 명이 있는 것으로 추산된다. 세계 인구는 15세기 흑사병 이후 꾸준히 증가했고, 가장 빠른 세계 인구 증가율(1.8%)은 1950년대에 나타났다. 세계 인구는 2050년까지 계속 증가할 것으로 전망됐다.

② 국구國區

세계 233개국 중 197개국(주권국 195개국, 준주권국 2개국. 고극군도庫克群島와 니우에, 몰타 기사단 등 36개국 제외)이다. 이것을 6대주로 나누면, 아시아 47개국, 유럽 45개국, 아프리카 54개국, 오세아니아 16개국, 북아메리카 23개국, 남아메리카 12개국이다.

4) 지구권층地球圈層

지구권층地球圈層은 지구 외권外圈과 지구 내권內圈의 두 부분으로 나뉜다. 지구 외권은 4개의 기본권, 즉 대기권大氣圈, 수권水圈, 생물권生物圈과 암석권巖石圈이다. 지구 내권은 3개의 기본권, 즉 지만권地幔圈, 외핵액체권外核液體圈과 고체내핵권固體內核圈으로 구분할 수 있다. 지구 외권과 지구 내권 사이에 연류권軟流圈이 하나 더 존재하는데, 이는 지구 외권과 지구 내권 사이 하나의 과도권층過渡圈層으로 지상 아래 평균 깊이 약 150㎞ 지점에 위치한다. 이렇게 지구 전체가 8개 권층으로 구성돼 있는데, 이 중 암석권과 연류권은 지구 내권과 함께 이른바 고체 지구를 구성한다.

지구 바깥의 대기권大氣圈과 수권水圈, 생물권生物圈, 그리고 암석권岩石圈의 표면을 직접 관측하고 측정하는 방법으로 연구하고, 지구 안에서는 지진학地震學, 중력학重力學, 고정도高精度의 현대공간측지기술 관측의 반연反演 등 지구물리적 방법을 주로 활용한다. 지구의 각 권층은 고체 지구 내부와 표면 위의 고도가 기본적으로 상하 평행하게 분포하는 반면, 지구 표면 부근에서는 각 권층이 서로 침투하거나 심지어 서로 겹치는 특징이 있는데, 그중에서도 생물권이 가장 두드러지고, 그다음이 수권이라는 것이다.

① 대기권大氣圈

지구 대기권은 지구 바깥권 가운데 가장 바깥쪽에 있는 기체권층氣體圈層으로 바다와 육지를 둘러싸고 있다. 대기권은 정확한 상계上界가 없고 고도 2000~1만6000㎞에는 여전히 희박한 가스와 소립자가 있다. 땅속에서는 토양과 어떤 암석에도 소량의 공기가 있을 수 있는데, 이것들은 대기권의 한 부분이라고 여길 수 있다. 지구 대기의 주요 성분은 질소·산소·아르곤·이산화탄소·0.04% 미만의 미량 기체다. 지구 대기권 기체의 총 질량은 5.1361021g으로 지구 전체 질량의 0.86%에 해당한다. 지구의 중력 작용으로 거의 모든 가스가 지상 100㎞ 고도에 집중되고 이 중 75%가 지상 10㎞ 고도의 대류권에 집중된다. 대기 분포의 특징에 따라 대류권 위에서는 성층권, 중간층, 열성층 등으로 나눌 수도 있다.

② 수권水圈

수권水圈은 해양·강·호수·늪·빙하·지하수 등으로 연속적이지만 규칙적이지 않은 층이다. 지구에서 수만 ㎞ 떨어진 상공에서 지구를 바라보면 지구 대기권에서 수증기로 형성된 흰 구름과 지구 대부분을 뒤덮은 푸른 바다가 지구를 푸른 행성으로 만든다. 지구 수권水圈 총질량은 $1.66×10^{24}g$으로 지구 총질량의 약 1/3600이다. 이 중 해양 수질량은 육지(하천·호수·표층 암석 구멍과 토양 포함)의 약 35배다. 지구 전체가 고체 부분의 복개覆蓋가 없다면 전 지구는 2600m 깊이의 수층으로 고르게 덮이게 된다. 대기권과 수권이 결합하여 지표면의 유체流體 시스템을 구성한다.

③ 생물권生物圈

지구 대기권과 지구 수권, 지표면의 광물이 존재하기 때문에 지구상이라는 적절한 온도에서 생물이 살기에 적합한 자연환경을 형성하고 있다. 사람들이 흔히 말하는 생물이란 생명이 있는 물체로 식물, 동물, 미생물을 포함한다. 현재 생존 식물은 약 40만 종, 동물은 약 110만여 종, 미생물은 최소 10만여 종으로 추정된다. 지질 역사상 생존한 생물은 약 5억~10억 종으로 집계되지만 지구는 오랜 진화 과정에서 대부분 멸종했다. 현존하는 생물들은 암석권의 상층부와 대기권의 하층부, 그리고 수권의 전부에 살면서 지구상의 하나의 독특한 권층을 이루고 있어 생물권이라고 부른다. 생물권은 태양계의 모든 행성 중 지구상에만 존재하는 독특한 권층圈層이다.

모든 생명체는 유전을 통해 한 세대에서 다음 세대로 정보를 전달하는 위대한 시스템을 가지고 있다. 그러나 아무리 인간의 창의성이 뛰어나도 생물 종의 다양성을 재창조할 수는 없다. 그렇지만 인간에게 유리한 종種은 번성하게 만들고 인간에게 맞지 않는 종種은 변형시키며 해로운 종種은 멸종시키기까지 한다. 유전에 의해 자손으로 정보를 전달하는 것은 가장 쉽고 효율적인 방법이다. 하지만 급격한 환경의 변화가 발생하면 좋은 유전에 의해 습득된 정보 이용에 실패할 수도 있다. 그러나 인간의 배우는 능력은 유전의 문제를 상쇄할 수도 있으니 지적 능력이 중요 변수라고 보아도 될 것이다.

④ 암석권巖石圈

지구 암석권은 표면 형태 외에는 직접 관측할 수 없다. 지구의 지각과 맨틀 가운데 맨틀의 꼭대기로 구성돼 있으며 고체 지구 표면에서 아래로 지진파가 33㎞ 가까이 나타나는 첫 불연속면(莫霍面)을 지나 연류권軟流圈까지 이어진다. 암석권은 두께가 고르지 않고 평균 약 100㎞다. 암석권과 표면 형태는 현대 지구물리학·지구역학과도 밀접한 관련이 있기 때문에 암석권은 현대 지구과학에서 가장 많이, 가장 상세하고 철저하게 연구된 고체 지구 부분이다. 지구 표면적의 3분의 2를 차지하는 해양분지의 약 45%를 차지하는 평균 수심 4000~5000m의 해저화산이 대양분지에 분포해 있고, 그 주변에 넓은 해저구릉이 펼쳐져 있기 때문이다. 따라서 전체 고체 지구의 주요 표면 형태는 대양분지와 대륙대지로 이뤄진 것으로 볼 수 있으며, 이들에 대한 연구는 암석권 구조와 지구역학이 직결되는 '지구구조학' 이론을 구성하고 있다.

5) 지구 연령地球年齡

21세기 과학자들은 지구의 나이를 다시 확인해 태양계 발생 시점보다 훨씬 늦은 것으로 보고 있으며, 과도跨度 약 1억5000만 년 정도로 기존에 알려진 30만~4500만 년보다 훨씬 늦은 것으로 보고 있다. 그동안 과학자들은 태양계 나이 계산 공식을 통해 태양계가 생성된 시점을 55억6800만 년 전으로 계산해 왔으나 지구는 태양계보다 30억 년에서 45억 년 정도

늦은 25억4800만 년 전쯤으로 추정해 왔다. 2007년 스위스의 과학자들은 이를 수정해 지구가 생성된 지 6200만 년 후가 될 것으로 봤다.

과학자들은 일반적으로 동위원소인 하프늄(Hf) 182와 텅스텐 182 두 가지 방사성 원소를 통해 지구와 달의 나이를 계산한다. 하프늄 182의 붕괴기는 900만 년의 붕괴 후 동위원소가 텅스텐 182이며 텅스텐 182는 지핵의 구성 요소 중 하나다. 과학자들은 지구가 형성될 때 거의 모든 하프늄 182 원소가 텅스텐 182로 쇠약해진 것으로 보고 있다. 아주 적은 양의 하프늄 182만이 과학자들이 지구의 실제 나이를 가늠할 수 있도록 도와준다. 닐스연구소 교수는 "모든 하프늄이 완전히 쇠약해져 텅스텐으로 변하는 데 50억~60억년이 걸리고 지핵에 가라앉게 되는데, 지구와 달의 맨틀에는 태양계보다 더 많은 원소가 들어 있으며, 약 1억5000만 년 정도 걸리는 것으로 추정된다."고 말했다.

6) 지구와 달

지구에는 위성이 하나 있는데, 속칭 달이라고도 하며 태음이라고도 한다. 태양계에서 지구 유일의 천연 위성이다. 달은 가장 명확한 천연 위성의 예이다. 태양계에는 수성과 금성을 제외한 나머지 행성 안에 천연 위성이 있다. 달의 지름은 약 3476㎞로 지구의 4분의 1이다. 부피는 지구의 49분의 1에 불과하고 질량은 약 7350억 톤으로 지구 질량의 81분의 1에 해당하며 달 표면의 중력은 지구 중력의 6분의 1 수준이다.

2021년 4월 혜성과 소행성에서 온 많은 먼지가 지구 대기권을 통과해 유성을 만들고 그중 일부는 미세 운석 형태로 지상에 도달한다. 이런 미세 운석이 매년 약 5200t씩 지구에 떨어진다는 새로운 연구가 나왔다.

5 천지天地

천지天地란 원기元氣가 처음 나뉘어서 가볍고 맑은 것이 하늘이고 무겁고 탁한 것이 땅이다. '천지天地'는 하늘과 땅이라는 뜻이다. 자연계와 사회, 동아시아 민족의 우주에 대한 전유專有 개념이다. 지리적·시간적·공간적 제약 없이 자연계와 우주, 천하와 1차 요인을 말한다. '천天'은 본래 사람의 머리 위이자 일월성신이 있는 우주 창공을 뜻한다. 《장자·천지莊子·天地》에서 천지가 비록 크다고 하나 그 생육은 균등하다고 했다.

'천天'은 지금으로부터 3천500년 전 상대商代의 갑골문甲骨文(거북의 갑옷과 소뼈에 새겨진 고문자)에는 천天이라는 글자를 가장 먼저 사용했다. 원래는 머리 위쪽을 가리키지만, 여기에서는 대大 자 머리 위에 일一 자를 넣어 한없이 높은 하늘을 가리킨다.

한대漢代에는 상용자常用字로서 천天 자의 독음讀音은 tian이다. 명사이고 회의자會意字로서 '인人' 자 위에 구口 자를 받치고 있다고 설명한다. 사람의 머리 위 끝없는 창공이다. 처음에는 공간을 가리키며 땅과 마주보고 있다가 하늘, 우주로 유도했다. 《도덕경》에서도 천장지구天長地久라고 했다. "천지가 길고 오래 사는 것은 자생하지 않기 때문에 장생할 수 있다."고 말했다. 하늘은 곧 공간이고, '하늘은 길다' 즉 '공간이 매우 넓다'는 뜻이다.

천天은 중화문화 신앙 체계의 한 핵심으로 좁은 뜻은 땅과 마주보는 하늘만을 가리킨다. 넓은 의미의 천天은 도道, 태일太一, 대자연, 천연우주 등으로 쓰인다.

하늘에는 신격화·인격화의 개념이 있는데, 최고의 신神을 가리키며, 황천皇天, 호천昊天, 천황대제天皇大帝, 황천상제皇天上帝, 호천상제昊天上帝 등等

으로 불리는데, 도교와 민간신앙에서는 옥황상제玉皇上帝라고도 하고, 창천蒼天, 상천上天, 상창上蒼, 노천老天(하늘), 노천야老天爺(하느님) 등으로도 불리고 있다. 《모시전毛詩傳》에서는 원기元氣가 크면 호천昊天이라 부르고 멀리 보면 창천蒼天이라 부른다고 하며, 하늘은 창호蒼昊를 몸체로 하므로 별들의 반열에 오르지 않는다고도 했다. 하느님은 하늘과 비교하여 일정한 인격화의 의미를 가지고 있다. 정현鄭玄이 말하기를 하느님은 하늘의 또 다른 이름이고 하늘과 하느님을 구별하여 하느님의 지위가 하늘보다 낮다고 한다.

'지地'는, 육서 중에서 회의자에 속하고, 형성자이기도 하다. 흙에서는 땅을 뜻하고, 야也는 옛 뱀으로 상고시대에는 땅의 초목이 우거져 뱀, 벌레가 곳곳에 보였다고 한다. '야也'는 '사蛇'의 고자古字이다.

'지地'는 본래 대지를 뜻하며 '천天'과 마주보고 있다. 인신引伸은 지면을 가리킨다. 또 인신引伸은 지역과 장소를 가리킨다. 추상적인 의미로 위치나 환경을 말한다. 사상·심리 활동의 영역이라고도 한다.

《박물지博物志》에서는 조금은 엉뚱한 예를 들었는데, "지地는 명산名山을 보좌하고, 석石은 뼈, 천川은 맥脈, 목木은 털, 토土는 살이다."라고 한 것이다.

천天 자와 지地 자의 성어成語들의 쓰임을 보면,

○天○地 : 感天動地, 昏天黑地, 呼天喚地, 冰天雪地, 驚天動地, 頂天立地, 吞天食地, 鋪天蓋地, 開天辟地 등이고

天○地○ : 天羅地網, 天長地久, 天荒地老, 天誅地滅, 天造地設, 天圓地方 등이 있다.

중국의 팔선八仙이며 사제지간師弟之間인 종리권鐘離權과 여동빈呂洞賓의 대화로 엮어진 종여전도집鐘呂傳道集이 전해 내려오고 있다. 여기서 여동빈은 스승 종리권과 천지에 관한 질문과 대답을 하고 있는데, 도가 수련을 하는 사람들에게는 금과옥조金科玉條가 아닐 수 없다. 이 내용을 그대로 인용하여 그 뜻을 살리고자 한다.

여동빈: 이른바 天地의 기미機微에 대해 묻겠습니다.

종리권 : 천지의 기미란 천지가 대도를 운용하는 것으로서, 상하로 왕래하면서 지칠 줄 모르고 오래도록 견고하게 유지되어 사람들에게 가볍게 누설한 적이 없다.

여동빈 : 천지가 도에 있다고 해서 무엇을 운용의 기미라고 하며 무엇을 행함의 기미라고 하며 운용은 어떻게 처음 시작하며 행함은 어떻게 효과를 볼 수 있습니까?

종리권 : 대도는 이미 쪼개져서 형形이 있고 형으로 인하여 수數가 있다. 하늘은 건도乾道를 얻어서, 1을 체體로 삼으니 가볍고 맑아서 위에 있으면서 용用으로 삼는 것이 양陽이요, 땅이 곤도坤道를 얻어서 2를 체로 삼으니 무겁고 탁하여 아래에 있으면서 용으로 삼는 것이 음陰이다. 양은 상승하고 음은 하강하여 서로 교합하고 건곤이 작용하여 도를 잃지 않으니 처음 시작함에 시時가 있고 효과를 봄에도 일日이 있는 것이다.

여동빈 : 하늘이 건도를 얻어서 용으로 삼는 것이 양이요, 양은 주로 상승을 하는데 어찌 땅에 교합하며, 땅이 곤도를 얻어서 용으로 삼는 것이 음이요, 음은 주로 하강을 하는데 어찌 하늘에 교합할 수 있겠습니까? 천지가 교류하지 못하면 음양은 어찌 합할 수 있으며, 음양이 합하지 못하면 건곤은 어떻게 작용하겠습니까? 건곤이 이미 작용이 없으면 비록 처음 시작하는 때와

효과를 보는 날이 있어도 대도를 어찌 얻을 수 있겠습니까?

종리권 : 천도天道는 건을 체로 삼고 양을 용으로 삼으니 기를 쌓아 위에 있고, 지도地道는 곤을 체로 삼고 음을 용으로 삼으니, 수를 쌓아 아래에 있다. 하늘이 도를 행함에 건을 곤에서 찾는데, 첫째에서 찾는 것이 장남長男이니 장남은 진괘震卦라 하고, 둘째에서 찾는 것이 중남中男이니 중남은 감괘坎卦라 하며, 셋째에서 찾는 것이 소남少男이니, 소남은 간괘艮卦라 한다. 이것이 곧 하늘이 땅에 교합하여 건도가 곤도를 찾아 세 양陽을 낳는 것이다. 땅이 도를 행함에 이르러서는 곤을 건에서 찾는데, 첫째에서 찾는 것이 장녀長女니, 장녀는 손괘巽卦라 하고, 둘째에서 찾는 것이 중녀中女가 되니 중녀는 리괘離卦라 하며, 셋째에서 찾는 것이 소녀少女가 되니 소녀는 태괘兌卦라 한다. 이것이 곧 땅이 하늘에 교합하여 곤도가 건도를 찾아 세 음을 낳는 것이다

세 양이 세 음과 교합하여 만물이 생기고 세 음이 세 양과 교합하여 만물이 이루어진다. 천지의 교합은 건곤이 서로 찾는 것을 바탕으로 도를 운행하는데, 건곤이 서로 찾으면 6기六氣를 낳고, 6기가 교합하면 5행으로 나뉘며, 5행이 교합하여 만물을 생성한다.

바야흐로 그 건도가 하행下行하여 세 번째 찾기가 이미 끝나면 그 양이 다시 상승하는데, 양 속에는 음을 감추고 있어 올라가 하늘로 돌아온다. 곤도가 상행하여 세 번째 찾기가 이미 끝나면 그 음이 다시 하강하는데, 음 속에는 양을 감추고 있어 내려와 땅으로 돌아온다.

양 속에 음을 감추고 있어 그 음이 소멸되지 않으니, 곧 진음眞陰이라 한다. 진음이 하늘에 닿으면 양이 생김으로 인하여 음이 하늘에서 하강하는 것이다. 음 속에는 양이 없겠는가? 음 가운데 양을 감추고 있어 그 양이 없어지지 않으니 곧 진양眞陽이라 한다. 진양이 땅에 닿으면 음이 나타남으로 인하여 양이 땅에서 상승하는 것이다. 양 속에는 음이 없겠는가? 양 가운데 음을 감

추고 있어 그 음이 소멸하지 않으니 다시 땅에 도달하고, 음 가운데 양을 감추고 있어 그 양이 소멸하지 않으니 다시 하늘에 도달한다. 주유하여 다시 시작하니 운행이 끊임이 없고, 교합하여 도를 잃지 않으니 장구하고 견고하게 되는 까닭이 이와 같다.

여동빈 : 천지의 기미가 도를 운행하면 장구함을 얻으니 곧 천지 작용의 공입니다. 오직 사람이 비록 총명한 성性을 갖고 있어 청정淸淨에 유의하여 대도를 행하면 적게는 안락하게 오래 살고, 중간이면 장생불사하고, 크게는 형질을 벗고 신선으로 오르나, 어떻게 작용하여 대도를 운행하고 천기를 본받으며 또한 장구하고 견고할 수 있으며 영겁永劫을 길이 존재할 수 있습니까?

종리권 : 대도는 무형이나 그것이 얻는 바로 인하여 형체가 이룩되고, 대도는 무명無名이나 그것이 가진 바로 인하여 명名이 이룩된다. 천지가 그것을 얻으면 건도와 곤도라 하고, 해와 달이 그것을 얻으면 음도와 양도라 하며, 사람이 조정에서 그것을 얻으면 군신의 도라 하고, 규방閨房에서는 부부의 도라 하고, 향당에서는 장유長幼의 도라 하고, 학교에서는 붕우朋友의 도라 하고, 가정에서는 부자父子의 도라 하니, 이것이 겉으로 나타난 도이니 도가 없는 곳이 없다.

부모父母의 만남에 이르러서는 부는 곧 양이니 먼저 나아가고 음이 뒤를 따르는데, 진기眞氣가 진수眞水를 만남으로써 심장의 화火와 신장의 수水가 서로 교섭하고 연성하여 정화精火를 이룬다. 정화가 이미 나와 모母의 음을 만나면 먼저 수水로 나아가서 용用이 없는 곳에서 더러운 것을 씻어내고, 모의 양을 만나면 먼저 혈血로 나아가서 자궁子宮의 앞에서 수정을 이루어 정혈精血이 포태胞胎를 이룬다.

진기를 품고 모의 자궁으로 들어가 날이 지나고 달이 차면 진기가 조화하여 사람을 이루는데 천지가 도를 행하는 것과 같다. 건곤이 서로 찾아서 세

음과 세 양을 낳으니, 진기는 양이 되고 진수는 음이 된다. 양은 수水 속에 감추어져 있고, 음은 기氣 속에 감추어져 있다. 기는 상승함을 주로 하며 기 가운데 진수가 있고, 수는 하강함을 주로 하며 수 가운데 진기가 있으니, 진수는 곧 진음이요, 진기는 곧 진양이다.

진양이 수를 따라 하행함은 마치 건이 곤에서 찾으니, 위를 진震, 중간을 감坎, 아래는 간艮이라 하는 것과 같다. 사람에 비유하면 중간을 기준으로 하여 위에서부터 아래로 진은 간肝, 감은 신장, 간은 방광이 된다. 진음은 기를 따라 상행하니, 만약 곤이 건에서 찾는 것과 같다. 아래는 손巽, 중간은 리離, 위는 태兌라 하니 사람에 비유하면 중간을 기준으로 아래에서부터 위로 손은 쓸개, 이는 심장, 태는 폐가 된다. 형상이 이미 갖추어지면 수數가 넉넉하여 모체와 분리된다. 이미 태어난 뒤에는 원양元陽은 신장에 있고 원양으로 인하여 진기를 낳으면 진기는 심장을 조회하고, 진기로 인하여 진액을 낳으면 진액은 환원하여 상하로 왕복하는데, 만약 손상이 없으면 저절로 장생할 수 있으니, 마치 시후時候를 알아서 차이가 없으면 빼고 더함에 법도가 있어 저절로 장생할 수 있는 것이다.

만약 조작(造作:수련)을 게을리하지 않고 꾸준히 수련하기를 멈추지 않으면, 음은 다하고 양은 순수하여 저절로 초범입성할 수 있다. 이것이 곧 천기가 깊이 만들어지는 이치이니, 고금에 전하지 않는 일이다.

그대가 만약 믿는 마음에 머뭇거림이 없다면 명리名利를 칼이나 수갑처럼 여기고, 은애恩愛를 원수같이 여기며, 질병 피하기를 사망의 어려움을 두려워하는 것같이 하고, 특별한 베풂(別設)에 몸을 잃을 것을 방지하며, 이류異類에 신령함을 통할 걸 염려하며 좋아서 청정한 뜻을 가질 것이요, 마땅히 또한 그 근원을 막고 원양을 잃어버리거나 진기를 소모하여 흩어버리는 일이 없도록 해야 한다.

기가 성하면 혼魂 가운데 음이 없으나, 양이 왕성하면 백魄 가운데 기가 있다. 한 번 오르고 한 번 내림에 법을 취함이 천지에 벗어남이 없고, 한 번 성하고 한 번 쇠함에 왕래함이 또한 해와 달과 비슷하다.

6 일월성日月星

1) 일日

일日자는 상商나라 갑골문 시대에 처음 보인다. 기본 뜻은 지구에서 가장 가까운 별인 일월성신日月星辰이며, 낮을 뜻하며 밤과 마주 보는 일반日半이다. 태곳적에는 태양이라는 단어가 없었고 태양은 바로 날(日) 이었다. 지구는 자전에 따라 밤낮이 바뀌는 현상이 일어나며 해가 매일 동쪽에서 떠서 서쪽으로 지기 때문에 밤낮을 '일日'이라고 부른다. 좁은 의미의 '일'은 '낮'으로 '밤'과 마주한다. 이후 시기, 시대, 날짜를 쓰는 데 인용했다. 또 '일'의 유일성으로 이른바 '하늘에 태양은 두개가 있을 수 없고 사람 또한 두 주인이 있을 수 없다'는 의미에서 '일日'은 군주를 비유하는 말로도 쓰인다.

일의 의부意符를 사용하는 글자는 대부분 태양이나 시간에 관련되어 있는데, 예를 들면, 태양에 관한 명사로는 시時, 경晷, 휘暉 세 종류로 나눌 수 있다. 태양에 관한 형용사의 예를 들면 청晴, 명明, 암暗, 회晦, 소昭, 매昧를 들 수 있으며, 시간을 나타내는 단어의 예를 들면 단旦(아침), 모暮(저녁), 혼昏(어둑어둑), 효曉(새벽), 춘春(봄), 신晨(새벽) 등이다.

상형 글자. '일日'은 가장 먼저 등장한 상형문자 중 하나로 태양을 시뮬레이션(模擬)한 것으로, 초기 금문金文에서 원 하나를 이용해 태양을 시뮬레이션한 것이다. 갑골문甲骨文과 금문金文은 동그라미에서 조금 더 많거나 가로획이 많다. 옛사람들이 왜 동그라미 안에 짧은 가로나 한 점을 넣었는지에 대해서는, 이 짧은 가로나 한 점은 태양이 속이 빈 원이 아닌 실체임을 나타낼 수 있다는 견해도 있다. 옛사람들의 마음속에서 태양은 빛이 사방에 비치는 발광체로 인격화된 신이었고, 일부 문명에서는 태양신이 신들 중에서 가장 위대했다. 태양은 둥근 실체이다. 달은 둥글기도 하고, 이즈러지기도 하지만 태양은 그런 것이 없다. 옛사람들은 태양의 실實과 달의 결缺을 서로 상응하는 것으로 보았다. 이 짧은 가로 또는 한 점이 태양 표면의 흑점일 수 있다는 견해도 있다. 이 짧은 가로의 한 점을 강조부호強調符號로 '구口'와 같은 자형字形을 구별하는 시각도 있다.

금문金文 중의 일日은 원형인 반면 갑골문甲骨文의 일日자는 납작한 사각형이다. 갑골문은 단단한 거북의 갑옷이나 짐승의 뼈에 칼로 새긴 글자로 획을 둥글게 그리기 어렵기 때문이다. 소전小篆과 해서楷書의 일日이 모두 네모난 것은 원형이 어려운 탓이 크다. 미관을 위해 네모난 틀의 날을 쓴다.

여기서 21세기 현대 문명이 과학적으로 밝혀낸 태양에 관한 분석을 인용한다.

태양은 약 45억7000만 년 전에 무너진 수소분자 구름 안에서 형성됐다. 태양이 생성되는 시간은 두 가지 방법으로 측정된다. 태양이 현재 주서열대主序列帶에 있는 나이는 항성 진화와 태초에 핵이 합쳐진 컴퓨터 모형을 이용해 확인한 것으로 대략 45억7000만 년이다. 이는 방사성 정년법定年法으로 태양의 가장 오래된 물질이 45억6700만 년인 것과 정확히 일치한다. 태양은 주서열대主序列帶의 진화 단계에서 중년기에 이르러 핵융합이 핵심에서 수소를 헬륨으로 만든다. 초당 400만t이 넘는 물질이 태양의 핵심에서 에너지로 바뀌어 중미자中微子와 태양 복사를 일으킨다. 핵융합은 핵심에서 수소를 헬륨으로 바꾸는 것이다. 초당 400만t이 넘는 물질이 태양의 핵심에서 에너지로 바뀌어 중성미자와 태양 복사를 일으킨다. 이 속도로 지금까지 태양은 약 100개의 지구 질량 물질로 바뀌어 에너지가 됐으며, 태양이 주서열대主序列帶에 얽

매여 걸린 시간은 약 100억 년이다.(중략)

태양의 빛은 메인밴드인 현 단계에서도 완만하게 증가(10억 년마다 약 10% 증가)하고 표면 온도는 서서히 올라간다. 태양의 과거 광도는 비교적 어두웠는데, 이는 생명이 10억 년 전에 육지에 나타난 것으로 보인다. 태양의 온도가 이 정도 속도로 높아지면 앞으로 10억 년 동안 지구는 너무 뜨거워져 물이 지구 표면에 액체 상태로 존재하지 못하고 지구에 사는 모든 생물을 멸종시킬 수 있다. (하략)

2) 월月

'월月'과 '석夕'은 갑골문甲骨文에서 본래 같은 글자였다가 분화됐다. 월의 갑골문은 반원형에 짧은 세로로 표시를 넣어 반원형 천체가 빛을 내는 특성을 나타낸다. 옛사람들은 달이 원의 결핍변화가 있는데, 달이 찼을 때는 짧고, 달이 부족할 때는 길다는 것을 발견하고, 이에 따라 남은 둥근 원, 즉 반원으로 달을 대표하게 되었다. 어떤 갑골문은 변형되어 '석夕'을 썼다. 금문金文은 갑골문자형을 이어간다. 전서문篆書文은 갑골문자형을 계승한다. 예서隸書는 더욱 변형되어 반원의 이미지를 잃었다.

지구에서 가장 가까운 천체 자체는 빛을 내지 않고 태양 빛을 굴절시켜 지구 밤하늘에서 '빛'을 낸다. 조자시대造字時代 옛사람들은 밤하늘에 보이는 주기적으로 원의 결함을 보이는 천체를 발광체로 착각했는데, 달이 밤에 나타나고 빛이 열량이 부족하기 때문에 옛사람들은 태음太陰이라 불렀고, 낮에 나타나 빛이 열로 가득 찬 태양과 마주보고 있었다. 전문자형篆文字形의 월月은 육肉과 같고, 합체자合體字 가운데 月(변)은 월月이 아닌 육肉을 뜻한다.

월月과 관련된 단어는 월광月光, 본월本月, 일월日月, 세월歲月, 망월望月, 월

아월牙月, 납월臘月, 만월滿月, 평월平月, 삭월朔月 등이고, 성어는 월백풍청月白風淸, 월폐화수月閉花羞, 월단춘추月旦春秋 등이 있다.

도가道家 수련공법修煉功法 중에는 해와 달을 상대로 수련하는 공법이 있는데 '도일정귀기법盜日精歸己法'과 '도월화귀기법盜月華歸己法'이 그것이다.

이 공법은 사람의 몸과 해, 달을 맞대어 수련하는 공법으로 사람 몸과 해, 달이 한 가지 가지런한 틀로 캐내고(采), 돌리며(運), 불리고(煉), 지키며(保) 기르고(養), 뿌리로 돌아가는(還元) 방법이다. 이 공법은 천인합일天人合一하는 방법으로 수련자는 인체 우주가 천체 우주에 감응하고 합해지도록 하여 해와 달의 정화를 훔쳐 인체에 원기元氣를 보유補遺하게 한 다음 다시 해와 달에게 돌려주는 수련공법이다.

단경에 이르되 "아침에는 양화陽火로 나아가고 저녁에는 음부陰府로 물러나는 도리를 세상의 선남신녀善男信女들은 모르는도다" 하였다. 진양進陽과 퇴음退陰의 공행을 모른다면 세상의 한결같지 않은 모든 것을 속히 일필의 갈고리로 찍어 없애버리고 하늘을 감동시키는 공덕과 덕행을 쌓으면 명사를 만날 것이니, 성性과 천도天道를 지시 받고 진양進陽, 퇴음退陰의 도리를 구전심수 받으면 힘들이지 않고도 얻을 것이라고 하였다.

진양進陽, 퇴음退陰의 천도天道를 간략하게 가리켜 말하자면, 매번 초하루가 되면 천상의 해와 달이 병행竝行하고 초사흘 사시巳時에 일양一陽이 나아가는데, 괘상으로는 지뢰복괘地雷復卦▤라고 한다. 초닷새 해시亥時에 이르면 이양二陽이 나가는데, 지택림괘地澤臨卦▤라 한다. 초팔일 사시巳時에는 삼양三陽이 나가는데, 지천태괘地天泰괘▤라 하며 이때 연(납)鉛 8량八兩이 된다. 10일 해시亥時에 사양四陽이 나가는데, 뇌천대장雷天大壯괘▤라 한다. 13일 사시巳時에 이르면 오양五陽이 나가는데, 택천쾌澤天夬괘▤

라 한다. 15일 해시亥時에는 육양六陽이 나가는데 중천건重天乾괘▤라 하고, 하늘이라 하나니 역경易經에서 말하기를 "군자는 종일토록 건하고 더욱 건하여서 순양체이다. 만약 화火를 써서 단련하지 않으면 이것이 지나쳐 반드시 음이 생긴다 하였다.

18일 사시巳時에 이르러 일음一陰이 나가는데, 이름을 천풍구天風姤괘▤라 하고, 20일 해시亥時에 이르면 이음二陰이 나가는데 천산돈天山豚괘▤라 하고, 23일 사시巳時에는 삼음三陰이 나가고 천지비天地否괘▤라 하며, 이때 홍(수은)汞 반근이 된다. 25일 해시亥時에는 사음四陰이 나아가고 풍지관風地觀괘▤라 하고, 28일 사시巳時에는 오음五陰이 나아가고 산지박山地剝괘▤라 한다. 30일 해시亥時에는 육음六陰이 나아가고 중지곤重地坤괘▤라 하고 땅이라 하니 육효 순음인 이 천토天土는 곧 달이 없는 것이고, 달이 없다고 하는 것은 명이 없다는 것이다.

위와 같이 자연은 정기적으로 진양進陽, 퇴음退陰을 영구히 순환 반복하고 있어서 끊임이 없다. 사람도 수련하여 순환 반복하면 마찬가지이다.

사람의 일생을 12단계로 나누어 음양의 진퇴를 구분하고 음양이 자라고 사라짐의 이치와 나아가고 물러나서 존립과 멸망의 이치를 한눈으로 볼 수 있도록 표로 만들어 보았다.

매월 달의 운행에 따른 음양의소장과 괘상

일 시	음양의 진행으로 消長되어 가는 과정	괘상
初一日 亥時	天上日月竝行. 천상의 해와 달이 병행하여 곤괘가 되어	▤坤爲地
初三日 巳時	進一陽. 一陽이 나아가서 복괘가 되고	▤地雷復
初五日 亥時	進二陽. 二陽이 나아가서 임괘가 되고	▤地澤臨
初八日 巳時	進三陽. 三陽이나아 가는데 鉛八兩이 되어 태괘가 되고	▤地天泰
初十日 亥時	進四陽. 四陽이 나아가서 대장괘가 되고	▤雷天大壯

180

十三日 巳時	進五陽. 五陽이 나아가서 쾌괘가 된다.	䷪澤天夬
十五日 亥時	進六陽. 六陽이 나아가는 건괘가 된다. (君子終日乾乾. 純陽之體也. 若不用火鍛煉. 過此必又生陰矣 역경에 군자는 종일토록 건하고 더욱 건하여서 순양체이다 만약 화를 써서 단련하지 않으면 이것이 지나쳐 반드시 음이 생긴다.)	䷀乾爲天
十八日 巳時	進一陰. 一陰이 나아가서 구괘가 되고	䷫天風姤
二十日 亥時	進二陰. 二陰이 나아가서 돈괘가 되고	䷠天山遯
二三日 巳時	進三陰. 三陰이 나아가서 汞半斤이 되어 비괘가 되고	䷋天地否
二五日 亥時	進四陰. 四陰이 나아가서 관괘가 되고	䷓風地觀
二八日 巳時	進五陰. 五陰이 나아가서 박괘가 된다	䷖山地剝
三十日 亥時	進六陰. 六陰이 나아가서 곤괘가 된다.	䷁重地坤

3) 성星

항성恒星의 탄생지는 보통 그 성간星間 기체 중에 있다고 말한다. 이런 성간 기체의 밀도가 어떤 임계치를 초과할 때, 기체 사이의 상호 중력은 기체의 압력을 점점 초과하게 되는데, 이렇게 되면 성간 기체는 수축하기 시작하여 밀도는 끊임없이 증가하게 될 것이다. 성간 기체의 질량이 너무 크기 때문에 밀도가 높아지는 동시에 성간 기체 내부는 점점 불안정해진다. 이것은 약간의 비교적 미미한 기체 덩어리를 형성하게 한다. 시간의 추이에 따라, 이 작은 기체 덩어리는 천천히 하나의 항성恒星으로 변천할 것이다. 그래서 우리가 보기에 항성恒星은 모두 뭉쳐서 탄생하는 것이다.

기체와 먼지가 만들어 내는 느린 자전구自轉球로 인해 생성되는 항성恒星들은 천문계天文界에서 공인된 탄생 이미지를 제시하고 있다. 그러나 세부적인 내용은 알려지지 않았고, 특히 붕괴 후 단계인 행성行星 형성에 대한 명확한 이론은 아직 밝혀지지 않았다. 하지만 거대 적외선 망원경의 등장으로 천문학자들의 연구는 상대적으로 쉬워졌다. 적외선 파단波段의 파장波長이 광학光學 파단의 파장에 비해 훨씬 크기 때문에 적외선 망원경을 통해 기체와 먼지를 뒤집어쓴 항성恒星 탄생지誕生地 내부를 훤히 들여다볼 수 있다.

다음은 항성이 탄생하는 구체적인 과정을 살펴본다. 성간星間 기체의 내부가 조각조각 작은 기체 덩어리로 분해된 후에, 이 기체 덩어리는 계속 수축해 나갈 것이다. 이때 기체 덩어리의 밀도는 이미 60,000개의 수소 원자/입방센티미터로 정상 성간 가스의 밀도 1개 수소 원자/입방센티미터보다 훨씬 크다. 처음에는 기체 덩어리의 밀도가 낮을 때만 해도 그 중심에서 나오는 빛의 복사가 겹겹의 벽을 뚫고 기체 덩어리의 외부까지 도달할 수 있었지만, 기체 덩어리가 수축하면서 중심에서 바깥쪽으로 밀도密度와 제도梯度가 형성돼 빛이 비치지 않을 정도로 중앙의 밀도가 높았다. 그러면 기체 덩어리 중심의 온도가 끊임없이 높아지고 압력도 높아지기 시작하며 수축이 서서히 멈춘다.

온도가 2000도 정도에 이를 때까지 수소분자는 원자로 분해되기 시작한다. 그러자 핵심이 다시 수축해 수축할 때 나오는 에너지가 모든 수소를 다시 원자로 바꾼다. 이 신생아의 핵심은 오늘날의 태양보다 약간 더 크다. 끊임없이 중심부로 떨어지는 모든 외곽 물질은 결국 이 핵심에 떨어지게 된다. 질량이 태양과 같은 항성 하나가 형성될 것이다. 이렇게 항성 내부에서 핵융합 반응이 일어나기 시작했고, 항성은 주主 계열로 들어갔다.

밤이면 하늘에 별들이 반짝인다. 이 보잘것없어 보이는 별들은 우리 눈에 보이는 것과는 많이 다르고 알려지지 않은 비밀이 많다.

지구상에서 인류는 눈으로 5대 행성을 볼 수 있는데 그중에서도 금성이 가장 밝다. 금성은 태양보다는 밝지 않지만 유명한 천랑성天狼星(태양 외에 하루 종일 가장 밝은 항성)보다 14배 더 밝아 마치 다이아몬드 같다. 금성은 밝기가 높을 뿐 아니라 '개성'도 있어 태양계에서 유일하게 역자전하는 행성으로 자전 방향은 다른 행성들과 반대로 동쪽에서 서쪽으로 향한다. 그래서 금성에서 볼 때 태양은 서쪽에서 동쪽으로 뜬다.

별은 낭만의 대명사다. 지구에서 3억 광년 떨어진 은하계 가장자리에는 탱고가 펼쳐지는 거대한 은하 2개가 있다. 이 두 은하는 수십억 개의 항성과 가스 구름으로 이루어져 있으며 모두 나선형이다. 오른쪽에 큰 은하의 항성, 기체, 먼지가 하나의 팔을 형성해 왼쪽 작은 은하를 감싸고 상호작용에 따라 천천히 다양한 춤을 춘다.

○ 항성恒星 : 천구天球 상태에서 서로의 위치를 거의 바꾸지 아니하고 별자리를 구성하는 천체. 태양과 같이 스스로 빛을 내며 고유의 운동을 한다.(북극성, 북두칠성, 견우성, 직녀성 따위)

○ 행성行星 : 떠돌이 별

도가 수련공법도 별을 상대로 하는 수련이 있는데 '천강칠성보天罡七星步'가 그것이다. 수련방법은 북두칠성을 본떠서 그 위를 구결을 외우면서 밟아가는 것이다. 칠성보를 하기 위해서는 기본 보법과 호흡 방법을 장악하여 숙련해야 하며 아울러 구결을 숙지한 후에 정식 수련으로 들어가야 한다.

이 수련은 신경이 이상이 있는 병자 및 자기 통제력이 약한 사람은 천강칠성보天罡七星步를 할 수 없으며, 만성병이 있는 사람은 치료 효과가 좋다고 한다. 특히 관심병關心病이나 당뇨병糖尿病에 특별한 효과가 나타난다고 한다.

다음은 종리권과 여동빈이 일월日月의 운행도수와 교합을 사람에게 견

주는 문답을 주고 받았다.

여왈呂曰 : 천지의 이치는 또한 대충 알겠습니다. 일월日月의 전도躔度(천체 운행의 도수)와 교합交合을 사람에게 견줄 수 있습니까?

종왈鍾曰 : 대도는 무형이지만 천지를 생육하고, 대도는 무명無名이어도 해와 달을 운행한다. 해와 달이 태음과 태양의 정기이니 천지교합의 도수를 말없이 기록하고 만물을 생성하는 공功을 도와서 행한다. 동서로 출몰하여 낮과 밤을 구분하고, 남북으로 왕래하여 추위와 더위를 결정하니, 밤낮으로 쉬지 않고 추위와 더위가 서로 바뀌면 백魄 가운데 혼魂이 생기고 혼 가운데 백이 생긴다. 진퇴에 때가 있으니 건곤의 수數를 잃지 않고 왕래에 도수가 있으니 천지의 때(期)와 어긋남이 없다.

여왈 : 동서로 뜨고 져서 낮과 밤을 구분한다는 것은 무엇입니까?

종왈 : 혼돈이 처음 나뉘어 천지가 자리를 정함에 천지의 모습은 그 형체가 알과 같고 6합의 가운데서 그것은 공처럼 둥글다. 해와 달이 뜨고 지니, 한 번은 하늘 위를 운행하고 한 번은 땅 아래를 운행하여 상하동서로 수레바퀴처럼 주행走行한다. 무릇 해가 동에서 떠서 서로 지기 전까지가 낮이 되고, 서쪽으로 져서 동으로 뜨기 전까지가 밤이 되니 이것이 해가 뜨고 져서 낮과 밤을 구분하는 것이다. 달이 뜨고 지는 것은 해와 다르다. 서에서 백魄을 싣고 동에서 혼魂을 받아 밤에 빛을 비추니, 혼이 낮에 감추어졌고, 날(日)과 시(時)가 누적되어 혹은 뜨고 혹은 지니 서에서부터 동으로 간다.

그 처음에는 백 가운데 혼이 생기니, 모양이 팽팽히 당긴 활과 같고, 초경(初更:오후 8~10시)에는 서에서 빛을 비춘다. 그다음에는 백 가운데 혼이 반이니 때가 상현上弦에 해당하고 초야에 남에서 빛을 비춘다. 그다음은 백 가운데 혼이 가득 차는데 해와 서로 바라보고 초야에 동에서 빛을 비춘다. 그다음은 혼 가운데 백이 생기니 형상이 깨진 거울 같고 새벽에 혼이 서에서 감추어졌다. 그다음에는 혼 가운데 백이 반이니 때는 하현下弦에 해당하고 새벽에 혼이 남에서 감추어졌다. 그다음은 혼 가운데 백이 가득 차는데 해와 서로 등지고 새벽에 혼이 동에서 감추어졌다. 이것이 달이 뜨고 짐은 낮과 밤을 구분하는 것이다.

여왈:남북으로 왕래하여 추위와 더위를 결정한다는 것은 무엇입니까?

종왈:동지부터 일출이 오전 7시 50분이고, 일몰은 오후 4시 50분이다. 이때를 지나면 일출과 일몰이 남에서 북으로 이동하며 하지를 기한으로 삼는다. 하지 이후에는 일출이 오전 4시 50분이고 일몰이 오후 7시 50분이다. 이때를 지나면 일출과 일몰이 북에서 남으로 이동하며 동지를 기한으로 삼는다. 남에서 북으로 이동하면 겨울에서 여름에 이르니, 곧 추위가 더위로 되는 것이다. 북에서 남으로 이동하면 여름에서 겨울에 이르니, 곧 더위가 추위로 되는 것이다. 여름의 낮은 겨울의 밤과 같고, 겨울의 낮은 여름의 밤과 같다. 동지 이후에 월출이 북에서 남으로 이동하니 여름의 낮에 비유되고, 하지 뒤에는 월출이 남에서 북으로 이동하니 겨울의 낮에 비유된다. 이것이 일월이 왕래하여 추위와 더위를 결정한다는 것이다.

여왈 : 천지의 기미는 음양의 오르내림이니, 바로 사람의 행지行持와 다름이 없습니다. 만약 일월의 출몰과 왕래가 천체운행의 도수와 교합하면 (합치되면), 이를 사람에게 비유할 수 있습니까? (行持 : 도가에서 도사가 삼가 하여 지키고 조심하여 행함으로써 바른 법을 닦아 지키는 것.)

종왈:천지의 기미는 음양의 오르내림에 있으니, 한번 상승하고 한번 하강함에 태극이 상생하고, 상생하여 상성相成하면 주류하여 다시 시작하니, 도를 잃지 않으면 장구長久할 수 있다. 수련하는 사람이 만약 천지에서 법을 취하면 저절로 오래 살고 죽지 않으며, 만약 일월의 전도躔度와 왕래와 교합에 견

주면 달이 해의 혼을 받는데, 머물면서 양으로써 음을 변화시키므로 음은 다하고 양이 순수해져서 달빛이 밝고 깨끗해지니, 어두운 백魄을 없애고 해의 광휘光輝같이 아래의 땅을 밝게 비춘다. 이때가 되어 만약 사람이 수련하면, 기로써 신을 이루어 형질을 벗고 신선으로 오르며 연성하여 순양純陽의 몸을 이룬다.

여왈 : 진인을 수련하고 도를 받드는 사람이 그 천지음양이 오르내리는 이치와 일월정화가 교합하는 도수에 대해 공부를 시작할 때 어느 것부터 먼저 해야 합니까?

종왈 : 처음에는 천기를 본떠 배우고 음양이 오르내리는 이치로서 진수眞水와 진화眞火로 하여금 합하여 하나가 되도록 한다. 대약을 연성하여 길이 단전에 진정시키면 영겁을 죽지 않고 수명이 천지와 같아진다. 만약 속세에 살기를 싫어한다면 공부를 그치지 말고 마땅히 해와 달의 교합을 취하여 양으로 음을 단련하여 음이 생기지 않도록 하고, 기氣로 신神을 양성하여 신이 흩어지지 않도록 해야 오기五氣가 조원朝元하고 삼화三花(精氣神)가 정頂에 모이니, 속된 유행(풍속)을 사절하고 삼도三島(봉래, 방장, 영주.)로 돌아간다.

여왈 : 이 같은 공부의 효과는 깊이 뜻을 알았으나 시時와 절節을 얻지 못할까 두려울 뿐입니다.

종왈 : 천지의 음양이 오르내림에 1년에 한 번 교합하고, 일월의 정화가 왕래함에 한 달에 한 번 교합하고 사람의 기액氣液은 하루에 한 번 교합한다.

(종여전도집 중에서)

7 오행五行

1) 오행五行

오행 학설은 동양고대 선현들이 창안한 일종의 철학 사상이다. 오행五行은 우주 만물을 이루는 다섯 가지 원소. 목木, 화火, 토土, 금金, 수水를 말한다. 이 다섯 가지 물질은 각각 다른 속성을 가지고 있는데, 예를 들면, 목은 성장 발육의 성질이 있고, 화는 더위, 향상의 성질이 있으며, 토는 평화롭고 실속 있는 성질이 있으며, 금은 숙살되고 수렴하는 성질이 있으며, 수는 차갑고 윤택한 성질이 있다. 오행설은 자연계의 모든 사물의 성질을 다른 사람이 받아들이는 이 다섯 가지 유형의 범주이다. 이러한 다섯 가지의 기운이 운행하면서 각각의 기운은 서로 생生하여 도와주고, 극剋하여 서로 이기려고 하고, 모侮 즉 서로 업신여기고 승乘하면서 다양한 변화가 나타나지만, 일정한 법칙에 의해 순환하고 그에 따라서 우주만물은 생성, 쇠퇴, 소멸의 반복 과정을 거쳐 발전하는 것이다. 사람은 머리가 둥글고 발은 네모나니 하늘과 땅의 형상을 갖고 있다. 음은 하강하고 양은 상승하니 사람 또한 하늘과 땅의 기미를 갖고 있어서 오행으로 보면 신장腎臟은 수가 되고 심장心臟은 화가 되고 간肝은 목이 되며 폐肺는 금이 되며 비장脾臟은 토가 된다.

음양오행은 음양학설과 오행학설을 합한 말이다. 상고의 자연 인식과 자연을 해석하는 세계관과 방법론이다. 음양학설은 우리가 살고 있는 이 세상이 음양 두 기氣의 상호작용에 의해 번식하고 발전하며 변화하고 있다고 본다.

오행은 일종의 문화다. 오행학설은 금·목·수·화·토를 물질세계를 구성하는 데 없어서는 안 될 가장 기본적인 물질로 보고 있으며, 이 다섯 가지의 가장 기본적인 물질들 사이의 상호 자생적이고 상호 제약적인 운동 변화로 인해 물질세계를 형성하고 있다고 한다. 이 행行은 걷는다는 뜻이 아니다. 대표적 운동이며, 오늘날의 해석으로 운동에너지를 의미한다.

오행이란 이 다섯 가지 물질이 서로 변화하고 서로 영향을 준다는 것이다. 이런 변화와 영향이 바로 생과 극이다. 생과 극은 음양학설에 나오는 설법이다. 엄밀히 말해 오행학과 《역경易經》은 근본적인 연관이 없다. 《역경》의 법칙과 점을 적용할 때만 오행학과 연결된다.

오행학설의 확립은 일반적으로 전국시대라고 생각한다. 5행학설이 상대商代에 생겼거나 상대商代보다 앞서 나왔다는 설도 있다.

오행이라는 개념은 음양 상호작용의 산물이다. 목·화와 금·수의 분별은 토지의 위와 아래에 속하며, 불이 나무보다 활발하면 양에 속하고, 물은 금보다 아래쪽에 속하여 음에 속하며, 땅의 중간은 중성에 속한다. 물은 나무가 자라는 데 필수적이기 때문에 물이 나무와 상호 의존하는 것을 오행상생五行相生이라고 한다. 이 순환물질을 순종하면 상생하는데, 이를 어기면 상극이어서 오행상극五行相剋이라고 한다.

하지만 사물의 발전이 비정상적으로 진행되면서 '상승相乘'과 '상모相侮'가 생겨났다. 상승이란 과도한 상극이다. 예를 들면, 목기木氣는 강함이 너무 지나쳐서 목기가 토를 승하기 때문에 토기土氣를 허약하게 한다. 상모相侮는 반극反克이라고도 한다. 즉 자신이 이길 수 있는 쪽인데 오히려 상대가 이기는 현상이고, 그다음 순서는 상극과 반대다. 예를 들어, 정상적인 상극관계는 목극토인데, 토기가 강하면 반대로 흙이 나무를 모욕할 수 있다. 우리나라 고대 철학자들은 자연계의 모든 사물의 성질을 이 다섯 가지 범주에 각각 포함시켜 세계 만물의 기원을 설명하였다.

그래서 이성적 인식의 범주에 있는 음양오행 개념은 모순 개념과 마찬가지로 스스로의 구체적인 뜻이 없고, 그것을 이용하여 사물을 분석하고 인식할 때 그것의 의미는 사물의 실천에 대한 우리의 인식에 따라서 나타날 수 있다. 이 과정은 이론이 다시 실천으로 돌아오는 과정이다.

사람이 이름을 지을 때도 인간의 사상은 사회의 산물이고, 사회의 이데올로기는 사람의 머릿속에 각인되지 않는 때가 없다. 인간의 사상은 자연, 사회에 대한 인식과 밀접하게 연관돼 있다. 음양오행설의 성행盛行은 평생의 영욕화복榮辱禍福을 오행五行 생극生克으로 만들었기 때문에 이름을 지을 때 음양조화陰陽調和와 강유상제強柔相濟를 꾀하여 일생에 흉凶을 길吉하게 만들어 순풍에 돛을 단다고 생각하였다.

오행五行의 기본성질

木
봄에 나무의 새싹이 굳은 땅을 뚫고 나오는 형상. 겨울 동안 얼어붙었던 땅이나 초목에서 새로운 생명을 탄생시키는 것이 목의 기운이다. 강하게 상승하고 뻗어나가는 성질을 갖고 있다. 초목은 굽고 곧은 성질이므로 곡직성曲直性을 갖고 있다.
火
타오르는 불의 형상이다. 양의 기운이 극에 달한 상태로 여름에 잎이 무성하고 꽃이 화려한 모습을 가리킨다. 목기木氣가 발전하여 나타나는 현상으로 기운이 최고조에 달해 극한 상태를 대표한다. 불은 위로 타오르는 성질과 빛을 발산하는 염상성炎上性을 갖고 있다.

土

흙은 후덕하고 묵묵한 형상이다. 목木과 화火의 양기陽氣와 금金과 수水의 음기陰氣의 중간에서 중재자 역할을 한다. 즉 봄·여름의 외형적 생장을 내부적 성숙으로 전환하기 위한 중간 역할을 맡고 있다. 흙은 곡식과 초목을 심고 자라게 하는 가색성稼穡性을 갖고 있다.

金

딱딱하고 서늘한 쇠의 형상이다. 가을에는 봄·여름에 이루었던 외형적 성장을 멈추고 내부적으로 정리하여 열매를 이룬다. 음기陰氣가 시작되는 시기이다. 쇠는 따르고 바뀌는 것이고 환경의 영향으로 다양한 형체의 종혁성從革性을 갖고 있다.

水

차갑고 얼어붙은 물의 형상이다. 겨울에는 얼어붙은 물처럼 속에 모든 것을 간직하고 새봄을 준비한다. 음기가 강하지만 완전히 속까지 얼어붙은 것은 아니듯이 다시 봄을 준비하는 양의 기운이 남아 있다. 물은 적시고 아래로 흐르려는 성질로 윤하성潤下性을 갖고 있다.

오행五行과 오미五味

목	신맛	곡직작산曲直作酸	굽고 곧은 것은 신맛을 만들고
화	쓴맛	염상작고炎上作苦	타고 올라가는 것은 쓴맛을 만들고
토	단맛	가색작감稼穡作甘	심고 거두는 것은 단맛을 만들고
금	매운맛	종혁작신從革作辛	따르고 변화하는 것은 매운맛을 만들고
수	짠맛	윤하작함潤下作鹹	적시고 내려가는 것은 짠맛을 만든다.

2) 오행五行과 건강

오행인 금·목·수·화·토만으로도 동양의 통념에서는 모는 사물과 분리할 수 없으므로 사람의 생김새, 몸매, 성격 등에서 오행과 밀접한 관계가 있다고 보아, 사주四柱와 오행五行을 분석하면 사람의 건강 상태를 알 수 있다.

190

① 금형金形

금형金形의 사람은 체형상 많이 야위고 뼈가 드러나며 마디가 돌출되어 있다. 머리, 어깨, 배, 손, 발 모두 작다. 이목구비로 보면 얼굴은 각지고 피부색은 흰 편이다. 하지만 차분하게 상황을 지켜볼 수도 있다. 금주는 엄하고 위엄이 있다. 그래서 금형은 관리나 장군의 재목이 많다. 쇠는 추위를 견디고 화기火氣에는 약하고 더위에 약하므로 봄철에 특히 조심해야 한다.

② 목형木形

체형상 나무처럼 보이는 사람은 몸집이 많이 곧고 갸름하며 머리는 작고 등은 넓다. 수족도 작고 피부도 약간 파랗다. 목형 인간은 노동형에 속하는데, 생전에 많은 노동을 하고 노동을 마다하지 않는 훌륭한 직업이다. 목木은 봄과 여름을 좋아하고, 가을 겨울을 두려워한다. 그래서 목형 인간은 바람을 감지하면 간이 상하기 쉽고 이런 현상은 가을 겨울이 많다. 간肝은 목이기 때문에 가을 겨울에 간 보호를 강화하고 영양에 신경써서 과로하지 않도록 하여 간질환을 예방해야 한다.

③ 수형水形

물처럼 생긴 사람은 가을 겨울의 계절에 적합하다. 금金과 수水는 서로 상생한다. 봄에는 수기水氣가 말라보이고 여름에는 화기火氣여서 수기가 증발하여 마르게 된다. 따라서 봄여름에는 수형水形인 사람이 병에 걸리기 쉬운데다 허리와 신장에 속하므로 예방하지 않으면 안 된다.

191

④ 화형火形

몸집으로 볼 때 화형火形은 얼굴이 작고 어깨 등이 넓고 몸이 강하며 수족手足도 작다. 화형은 피부색이 붉은 편이다. 화형은 성질이 쉽게 급해 돈을 중시하지 않는다. 변덕이 심하고 신용이 약하다. 전반적으로 용기가 부족하고 인내력이 약하다. 불은 봄과 여름을 좋아하지만 가을과 겨울을 견디지 못한다. 여름 불은 겨울 물을 두려워한다. 가을 겨울에는 사악한 느낌이 들면 심장병에 걸리기 쉽다. 심장병을 앓는 사람이 가을 겨울에 많이 태만한 것과 관련이 있다.

⑤ 토형土形

토형 사람은 살이 차고 팔다리가 고르다. 얼굴이 둥글고 머리가 크고 피부색이 비교적 노랗다. 토형은 마음이 온화하고 권세에 빌붙는 것을 싫어하며 권세도 부리지 않아 자선사업에 적합하다. 토의 성품性品은 봄과 여름이 아니라 가을과 겨울에 얻는다. 따라서 봄 여름에는 토형 사람에게서 질병 감염과 비장이 쉽게 상하고 소화 흡수가 잘 된다.

한의학에서는 오행의 생리生理적 관계에서는 상생相生과 상극相剋을 설명하고 병리病理적 관계에서는 상생相生과 상승相乘 및 상모相侮를 설명하지만, 일반적으로 오행의 두 가지 관계를 말할 때는 생리적 관계에서의 상생과 상극을 뜻한다.

생리적 관계에서 상생은 하나의 요소가 다음 번 순서의 요소를 촉신하고 자생하며 조장하는 것으로 목생화, 화생토, 토생금, 금생수, 수생목이라고 한다. 상극은 하나의 요소가 다른 요소를 제약하거나 억제하는 것으로 목극토, 토극수, 수극화, 화극금, 금극목이라고 한다. 생리적 관계에서 상생과 상극은 정상이며, 다섯 가지의 요소가 서로 도와주고 제어하며 운동함으로써 사물의 동태적 평형을 유지한다.

병리적 관계에서 상생은 생리적 관계의 상생에 이상이 생긴 것으로 상생하는 순서를 따라 질병이 전변되는 것을 뜻한다. 목생화가 안 되면 목이나 화에 병이 생길 수 있는데, 이때 목에 생긴 병은 화로 전변될 수 있다. 상승相乘은 생리적 관계의 상극에 이상이 생긴 것으로 제어하는 쪽이 너무 강하거나 제어를 받는 쪽이 너무 약할 때 일어난다. 목극토에서 목이 너무 강해도 토에 이상이 생기고 토가 너무 약해도 토에 이상이 생긴다. 상모相侮도 생리적 관계의 상극에 이상이 생긴 것이나 제어하는 쪽이 너무 약할 때 일어난다. 목극토는 정상적인 상태지만 목이 너무 약해서 토를 제어하지 못할 경우 반대로 토에 의해서 목에 이상이 생기는 경우다. 오행은 사람이 자연에서 얻을 수 있는 재료의 개념에서 만물을 구성하는 원소의 개념으로 발전했고, 오늘날에는 만물에 대한 추상화抽象化로 이해되고 있다. 한의학에서는 여기에 장상론臟象論에서 설명하는 장부臟腑와 연계시켜 오행의 상생과 상극의 개념을 적용시키고 있다.

3) 오행五行의 상생相生 상극相剋 상모相侮

① 상생相生

목생화木生火: 나무는 불을 낳는다. 나무에서 불이 난다.

화생토火生土: 불은 흙을 낳는다. 불이 나면 재가 흙을 비옥하게 만든다.

토생금土生金: 흙은 쇠를 낳는다. 흙에서 쇠가 난다.

금생수金生水: 쇠는 물을 낳는다. 쇠에서 물이 맺혀 물을 맑게 한다.

수생목水生木: 물은 나무를 낳는다. 물은 나무를 살린다.

② 상극相剋

목극토木剋土: 나무는 흙을 이긴다. 나무가 흙에 뿌리를 내린다.

토극수土剋水: 흙은 물을 이긴다. 흙은 물을 가둔다.

수극화水剋火: 물은 불을 이긴다. 물은 불을 끈다.

화극금火剋金: 불은 쇠를 이긴다. 불은 쇠를 녹인다.

금극목金剋木: 쇠는 나무를 이긴다. 쇠는 나무를 자른다.

③ 상모相侮

목모금木侮金: 나무가 강하고 쇠가 약하면 나무가 쇠를 업신여긴다.

화모수火侮水: 불이 강하고 물이 약하면 불이 물을 업신여긴다.

토모목土侮木: 흙이 강하고 나무가 약하면 흙이 나무를 업신여긴다.

금모화金侮火: 쇠가 강하고 불이 약하면 쇠가 불을 업신여긴다.

수모토水侮土: 물이 강하고 흙이 약하면 물이 흙을 업신여긴다.

④ 상승相乘

상승相乘은 생리적 관계의 상극相剋에 이상이 생긴 것으로 제어하는 쪽이 너무 강하거나 제어를 받는 쪽이 너무 약할 때 일어난다. 즉 목극토

木魁土에서 목이 너무 강해도 토에 이상이 생기고 토가 너무 약해도 토에 이상이 생긴다.

소우주인 인체 내에는 천지, 일월, 음양이 들어 있고 금·목·수·화·토의 오행이 운행되는데 그것들은 상생과 상극, 상승과 상모의 상호 작용으로 균형을 이룬다.

⑤ 오행五行의 생리生理

사물의 속성과 오행에 귀속 표

五脈	五臟	五腑	五體	五華	五志	五液	五官	五聲	五變	五行	五色	五方	五季	五氣	五化	五音	五味	五藏	五行樹
弦	肝	膽	筋	爪	怒	淚	目	呼	握	木	青	東	春	風	生	角	酸	魂	松
洪	心	小腸	脈	面	喜	汗	舌	笑	忧	火	赤	南	夏	署	長	徵	苦	神	梧桐
緩	脾	胃	肉	脣	思	涎	口	歌	哕	土	黃	中	長夏	濕	化	宮	甘	意	柳
浮	肺	大腸	皮	毛	悲	涕	鼻	哭	咳	金	白	西	秋	燥	收	商	辛	魄	白楊
沉	腎	膀胱	骨	髮	恐	唾	耳	呻	栗	水	黑	北	冬	寒	藏	羽	鹹	精	側柏
인체人體											자연계自然界								

오행이 각각 그 성질이 달라 적으로 삼는 것이 상극이니 목은 금으로서 적을 삼고 금은 화로써 적을 삼고 화는 수로써 적을 삼고 수는 토로써, 토는 목으로써 적을 삼는다. 이것을 다시 역으로 조화를 베풀어 금이 본래 목을 극하는 것이나 목은 도리어 그로 인해 기물을 만들고 목은 본래 토를 극하는 것이나 토는 오히려 이로 인해 생영生榮하게 된다. 토는 본래 수를 극하는 것이나 수는 도리어 이로 인해 넘치지 않게 되며, 수는

본래 화를 극하는 것이나 화는 도리어 이로 인해 지나치게 건조하지 않는다. 화는 본래 금을 극하는 것이나 금이 도리어 이로 인해 화를 받아들여 청명함을 이루니 극하는 가운데 새로운 생이 있게 된다.

오행의 목을 놓고 보면 목은 화를 생하고 토를 극한다(木生火, 木克土). 그러나 목이 살아남을 곳은 자기가 극하는 토밖에 없다. 화는 생해 주지만 나머지 금이나 수에서는 살아남지 못한다. 토를 만남으로써 뿌리를 박고 성장할 수 있으며 자손을 번성시킬 수 있는 씨앗도 거둘 수 있으며 목 자체의 본성을 펼칠 수 있다. 수극화도 마찬가지이다. 물이 불을 만나야 밥이나 기타 음식 등을 만들 수 있고, 불을 만나 물이 뜨거워져야 물의 효능이 극대화 되어 나타난다. 다른 상극관계도 다 이와 같다. 그래서 상생관계를 모자지간이라 하고 상극관계를 부부지간이라고 하는 것은 위의 장부를 생하는 과정에서 보았듯이 상극관계에서만이 또 다른 생물이 태어나기 때문이다. 그래서 상극관계는 생산을 의미한다고 보아야 한다.

그러나 상모相侮 관계라는 것도 있다. 상대를 업신여긴다는 뜻인데 이 경우는 상극의 반대이다. 즉 토모목土侮木이 상모관계이며 이것은 목이 토에게 업신여김을 받으므로 나무는 토에게 뿌리를 내리고 살아남을 수 없어서 좋지 않다.

⑥ 오행五行 속성屬性

오행五行	목木	화火	토土	금金	수水
오장五臟六腑	간肝 담膽	심心 소장小腸	비脾 위장胃腸	폐肺 대장大腸	신腎 방광膀胱
오규五竅	눈眼	혀舌	입口	코鼻	귀耳
오신五神	혼魂	신神	의意	백魄	정精
오색五色	청靑	적赤	황黃	백白	흑黑

오방五方	동東	남南	중앙中央	서西	북北
오수五樹	松 소나무	桐 오동나무	柳 버드나무	楊 백양나무	柏 측백나무
오계五季	春	夏	長夏	秋	冬
형상形象	청용	주작	구진	백호	현무
천간	갑을	병정	무기	경신	임계
괘상	☳진괘	☲리괘	☶간괘	☱태괘	☵감괘

자연에는 법칙이 있다. 법칙은 순리이다. 양생을 위해서는 순리대로 살아가야 한다.

위 표에서 보듯이 나무는 여러 가지 색의 성분을 가지고 있는데, 이것을 오행이나 오장에 짝하여 수련을 하게 되면 질병을 치료할 수 있는 효과를 이루어 낼 수 있다. 예를 들어 간장肝臟에 이상이 있을 경우 신수腎水의 부족으로 말미암아 발병되었다면 먼저 측백나무에 맞대어 환기법을 수련하여 신수腎水를 보충하고 소나무 환기법을 하여 간장을 다스리는 것이다. 환기법還氣法은 도가 외동공外動功인 평형공平衡功으로 가능하다.

도가에서는 천지를 제일 큰 사물로 보고 인간을 사물 중에서 제일 큰 영기靈氣를 지니고 있는 존재로 본다.

소우주인 인체 내에는 천지, 일월, 음양이 들어 있고 금·목·수·화·토의 오행이 운행되는데 그것들은 상생과 상극, 상승과 상모의 상호 작용으로 균형을 이룬다.

4) 다섯 가지 갑춘 금·목·수·화·토의 기氣

여기서 종리권은 오행을 어떤 시각으로 평가했는지. 종리권과 여동빈의 대화를 감상해 보면 하나도 버릴 말이 없다. 그래서 빼고 보탬없이 종리권의 진의를 전한다.

여왈呂曰: 이른바 다섯 가지 감춘 기란 금·목·수·화·토를 말하고, 이른바 오행의 방위는 동·서·남·북·중앙을 말하는데, 어떻게 상생相生·상성相成할 수 있으며, 교합에 때가 있으며, 채취에 때가 있습니까? 그 말씀을 듣고 싶습니다.

종왈鍾曰: 대도가 이미 갈라짐에 천지를 낳고, 천지가 이미 나누어지니 오제五帝를 배열했다. 동쪽은 청제靑帝라 하니 춘령春令을 행하고 음 가운데서 양을 일으키니 만물을 낳게 한다. 남쪽은 적제赤帝라 하니 하령夏令을 행하고, 양 가운데서 양이 상승하니 만물을 자라게 한다. 서쪽은 백제白帝라 하니 추령秋令을 행하고, 양 가운데서 음을 일으키니 만물이 이루어지게 한다. 북쪽은 흑제黑帝라 하니, 동령冬令을 행하고, 음 가운데서 음을 나가게 하니 만물을 죽게 한다. 사시四時는 각각 90일이고 매시(時:철)마다 끝 18일은 황제黃帝가 주관한다.

만약 봄철에 청제를 도와 이루면 발생하고, 만약 여름철에 적제를 차례로 접촉하면 성장하고, 만약 가을철에 백제가 가져와 더하면 결실이 되고, 만약 겨울철에 흑제를 다스려 잡으면 엄함이 나타난다. 오제가 나누어 다스림에 각자 72일을 주관하니 합계가 360이고 1년이 된다. 천지를 보필하여 도를 행함에 청제가 아들을 낳으니 갑을甲乙이라 하고 갑을은 동방의 목이다. 적제가 아들을 낳으니 병정丙丁이라 하고 병정은 남방의 화이다 황제가 아들을 낳으니 무기戊己라 하고 무기는 중앙의 토이다. 백제가 아들을 낳으니 경신庚辛이라 하고 경신은 서방의 금이다. 흑제가 아들을 낳으니 임계壬癸라 하고 임계는 북방의 수이다. 시時를 나타내어 형상을 이루는 것은 목이 청룡, 화가 주작, 토가 구진(句陳자미궁의 별이름), 금은 백호, 수는 현무이다. 시時를 나타내어 생산되는 물건은 을乙과 경庚에 합함에 봄이면 느릅나무가 있으니 푸르고도 흰색이라 금목金木의 색깔을 잃지 않았고, 신辛과 병丙이 합함에 가을이면 대추가 있으니 희면서도 붉은 색이라 금화金火의 색을 잃지 않았고, 기己

와 갑甲이 합함에 늦여름 초가을의 오이가 있으니 푸르고도 누런색이라 토목土木의 색을 잃지 않았고, 정丁과 임壬이 합함에 여름이면 오디가 있으니, 붉고도 검은 색이라 수화水火의 색을 잃지 않았고, 계癸와 무戊가 합함에 겨울이면 귤이 있으니 검고도 누런 색이라 수토水土의 색을 잃지 않았다(類推) 하여 찾아보면 5제五帝가 서로 교섭하여 시를 나타내고, 물건에 있어 생산되는 것은 수를 셀 수 없다.

여기서 종리권이 여동빈에게 전한 오행에 관한 설명을 살펴보자.

여왈: 오행이 시時에 있어서 이와 같다면 사람에 있어서는 어떠합니까?

종왈: 오직 사람은 머리가 둥글고 발은 네모나니 하늘과 땅의 형상을 갖고 있다. 음은 하강하고 양은 상승하니 또한 하늘과 땅의 기미를 갖고 있어, 신장은 수가 되고, 심장은 화가 되고, 간은 목이 되며, 폐는 금이 되며, 비장은 토가 된다. 만약 오행으로 상생한다면 수는 목을 낳고, 목은 화를 낳고, 화는 토를 낳고, 토는 금을 낳고 금은 수를 낳으니 낳는 것은 어미가 되고, 태어나는 것은 자식이 된다.

만약 오행으로 상극하면 수는 화를 이기고, 화는 금을 이기고, 금은 목을 이기고, 목은 토를 이기고, 토는 수를 이기니, 이기는 것은 남편이 되고 지는 것은 아내가 된다. 자식과 어미의 관계로 말하면, 신장의 기가 간의 기를 낳고, 간의 기가 심장의 기를 낳으며, 심장의 기가 비장의 기를 낳으며, 비장의 기가 폐의 기를 낳고, 폐의 기가 신장의 기를 낳는다.

부부의 관계로 말하면, 신장의 기는 심장의 기를 이기고, 심장의 기는 폐의 기를 이기며, 폐의 기는 간의 기를 이기고, 간의 기는 비장의 기를 이기고, 비장의 기는 신장의 기를 이긴다. 신장은 심장의 남편이요, 간의 어미요, 비장의 아내요, 폐의 자식이고, 간은 비장의 남편이요, 심장의 어미요, 폐의 아내요, 신장의 자식이다. 심장은 폐의 남편이요, 비장의 어미요, 신장의 아내요, 간의 자식이고, 폐는 간의 남편이요, 신장의 어미요, 심장의 아내요, 비장의 자식이다. 비장은 신장의 남편이요, 폐의 어미요, 간의 아내요, 심장의 자식이다.

심장이 안으로 나타난 것이 맥脈을 이루고, 밖으로 나타난 것이 낯빛을 이룬다. 혀를 문호門戶로 삼고 신장의 통제를 받으며 폐를 몰아 이용하니, 대개 부부의 이치가 이와 같고, 간을 얻으면 왕성하고 비장을 보면 감소하니 대개 자모子母의 이치가 이와 같다.

신장이 안으로 나타난 것이 뼈를 이루고 밖으로 나타난 것이 머리카락을 이룬다. 귀를 문호로 삼고 비장의 통제를 받으며 심장을 몰아 이용하니, 대개 부부의 이치가 이와 같다. 폐를 얻으면 왕성하고, 간을 보면 감소하니, 대개 자모의 이치가 이와 같다. 간이 안으로 나타난 것이 근육을 이루고, 밖으로 나타난 것이 손톱을 이룬다. 눈으로 문호를 삼고, 폐의 통제를 받으며 비장을 몰아 이용하니, 대개 부부의 이치가 이와 같다. 신장을 보면 왕성하고, 심장을 보면 감소하니, 대개 자모의 이치가 이와 같다. 폐가 안으로 나타난 것이 피부를 이루고, 밖으로 나타난 것이 털을 이룬다. 코로 문호를 삼고 심장의 통제를 받으며 간을 몰아 이용하니, 대개 부부의 이치가 이와 같다. 비장을 얻으면 왕성하고 신장을 보면 감소하니 대개 자모의 이치가 이와 같다. 비장이 안으로 나타난 것이 장臟을 이루어 심장·신장·간·폐를 고루 양육하고, 밖으로 나타난 것이 살을 이룬다. 입술과 입으로 문호를 삼고 호흡하여 왕래를 결정하며 간의 통제를 받고 신장을 몰아 이용하니, 대개 부부의 이치가 이와 같고, 심장을 얻으면 왕성하고 폐를 보면 감소하니, 대개 자모의 이치가 이와 같다. 이것이 사람의 오행이니, 상생 상극하여 부부와 자모의 관계를 이루고, 전해진 기의 쇠약과 왕성함이 여기서 나타난다.

여왈 : 심장이 화火이면 어떻게 화를 얻어서 하행下行하고, 신장이 수水이면 어떻게 수를 얻어서 상승하며, 비장이 토이면 토는 중앙에 있고, 화를 받들면

왕성하니, 어떻게 아래에서 수를 이깁니까? 폐가 금이면, 금은 위에 있으나 아래 화와 접하면 감소하니, 어찌 수에서 생을 가질 수 있겠습니까? 상생은 번갈아 서로 간격을 두고, 상극은 친근하여 옮기기 어려우니 이를 오행이 스스로 서로 감소 시키고 이기는 것으로 어째서 그렇게 됩니까?

종왈 : 오행이 근원으로 돌아감에 한 기가 가까이 이끌어 원양元陽이 상승하여 진수眞水를 낳는다. 진수와 조화하여 진기를 낳고, 진기가 조화하여 양신을 낳으니, 비로소 오행이 위치를 정함으로써 하나의 남편 하나의 아내가 있게 된다.

신장은 수이다. 수 가운데 금이 있고 금은 본래 수를 낳는다. 시작할 때에 수 가운데 금을 아는 것이 중요하다. 수는 본래 토를 싫어하니, 채약 후에 모름지기 토를 얻어 수로 돌아가야 한다. 용은 곧 간의 상징이요, 호는 본래 폐의 신이다. 양의 용은 이궁離宮에서 나오고, 음의 호는 감위坎位에서 생긴다. 오행이 순행하여 기가 자모子母에 전해지는 것은 자子에서 오午까지니, 곧 양의 시에 양을 낳는다고 한다. 오행이 역행하여 액이 부부에 행하는 것은 오에서 자까지니 곧 음 가운데 양을 단련한다고 한다. 양을 얻지 못하면 음이 이루어지지 않으며, 마침내 음은 없어져서 죽지 않고, 음을 얻지 못하고 양이 생기지 않으면, 마침내 음은 끊어지고 목숨은 길어진다

여왈 : 오행은 음양의 한 기에서 근본이라고 하는데, 이른바 한 기란 무엇입니까?

종왈 : 한 기란 전에 부모가 교합하면 곧 정精과 혈血로써 조화하여 형체를 이루는데, 신장은 비장을 낳고, 비장은 간을 낳고, 간은 폐를 낳고, 폐는 심장을 낳고, 심장은 소장小腸을 낳고, 소장은 대장大腸을 낳고, 대장은 쓸개를 낳고, 쓸개는 위를 낳고, 위는 방광을 낳으니, 이는 음이 정과 혈로 조화하여 형체를 이루는 것이다. 그 양은 겨우 머리를 일으켜 처음 생긴 곳에 있으니, 한

점 원양元陽은 곧 두 신장에 있고, 또한 신장은 수다. 수 가운데 화가 있어 상승하여 기가 되고 기로 인하여 상승하여 심장에 조회한다. 심장은 양이다. 양으로 양에 합하면 태극이 음을 낳으니, 기가 쌓여 액을 낳는다. 액은 심장에서 내려오고 액이 하강함으로 인하여 신장으로 돌아간다. 간은 본래 심장의 어미이고, 신장의 자식이다. 그 신장의 기를 전도傳導하여 심장에 이른다. 폐는 본래 심장의 아내이고, 신장의 어미이다. 그 심장의 액을 전도傳導하여 신장에 이른다. 기와 액의 오르내림이 천지의 음양과 같고, 간과 폐가 전도하여 해와 달의 왕복과 같으니, 오행의 명수名數(① 호적 ② 단위 명칭)이다. 그 교합과 생성을 논하면, 곧 원양의 한 기가 근본이 되고, 기 가운데서 액을 낳고, 액 가운데서 기를 낳으니, 신장은 기의 근본이요, 심장은 액의 근원이다. 영근靈根(命根)이 견고하니, 황홀한 가운데 기 가운데서 저절로 진수眞水가 생기고, 심원心源이 청결하니, 깊고 어두운 가운데 액 중에서 저절로 진화眞火가 생긴다. 화 중에서 진용眞龍을 취할 줄 알고, 수 중에서 진호眞虎를 취할 줄 알면, 용호가 서로 교합하여 황아黃芽로 변하고, 황아가 결합하여 대약을 이루니, 곧 금단이라 한다. 금단이 이미 이루어지면 곧 신선이라 부른다.

여왈 : 금단이 성취되어 형질을 벗고 신선으로 올라 십주十洲로 되돌아가는 줄을 진실로 알 수 있겠거니와, 무엇을 일러 황아라 합니까?

종왈 : 진룡과 진호가 이것이다.

여왈 : 용호龍虎란 무엇입니까?

종왈 : 용은 간이 아니라 곧 양의 용이니, 양의 용(陽龍)은 나와서 이궁離宮 진수眞水의 가운데 있다. 호虎는 폐가 아니라 곧 음의 호니, 음의 호(陰虎)는 나와서 감위坎位 진화眞火의 가운데 있다.

도는 1을 낳고 1은 2를 낳으며 2는 3을 낳으니, 1은 체體가 되고 2는 용用

이 되며 3은 조화造化가 된다. 체와 용은 음양에서 나오는 것이 아니고, 조화는 다 교합에서 기인한다. 상중하로 배열하여 삼재三才가 되니 천天·지地·인人이 모두 한 도를 얻는다. 도는 이기二氣를 낳고 이기는 삼재三才를 낳으며 삼재三才는 오행五行을 낳고 오행은 만물을 낳으니 만물 가운데 가장 신령하고 귀한 것이 사람이다. 오직 사람만이 만물의 이치를 궁구하고 한 몸의 성性을 다한다.

　도가의 수련법 중 눈으로 보지 못해도 혼魂은 간肝에 있고, 귀로 듣지 못해도 정精은 신장에 있고, 혀로 소리 내지 못해도 신神은 심장에 있고, 코로 향기 맡지 못해도 백魄은 폐肺에 있고, 사지四肢로 움직이지 못해도 의意는 비장에 있다. 오행이 받아 이룬 기가 생生과 극剋을 다스리고 변화시켜서 중앙 토土의 원황정元黃庭으로 돌아가 조회하는 것을 도가에서는 오기조원五氣朝元이라고 한다.

8 만물萬物

만물은 우주 내외의 모든 존재물(즉 물질)을 통칭하고, 지구에서 현존하고 있는 모든 존재물을 가리킨다. 만물은 수량數量어로 만물의 만자萬字이며 숫자가 만 개임을 뜻하는 것이 아니라 가장 많다는 뜻이다.

만물은 넓은 의미로 우주 내외의 모든 존재물을 통칭하고, 좁은 의미로는 지구의 모든 존재물을 가리킨다. 천지의 기氣가 교합하여 만물이 생겨났다고 하듯이 태양의 가장 큰 광원은 억만 리 밖 상공에서 우리가 사는 곳으로 열을 보내 만물을 창조하고 자라게 하고 만물을 우러러보게 한다. 사람도 만물 중 하나이다. 만물 중에서도 가장 신령스럽다고 해서 만물萬物의 영장靈長이라고 한다.

만물일마萬物一馬라는 말은 전국시대 장자莊子 용어이다. 《장자·재물론齊物論》에 "말로써 말을 비유하면 말이 아니다. 말이 아닌데 말을 비유하면 말 아님이 같지 않다(以馬喻馬之非馬, 不若以非馬喻馬之非馬. 萬物一馬也). 장자는 만물이 하나라는 관점에서 유불류有不類를 강조하며 명변가名辯家들의 사물 대상 분류 분석에 반대했다. '백마는 말이 아니다'와 같은 명제들은 천지만물이 같은 종류, 같은 물상으로 귀속될 수 있다고 생각하며 천지와 내가 함께 살고 만물과 내가 하나가 될 수 있다고 생각했다. 그래서 천지가 손가락 하나이다. 만물은 말 하나면 된다고 강조했다.(註 : 사물은 복잡하지만 말 한 필의 이치로 요약할 수 있다는 뜻. 즉 한 가지 사물을 분석하면 다른 사물의 이치를 알 수 있다는 것이다.)

중국의 고대 사상에서 말하는 우주 생성론은 상세자象丗者가 천지를 이미 세웠고 만물을 이미 생겨나게 했으니 이것이 후천세계라고 했으며 이 이론에 따르면, 하느님은 선천의 이세理世에 따라 자기 원기도 현저하게 드러나고 음양을 가르고, 사상四象을 나누며, 천지를 다스리고, 만물을 기르며, 금석초목金石草木과 조수충어鳥樹蟲魚에 이르기까지 무소불현無所不顯의 형상이 있는 후천세계를 창조하였다고 말하고 있다.

그런가 하면 천지만물의 생성 서열을 다음과 같이 6개 품급으로 나누어 말한 학자도 있다.

(1) 혼동품渾同品은 여러 가지 형상의 근간인 원기가 발현되기 시작했다.

(2) 원기元氣는 화정化晶을 일으켜 음과 양으로 나눈다. 즉 태극이 양의를 낳았다.

(3) 원기가 더 넓게 화정化晶하여 음양에 이어 수와 화가 되고 수가 화를 얻으면 토를 생한다. 이는 수, 화, 토, 기氣의 4가지 상象을 이룬다.

(4) 원기는 정위정正位晶하고 진양의 기는 밖으로 발산하여 하늘이 되고, 진음의 기질은 안으로 수렴하여 땅이 된다. 하늘은 땅을 감싸고 땅은 하늘 중앙에 기댄다. 천지는 그 안에 위치하여 물과 불이 그 안에 존재한다.

(5) 원기는 번서품蕃庶品되어 즉 만물을 화육하는 단계다. 하늘, 땅, 물, 불이 서로 모여 금·목·화의 세 가지 종류를 형성하는 것은 만유지강萬有之綱하여 만물의 형색을 있게 한 어머니이다. 그래서 만물이 아닌 것이 없는 시작이다.

(6) 원기가 완전이 이루어지고 천지만물이 구비되면 사람이 생긴다. 자연의 지능知能으로 운運은 기氣, 토, 수, 화 4행四行의 정수精粹로 사십신四十晨은 원조 아담의 몸이 되었고 그 겉과 속이 세계의 모든 것과 어울리게 하여, '만물의 영장'으로 삼다. 또 좌측 갈비 한 개를 빼내 이브를 탄생시키고 조화시켜 그들과 어울리게 하여 인류를 번성케 하였다. 이로써 조

화의 공은 완성되었다.

우주 내외의 모든 사물이나 현상을 뜻하는 만물은 만사萬事와 다르고 만물은 물物만 포함하고 사事가 아니라는 뜻인데도 만사라는 단어와 함께 자주 사용되기 때문에 만사만물萬事萬物이라는 말이 생겨나기도 했다.

자연계와 인류 문화에서 초기의 혼란과 번성, 즉 만물이 생성되는 본원을 비유해 당대唐代의 시인 이백李白은 "대저, 만물은 천지를 거스리는 나그네이고, 세월은 대대로 내려오는 과객이다(夫天地者萬物之逆旅,光陰者百代之過客)라고 표현하기도 했다.

9 사계四季·사시四時

1) 사계四季 (春,夏,秋,冬)

사계四季(四時라고도 함)는 고대 간지幹枝역법 체계의 기본 개념 중 하나로 오늘날 통속적으로 말하는 사계절이다. 간지역법 체계는 입춘立春을 4계절의 시작으로 본다.

고인古人은 하늘에서 본받는 것을 땅에서 취하여 절기를 정하여 율법을 깨닫고 역법을 행하여 때가 변하는 것을 알았다. 사계란 고대 간지역법 체계의 기본 개념으로 봄, 여름, 가을, 겨울 네 시기를 가리킨다. 간지역은 북두칠성의 두부頭部의 손잡이가 한 바퀴 도는 것을 한 살로 하고 매 한 살마다 각각 4계, 12달, 24절기를 두었다. 간지역법 체계는 입춘立春이 1년 절기의 시작이고 대한大寒이 마지막 절기이다.

① 사계 생성四季生成

우리 지구는 태양 주위를 쉬지 않고 공전하면서도 자체 지축을 돌고 있지만 지축은 공전 궤도면에 수직이 아니라 66.5도의 경사각이 있다. 바로 이 경사각 때문에 지구 표면에서 태양의 직사점이 남·북 회귀선 사이를 이동하면서 봄·여름·가을·겨울 네 계절이 만들어지는 것이다.

태양이 북회귀선北回歸線에 직사直射할 때 북반구北半球는 태양의 열량이 비교적 많고 낮이 밤보다 길기 때문에 북반구의 기온이 일 년 중 가장 높을 때이다. 여름철은 태양이 남반구南半球에 비스듬히 비쳐 남반구가 얻는 태양의 열량이 적고 낮보다 밤이 길기 때문에 남반구는 일 년 중 가장 추운 계절인 겨울철이 된다. 지구가 태양을 반 바퀴 더 공전할 때 태양의 직사점이 북회귀선에서 남회귀선으로 이동하면서 북반구는 태양의 열량을 점차 감소하면서 여름에서 가을로 접어들어 겨울로 넘어가는 반면 남반구는 반대로 겨울에서 봄으로 접어들면서 다시 여름으로 넘어간다. 그러나 지구가 태양 주위를 공전하는 궤도는 하나의 표준적인 정원正圓이 아니기 때문에 남반구의 여름은 북반구의 여름보다 조금 덥고 겨울은 북반구보다 춥다.

② 사계와 생리生理 건강

사계절 기후변화의 정상적인 법칙은 춘온春溫, 하열夏熱, 추조秋燥, 동한冬寒이다. 자연계의 모든 생물은 사계절의 기후변화에 따라 반드시 상응하는 변화가 생기는데, 이것이 바로 춘생春生, 하장夏長, 추수秋收, 동장冬藏으로 인체의 생리 기능도 자연에 상응한다. 일 년 사계절 몸의 신진대사가 이 규칙을 위반하면 사계절의 기운이 오장을 상하게 된다. 이른바 춘상어풍春傷於風, 하상어서夏傷於暑, 추상어습秋傷於濕, 동상어한冬傷於寒이다. 4계절의 음양은 만물의 시종일관 사생死生의 근본이다. 역하면 재해가 생기고, 따르면 병이 없다. 이것은 더 나아가 인체의 건강과 사계절 기후의 변화가 서로 밀접하게 연결되어 있음을 설명한다.

봄, 여름, 가을, 겨울, 사계절의 음양 소장의 법칙에 순응해야 일 년 동안 춥고 따뜻한 기후 변화에 적응할 수 있다. 인체는 건강을 유지함으로서 장수할 수 있다. 이것은 한의학·양생학의 중요한 사상이다. 그 중 중요한 구성 요소인 식생활은 계절별 기후 특성과 인체 생리와 병리 특성에 따라 우리의 몸은 음식의 원칙과 요구사항을 달리 결정 한다.

㉮ 춘春

봄철은 입춘에서 입하까지 이어지는 음력 1월·2월·3월을 가리키는 말로 입춘立春, 우수雨水, 경칩驚蟄, 춘분春分, 청명清明, 곡우穀雨의 6개의 절기로 따뜻하고 습한 기후가 특징이다. 봄이 대지로 돌아왔을 때, 자연계의 양기가 생기기 시작하여 만물이 소생하여 생기발랄하고 번영하는 모습을 가져왔다. 자연계의 모든 생물은 신속하게 생장하기 시작한다. 그러나 인체에 해로운 것들, 예를 들면 병에 걸리는 미생물, 세균, 바이러스 등도 허점을 틈타 들어갈 수 있다. 각종 병충해가 창궐해 엄청난 피해를 입었는데, 특히 남방에서는 이런 상황이 두드러졌다. 그럼에도 봄은 만물에 생기를 주는 계절이다.

자연계의 양기가 발생하기 시작할 때, '사람은 하늘과 땅이 상응한다'고 말한다. 이때 인체의 양기도 자연에 순응하여 위로 올라가면서 밖으로 푸석푸석해진다. 그 생리적 변화는 주로 여러 가지에서 나타나게 되는데 하나는 기혈 활동이 강화되고 신진대사가 왕성해지기 시작하며 온화한 기후로 야외활동이 많아지면서 간肝이 간직한 피는 팔다리로 흘러간다. 봄에는 날씨가 따뜻해지면서 야외활동이 많아지고 사람들의 정신활동도 활발해진다. 이런 생리적 변화들은 봄철 음식 영양에 새로운 요구를 하고 있다.

㉯ 하夏

여름은 입하부터 입추까지를 일컫는 음력 4·5·6월로 입하立夏, 소만小滿, 망종芒種, 하지夏至, 소서小暑, 대서大暑의 6절기를 포함한다. 여름철 기후 특징인 무더위는 찜통더위가 기승을 부리는 계절은 폭염이다. 인류는 자연의 변화에 적응하기 위해 오랜 진화 과정에서 외부 환경의 변화를 꿰뚫어볼 수 있는 능력을 형성했고, 스스로 그 생리활동을 조절해 변화에 적응할 수 있었다. 그 생리적 변화는 주로 다음 몇 가지 점으로 나타나는데, 하나는 기혈의 운행이 왕성하다. 여름에는 양승陽昇의 극치이다. 양기가 성하고 기온이 높다. 겉모습에 충만하고 인체의 양기운행이 원활하다. 기혈은 체體 표면에 있다. 둘째는 여름철 무더위에 인체의 피부에 스며들거나 진액이 밖으로 새어나오기 쉬운데, 땀을 많이 내는 양陽의 증기를 통해 진액이 기화한 후 땀구멍에서 배출되는 액체들은 다른 계절보다 훨씬 많다. 셋째는 심통心通이 여름에 통하므로 인체의 심장은 여름과 상응하게 되고 심장의 생리 기능은 여름철에 비교적 왕성하다. 구체적으로 심주혈맥心主血脈에 기혈 왕성氣血旺盛하고 운동이 원활하고 땀 배설이 증가하게 된다. 양기가 충만하고 밖으로 떠오르게 되는데 기능 활동도 강화되고 정력도 충만하다. 따라서 여름철에 식생활을 잘하기 위해서는 오장부五臟腑의 관계를 파악하고 여름철 3개월 동안 심장에 소모되는 에너지를 보충해 심기心氣를 보호해야 한다.

㉰ 추秋

가을은 입추에서 입동까지의 기간인 음력 7·8·9월을 말하며, 입추立秋, 처서處暑, 백로白露, 추분秋分, 한로寒露, 상강霜降의 6절기를 포함한다. 가을철 기후는 건조함이 특징으로 '하늘이 높고 날씨가 상쾌하다' '바람은 높고 물물은 건조하다'는 표현이 많이 쓰인다. 가을은 금풍이 상쾌하고 기후가 좋은 계절이다. 정신이 진작되는 절기이다. 그러나 날씨가 끊임없이 수그러들고 공기 중에 수분이 부족하여 살랑살랑한 기후가 되었을 때 사람들은 종종 입과 코가 건조하고 목이 마르고 피부가 건조하며 심지어 대변이 굳는 것을 느낄 수 있다.

그래서 흔히 초가을의 건조함을 늦더위에 비유하는데, 그 의미는 조기燥氣가 사람을 해친다는 뜻이다. 가을철 기후 특성상 건조에 의한 각종 질병뿐 아니라 긴 여름이 원인인 다양한 질병과, 겨울철에 흔히 볼 수 있는 만성질환의 뿌리를 내리고 있어 천지변화의 특징과 생리의 특성에 맞는 음식을 선택해야 한다.

㉣ 동冬

겨울은 음력 입춘에서 시작해 이듬해 입춘으로 그치고 입동立冬, 소설小雪, 대설大雪, 동지冬至, 소한小寒, 대한大寒의 6절기, 즉 음력 10·11·12월이다. 겨울철의 기후 특성은 주로 춥다. 겨울은 만물의 생기가 잠복해 있는 계절인데, 날씨는 춥고 땅은 시들고 만물도 시들어 가는 쓸쓸한 풍경이다. 사람들은 야외활동을 상대적으로 줄이고 일찍 자고 일찍 일어나며 평소에는 옷과 이불을 덧입혀 한파에 휩쓸리지 않는다. 따라서 겨울철에는 추운 날씨로 인해 각종 풍한으로 인한 질병이 발생하기 쉽다.

겨울철에는 추위가 심해서 인체의 양기陽氣를 수장收藏하여 기혈이 안으로 흐르고 피부가 촘촘해지며, 수습水濕이 몸 밖으로 새어나오지 못하고, 신장·방광의 기화를 거쳐 적은 부분이 진액으로 변하여 몸 전체에 퍼지고, 대부분 물로 변하여 방광으로 내려 소변으로 변하면 어느새 신장의 부담이 커진다. 그래서 겨울에는 신장염, 신우신염腎盂腎炎, 유뇨遺尿, 요실금, 부종 등이 쉽게 재발하거나 심해진다. 겨울철에는 한기를 위주로 하여 사람들이 때에 맞춰 의복을 더하지 못하면 사람의 저항력이 떨어지고 심, 위, 폐 등 장기의 기능이 흐트러지며 심지어 기관지염, 위통, 관심병의 재발로 감기, 관절통, 기침, 류머티스성 관절, 고혈압 등의 병이 발생하거나 심해진다.

2) 사시四時(年,月,日,時)

연年의 기본 뜻은 지구가 태양을 한 바퀴 도는 시간이고 인용의 뜻은 매년 한 해의 시작이다. 유관한 연절年節은 시기時期, 시대時代, 수성收成, 세수歲數 등 사람의 일생에 걸친 연세의 분기를 말함이고, 과거科擧 시대에 동년 급제자의 호칭이기도 하다.

'연年' 자는 농사가 무르익는다는 뜻의 '연성年成'을 한 사람이 짊어진다는 의미로 처음 쓰였다. 곡식을 한 해에 한 번 익히는 것이 일반적이기 때문에 그래서 연과 세歲는 날짜 수에서 같은 주기가 된다.

'월月' 자의 유례는 상나라 갑골문 시대에 처음 보인다. 기본 의미는 시간 단위의 1월, 2월 등이다.

'시時' 자의 기본 뜻은 모든 사물이 끊임없이 발전하고 변화하면서 겪는 과정이다.

사주四柱로 말하면 예로부터 연·월·일·시는 모두 무겁고, 그 중에서도 시는 더욱 무겁다고 한다. 인명의 귀천貴賤, 수요壽夭, 궁통窮通, 득상得喪은 생시生時의 변별辨別에 불과하다.

① 사주팔자四柱八字

사주팔자, 즉 생신팔자를 자평술子平術이라고도 한다. 주요 개념은 운명 또는 명국命局으로 칭하며 사람의 운명을 예측하는 데 응용된 방법이다. 사람이 태어날 때의 간지력幹支曆 날짜이다. 역서(만년력)에서 간지력의 연·월·일·시 네 조를 합하면 여덟 자이다. 연간年幹과 연지年支는 연수年柱를 이루고, 월간과 월지는 월주를 이루며, 일간과 일지는 일주를 이루고, 시간과 시지는 시주를 이룬다. 이렇게 모두 네 기둥, 네 개의 간幹과 네 개의 지支를 합하여 여덟 글자를 이루기 때문에 사주팔자라고 한다.

팔자명리학八字命理學은 간지력법幹支歷法, 음양오행陰陽五行 등의 이론에 따라 사람의 사업, 혼인, 재운, 학업, 건강 등을 추정하는 학문이다.

사주추명四柱推命 중에서 명명命命을 예측하는 방법을 성명술星命術이라고 부르기도 하는 것은 고대 점성술에서 유래한 것이기 때문이다. 옛사람들은 천지가 서로 대응하는 것이라고 생각했다. 세상을 구성하는 금, 목, 수, 화, 토는 하늘에서도 금성, 목성, 수성, 화성, 토성이 대응한다. 태양은 양, 달은 음을 나타낸다. 이렇게 음양오행 학설은 성상학星象學과 결합한다. 사람의 운명은 별의 오행의 기氣에 의해 좌우되는데, 사람마다 별의 오행의 기운이 다르기 때문에 운명은 다르다. 사주추명은 천간지지, 음양오행, 사시사방四時四方, 십이궁十二宮, 성수신星宿神 등 몇몇 부분과 그 밖의 사람들 사이의 관계로 이루어져 있다.

명리구도는 명목은 다양하지만, 사실 외격外格·잡격雜格을 빼고 흔히 쓰는 것이 바로 정격正格, 녹인격祿刃格과 잡기격雜氣格 이 세 가지다. 여기서 조금만 빗겨 나가도 그것을 깨닫지 못한다.

운명에 따라서는 첫째 관살官殺, 둘째 재물에 의한 식상食傷, 셋째 묘고墓庫, 넷째 녹인祿刃, 다섯번째 외격外格이다.

② 용신개념用神概念

전통 자평격국子平格局(구도)에서 명명命命을 논하는 체계에서는 용신用神의 격국格局(구도)이 곧 용신用神이다. 이것은 연해자평淵海子平, 삼명통회三命通會, 성평회해星平會海, 자평진子平眞을 이론적 근거로 삼았다. 격국용신格局用神은 월령정격月令定格인 월령月令의 재물財物, 관官, 인印, 식食, 살殺, 상傷의 여섯 신神을 6격六格으로 나누어 명을 논한다. 월령이 비겁하여 쓸모없는 신일 때는 월령 외에 재물財物, 관官, 인刃, 식食, 살殺, 상해傷害를 따로 찾아

쓰는 것이 정격이다. 용신은 구도의 핵심이며, 팔자의 요지이다.

평형용신平衡用神은 팔자오행八字五行의 물건으로, 즉 운명에 있어서 부억扶抑, 조후調候, 통관通關 등의 역할을 하는 10신이다. 용신은 팔자오행의 균형점을 조절하는 것으로, 일日의 균형에 도움이 된다.

격국용신格局用神의 주된 목적은 확정된 격국(구조)에서 명세를 전체적으로 파악하고 그 성패의 높낮이에 따라 명주命主의 부귀빈천 차원을 추정하기 위한 것이다. 평형용신의 주된 목적은 일주日主를 억누르기 위해 약하게 부축하고, 강하게 하고, 차게 해서 온기를 얻고, 건조하게 해서 윤택을 얻고, 막음으로 통함을 얻고, 균형을 잃어서 평형을 얻는 것으로 신의 강약 정도에 따라 명주命主의 부귀빈천 차원을 추정하는 것이다.

운명運命이라는 두 글자는 정사靜辭 측면에서는 하늘에서 타고났고, 마치 금金 한 톨과 함께 태어난 것같이 사람들에게 사랑받는 귀중품이다. 그러나 동사動辭 측면에서는 운명은 후천적인 운행 궤적이다. 같은 금이라도 팔자는 같으나 운은 다르다. 어떤 금은 모래 속에 영원히 묻혀 있다. 아무리 중량이 크고 질량이 높다 할지라도 결코 발견할 수 없으니, 중용되고 사랑받을 일은 없다. 이른바 운 좋은 일이 없다. 질이 높지 않고 무게가 크지 않은데도 중요한 용도로 쓰이는 금도 있다. 작은 금 한 톨을 만년필촉에 쓰면 가치가 크게 올라간다. 질은 나쁘고 무게는 작아도 운은 좋으니 그래서 그 운은 좋은 운이다.

사주를 팔자로 삼고 대운을 운명으로 삼고, 명운을 사람과 합쳐 일생의 운명이니, 운명이 결합해야 길흉화복을 안다. 대운은 사주 중의 월주月柱로 정하는데 남녀의 순역 구분이 있고, 기운수 계산도 순역 구분이 있다. 남녀가 순역順逆하는 구분이 있고, 기운수起運數도 계산하면 순역順逆하는 구분이 있다.

③ 천간지지天幹地支

《오행대의》에서 간지는 대요창제大撓創制라고 한다. 대요大撓는 오행의 정情을 취하여 점투기占鬪機를 세운 것을 갑을이명일甲乙以名日로 시작하였는데 이를 간幹이라 하고, 아들이 추한 것을 명월名月로 삼고 이를 지枝라 한다. 하늘에 일이 있으면 일日을 쓰고, 땅에 일이 있으면 월月을 쓰고, 음양陰陽의 차差가 있기 때문에 간幹과 지支라는 이름이 있다.

10천간十天幹：甲, 乙, 丙, 丁, 戊, 己, 庚, 辛, 壬, 癸.

12지지十二地支：子, 丑, 寅, 卯, 辰, 巳, 午, 未, 申, 酉, 戌, 亥.

④ 오방五方

오방五方은 동·남·서·북·중 다섯 방위로, 오행과 그 대표인 천간지지天幹地支에 각각 주主가 있는 방향을 말한다. 즉 동방의 주는 갑甲, 을乙, 인寅, 묘卯이고 오행은 목木이다. 남방의 주는 병丙, 정丁, 사巳, 오午이고 오행은 화이다. 서방의 주는 경庚, 신辛, 신申, 유酉이고 오행은 금이다. 북방의 주는 임壬, 계癸, 해亥, 자子이고 오행은 수이다. 중방의 주는 무戊, 기己, 진辰, 술戌, 축丑이고 오행은 토이다.

方位	季節	天幹	地支	五行	五星
東方	春	甲乙	寅卯	木	木星
南方	夏	丙丁	巳午	火	火星
中央	四季末	戊己	辰戌丑未	土	土星
西方	秋	庚辛	申酉	金	金星
北方	冬	壬癸	亥子	水	水星

오행의 방위는 성명술星命術에 매우 중요하다. 한 사람의 팔자에 담긴 음양오행 소속을 통해 그 방향이 무엇인지, 상생과 상극의 이치를 통해 길흉을 알 수 있다. 예를 들어 팔자가 목명木命인 사람은 동쪽으로 가는 것이 가장 유리하고 남으로, 북으로 가도 좋지만 서쪽으로 가면 안 된다. 왜냐하면 서쪽으로 가면 목이 금극金剋이 되기 때문이다. 화명火命하는 사람은 남쪽으로 가는 것이 가장 좋고, 북쪽으로 가면 수가 샌다. 금명金命하는 사람은 서쪽으로 가는 것이 좋고, 남쪽으로 가는 것은 화제에 걸린다. 수명水命의 사람은 북쪽으로 가야 하고, 중앙으로 가면 불길하다.

⑤ 간지력幹支曆

사주四柱가 예측한 달을 절기로 나눈 것이다. 계절은 어떻게 만들어지는지를 알아보면 지구의 자전축은 지구가 공전하는 궤도 평면에 딱 들어맞지 않아 교각交角 23도 27분이다. 일 년 동안 태양이 천구상天球上에서 천적도天赤道 북쪽 23.5도에서 천적도 남쪽 23.5도로 천천히 옮겼다가 다시 서서히 이동하면서 지구는 봄, 여름, 가을, 겨울의 구분이 생겼다는 것이 천구天球 이론이다. 매년 3월 21일과 9월 23일경 태양이 천적도를 가로지르는 것을 춘분春分과 추분秋分이라고 하는데, 이 틀을 밤낮으로 나누는 것, 그것이 낮과 밤이다.

궁합에 근거한 역법은 간지력幹支曆이지 결코 음력이나 양력이 아니다. 간지력은 24절기에 근거하여 제정된 것으로 일종의 순 양력이다. 음양력은 월상의 변화에 따라 월의 배열이 정립되고 해를 나누려면 태양 회귀년을 참고해야 하지만, 12개의 삭망월은 1회귀년과 시간의 오차가 커 윤달을 설치하는 방법으로 오차를 없애야 하기 때문에 1년 13개월의 경우도 있다. 날짜가 일정하지 않고 계절 기후변화를 제대로 반영하지 못해

농사를 짓기 어렵다는 단점이 있어 한나라 때부터 24절기를 붙이기 시작했다.

서양력이나 일종의 종교력은 여기서 말한 역법이 아니라 시기 구분이 인위적으로 정해져 있어 사계절의 기후변화를 반영하지 못한다.

명리를 연구하고 운을 추론하려면 반드시 성살星殺의 개념을 언급해야 한다. 성살星殺에 길흉이 있어 영향이 각기 다르다. 길吉한 것은 별을 신이라 부르고, 흉凶한 것은 살殺이라고 한다. 길자吉者를 만나면 더 길하고, 흉자凶者를 만나면 더 흉하다. 그러나 길자吉者이 길하면 길한 조건을 갖추어야 한다. 그러므로 명리命理를 연구하고 성살星殺을 논할 때에는 반드시 조건을 갖춘 손익을 종합적으로 분석해야 하며 별을 보고 바로 말을 하지 말아야 한다. 이렇게 되면 큰 잘못을 저지르게 된다. 이러한 판도(格局)를 보고 운명을 감정하기 위해서는 여러 명칭에 맞는 세밀하고도 심오한 이치를 공부하여 깨달은 다음에 평가할 수 있어야 한다. 한 마디로 간단한 것이 아니라는 것이다.

3) 천지일월과 연월일시의 등급

종리권鐘離權과 여동빈呂洞賓의 문답을 소개한다.

여왈呂曰 : 천지일월의 교합에 연월일시年月日時를 들을 수 있겠습니까?

종왈鐘曰 : 무릇 시時에는 4등급이 있다. 사람의 수명이 백 살이면 한 살에서 30까지는 곧 소장少壯의 시기요, 30부터 60까지는 장대長大의 시기요, 60부터 90까지는 노질老耋(늙는 때)의 시기요, 90에서 100살 혹은 120살까지는 곧 쇠패衰敗(쇠약해지는 때)의 시기이니, 이는 몸속의 시時로서 첫째 등급이다. 만약 12진辰을 하루로 삼고, 5일이 1후候가 되고, 3후가 1기氣가 되고, 3기가 1절節이 되고, 2절을 1시時로 삼으면 시에는 봄·여름·가을·겨울이 있다. 시가 봄이 되면 음 가운데 양이 반이고 그 기가 추위를 변화시켜 따뜻하게 하니, 곧 봄의 시時이다. 시가 여름이 되면, 양 가운데 양이 있어 그 기가 따뜻함을 변화시켜 덥게 하니, 곧 여름의 시이다. 시가 가을이 되면 양 가운데 음이 반이고 그 기가 더위를 변화시켜 서늘하게 하니, 곧 가을의 시이다. 시가 겨울이 되면, 음 가운데 음이 있어 그 기가 서늘함을 변화시켜 춥게 되니, 곧 겨울의 시이다. 이것이 연중의 시로서 둘째 등급이다. 만약 율律 가운데서 려呂를 일으키고 려 가운데서 율을 일으키면, 무릇 한 달은 30일이고, 360진辰, 3000각刻, 18만분分이니, 달의 첫날에 상현까지는 음 가운데 양이 절반이고, 상현부터 보름까지는 양 가운데 양이고, 보름부터 하현까지는 양 가운데 음이 절반이고, 하현부터 그믐까지는 음 가운데 음이다. 이것이 일월 중의 시로서 셋째 등급이다. 만약 60분을 1각刻으로 삼고, 8각 20분分을 1시時로 삼고, 1시 반을 1괘卦로 삼으면, 그것은 괘가 8방八方을 정했다는 말이고, 그것이 바로 4위四位로 나뉨을 논하면, 자子에서 묘卯까지는 음 가운데 양이 절반이다. 태음太陰으로서 가운데 소양少陽을 일으키고, 묘卯에서 오午까지는 양 가운데 양이 있으니 순純 소양이 태양을 일으키고, 오에서 유酉까지는 양 가운데 음이 절반이니 태양으로서 가운데 소음을 일으키고, 유에서 자子까지는 음 가운데 음이 있으니 순 소음이 태음을 일으킨다. 이것이 하루 중의 시이니 4등급이다. 얻기는 어려우나 잃기는 쉬운 것이 몸속의 시이고, 빨리 가고 더디게 오는 것이 1년 중의 달이며, 번갯불 보다 급하고 석화石火(부싯돌 불) 같이 빠른 것이 하루 중의 진辰이다. 날이 쌓여 달이 되고, 달이 쌓여 해가 되니, 세월은 미끄러지듯 지나가고 시간은 신속하다. 명리名利을 추구하여 망령된 마음을 없애지 못하고 자손을 사랑하고 불쌍히 여겨 은정恩情이 또한 일어나니, 비록 마음을 돌이켜서 도道로 향하지만 나이는 늙고 기운이 쇠약함을 어쩌겠는가, 봄날의 눈 같고 가을의 꽃 같아 겨우 잠시의 시간만 남아 석양과 새벽달이 오래갈 빛이 없는 것과 같으니, 도를 받드는 사람이 얻기 어려운 것이 몸속의 시時이다. 좋은 날씨, 아름다운 경치에 온갖 꽃은 향기롭고, 물가의 정자나 높은 누각에서 맑은 바람 쐬며 뜻을 상쾌하게 하고 달 밝은 밤에 한담하며, 눈 오는 날 마주 술을 마시고 무궁한 즐거움을 마음대로 풀고, 유한한 정을 소모시키니, 비록 마음을 돌이켜 도道로 향하지만 모름지기 질병이 몸을 묶어 부서진 배같이 건너지를 못한다. 누가 구원을 바라는 마음이 없으리오만 새는 집을 거듭 고쳐서 차마 다시 수리하려는 뜻을 버리니 도를 받드는 사람이 헛되이 지나치는 것이 연 중의 시時이다.

이웃 닭이 울기도 전에 문을 나서면서도 더디다고 싫어하고, 거리의 북소리가 울려도 귀가가 이르다고 한탄하며, 어리석음을 탐하고 잠시 쉬기를 기꺼이 다투면서 망령된 생각으로 오직 부족함을 근심하며 금과 옥을 집에 채우나, 병이 와서 붙으면 어떻게 저당 잡힐 것이며 일안아손─眼兒孫도 기가 끊어지면 누가 대신할 수 있겠는가. 밤을 밝혀도 시간이 멈추지 않는 것을 세상 사람들은 깨닫지 못하니 도를 받드는 사람이 아까워 하는 것이 하루 중의 시時이다.

여왈：몸 속의 시와 연 중의 시와 월 중의 시와 하루 중의 시가 다 시時입니다. 존사尊師께서는 유독 몸속의 시를 얻기 어렵다 하고, 또 하루 중의 시를 아깝다고 하신 것은 어째서입니까?

종왈：도를 받드는 사람은 소년에 얻기 어렵고, 소년은 근원이 완전하고 견고해서 모든 일에 효과를 보는 데 쉬우니, 천 날이면 대성할 수가 있다. 도를 받드는 사람이 또 중년에 얻기 어려우니 중년에 수련하면 먼저 보충을 하여 완전한 준비를 하고 그다음에 공부에 나가기 시작하는데, 처음에는 노인이

되돌아와 아이로 돌아가고 뒤에는 초범입성에 나아간다. 만약 소년에 깨닫지 못하면, 중년에도 살피지 못하다가 혹시 재난 때문에 청정함에 마음을 두거나 아니면 질병으로 인하여 심오한 도에 뜻을 두고 만년에 수련하는데, 먼저 구호救護를 논하고, 다음으로 보충할 것을 말한 뒤에야 소성법小成法으로부터 공부를 쌓아 중성中成에 이르고, 중성법으로 공부를 쌓아 노인에서 되돌아와 아이로 돌아가는데 이르게 된다. 몸을 단련하여 세상에 살지만 오기五氣가 조원朝元할 수 없고 삼야三陽이 정정頂에 모이기 어렵다. 형질을 벗고 신선으로 오르는 것은 인연으로 이룰 수는 없으니, 이 얻기 어려운 것이 몸속의 시時이다.

여왈：몸속의 시는 참으로 얻기 어려운 줄 알겠습니다. 그러나 하루 중의 시가 아깝다는 것은 무엇입니까?

종왈：사람의 하루는 해와 달의 한 달, 천지의 1년과 같다. 대도大道는 천지를 생육하고 천지는 상하로 자리를 나누니 그 거리가 8만4천 리이다.

동지 후에는 땅 가운데 양이 상승하는데 대체로 한 기가 15일에 위로 7천 리를 나아가니, 합계 180일이면 양이 상승하여 하늘에 도달하면 태극이 음을 낳는다. 하지夏至 뒤에는 하늘 가운데 음이 하강하는데, 대체로 한 기가 15일 이래로 7천 리를 나아가니 합계 180일이면 음이 하강하여 땅에 도달하면 태극이 다시 양을 낳는다.

일주하여 다시 시작하니, 운행이 끊이지 않고 도를 잃지 않으므로 장구히 해와 달이 운행되는 까닭이다. 해와 달이 형체를 이루면 주위가 각각 840리가 된다. 초하루 뒤에는 6 가운데 9가 일어나니, 무릇 1일을 12시로 계산하여 백백魄 가운데 혼혼魂이 70리를 나아가고, 모두 15일이면 합계 180시가 되어 백 가운데 혼이 840리를 나아간다. 15일 뒤에는 9 가운데 6이 일어나니 혼 가운데 백이 70리를 나아간다. 모두 15일이면 합계 180시가 되어 혼 가운데서 백이

840리를 나아간다. 일주하여 다시 시작하니, 운행이 끊이지 않고 도를 잃지 않으므로 대도를 견고하게 하여 만물을 길러 키운다. 만물 가운데는 가장 신령하고 귀한 것이 사람이다. 사람의 심장과 신장은 상하로 멀기가 8치 4푼인데, 음양의 오르내림이 천지와 다름이 없다.

기氣 가운데 액液이 생기고 액 가운데 기가 생기니, 기와 액은 서로 낳고(相生) 해와 달과 같은 길을 간다. 천지는 건과 곤으로서 서로 찾는데 음양의 오르내림으로 1년에 한 번 교합하여 도를 잃지 않으니, 일 년 뒤에 일 년이 있다. 일월은 혼과 백으로 서로 낳는데 정화精華가 왕래함으로 한 달에 한 번 교합하여 도를 잃지 않으니 한 달 뒤에 한 달이 있다. 사람의 교합은 비록 하루 낮과 밤에 있으나 교합하는 때를 모르고, 또 채취하는 법이 없으면, 덜어내야 할 때 모르고 보충하고 더해야 할 때 모르고 거두어들이며, 음이 교섭할 때에 모르고 양을 기르고 양이 교섭할 때 모르고 음을 연성한다.

한 달 중에 덜어내고 더할 줄을 모르니, 하루 중에 또 행지行持할 수 없고, 1년이 지나도 1년이 없고 하루를 지나도 하루가 없다. 바람을 맞고 축축한 데 누우며 더위를 무릅쓰고 추위를 견뎌야 하므로 수련을 기뻐하지 않고, 마음속으로 병드는 것을 달게 여기며 헛되이 시간을 보내던가 단정히 앉아 죽기를 기다린다.

여왈 : 도를 받드는 사람이 시간이 헛되이 지나고 세월이 빨리 흘러 질병이 몸을 묶어 죽음이 장차 이르게 될 것을 모르는 것이 아니라 대개 수련 방법을 모르고 행지行持의 시時를 알지 못해서 음양의 교합에 차질이 생기고 시월時月 행지에 기준이 없습니다.

종왈 : 몸속에는 연年을 이용하고, 연 중에는 월月을 이용하고, 월 중에는 일日을 이용하고, 일 중에는 시時를 이용하니, 대개 다섯 가지 감춘 기로서 한다. 월에서는 성쇠盛衰가 있고, 일에서는 진퇴進退가 있고, 시에서는 교합이 있

으니, 오도五度를 운행하면 기가 육후六候를 전한다. 금·목·수·화·토는 분별하여 어긋남이 없고 동·서·남·북·중앙은 생성에 수數가 있다. 정精을 연성하면 진기를 낳고 기를 연성하면 양신陽神에 합하고 신을 연성하면 대도大道에 합한다.

10 산 바다

1) 산山

일반적으로 산에 대한 정의로는 고도高度, 부피, 경사도, 다른 산과의 간격, 연속성 등의 방식으로 사용되기도 했다. 사전에는 '땅 위에 썩 높이 솟아 있는 흙덩이로 된 융기隆起된 부분'이라고 정의한다.

지구 전체 면적의 24%가 산지이고 10%가 산지대에 사람이 살고 있다. 세계 대부분의 강은 산에서 비롯되며, 절반은 산에서 온 물에 의존한다.

지구상에서 가장 높은 50개의 산맥은 모두 아시아에 있다고 한다.

산의 형성은 화산작용이나 대륙의 표류를 거치면서 생기는데 주름, 절단, 융기, 퇴적, 침식과 같은 지리적 요인을 일으킨다. 히말라야 산맥의 경우 유라시아판과 인도-호주판 두 개의 대륙판 사이에 서로 부딪히면서 생기는 판 밀어내기 운동인데, 북미 동해안의 아바라치아 산맥은 고대 육지형으로 침식작용이 일어나고 있다고 한다.

산은 인간의 주거에는 적합하지 않기 때문에 대다수의 사람은 평탄한 지상에 사는 데 익숙하다. 산은 평탄한 지상에 비해 기후가 불규칙하고 지형적인 제약 때문에 큰 도시로 발전할 수 없지만 경사가 완만한 산간은 농사를 짓기에 적합하기도 하다. 고지대는 산소가 부족하고 자외선에 취약해 거주자가 적을 수밖에 없다. 또 저지대에 사는 사람 10명 중 4명 이상에서 5백m 이상 고도에서 몇 시간 이상 있으면 고산증(고지대 산소 농도가 낮아 나타나는 질병)이 생기기도 한다.

현 시대에서 산은 인간 레저를 제공하는 용도로 바뀌어 가지만, 그 외의 용도로는 벌목업, 광업, 방목 등이 있다. 어떤 산봉우리들은 사람들이 감상할 수 있도록 기묘한 절경을 제공하기도 한다. 등산을 통한 정상

도달 가능성은 높이와 경사, 위도, 지형, 기후 등 여러 가지 요인에 의해 영향을 받지만, 도로나 케이블카는 산 정상의 도착을 편리하게 해주는 문명의 시설이기도 하다. 산악 지역은 트레킹, 등산, 캠핑, 암벽등반, 빙벽 등반, 스키, 스노보드 등을 즐길 수 있어서 레저생활에 많이 활용되고 있다.

세계에서 가장 높은 산은 에베레스트 산이다. 2020년 12월 8일 세계 최고 고도에 기반한 에베레스트 정상의 설면雪面 높이를 최종 확정하고 시진핑 국가주석과 네팔 반다리 대통령이 서한을 주고받으며 에베레스트의 최고 고점인 8848.86m를 선포했다.

"선도의 경전에 의하면 조용히 마음을 가다듬고 선약을 합성하는 데 적당한 산으로는 화산華山(섬서성), 태산泰山(산동성), 곽산霍山, 항산恒山(하북성), 숭산嵩山(하남성), 소실산少室山, 장산長山, 태백산太白山, 종남산終南山, 여궤산女几山(산동성), 지패산地肺山(하남성), 왕옥산王屋山(산서성), 포독산抱犢山(산서성), 안구산安丘山(산동성), 잠산潛山(하북성), 청성산靑城山(사천성), 아미산蛾眉山(사천성), 수산綏山(사천성), 운대산雲臺山(사천성), 나부산羅浮山(광동성), 양가산陽駕山, 황금산黃金山(요녕성), 별조산鼈祖山(절강성), 대소천대산大小天臺山, 사망산四望山, 개죽산蓋竹山, 괄창산括蒼山 등이 있다고 했다.

이들 산을 주관하는 신은 옳은 신들이며 여기에는 때로 지선地仙들이 살고 있다. 산위에는 지초芝草가 난다. 다만 약을 만드는 일만 아니라 대 전쟁과 대란을 피하는 데도 적격이다. 만약 도를 아는 사람이 이곳에 오르면 산신은 반드시 도와서 복을 줄 것이며 약 또한 반드시 이루어질 것이다. 만약 산에서 할 수 없는 여건이라면 차선책으로 바다에 있는 큰 섬이 좋을 것이다." (이상 갈홍 저《포박자》중에서)

① 오악五嶽

중국의 삼산오악三山五嶽은 중국의 역사문화 명산이자 세계 도교의 성지다. 오악은 중국 문화에서 5대 명산의 총칭으로 고대 민간의 산신숭경山神崇敬, 오행 관념과 제왕적 순렵봉선巡獵封禪이 결합된 결과물로 도교에 계승되어 도교의 명산으로 여겨졌다.

오악은 중악中嶽에 숭산嵩山(해발 1491.71m, 허난성 정저우시 덩펑시), 동악東嶽에 태산泰山(해발 1545m, 산둥성 타이안시 타이산구), 서악西嶽에 화산華山(해발 2154.9m, 산시성 웨이난시 화음시), 남악南嶽에 형산衡山(해발 1300.2m, 후난성 헝양시 난악구), 북악北嶽에 항산恒山(해발 2016.1m, 山西省大同市渾源縣)이다.

오악은 봉건제왕封建帝王이 하늘을 우러러 제사를 지내던 곳이었으며, 봉건제왕이 하늘의 뜻을 받드는 상징이기도 했다.

'동악태산의 웅雄, 서악화산의 험險, 중악숭산의 오奧, 북악항산의 유幽, 남악형산의 수秀'라고 일컬어지는 오악을 역설적으로 '오악이 돌아오면 산을 안 본다'는 속담이 있기도 하며 '항산여항恒山如行 태산여좌泰山如坐 화산여립華山如立 숭산여와崇山如臥 남악만이 형산독여비衡山獨如飛'라는 말이 있다.

오악의 사상은 하대에 섞였다고 한다. 상나라 이래의 사방신과 전국 초기의 오행 관념으로 형성된 산악숭배에 봉건 시대의 제왕이 가봉한 것이다. 《사기집해》에는 "하늘이 높아도 닿을 수 없으니 태산에 봉선을 세워 제사를 지내는 것은 신령에게 가까이 있다."는 내용이 보이기도 한다. 제왕들은 하늘의 은공을 갚기 위해 웅장하고 험한 산을 상서로 삼아 봉우리에 단을 치고 제사를 지내며 봉선대전을 치렀다는 것이다.

오악에서 '악嶽'은 곧 높고 험한 산이라는 뜻이다. 고대 중국에선 고산高山이 '준극우천準極友天'이라고 여겨 중원 지역의 동·남·서·북방과 중앙

225

에 있는 5개의 산을 오악으로 정했다. 위진남북조 때 불교와 도교는 오악에 사찰寺剎 도관道觀을 짓고 종교활동을 시작했으며, '악'마다 악신岳神(일명 대제·신군 등) 한 명을 두어 이 악을 관장하는 최고 신화로 추앙했다. 이로써 오악은 중국이 산악 자연경관의 아름다움으로 불佛·도道·인문경관을 모두 갖춘 명승지가 됐다. 당송 이전에는 오악에서 대개 불佛·도道 공존했으며 사寺·관觀이 병존했다. 송 이후 불교와 도교는 각각 정치적 배경과 사회적 세력에 기대어 쟁탈전을 벌이기도 했다. 남악과 북악, 중악은 명청 시대까지 불佛과 도道 공존의 구실을 유지했고, 동악과 서악은 도교 세력을 주축으로 중국 도교의 중심지로 자리 잡았다.

② 한반도韓半島 오악五岳

한반도의 오악五岳은 한반도의 5개 명산名山을 가리키며, 중국 오악문화의 영향을 받은 이름이다. 오악은 신라가 한반도를 통일한 이후 신라왕이 중국화 정책을 취하면서 중국식 이름을 전면적으로 사용하고 오악도 설치했던 데서 유래한 것이라고 한다. 이 중 토함산土含山은 동악, 계룡산鷄龍山은 서악, 지리산智異山은 남악, 태백산太白山(지금의 妙香山, 신라 경내에 있는 것은 아니다)은 북악, 팔공산八公山,은 중악이다. 팔공산은 우리나라 대구 부근에 위치해 있어 중악으로 숭배 받고 있어 대구의 중요도를 알 수 있다.

나중에 이씨 조선시대에 와서는 오악은 변천했다. 백두산에서 묘향산, 금강산, 지리산이 포함되었으니, 북한산을 중악, 금강산을 동악, 묘향산을 서악, 지리산을 남악, 백두산을 북악이라고 했으며 이 중 북한산은 서울에 있는 국립공원이다.

여기서 서산대사西山大師가 말한 우리나라 4대 명산론을 감상해 보자.

金剛秀而不壯 금강산은 빼어났으나 장엄하지 않고

智異壯而不秀 지리산은 장엄하되 빼어나지 않네.

九月不秀不壯 구월산은 빼어나지도 장엄하지도 않으며

妙香亦秀亦壯 묘향산은 그러나 빼어나고 장엄하도다.

③ 삼신산三神山

《사기史記·진시황본기秦始皇本紀》에는 "제인 서시장 등 상서上書의 언해言海에 동해에 선인이 살고 있는 삼신산三神山이 있다."고 했으며 그 이름은 봉래鳳萊·방장方將·영주營州라고 하며 선인이 거처한다고 했다. 삼신산에 관해서는 다음과 같은 신화가 있다.

오어鼇魚, 오어는 먼 옛날 전설에서 대산大山이나 대지大地를 지고 있다. 오어가 이동하면 지진이나 상전벽해가 일어나 산천이 변천한다. 신화 속 천제는 발해渤海의 동쪽으로 몇 억만 리 떨어져 있는 곳에 다섯 개의 신산神山이 있었지만 다섯 개의 신산은 뿌리가 연결되지 않아 조수의 물결을 따라 오르내리며 안정되지 않았다. 신인神人과 성자들이 이것이 싫어서 천제天帝께 알렸다. ('帝'라는 호칭은 은나라 때 문헌에 이미 나왔다) 신산이 서극西極으로 흘러가 우주의 기존 균형을 깨뜨릴까 두려웠던 것이다. 신산 주민들이 거처를 잃게 되자 북해의 신우神禹를 보내 거오巨鼇 열다섯 마리를 다섯 조로 나누어 각각 머리로 신산을 받치고 6만 년에 한 번씩 바꾸니 비로소 다섯 개의 신산이 안정되고 더 이상 흐르지 않게 되었다. 그런데 용백龍伯의 나라에는 거인이 있었는데 발을 들어 이 다섯 개의 신산이 있는 곳까지 가서 낚시에 여섯 마리의 거오巨鼇를 낚아 올려버렸다. 용백국龍伯國 거인이 육오六鼇를 낚아채는 바람에 대여岱興와 원교員嶠가 산을 지고 있는 거오巨鼇를 잃었고, 북극으로 각각 떠내려가 바다 위에 가라앉으면서 신산도 세 개만 남게 됐다. 용백국 거인이 각각 여섯 마리의 거오를 낚아채게 되었는데《초사楚辭·천문天問》편에서는 이를 두고 "오대산변鰲戴山抃 하니 어찌 편안하리오"라고 묻는다. 《열선전》에도 "거령지오巨靈之鰲, 배부봉래背負蓬萊의 산을 등지고 춤을 추며 창해 중에 있다."고 나온다.

신선 사상은 주 말周末에 생겨나 전국戰國시대에서 성행한다. 전국시대 민간에서는 이미 많은 신선과 신선 경계에 관한 설화가 널리 전해졌는데, 그중에서도 동해 신산神仙과 곤륜산昆侖山이 가장 신기하고 널리 전해져 양대 신화 시스템의 연원이 되었다.

바다 위에는 대서岱嶼, 원교員嶠, 방호方壺, 영주瀛洲, 봉래蓬萊의 5산五山이 있다.《열자列子 탕문湯問》에 따르면 "산 높이가 3만 리를 돌고, 그 꼭대기가 9천 리이고, 산 중간이 7만 리를 가니 이웃이 있는 것을 알았다. 그 상태관上台觀은 모두 금옥이고, 그 상금수上禽獸는 모두 순수하다. 주간珠玕의 나무 마디가 무성하여, 화실華實은 모두 맛이 있고, 먹이는 모두 늙지 않고 죽지 않는다. 사는 사람은 모두 선성仙聖으로 하루아침에 날아다니는 사람은 이루 다 헤아릴 수 없다. 오산지근五山之根은 젓가락 하나 없이 물결 따라 오르내린다. 결국 두 산은 사라지고 방호(방장), 영주, 봉래 삼산만 남았다."고 한다.

3신산이 해동海東(한반도)에 있다는 설說도 있었다.

3신산이란 진시황제秦始皇帝가 불사약不死藥을 구하러 사람을 보냈다는 봉래蓬萊, 방장方丈, 영주瀛州의 세 신산을 말하는데, 그 산들이 발해渤海의 동쪽으로 몇 억만 리 떨어진 곳에 밑바닥이 없는 골짜기(歸墟라고 부름)의 개울 속에 있다는 것이다. 그 산들은 주위가 3만 리이고 꼭대기는 너비가 사방 9천 리이며, 산과 산 사이가 7만 리나 떨어져 있다.

그 정상에 선인仙人들이 살고 있는 어전御殿이 있고 주변에 불노불사不老不死의 과일나무가 있다. 그리고 선인들은 산과 산 사이를 하루 몇 번씩이나 날아다닌다.

이런 산이 조선朝鮮에 있다고 믿는 신앙이 일찍부터 우리나라에 있었다. 조선은 삼면이 모두 밑이 없는 깊은 바다이며 그 땅에 백두산白頭山의 천지天池가 있고 그 산정의 대臺가 넓다는 것이다.

또 그런 산이 셋 있는데 금강산이 봉래산, 지리산이 방장산, 한라산이 영주산이라는 것이다. 이 산들 위에는 때때로 신의 이적異蹟이 있다고 믿었다.

2) 해海

바다는 대양의 가장자리에서 대양의 부속부분이다. 바다의 면적은 해양의 약 11%로 수심이 얕고 평균 수심은 몇 m에서 3000m에 이른다. 바다는 대륙에 인접하기 때문에 대륙, 하천, 기후와 계절의 영향으로 물의 온도, 염도, 색깔과 투명도가 육지의 영향을 받아 뚜렷하게 변화한다. 어떤 해역은 겨울철에 얼음이 얼기도 하고, 하천의 해구 부근은 염도가 옅어지고 투명도가 떨어진다. 바다에는 대양에 비해 조석이나 해류가 따로 없다.

세계에는 많은 유명한 바다가 있는데, 그것들은 주로 대양의 변방 지대에 분포한다. 예를 들어, 태평양의 가장자리를 동해·남해, 대서양의 가장자리를 북해·지중해, 인도양의 가장자리를 벵골만·홍해·아라비아 해·아덴만 등으로 나누는데, 그것들은 사람들이 생산 생활을 하는 중요한 해역이다.

이 밖에도 내륙의 함수호鹹水湖들은 넓은 면적의 바다라고도 불린다. 예를 들면, 이해裏海, 함해鹹海, 사해死海 등이 있고, 또 이해洱海, 양종해陽宗海 등 어떤 호수를 바다라고 부르기도 한다.

해海와 양洋을 구분하자면 수체水體적으로는 해가 양의 부속물이지만, 본질은 상해上海는 대륙붕 위에 있고 그 아래의 지각은 대륙지각大陸地殼이다. 그 양하면洋下面에는 대양지각大洋地殼이다. 이로 인해 일련의 차이가 생겼다. 물론 지질 운동에 따라 해와 양은 서로 전환할 수 있다.

지질작용地質作用으로는 해양과 관련된 외동력 지질 작용이 있는데 2가지를 들 수 있다.

① 해식작용海蝕作用

바닷물은 자체 동력으로 해안과 해저를 파괴해 파도의 충격 작용을 하게 된다. 파도의 마식磨蝕 작용(파도의 모래가 해안에 미치는 마식)과 바닷물의 용식溶蝕 작용으로 나뉜다.

② 파도의 운반과 퇴적 작용

가로운동, 수직해안선의 토사운동, 진류와 퇴류 작용으로 토사가 바다나 해안으로 이동하고, 중입대中立帶에서는 토사만 왕복 운동할 뿐 실질적인 운반은 없다. 평행선 토사 운동은 사실상 두 가지 운동을 겹쳐 보는 것이다. 또 침식과 운반 등 퇴적 능력이 뛰어나 해저 협곡峽穀, 심해선深海扇, 육륭陸隆, 심해평원深海平原의 일부 퇴적물을 축적한다.

국제수로기구에 따르면 전세계 54개 바다는 세계 해양 총면적의 9.7%에 불과하다. 바다의 깊이는 비교적 얕고, 평균 깊이는 보통 2000m 내이다. 온도와 염도 등 해양수 요소가 대륙에 영향을 많이 받고 계절적 변화가 뚜렷하다. 물빛이 낮고 투명도가 적으며, 별도의 조석潮汐 및 양류洋流 시스템이 없다. 조파潮波는 대부분 대양에서 유입되지만, 조석潮汐과 창락漲落은 종종 대양보다 현저하다. 해류에는 나름대로의 환류環流 형식이 있다.

세계에서 가장 큰 바다는 면적 479만1000㎢의 산호珊瑚 바다이다. 산호해는 다량의 산호초가 있어서 붙여진 이름으로 대보초大堡礁로 가장 유명하며 세계적으로 유명한 대보초가 이 바다에 분포한다. 성루城壘처럼 토레스 해협에서 남회귀선까지 남쪽으로 멀지 않아 남북으로 2400㎞, 동서 약 2~150㎞, 총면적 8만㎢로 세계 최대 규모이며 대부분 물에 잠긴 채 암초가 되고 소수 꼭대기만 수면 위로 나와 산호섬을 만들어 교통에 장애물이다.

세계에서 가장 작은 바다로는 마르마라해인데, 터키의 내해로 아시아와 유럽 일부 경계선 사이에 위치해 유라시아 대륙 사이의 단층이 함몰되면서 형성됐다. 북동쪽으로는 보스포루스 해협을 거쳐 흑해와, 남서쪽으로는 다르다넬스 해협을 거쳐 에게해와 연결돼 있다. 면적이 1만1000㎢로 세계에서 가장 작다.

제3편

인체 人體

르
히
道

인간의 진화론에 따르면 인간의 조상은 6,500만 년 전부터 3,500만 년 전까지의 사이에 영장류가 진화하여 원시 계통이 생겨나고 여기서부터 유인원(오랑우탄과)과 인간(사람)이 진화했다고 한다.

생물학적으로 사람의 학명學名은 호모 사피엔스로 침팬지, 고릴라, 오랑우탄, 긴팔원숭이, 발가락원숭이와 함께 사람과에 속하는 영장목靈長目 동물이다. 인간이 다른 영장목 동물과 다른 것은 직립적인 신체, 고도로 발전한 뇌, 그리고 고도로 발전한 뇌에서 오는 추리와 언어 능력이다.

진화론적인 입장에서 본다면 인간은 짧은 기간 내에 지구상의 수많은 생물 종류 중에서 가장 번영하여 그 지배자가 되었다. 육체적으로는 고릴라 등의 괴력에는 도저히 미치지 못하지만 두 발 보행이 인간의 두 손을 자유롭게 하였고 도구 사용도 가능케 해서 이 능력이 뇌를 크게 하고 지능을 향상시킴으로써 뛰어난 기술개발까지도 가능케 했다. 인체는 사상적으로 사회환경, 문화, 전통, 주변 분위기에 의해 제약받고 상상에서 성과를 내는 생물체이다.

인간이 진화과정을 거치면서 불을 이용하게 된 것은 획기적이다. 호모 에렉투스부터 사용한 것으로 추정되는데, 불을 사용한 요리 덕분에 영양소 흡수가 잘될 뿐 아니라 모닥불에 앉아 집단 내의 상호작용과 집단 사회를 위한 분업화가 시작, 땔감 준비, 음식준비를 하는 생활이 습관화되는가 하면, 짐승으로부터 보호받을뿐더러 불을 사용한 사냥 방식이 등장하고 횃불로 짐승몰이를 하는 등 생활 방식이 집단화되었다.

불의 사용은 인간 고유영역으로 불을 길들인 종種은 인간이 유일하며 지금도 현대 산업시대의 근간이 되고 있다.

정신적인 측면에서 인간은 다양한 영혼을 사용할 수 있는 개념으로 묘사되고, 종교에서 이 영혼들은 신성한 힘이나 존재와 관련이 있다고 여겨지며, 신화학에서도 인간의 영혼은 다른 인간형 동물과 대조된다.

문화인류학적으로 인간은 언어를 사용할 수 있고, 복잡한 사회조직과 과학기술을 발전시켰으며, 특히 그들은 단체와 기구를 만들어 서로 지지하고 협력하는 목적을 달성할 수 있다.

언어는 누적학습을 아이 세대로 전달하는 데 가장 쉬운 방법이다. 초기 조상은 간단한 단어로 소통했을 것으로 생각이 들며 이후 두뇌가 커지면서 정보처리 능역이 향상되고 인간의 혀가 다양한 소리를 내면서 소리 언어가 인간의 유용한 수단이 되었다.

최근 언어학자들 사이에서는 현대적 언어의 기원을 10만에서 5만 년 전으로 추정하고 있으며, 전 세계에 약 5천 개의 언어들이 존재한다고 한다.

인간은 진화의 단계를 거치면서 동시에 사회의 구도도 개발해 온 것인데, 이 사회가 자연 도태와도 같은 영향력을 행사함으로써 인간을 지배하고 규제해 온 결과 오늘날과 같은 고도의 조직 사회와 물질문명이 생겨난 것이다. 이것은 비자연적이고 반자연적인 산물이다. 지금에 와서는 물질문명을 넘어 정신문화도 생각하지 않을 수 없다.

육체는 정신의 기초다. 인간의 생명이 어떻게 지켜지는가. 자연계에 있어서 인간이란 무엇인가. 자연으로 되돌아와 정신을 차리는 고민도 해 보아야 겠다.

1) 사람의 탄생

① 몸의 생성

무릇 천지는 태공太空을 근본 삼아 사람과 짐승 만물을 생겨나게 하였다고 한다. 사람은 아버지의 정精과 어머니의 혈血, 하늘의 양기와 땅의 음기, 태양의 양혼陽魂과 달의 음백陰魄, 화火의 양신陽神과 수水의 음정陰精

을 받아 생겨나는 것이니 사람의 몸은 천지의 기氣가 조화를 이루어 탄생한 것이다.

사람은 지선至善을 근본 삼아 여러 모습으로 태어나는데 부모의 2기二氣가 교합함에 이르러서 부父는 곧 양이니 먼저 나아가고 음이 뒤를 따르는데 진기가 진수를 만남으로써 순수한 정精(정자)을 이룬다. 이 순수한 정이 이미 나와 있으면 모母의 음陰이 나아가서 만나면 쓰임이 없게 되어 그것을 씻어 내지만 모의 양陽이 먼저 나아가서 만나면 자궁의 앞에서 혈血(난자)이 이어받음으로써 정과 혈이 포태胞胎를 이루니 비로써 무극無極이 맺혀진다.

이것은 부의 정과 모의 혈로써 조화하여 형체를 이뤄낸 것이어서 처음으로 하나의 기(一氣)가 생긴 것이다. 티끌 하나 없는 순수한 무극상태의 태胎는 진기眞氣를 품고 모의 자궁으로 들어가 날이 지나고 달이 차면 진기의 조화로 사람이 이루어진다.

이처럼 사람은 순수한 공空에서 시작된다. 처음 교합할 때 부의 정이 먼저 나가고 모의 혈이 뒤에 가서 혈이 정을 감싸면 여자가 된다. 여자는 속이 양이고 겉은 음이니 모의 형상이요 대개 혈이 바깥에 있기 때문이다. 만약 모의 혈이 먼저 나가고 부의 정이 뒤에 가서 정이 혈을 감싸면 남자가 된다. 남자는 속이 음이고 겉은 양이니 부의 형상이요 대개 정이 바깥에 있기 때문이다.

모의 자궁으로 들어간 포태는 어머니의 기와 호흡에 의해 줄이 생기게 된다. 그 줄은 어머니와 연결되어 있고 점차 늘어지며 그 속이 대롱처럼 텅 비어 있어 기氣가 그 줄을 통해 왕래한다. 그 줄은 앞에는 배꼽 뒤로는 콩팥에 통하고 위로는 협척에서 인당 산근(양 눈썹 사이)에 이르러 구멍이 쌍을 이룬다. 쌍을 이룬 구멍은 아래로 코끝에 이르러 두 개의 콧구

명을 이루어 내니 인체 부위의 제일 첫 번째 작품이다. 비조鼻祖라는 어원은 여기에서 연유되었다. 이때부터 나의 기는 어머니의 기와 통하게 되며 어머니의 기는 천지의 기와 통하게 되고 천지의 기는 태허의 기와 통하게 되면서 구멍과 구멍이 서로 통하여 닫히고 막히는 일이 없어지면서 반달은 양을 생하고 반달은 음을 생하니 이로 말미암아 오장이 생성되고 육부도 생기면서 주천을 이루는 365골절이 만들어지고 84,000의 솜털구멍이 생기는 등 인체 부위가 차례로 완성되어 간다.

태아의 생장 과정

太初 : 기의 시작, 우주 본체의 원시단계, 남녀 음양 2기가 교합하기 이전 단계, 태시太始라고도 함.

二氣 : 음양 2기, 현대과학 논리; 정자의 기와 난자의 기.

精血 : 정자와 난자

胞胎 : 수정란

太質 : 형形의시작, 음양2기가 교합하여 새로운 생명을 생성하는 시후時候, 질質은 물질, 혹은 물체.

陰承陽生 : 태아의 질을 잡아 승착承著시켜, 태아의기가 생장함. 양은 태아의 기를 이루고 음은 태아의 물질을 이룸.

氣隨胎化 : 태아의 기와 태아의 질이 붙어서 함께 운화하는 것

太素 : 질質의시작, 태아의 생장적 단계. 즉 선천단계. 이후에는 오르내림이 있어 황아가 자란다.

黃芽 : 진양의 기와 진음의 액이 서로 교합한 상태.

二百八十日形圓 : 기와 질은 280일이면 기가 족하고, 형이 원만해

수정란受精卵 중 최소부분의 양이 머물러 있으면서 최초로 장부를 만든 곳이 두 신장腎臟이다. 인체 최초의 원양元陽이 실제로 두 신장 속에 있어서 신장을 생한 다음 신장은 비장脾臟을 낳고 비장은 다시 간장肝臟을 낳고 간장은 다시 폐장肺臟을 낳고 폐장은 다시 심장心臟을 낳으니 인체의 오장五臟이 완성된다. 이로써 인체 주요 장부인 오장을 완성했으니 다음은 육부六腑를 만들 차례다. 오장 중 마지막으로 만들어진 심장은 자기와 짝을 이룬 소장小腸을 낳는다. 다음으로 소장은 대장大腸을 낳고 대장은 담膽을 낳고 담은 위장胃腸을 낳고 위장은 방광膀胱을 낳아서 육부도 완성시킨다. 이 모두는 정과 혈을 조화하여 형체를 이루어 놓은 것이다.

여기서 재미있는 것은 각 장부의 생성하는 과정이 모두 오행의 상생관계가 아닌 상극관계에서 이루어진다는 점이다. 오행의 상극에 관한 인식을 새롭게 하는 대목이기도 하다. 오행이 각각 그 성질이 달라 적으로 삼는 것이 상극이니 목은 금을 적으로 삼고 금은 화를 적으로 삼고 화는 수를 적으로 삼고 수는 토를 토는 목을 적으로 삼으니 이것을 다시 역으로 조화를 베풀어 금이 본래 목을 극하는 것이나 목은 도리어 그로 인해 기물을 만들고, 목은 본래 토를 극하는 것이나 토는 오히려 이로 인해 생영生榮하게 된다. 토는 본래 수를 극하는 것이나 수는 도리어 이로 인해 넘치지 않게 되며, 수는 본래 화를 극하는 것이나 화는 도리어 이로 인해 지나치게 건조하지 않는다. 화는 본래 금을 극하는 것이나 금이 도리어 이로 인해 화를 받아들여 청명함을 이루니 극하는 가운데 새로운 생이 있게 된다. 그래서 상극은 생산을 의미하는 것임을 알 수 있다.

일수	부모가 교합交合후 수태受胎하여				
일수	변화 과정	일수	변화 과정	懷胎기간	
15일	陽이 생기고	15일	陰이 생긴다	1개월째	
15일	無極이 一動하여 皇極의 陽이 生하고	15일	無極一靜하여 皇極의 陰이 生한다	2개월째	
15일	皇極이 一動하여 太極의 陽이 生하고	15일	皇極이 一靜하여 太極의 陰이 生한다	3개월째	
15일	太極이 一動하여 老陽이 生하고	15일	太極이 一靜하여 老陰이 生하고	4개월째	
15일	老陽이 一動하여 太陽이 生하고	15일	老陰이 一靜하여 太陰을 生하고	5개월째	
15일	老陽이 一靜하여 少陰이 生하고	15일	老陰이 一動하여 少陽이 生하고	6개월째	
15일	太陽이 一動하여 乾이 生하고	15일	太陰이 一靜하여 坤이 生하고	7개월째	
15일	太陽이 一靜하여 兌가 生하고	15일	太陰이 一動하여 艮이 生하고	8개월째	
15일	少陰이 一動하여 離가 生하고	15일	少陽이 一靜하여 坎이 生하고	9개월째	
15일	少陰이 一靜하여 震이 生하고	15일	少陽이 一動하여 巽이 生한다	10개월째	

② 선천先天의 기수起數

사람은 출생할 때 선천의 숫자를 가지고 태어난다. 선천의 숫자는 남자와 여자가 다르다. 남자는 8이라는 숫자를 가지고 태어나고 여자는 7이라는 숫자를 가지고 태어난다. 이것은 2000년 전《황제내경》에서 말한 것이다. 여자와 남자를 음양으로 보고 음양이기陰陽二氣(7과 8)를 만물을 생하는 오행과 곱해 주면(7×8×5=280, 음력으로 1달을 28일로 보면 만 10개월) 태아가 모궁母宮에 있는 기간이다.

여성의 경우 여성의 기수 7×4=28일 이것은 여성의 생리기간으로 만약 생리가 28일 미만이면 질병이 있는 징조이고 28일을 초과하면 정서가 불

완전한 징조이다. 여성이 난자를 생성하는 숫자도 정해져 있다. 49세-14× 12달이 정상적인 난자의 생성 숫자이며 이보다 부족할 경우 체질이 허약하다고 보아야 한다. 그러나 남자의 경우 정자의 숫자는 정해져 있지 않다. 64-16×?=정자 수가 공식이지만 이것은 수련하여 얼마만큼의 영靈을 얻는가에 따라 정자가 정해진다.

수련을 통해 천지간의 정기精氣를 흡수해서 보존하는 것이 보루補漏 과정이고, 이렇게 체내의 부족한 정자를 보충해서 우리의 본원으로 환원시키는 것이 환원還源 과정이다.

정자와 난자가 조화되어 원정·원기가 신장 속에 감추어지는데 이 신장의 기가 성하고 쇠함에 따라 인체의 건강이 좌우된다.

남자는 선천에서 가지고 나온 신장 속에 감추어진 신기腎炁가 8세가 되면 실해져서 머리가 길게 자라고 치아를 갈게 된다.

다시 8에다 2를 승하여 16세가 되면 신기가 성하여져 유정遺精하며 정기가 넘쳐 몽정夢精 등으로 새어 나가니 음양이 화합하므로 아이를 낳게 할 수 있다.

다시 8에서 3을 승하여 24세가 되면 신기가 고르게 되어 뼈와 살 등 근골이 강해지며 사랑니가 나고 신체는 제일 크게 성장한다.

다시 4를 승하여 32세가 되면 근골이 융성하고 피부에 살이 꽉 차고 단단하다.

다시 5를 승하여 40세에는 신이 쇠하여 모발이 빠지고 이가 약해진다.

다시 6을 승하여 48세에는 양기陽氣가 위에서 다하여 얼굴이 초췌하고 모발과 수염이 희게 된다.

다시 7을 승하여 56세에 이르면 간기肝炁가 쇠하여 근육이 제대로 움직이지 못하고,

다시 8을 승하여 64세에는 유정遺精이 없어지면서 신장이 쇠하여 몸의 모양이 모두 극에 달하여 치아와 두발이 잘 빠져서 없어진다.

처음 태어날 때에는 신장이 수水를 주관하여 오장의 정기를 받아 저장함으로서 신이 성해졌는데 지금은 오장도 쇠하여져 근골이나 골수가 다 풀어져 버리고 정액도 다하고 모발도 희어지며 신체도 무겁고 행보도 바르지 못하게 된다.

여자는 선천에서 가지고 온 신기가 성해져서 7세가 되면 치아를 갈고 머리털이 길게 자라며 2를 승하여 14세가 되면 임맥이 통하고 태충맥이 성해져 월경이 시작된다.

다시 3을 승하여 21세가 되면 신기가 고르게 되어 사랑니가 생기고 신체도 제일 크게 성장한다.

다시 4를 승하여 28세에 이르면 근골이 견실해지고 두발도 가장 길게 자라며 신체도 왕성하고 건강하게 된다.

다시 5를 승하여 35세에 이르면 양맥陽脈이 쇠하여 얼굴이 초췌해지기 시작하고 두발도 빠지기 시작한다.

다시 6을 승하여 42세에 이르면 삼 양맥이 위에서 쇠하여 얼굴이 모두 초췌해지고 두발이 희어지기 시작하며,

다시 7을 승하여 49세에 이르면 임맥任脈이 허해지고 태충맥이 쇠하여 작아지고 월경이 고갈되며 지도地道가 불통하니 몸이 무너져 아이를 갖지 못한다.

위의 말은 《황제내경黃帝內經》에 있는 황제黃帝와 기백岐伯의 문답 내용 중 일부인데 황제가 다시 묻기를 "도를 가진 사람은 100세가 넘어도 자식을 가질 수 있는가?"라는 물음에 기백이 답하기를 "도를 가진 사람은 늙어도 몸이 온전하여 비록 나이가 들었어도 아이를 낳을 수 있습니다."라

242

고 대답했다고 한다.

사람이 이와 같이 인체의 출생에서부터 성장 노쇠의 과정과 생육능력의 발생과 소실 등 전 생리과정을 도가에서는 다시 태체胎體, 동체童體, 누체漏體, 파체破體, 쇠체衰體, 약체弱體 등으로 분류하고 있다.

남녀 공히 수정란이 되어 어머니의 모태에 있을 때는 태체이다. 여기서 선천수 남8, 여7의 수에 따라 각기 분류가 되는데, 남성 16세 이전 여성 14세 이전을 동체로 분류한다. 남성 16세 여성 14세부터는 모두 정자와 난자를 생산하기 시작하고 교합하여 아이를 낳으니 남성 32세 여성 28세 까지를 누체로 분류한다. 또 남성 48세 여성 35세까지를 파체라 하고 남성 64세 여성 49세까지를 쇠체로 분류하며 남성 64세 이후 여성 49세 이후를 약체로 분류했다.

③ 인체人體와 선도仙道

선도仙道의 수련은 수련자의 해당 나이에서 연신섭기煉身攝氣 과정을 통해 즉 환원還原, 보루補漏, 축기築基하여 동체로 돌아오고 동체에서부터는 연정화기煉精化炁(人仙功) 과정의 수련을 통해 태체 직전까지 도달하면 여기까지가 후천의 세계이다. 방선천倣先天하여 즉 수련을 통해 선천을 모방하여 여기까지 왔으니 이때는 반천천返先天, 즉 선천으로 돌아가야 한다. 선천의 세계인 태체胎體에서 연기화신煉炁化神(地仙功) 과정과 연신환허煉神還虛(天仙功) 과정을 모두 마치면 마침내 태체 이전 허무의 경계인 무극의 연허합도煉虛合道로 돌아간다. 그래서 도가에서는 수련하여 역행하면 신선의 경지에 이르는 것이고, 순행하면 범인凡人이 되어 귀신이 된다고 하였다.

사람이 천지 사이에 태어나 신선神仙이나 부처, 성인聖人, 현인賢人 되기를 모두 갈망하지만 이루지 못하는 것은 왜인가? 모두다 희喜·노怒·애哀·락樂·욕欲을 떼어 버리지 못하고 이를 밝히지 못했기 때문이다.

대도는 이미 쪼개져서 형形이 있고, 형으로 인하여 수數가 있게 된다. 하늘이 ☰건도乾道를 얻어서 1을 몸으로 삼으니 가볍고 맑아서 위에 있으면서 쓰임으로 삼는 것이 양陽이다. 땅은 ☷곤도坤道를 얻어서 2를 몸으로 삼으니 무겁고 탁하여 아래에 있으면서 쓰임으로 삼는 것이 음陰이다. 양은 상승하고 음은 하강하여 서로 교합하고 건☰과 곤☷이 작용하여 도를 잃지 않는다.

만물 중에 오직 사람만이 이러한 이기理氣를 건☰과 곤☷이 받아 교류를 일으켜 성性이 되었으며, 음양이 받아서는 감感을 일으켜 형체(命)가 만들어졌다. 오행의 천지자연의 이치로 만물을 만들어 길러서 사람의 오장五臟(간·심장·비장·폐·신장)도 얻었고, 오덕五德(온화·양순·공손·검소·겸양)과 오령五靈(麟·鳳·龜·龍·白·虎)이 모두 이로 말미암아 완전해졌으며, 육합六合(동·서·남·북·상·하)에서 일어나는 교감交感을 받아 육부六腑(대장·소장·위장·담·방광·삼초)와 육근六根(안·이·비·설·신·의)과 육신六神(심장의 신 단원丹元, 간의 신 용연龍煙, 비의 신 상재常在, 폐의 신 백화魄華, 신장의 신 현명玄冥, 담의 신 용요龍曜) 모두가 다 이로 말미암아 갖추어지게 되어, 마침내 삼재품三才品(천·지·인) 대열에 끼어 만물의 영장이 되었다. 이렇게 귀하게 받아낸 몸이라서 여동빈 조사呂洞賓祖師는 "세간에서 가장 얻기 어려운 것이 사람 몸 받는 일이다."라고 하였다.

이렇게 귀하게 받아낸 몸을 관리 유지하는 것은 자신의 몫이다. 유가에서 이르기를 "보이지 않는다 하더라도 경계하고 삼가하라. 듣지 않는다 하더라도 두려워하고 무서워할지라." 불가에서는 "안眼·이耳·비鼻·설舌·신身·의意의 육근六根을 없게 하고 색色, 성聲, 향香, 미味, 촉觸, 법法의 육진

六塵을 없애라." 하였다. 도가에서는 "선도 수련은 더할 나위 없는 황홀에 더할 나위 없이 깊고 아련한 경지로다." 하였다.

삼교三敎 성인께서는 모두 사람들에게 사욕私慾을 떼어 버리라고 가르치셨는데 무엇 때문인가? 사욕私慾은 바로 음陰에 속한다. 음에 순응하면 귀신鬼神이 되고 양陽에 순응하면 신선神仙이 된다.

사람의 탄생도 무극無極이 황극皇極으로 말미암아 태극太極이 되고, 음양陰陽과 사상四象과 팔괘八卦와 십육관十六官(표 참조)이 몸에 두루 365골절과 84,000의 솜털 구멍이 모두 무극無極의 한 점으로부터 사람 몸이 생기게 된 것이다. 회태懷胎한 지 10개월째 되면 선천先天의 기기氣가 만족하게 되어 포태胞胎를 찢고 오이가 익어 꼭지가 떨어지듯 한 덩어리가 곤두박질치며 울부짖는 외마디 소리에 무극無極 규규竅가 터지면서 원신元神과 원기元氣와 원정元精이 무극無極의 선천先天세계를 나와 태극太極의 후천後天세계에 자리를 잡게 된다. 이때까지만 해도 사람의 몸은 순양체이다. 여기서 중요한 것은 원元神과 원기와 원정의 활동이다. 즉 이 셋은 후천의 정精·기氣·신神이다.

몸안의 16관十六官

NO	身中 명칭	官 명칭	역할
1	심장心臟	군주관君主官	神明이 이곳에서 나온다.
2	눈眼	감찰관監察官	모든 색을 이곳에서 살핀다.
3	입口	출납관出納官	언어를 이곳에서 내보낸다.
4	귀耳	채청관采聽官	모든 소리는 이곳에서 듣는다.
5	코鼻	심변관審辨官	냄새를 이곳에서 분별한다.
6	간장肝臟	장군관將軍官	모사와 사려가 이곳에서 나온다.
7	폐장肺臟	상전관相傳官	처리하고 요약하는 것을 여기서 한다.

8	비장脾臟	간의관諫議官	두루 알게 하는 것이 이곳에서 나온다.
9	신장腎臟	작강관作強官	기교奇巧가 여기에서 나온다.
10	담膽	중정관中正官	맺고 끊는 것이 여기서 나온다.
11	위장胃腸	창름관倉廩官	다섯 가지 맛이 여기서 나온다.
12	전중膻中	신사관臣使官	희락喜樂이 여기서 나온다.
13	소장小腸	수성관受盛官	화물化物이 이곳에서 나온다.
14	대장大腸	전도관傳導官	변화變化가 이곳에서 나온다.
15	방광膀胱	주도관州都官	진액津液이 여기서 나온다.
16	삼초三焦	결독관決瀆官	수도水道가 이곳에서 나온다.

이러한 16관은 우리 몸을 통솔하는 신들이다. 16관 가운데 心臟만이 유일신이며 곧 신 중의 왕이고 眼·耳·鼻·舌을 봉하여 四象이라 했으며 그 나머지는 순서대로이다. 물론 천신, 만신들은 모두 다 천군의 명을 듣는다.(청정경에서 발췌)

④ 원신元神과 식신識神

인간이 살아가는 삶 속에서 일어나는 모든 사유思惟와 행동을 좌우하는 신이 있으니 원신元神과 식신識神이다.

원신의 생태를 설명하면 원신은 몸이 있고 없음에 따르게 되는데, 부모의 교접으로 처음 태胎를 받을 때 영靈으로부터 그 생生을 얻음으로써 그 태胎의 중앙에 응결하여 막 생겨나는 몸의 주인이 되어 조화造化를 주제하게 된다. 태胎가 열 달을 채우면 오이가 익어 꼭지가 저절로 떨어지듯 천지가 뒤집히듯 하나의 덩어리가 땅으로 곤두박질치면서 큰소리로 울부짖으니 니환궁泥丸宮(上丹田)에 머물러 있던 원신은 무극의 선천에서 후천의 심장心臟으로 내려오게 된다. 한편 후천세계에서 배아가 태어나자 마자 울음을 터트리면서 처음으로 호흡할 때 천지로부터 몸속으로 빨려 들어오는 신이 있으니 이것을 식신識神이라고 한다. 육신이 세상에 모습을 나타냄으로써 식신이 생긴 것이다. 태아의 호흡을 따라 빨려들어가 수태되어진 식신은 원신과 같이 심장에서 동거하게 된다. 그러나 이 식신이 마음을 주재하게 되면서 주인 노릇을 하다 보니 원신은 설 자리를 잃어버리게 되고 식신이 모든 권리를 잡아 칠정七情(기쁨喜, 성냄怒, 슬픔哀, 두려움懼, 사랑愛, 미움惡, 욕심慾心.)과 육욕六欲(眼, 耳, 鼻, 舌. 身, 心)을 행사한다. 처음 영靈에게 받을 때의 원신은 거울처럼 맑고 순수했으나 식신의 작용에 의해 7정6욕의 티끌에 가려져 거울은 때가 끼고 마음은 순조롭지 않으니 이것이 사람의 행동에 나타나게 된다. 원신은 식신의 활동이 없는 잠든 후에라야 활발하게 작용을 하게 된다. 우리가 꿈을 꾸는 것은 원신의 작용이다. 도가에서는 원신을 음陰으로 보고 식신을 양陽으로 보는데 원신이 식신을 감싸고 있으면 많은 지혜가 생기지만 식신이 원신을 감싸고 있으면 즉 양이 음을 감싸면 죽음에 더 가깝다고 보고 있다. 도가道家의 수련은 이 식신을 몰아내므로 때가 낀 거울을 맑고 순수함을 되찾아서 원신을 회복하여 선천으로 돌아가자는 데 있다. 그럴 때만이 마음도 거울처럼 맑고 순수해지므로 저절로 선善을 닦아 공과功果를 얻게 된다는 것이다. 이렇게 태어날 때에는 순양체純陽體의 몸으로 태어나지만 후천세계의 삶은 찌든 환경과 섭취하는 음식과 식신의 활동이 활발해지면서 우리의 몸은 차츰 음 체질로 변화되어 가는 것이다.

사람의 음양과 消長 이치와 괘상

나이	음양진퇴	괘의 변화	괘 상
처음 태어나면 ☷곤괘에 속하고 (960일마다 1爻가 변한다)			
2년 8개월이 되면	進一陽하여	☷곤괘가 변해서 ☷復괘가 되고	지뢰복괘
5년 4개월이 되면	進二陽하여	☷복괘가 변해서 ☷臨괘가 되고	지택임괘
8살이 되면	進三陽하여	☷임괘가 변해서 ☷泰괘가 되고	지천태괘
10살 8개월이 되면	進四陽하여	☷태괘가 변해서 ☵大壯괘가 되고	뇌천대장괘

13세 4개월이 되면	進五陽하여	☰ 대장괘가 변해서 ☱ 쾌괘가 되고	택천쾌괘
열여섯이되면	進六陽하여	☱ 쾌괘가 변해서 ☰ 乾괘가 된다	건위천괘

이상 六爻가 변한 것까지는 純陽의 童體로서 上士의 자리이다. 이때 修煉하면 聖域에 올라설 수 있다. 이후 96개월(8년, 24세)이 되면 爻가 하나씩 변하는데 이때 수련하지 않으면 점점 下士가 되고 만다.(8년마다 1爻가 변한다)

24세가 되면	進一陰하여	☰ 건괘가 변하여 ☴ 姤괘가 되고	천풍구괘
32세가 되면	進二陰하여	☰ 구괘가 변하여 ☶ 遯괘가 되고	천산돈괘
40세가 되면	進三陰하여	☶ 돈괘가 변하여 ☷ 否괘가 되고	천지비괘
48세가 되면	進四陰하여	☷ 비괘가 변하여 ☴ 觀괘가 되고	풍지관괘
56세가 되면	進五陰하여	☴ 관괘가 변하여 ☶ 剝괘가 되고	산지박괘
64세에 이르러	進六陰하여	☶ 박괘가 변하여 ☷ 坤괘가 된다	곤위지괘

이때는 純陰으로 陽氣가 없고 卦氣가 이미 가득 찼으나 이때를 좇는다면 陽이 조금은 남아 있어 만약 수련하려 애쓴다면 陰中에서 陽으로 가해 돌이킬 수 있어서 죽음에서 도망쳐 나와 生命을 유지할 수는 있겠으나 혹시라도 만약 다시 수련하지 않으면 남은 陽氣마저 消盡됨에 이르러 無常이 닥치면 한번 나간 입 기운(口氣)은 다시 돌아오지 않나니…

2) 인체 9대계통九大系統

① 소화계통消化系統

구강口腔, 아치牙齒, 설두舌頭, 식관食管, 위胃, 장腸, 간肝, 담膽, 혈액血液, 심장心臟, 혈관血管, 골육骨肉, 비뇨泌尿 등 식물의 섭취와 소화를 담당하여 당류糖類와 지방脂肪, 단백질, 비타민 등의 영양을 공급받도록 하는 계통이다.

② 신경 계통神經系統

대뇌大腦, 신경神經, 운동運動, 사유思維 등 외부 정보를 처리하고 외부 자극에 우리가 잘 반응할 수 있도록 하는 역할을 하며 학습을 포함한 중요한 활동도 신경계에서 이루어진다.

③ 호흡 계통呼吸系統

배강鼻腔, 기관지氣管支, 폐肺, 심장心臟 등에서 기체氣體가 교환되는 장소는 인체로 하여금 신선한 산소를 얻게 한다.

④ 맥관 계통脈管系統

혈관血管, 임파 계통淋巴系統 등 산소와 영양의 운송, 폐기물 및 이산화탄소의 배설 및 면역 활동을 책임진다.

⑤ 운동 계통運動系統

골격骨格, 기육肌肉, 심장心臟, 폐肺 등으로 신체의 활동을 책임지고, 우리가 여러 가지 자세를 취할 수 있게 한다.

⑥ 내분비 계통內分泌系統

각종 선체腺體, 생리활동을 조정하여 각 기관조직이 조화롭게 작동하도록 한다.

⑦ 생식 계통生殖系統

생식기관生殖器官, 생식 활동을 책임지고 제2의 성징性徵을 유지한다.

⑧ 비뇨 계통泌尿系統

방광膀胱, 혈액 중의 노폐물 배설을 책임지고 소변을 발생시킨다.

⑨ 감각기感覺器

감각기 및 부속기로 구성되어 있는데, 예를 들면 시기視器(눈), 전정와기

前庭蝸器(귀) 등이다.

3) 인체 사대기본조직四大基本組織

① 상피조직上皮組織 : 세포 배열이 치밀하고 세포간細胞間 질質이 적다.

② 결체조직結締組織 : 세포간細胞間 질質이 발달한다.

③ 기육조직肌肉組織 : 기세포肌細胞로 구성돼 있다.

④ 신경조직神經組織 : 신경세포神經細胞로 구성돼 있다.

골격骨格 구조는 인체 구조의 관건인데 외형상 인체 비율의 길이와 체형의 크기 및 각 지체의 생장 모양을 결정한다. 인체는 약 206개의 뼈가 인체의 받침대를 이루고 있다고 한다.

4) 육부간六腑間의 관계

육부는 음식물을 전달하는 기관으로 분업과 협업으로 음식물의 수용·소화·흡수·전도·배설 과정을 함께 수행한다. 우리가 먹은 음식물을 위胃에서 받아 담膽에서는 담즙膽汁을 내보내 위화식胃化食을 돕는다. 위胃에서 받아들인 것을 부숙腐熟하여 수곡水穀을 소화시킨 것을 소장이 이어 받아 흡수하여 청탁淸濁을 분명히 가려서 내보낸다. 이것을 대장大腸이 흡수 수분과 전도傳導된 조박糟粕(찌꺼기)을 나누고 수분은 방광膀胱에 소변으로 저장하고 배설한다. 삼초는 물의 승강升降과 배설을 도와주는 주요 통로이며 그것들 사이의 관계는 매우 밀접하여, 그 중 한 기능이나 육부에 이상이 생기면 질병이 생겨 영향을 미치기 때문에 음식물의 전화傳化에 영향을 주기에 충분하다. 그러므로 육부는 이것을 저장하지 아니하고 바로 설사로 통해 배설하고 있다.

5) 오장五臟과 육부六腑의 관계

장臟과 부腑는 겉과 속이 서로 조화를 이루며, 장臟은 음陰에 속하고 리裏로 표현하고 부腑는 양陽에 속하고 표表로 나타난다. 장부臟腑의 표리表裏에는 경락이 연결되어 있는데, 즉 장부의 경맥은 장에 의해 서로 호흡이 통하고 상호 작용하기 때문에 장과 부는 병변病變에 서로 영향을 미쳐 서로 변하게 된다. 장부 표리 관계는 다음과 같다. 심心과 소장小腸의 표리, 간肝과 담膽의 표리, 비장脾臟과 위胃의 표리, 폐肺와 대장大腸의 표리, 신장腎臟과 방광膀胱의 표리, 심포心包와 삼초三焦의 표리가 그것이다.

① 심장心臟과 소장小腸

경락이 서로 통하는 겉과 속(表裏)이 된다. 심장에 열이 있으면 구설口舌이 붉은 죽같이 문드러질(糜爛) 수 있다. 신경을 써서 소장에 열을 가하면 소변이 짧고 붉은 색의 증상이 생기고 요도에 통증 등을 동반할 수 있다.

② 간肝과 담膽

담이 간에 부치니 장부가 서로 연결되어 있고 경락이 서로 통하여 표리表裏를 이루고 있다. 담즙은 간에서 유래한 것으로 간을 제대로 배출하지 못하면 정상적으로 배설하는 데 지장을 줄 수 있다. 반대로 담즙의 배설이 제대로 되지 않으면 간에도 영향을 준다. 그러므로 간과 담의 증후症候는 종종 황저黃疸, 협통脅痛, 구고口苦, 현기증眩氣症 등이 동시에 나타난다.

③ 비장脾臟과 위胃

특성상 비장은 건조하고 습하며 위는 윤택하고 건조하며 비는 주로 오르고 위는 주로 아래로 낮아진다. 생리기능상, 위는 수곡지해水穀之海이어

251

서 주기능이 소화시키는 것이다. 비장은 위장이 하는 그 진액津液을 운화運化시킨다. 비위脾胃는 조습상제燥濕相濟, 승강협조昇降協調, 위납비화胃納脾化의 상호 작용으로, 대립적이면서도 통일된 갈등운동을 구성하여 수곡의 소화, 흡수하여 나르는 임무를 함께 수행하였다. 위기胃氣는 내려오는 것이 순조로우며 비기脾氣는 위로 오르는 것이 순조로우니 비기脾氣가 정미물질精微物質을 위로 나르게 된다. 만약 위기胃氣가 내리지 못하면 오히려 상역上逆이 일어나기 쉬운데, 구토 등의 증상이 나타난다. 비기가 오르지 못하고 오히려 함몰되어 오래 새거나 탈항脫肛하거나 자궁하탈子宮下脫 등이 생기기 쉽다. 비脾와 위胃는 생리적으로 밀접한 관련이 있고 병리적으로 서로 영향을 주기 때문에 임증臨證 시 비위脾胃를 치료할 때 특별히 많은 신경을 써야 한다.

④ 폐肺와 대장大腸

경락이 연결되어 있으며 서로 겉과 속(表裏)이 된다. 폐기肺氣가 숙강肅降되면 대장의 기기氣機가 원활하게 작동해 전도傳導 기능을 발휘한다. 대장이 원활하게 전달되어야 폐가 맑아진다. 예를 들어, 폐가 막히면 폐의 숙강肅降 기능을 상실하게 되며, 대장 전도가 막히고 변비가 생길 수 있다. 대장 전달이 막히면 폐肺의 숙강肅降이 불능상태가 되며 천식喘息 등을 일으킬 수 있다. 또 폐에 열이 있으면 대장으로 쏟아서 대장으로 열이 내려오게 한다. 대장이 막히면 폐를 통하게 하여 대장의 기기를 떨어뜨릴 수 있다.

⑤ 신腎과 방광膀胱

경락이 통하고 서로 겉과 속(表裏)이 된다. 생리적으로 하나는 수장水

臟, 하나는 수부水腑로 수액대사의 균형을 유지(콩팥 위주)한다. 신腎의 양陽이 증화蒸化되어 수액水液이 아래 방광으로 내려오게 되고, 신양腎陽의 작용으로 자신의 기능을 통해 소변을 배설하게 된다. 병리상 신양이 부족하면 방광의 기능이 약해져 소변 빈도가 잦고 양이 적게 나오게 된다. 방광이 너무 습하거나 열이 있으면 신장에 영향을 미쳐 요통腰痛, 요혈尿血 등이 생길 수 있다.

⑥ 심포心包와 삼초三焦

경락이 서로 통하고 겉과 속(表裏)이 된다. 예를 들어, 임상적으로 열병 중의 습열합사濕熱合邪의 증상으로 삼초를 남겨두면 가슴이 답답하고 몸이 무거우며, 소변당小便溏조가 나타나게 되면 병이 기분氣分에 있음을 알게 된다. 이를 막지 못하면 온열溫熱이 병사病邪가 되어 기氣를 타고 영營에 들어가므로 병영病營에 들어가 삼초三焦가 속수무책으로 혼수상태에 빠진다. 내장 사이의 연계는 매우 광범하다. 그것들 사이에는 구조상의 연락聯絡도 있고, 기능상의 연계聯系도 있다. 예를 들어 비장의 주요 기능은 주로 운화運化이다. 전신의 영양 공급원으로 생각하면 된다. 하지만 비장의 운화는 위를 주요 배합으로 하는 것 외에 간장의 소설疏泄, 폐기肺氣의 수포輸布에 의존해야 한다. 심혈心血의 영양은 신양腎陽의 온후溫煦와 담膽 역시 그 사이에 관여한다. 내장 사이의 상호관계는 인체 활동의 정체성을 이루며, 각종 생리 기능을 더욱 조화롭게 한다. 이는 인체의 생명활동을 유지하고 건강을 유지하는 데 중요한 의미가 있다.

6) 장臟과 장臟의 관계

① 심心과 폐肺

심은 혈血이 주主가 되고 폐는 기氣가 주가 된다. 인체 장기 조직의 기능 활동 유지는 기혈氣血 순환에 의지하여 양분을 수송한다. 혈血의 정상 운행은 심心이 주된 것이긴 하지만 폐의 기운을 빌어 움직여야 하고, 폐에 고여 있는 종기宗氣는 심맥心脈에 주입해야 전신이 잘 통한다.

② 심心과 간肝

마음은 혈액순환의 동력이니만큼 간肝은 혈액을 저장하는 중요한 장기이다. 따라서 심혈心血이 왕성하면 간혈肝血 저장도 충분하고 근맥筋脈에 영양을 주며 인체의 사지四肢의 활동이 촉진되고 백해百骸 등의 정상적인 활동을 촉진한다. 심혈心血 결핍으로 간혈肝血이 부족하면 혈이 근筋을 키우지 못하고 근골격통, 수족구련拘攣, 경련 등이 생길 수 있다. 또 간肝에 울화鬱火가 치밀어 심장에 폐를 끼치고 불면증 등이 생길 수 있다.

③ 심心과 비脾

비장의 운명은 정미精微하다. 혈액을 이용하여 움직여서 전신에 수송되게 한다. 또한 심혈은 비장이 흡수하고 전송하는 수곡장미水穀精微 생성에 의존해야 한다. 또 심주혈心主血, 비통혈脾統血의 입장에서 비장의 기능이 정상적이어야 혈액을 통섭統攝할 수 있다. 만약 비기脾氣가 허약하면, 혈을 경맥에 따르지 않게 할 수 있다.

④ 심心과 신腎

심장과 신장은 상호 작용, 또는 상호 제약으로 생리 기능의 상대적 균형을 유지하고 있다. 생리상태에서 심양心陽은 끊임없이 떨어지고, 여음女陰은 끊임없이 상승하며, 위아래로 교차하는 음양상제陰陽相濟 현상을 심신상교心腎相交라고 한다. 병리 상황에서 신장에 음이 부족하면 마음에 도움이 되지 못하고 곧 심양心陽 편향을 일으킬 수 있다. 양자가 조화를 이루지 못하는 것을 심신불교心腎不交라고 한다.

⑤ 간肝과 비脾

간장은 혈이 주가 된다. 비脾는 수곡정미水穀精微를 주로 운화하여 혈血을 생산한다. 비脾가 허虛하여 혈의 생성에 영향을 끼쳐서 간혈肝血이 부족하면 어지럼증, 눈부심, 시물불명 등이 생길 수 있다. 간기肝氣가 울결鬱結하고 비장이 횡역橫逆하면 복통, 설사 등이 나타날 수 있다.

⑥ 간肝과 폐肺

간의 경맥은 지방을 관貫하여 폐에 따르게 된다. 간과 폐는 일정한 관계가 있다. 간기가 승발昇發하고 폐기는 역으로 숙강肅降이 일어나 인체의 기氣를 안정하게 한다. 만약 간의 기가 상하면 폐가 숙강肅降을 잃어서 가슴이 답답하고 가쁜 것을 알 수 있다. 간화肝火가 폐에 걸리면 흉협통胸脅痛이나 기침, 가래에 피를 머금는 등의 증세가 보일 수 있다.

⑦ 간肝과 신腎

신장은 정精이 주가 되고 간장은 혈血이 주가 된다. 간의 혈은 신장의 정이 공급하는 영양에 의존하고 있다. 신장의 정精 또한 간의 기氣를 끊임없이 보충해야 하므로 이 둘은 서로 의존하며 서로 자생한다. 신정腎精 부족은 간혈肝血 결핍을 초래할 수 있다. 반대로 간혈이 부족하면 신장 생성에 영향을 줄 수도 있다. 신장이 음이 부족하고 간에 간肝의 음陰이 부족하여 간肝의 양陽이 들뜨거나 간풍내동肝風內動의 증후로 현기증, 이명, 떨림, 무감각, 경련 등이 생길 수 있다.

⑧ 폐肺와 비脾

비장은 수곡水穀의 정기精氣를 폐에 전달하고 폐가 흡입한 정기와 결합하여 성종기成宗氣(일명 폐기)가 된다. 폐기의 강약은 비장의 운화의 정미함과 관계가 있기 때문에 성질이 강하면 폐기가 충만하게 된다. 비가 허虛에서 폐에 영향을 줄 때, 적게 먹는 것, 게으른 것, 기침 등의 증상을 알 수 있다. 자주 비장을 보補하고 폐를 유익하게 하는 방법으로 치료해야 한다. 또한 만성 기침에 걸리면 가래가 많이 나오고 쉽게 기침을 하게 되는데 체권소등증體倦少等症에 걸리게 된다. 병의 증상은 폐에 있지만 병은 비장에 있다. 반드시 건비조습健脾燥濕하고 가래를 녹이는 방법을 사용해야 효과를 거둘 수 있다. '폐는 가래를 담그는 그릇이고 비장은 가래가 나오는 근원'이라는 것은 비장과 폐의 관계를 나타낸다.

⑨ 비脾와 신腎

비양脾陽은 신양腎陽의 온양에 의지해야 운화작용을 할 수 있다. 신양이 부족하면 비양을 허약하게 할 수 있고, 운화가 제대로 되지 않으면 설사하고 식곡이 소화되지 않는 등의 증상이 나타날 수 있다. 반대로 비양이 허약하면 신양 부족을 초래하고 요등腰䐈, 폐랭廢冷, 수종水腫 등이 나타날 수 있다.

⑩ 폐肺와 신腎

폐는 숙강肅降이 주主이고 수도水道를 조절하여 수액이 신장으로 내려가게 한다. 신장의 주 수액은 신양의 증화를 거쳐 청중淸中의 청淸을 폐로 귀속시키고 비양의 운화에 의지하여 공동으로 수액 대사의 기능을 완성한다. 폐·비·신의 세 장臟 중 한 장臟의 기능이 실조失調하면 모두 수액이 미류媚留하여 부종이 발생할 수 있다. 폐는 호흡하고, 신은 주로 기운을 내주게 된다. 두 장臟은 협동하여 인체의 기기氣機를 드나들며 승강昇降시키는 기능을 하고 있다.

7) 호흡 계통呼吸系統

비교적 간단한 구조로 공기 출입로와 기혈을 교환하는 계면界面으로 구성돼 있다. 기체를 교환하는 폐포肺泡는 폐장肺臟 주변부에 위치하고 있는데, 흉벽胸壁에 힘을 가하고 기도氣道는 가운데서 기관氣管과 연결되어 있다.

흉벽과 폐는 모두 탄성彈性 조직으로서 대기의 압력으로 둘을 하나로 붙인다. 쌍방의 탄성 회축력回縮力은 둘 사이에 부압負壓(대기의 압력보다 낮은 것)을 형성한다. 양쪽 임방이 파열돼 대기가 들어오면 폐가 커진다. 숨을 들이마실 때 흉곽이 확대되어 폐가 확장되고, 폐 조직이 더욱 진일보되어 탄성회축력彈性回縮力이 증가하는데, 이 회축력回縮力만으로 내쉬는 운동을 할 수 있다. 특수한 상황하에서만 힘껏 숨을 내쉬어야 한다. 그러나 숨을 내쉬는 것은 흉강내압이 정압일 경우 폐포의 기도가 일부 찌그러져 배기가스에 영향을 줄 수 있다는 점에서 불리하다.

호흡기는 양방향 통로이며, 공기는 그 안에서 반복적으로 운동하는데, 이것은 고정된 기의 문제를 가져온다. 예를 들어 500ml를 한 번에 들이마시면 실제 폐포에 들어가 가스 교환이 이뤄지는 것은 일부(350ml)에 불과하고, 다른 일부는 흡기 말에도 기도에 머무는 것을 사강기(150ml)라고 한다. 병중에 호흡이 얕아졌을 때, 막무가내로 차지하는 비율이 더 크다. 양

방향 배관은 맹관 시스템으로 돼 있어 들어오는 이물질도 잘 배출되지 않는다. 코는 비교적 큰 입자를 막아 작게 굴곡진 기도에서 관벽에 부딪혀 달라붙는데, 가장 작은 종말에도 대식세포에 의해 삼켜져 기관지에 섬모가 있는 부위로 운반되며, 여기에 붙은 입자까지 위로 운반되어 나중에 입으로 넘어가거나 삼키거나 토해 내거나 기침하기도 한다.

이상은 정상적인 사람들의 호흡에 관해서 의학적으로 풀어 설명했다. 그러면 도가 수련의 차원에서는 호흡을 어떻게 인식하고 있는가.

도가 수련은 호흡이 핵심이다. 도가의 종좌靜坐 수련은 호흡으로 시작해서 호흡으로 끝난다. 종류만도 20여 가지가 넘는 호흡으로 인체人體에서 천체天體까지 모든 것을 끌어안아서 이끌고 가는 동력이다.

① 호흡呼吸과 호식呼息

숨(息)이라는 것은 자기 스스로의 마음이다. 스스로의 마음이 숨으로 되는 것이다.

숨이란 것은 태어나기 이전부터도 있었다. 태어나기 이전의 숨이란 사람의 본바탕을 이루고 있는 원신元神과 원기元氣와 원정元精이다.

올라가거나 내려가거나(昇降) 서로 떨어지거나 서로 합쳐지는(離合) 것이 모두 마음을 따라서 일어나는 것이며 유와 무, 허와 실은 모두 생각(念) 가운데 들어 있는 것이다. 일식一息은 한평생 지켜 나가야 되는 것이니 이 일식이 멎으면 생명도 다하는 것이다.

수련자는 호흡을 통해서 정좌수련을 이끌어 가므로 사람의 두 눈으로는 일월을 삼고 머리와 복부를 음양으로 나누어서 좌측 눈은 양, 우측 눈은 음이며 머리는 양, 복부는 음으로 보아서 호흡으로 조화를 이루어 낸다. 머리호흡도 하는데 하나는 머리 모공을 수축, 팽창하는 호흡이고 또 하나는 머릿속 니환궁의 공간을 수축 팽창하는 호흡이다. 이는 매우 감각적인 부분이라서 쉬운 일이 아니다. 바깥에서 안쪽으로 압축하다 보면 머리가 움직이려는 느낌이 있게 되는데 이때는 두개골까지도 안으로 움직이는 호흡을 강행하여서 압력을 조절한다. 사람의 머리는 몸 가운데서 압력이 제일 많은 곳으로 머리 뇌압이 커지면 수면방해나 두통, 심지어 신장에까지도 나쁜 영향을 끼친다. 머리 모공호흡을 통해서 뇌압을 조절하고 그 압력(양중의 음)을 하복부로 끌어내린다. 하복부는 우리 몸 중에 압력이 가장 적은 곳이다. 머리에서 끌어내린 압력을 하복부에서 호흡을 통해 하복부 압력(음중의 양)과 조절하여 몸 전체의 비례 균형을 맞춘다. 이와 같이 가끔 머리 압력이 크게 나타나고 상기上氣가 되면 머리의 압력을 호흡으로 끌어내려서 하복부에서 조절하여 감소시킬 수 있고 머리와 복부를 호흡으로 조절한 뒤에는 전체 모공호흡을 통해 몸의 일체를 조절한 뒤에 호흡을 통해 모아진 기는 하전에 저장한다. 이러한 조절 과정을 거치면 체내가 음과 양으로 나누어지면서 태극 모양이 된다. 이 과정이 진정한 호흡이라고 할 수 있다.

　호기呼氣는 양陽으로 분류되며 코를 통해서 나가면서 양을 내리고 심장과 폐장을 돕는다. 흡기吸氣는 음陰으로 분류되며 코를 통해서 체내에 들어오면서 음을 내리고 간장과 신장을 돕는다. 이런 호흡과정에서 체내는 음과 양으로 분리되어 태극 모양이 되는 것이다. 머리 쪽은 양, 아래 하복부는 음이다.

　정좌 수련에서 호흡과 호식은 구별되어야 한다. 그것을 분류하면 다음과 같다.

　호흡의 종류로는 비호흡鼻呼吸, 자연호흡自然呼吸, 두부호흡頭部呼吸, 하복부호흡下腹部呼吸, 외행호흡外行呼吸, 내행호흡內行呼吸, 모공호흡毛孔呼吸,

전신호흡全身呼吸, 하전호흡下田呼吸, 상전호흡上田呼吸, 두강頭腔·흉강胸腔·복강腹腔 호흡 내강內腔호흡 우주공간 호흡 등이며 모두 식신識神을 사용 한다. 즉 의식意識으로 호흡을 강행하는 것이다.

이밖에도 정좌 시 귀를 수축시키는 호흡, 3음三陰(전음, 후음, 회음)을 봉하고 하는 호흡, 그리고 두강頭腔, 흉강胸腔, 복강腹腔을 진공상태로 만들기 위한 수축, 팽창호흡을 한 다음 행하는 내강內腔호흡, 유형무질有形無質의 자아自我를 수련하는 공간으로 내보내(이런 현상을 단경丹經에서는 분형分形이라고 함) 수축, 팽창하여 기장氣場을 형성하는 호흡, 일월성日月星이 있는 한없이 넓은 우주공간에 유형무질의 자아를 보내 수축, 팽창하는 호흡 등 약 20여 종류의 호흡법으로 정좌수련을 하게 된다.

내강內腔호흡은 두강, 흉강, 복강을 각각 호흡하여 진공상태가 된 뒤 이 3강이 몸 안의 천天, 인人, 지地가 되어 이것을 합일하여 수축, 팽창하는 호흡으로 몸 전체를 진공상태로 만드는 것인데, 이런 호흡은 처음 수련할 때부터 하는 것은 아니고 공력이 어느 단계에 오르면 하는 것들이다.

식息은 '휴식한다' '쉬어간다' '정지한다'는 뜻이 함유되어 있으며 원신을 취하게 되므로 고도의 정좌수련을 거치게 되면 호흡은 지극히 미세해져 마치 숨이 중단된 것처럼 된다. 이때 호흡기관의 수축 확장 작용은 정지되며(신체 각 부분에서의 호흡까지 정지된 것은 아님) 아랫배 부위에서 호흡과는 상관없이 일종의 열리고 닫히는 작용이 발생하는데 이것이 식息이다. 종류로는 범식凡息, 수식數息 수식隨息, 청식聽息 정식停息 정식定息 진식眞息, 지식止息, 종식踵息, 호식呼息 태식胎息 등을 꼽을 수 있다. 이러한 식을 할 때는 모두 원신元神을 사용하여 고요한 상태를 유지하여 저절로 이루어져야 한다. 즉 무의식적이어야 한다.

호흡은 가늘고 길고 균일하게 하여야 하는 것이 관건이다. 그리고 중요한 것은 면면약존綿綿若存이다. 끊어질 듯 끊어지지 않고 있는 듯 없는 듯 이어지는 호흡이 중요하다. 그리고 반식半息 반호半呼도 있는데, 이 호흡은 안신조규安神祖竅 수련 시 하는 것으로 여동빈은 "반식 반호가 선仙으로 가는 길이다."라고 말하였다.

호흡과 호식의 종류와 방법

호흡의 종류	호흡 내용 (식신을 사용)
비호흡	일반적으로 코로 숨을 쉬는 것을 말한다. 비호흡은 3가지 종류(비강, 상전, 하전)가 있다.
자연호흡	숨을 몸에 맡기는 것인데 방향, 목적, 범위가 없어야 하며 무위와 무의식의 호흡이고 본능적이다. 均, 細, 深, 長.
두부호흡	머리 모공과 두개골을 수축 팽창하는 호흡이다.
하복부호흡	복부를 밀고 당기는 복부 수축 팽창 호흡이다.
외행호흡	천체 우주와 인체 우주를 감응하는 호흡이다.
내행호흡	몸 안의 천(심장)과 지(신장)를 왕래하는 호흡이다.
모공호흡	84,000모공으로 수축 팽창하는 호흡이다.
전신호흡	전신을 수축 팽창하는 호흡이다.
하전호흡	하전에 약물을 넣고 팽련하는 호흡이다.
상전호흡	상전에 약물을 넣고 팽련하여 하전에 내린다.
내강호흡	두강, 흉강, 복강을 각각 수축 팽창하고 이 3개를 통일해서 수축 팽창하는 호흡.
우주공간 호흡	유형무질의 나의 신을, 日·月·星이 있는 우주공간을, 그리고 인체우주장인 수련공간을 수축 팽창하는 호흡.
호식의 종류	호식 내용 (원신 상태에서)
범식 凡息	가볍게 쉬어 있는 자세로 자연호흡의 일종이다.
수식 數息	잡념을 없애기 위해 하나, 둘, 수를 세며 하는 호흡
청식 聽息	정좌 중 호흡을 느끼면 청식이다.

수식 隨息	하전호흡을 할 경우 호흡이 하전에 따라 움직이고 하전이 호흡에 따라 움직이고, 다른 부위의 대상도 동일.
정식 停息	수식을 하다 잠깐 멈추었다가 다시 시작되는 상태.
정식 定息	호흡이 있는 것도 같고 없는 것도 같아 느낄 수 없는 호흡.
진식 眞息	호흡을 멈추고 조절하는 과정, 하전에서 자체로 움직임이 계속되는 상태, 내단 수련의 어려운 과정.
지식 止息	호도 없고 흡도 없고, 하늘과 통하는 첫 번째 단계.
종식 踵息	발뒤꿈치로 쉬는 숨, 종식 이후에는 태식이 가능.
호식 呼息	호나 흡할 때의 사이에서 찰나적으로 정지한 상태, 체내 내장이 호흡을 따라가지 못해서 생기는 현상.

② 폐기閉氣

폐기불식閉氣不息이란 말이 있다. 즉 기를 닫는다는 것은 숨을 쉬지 않는다는 말이다.

정좌수련의 동력은 호흡이다. 하전도 하복부 호흡을 통해서 만들어 지며 주천을 돌리고 화후를 쓰고 약을 캐고 약을 얻고 내기內氣를 움직이고 우주공간에서 신광을 끌어들여 금단을 이루어 내는 것 모두가 호흡이다. 처음부터 끝까지 모든 것을 호흡으로 이끌어가고 호흡으로 조절해야 한다. 호흡이 잠깐의 단절도 있어서는 아니 된다. 중요한 것은 호흡이 길고 가늘게 균일하게 해야 한다. 균일하게 한다는 것은 호와 흡이 같게 한다는 말이다. 그런데 호흡을 길게 하기 위해서 즉 3분 호흡이니 5분 호흡이니 하여 인위적으로 호흡을 참는 등 어떤 작용을 해서는 안 된다. 수련의 정도에 따라 자기 몸이 만들어진 상태 수준만큼만 유지하여 오흡을 함으로써 원신元神의 작용을 도와야 한다. 호흡도 깊게 들어갈수록 식신의 작용을 견제하고 원신이 주도할 수 있어야 한다.

정좌 수련 중 폐기閉氣를 할 때도 있다. 그것은 수련을 진행하는 중에 어느 한 가지 호흡법을 실행하다가 잠깐 호흡을 멈추고 그 호흡에서 생기는 내기의 움직임을 감지하거나 심장의 박동소리를 듣는다거나 할 때 한숨 만큼만 잠깐 숨을 멈추는 경우이다.

그리고 상대방이 나의 공력을 탈취하려고 할 때는 부득이 폐기 상태를 유지하여 그것을 방지하기도 한다.

③ 태식胎息

태식은 위에서 나열한 범위를 뛰어넘는 한층 더 높은 경지의 호흡이다. 결태가 되고 태체胎體가 생성되면서 태체의 움직임과 심장박동이 있어야 태식을 할 수 있다. 포태 중의 태아는 심장박동이 엄마를 따라하지 않고 독립적으로 한다고 보아야 한다. 박동 수가 엄마는 60정도라면 태아는 100이 될 때도 있는데 이것이 독립적인 태식을 말해 준다.

진정한 태식이 그 안에 들어간 경지를 말하게 되면 안과 밖을 나눌 수 없다고 한다. 안과 밖으로 구분됨이 없다는 것은 움직일 때나 고요할 때나 한결같아서 움직임과 고요함이 하나로 합쳐져 서로 섞여 한 덩어리로 이루어져서 변화 한다는 말이다. 변화가 아니면 신령하다고 말할 수 없을 것이다.

그래서 태식이라는 것은 사람의 의식세계를 벗어나 있는 어떤 알 수 없는 힘에 의하여 이루어지는 것이므로 신령한 숨, 즉 신식神息이라고도 불리운다.

8선 중 한 사람이며 여동빈의 스승인 종리권은 발뒤꿈치로 깊이 숨을 쉰다(踵息)고 했는데, 바로 이 태식의 경지에서만이 할 수 있는 것이다. 이렇듯 태식은 상당한 수준, 즉 진인들이나 할 수 있는 높은 단계의 숨쉬기이다.

8) 인체人體 공간의학空間醫學

인체《공간의학空間醫學》은 인체 내부에 존재하는 각 공간 부분의 에너지장의 운동과 기능을 조정하여 인체 내부 공간을 정화함으로써 세포의 복사輻射 및 흡수吸收에 좋은 공간 환경을 제공하는 동시에 각 세포 집단을 촉진하고 충돌시켜 세포의 활력을 활성화 내지 개선하고 세포의 소화, 흡수 기능을 회복함으로써 인체 자체의 잠재능력의 상태를 발휘하고 조정하고 또한 질병 예방 및 건강하게 장수하는 기능을 발휘한다.

자연계에서 만물은 상호의존하고 촉진하게 된다. 인체의 사대공간四大空間에 축적된 부분, 즉 ① 흉강胸腔(횡격막橫膈膜 위)과 소복강小腹腔(횡격막 아래 배꼽 위) 복강腹腔(배꼽 아래)과, ② 척추脊椎의 안, 그리고 목에서 꼬리뼈까지 이어지는 이른바 ③ 태양구太陽區(후배내측대공간後背內側大空間)의 공간, ④ 삼초三焦의 공간으로 통칭한다. 에너지는 이 네 공간에서 혼합, 충돌, 화합하여 새로운 에너지를 만들어 내는데, 그 운동, 변화, 축적과 형성된 에너지장의 농도 및 기타 성질, 상황이 각 장부의 각 기체 부분의 성능, 병변病變을 직접 반영하고 영향을 미치기 때문에 각종 질병을 진단하고 치료하는 데 중요한 열쇠가 된다.

인체 공간에서 에너지가 움직이는 루트는 인체의 이른바 공전公轉과 자전自轉이다.《공간의학》에서 공전은 임·독 2맥의 운행이며, 궐음厥陰을 자전이라고 한다. 공전은 인체의 큰 길이다. 인체의 모든 세포가 복사하는 에너지 물질은 모두 공전을 통해 조절한다. 심도 있는 연구와 대량의 임상 실험을 통해《공간의학》은 인체 세포 복사와 공간의 관계를 인식하게 되었다. 태양구太陽區는 공전과 자전에 대한 중요성 및 인체 상·중·하 3초와 태양구와의 관계이다. 그래서 병증病症 위주, 즉 증상症狀을 진단 근거로 제시했는데, 일반적인 병명을 진단 근거로 하는 것을 깨고 병증에 대해서만 임상적으로 참고로 하고 있다. 공간의학 이론은 증상은 인체의 공간 에너지의 불균형에서 비롯된다고 한다.

공간정미空間精微 에너지의 운동과 갱신更新은 인체의 기능을 회복하는 방법이다. 주변 세포에 충돌해 세포를 활성화시키고 개선하기 때문이다. 따라서 세포 기능을 회복하려면 반드시 세포를 활성화시키고 그 주위의 환경을 개선하여 주변 에너지의 농도와 압력을 변화시켜야 한다. 인체 내 에너지의 운동법칙은 압력이 높은 사람은 압력이 낮은 쪽으로 운동하고 농도가 높은 사람은 농도가 낮은 쪽으로 대피시키는 것인데, 에너지가 작동하는 특징은 세포 밖 공간의 에너지는 위로 향하고 세포 안의 실체 물질은 아래로 향한다는 것이다. 오르고 내리는 운행 중 세포와 공간 에너지의 충돌은 세포 운동의 동력 중 하나다.

인체의 공간은 세포 운동, 에너지 조절의 장이다. 이 공간들은 청정하고 에너지의 유통이 원활해야 인체가 자연으로 돌아가 건강을 회복하고 유지할 수 있다. 세포細胞의 운동은 세포의 주위 환경과 밀접한 관계가 있다. 세포 주변 공간 에너지의 압력과 농도의 변화는 세포의 개합開合과 복사輻射에 직접적으로 영향을 준다. 주위 공간의 에너지 농도가 높을수록 압력이 더욱 커지고 세포 내의 물질은 더욱 축적된다. 즉 전통 한의학에서 소위 말하는 기혈에서 어체淤滯 형성되는 것이다. 이것은 세포 기능의 부조화를 일으키는 주요 원인이다. 장부臟腑 질환은 물질이나 에너지가 빠져나가지 못해 멍이 들면서, 즉 기혈이 통하지 않아 생기는 질환이다.

① 인체 공간의학의 기초

《공간의학》은 전통 한의학의 기초에서 한 걸음 더 추상적이고 승화되어 오장육부 위주가 아닌 인체의 4대 공간을 중시하고, 경락 위주로 하지 않으나 인체의 공전과 자전을 중시하며, 체계적인 이론을 위주로 하지 않으나 세포細胞 군체群體를 중시하며, 병명을 테두리로 하지 않고 신체 자체에 반응하는 증상을 근거로 한다. 따라서 전통 한의학이나 현대의학의 이론과는 달리 선도先導, 기초基礎, 참고參考의 역할만 하고,《공간의학》은 여기에 더해 기초가 진일보한 이론과 방법으로 승화昇華 내지 간명簡明하기 때문에 배우기 쉽고 쓰기 쉽고 보편화하기 쉬운 것이 특징이다.

② 진단방법

공간의학의 진단 방법은 사진四診 팔강八綱이 아니라 관觀 위주로 증상을 묻고 설舌의 질과 설태舌苔의 변화를 관찰한다. 공간의학의 혀 진단은 전통 의학에서 물질과 에너지의 전환, 에너지 충돌 물질의 변화, 인체 공간 에너지의 농도 및 스트레스의 변화를 파악하는 것으로 매우 중요하다. 인체의 질병을 조절 치료하려면 에너지의 농도와 압력을 조절하는 것부터 시작해야 한다. 전통 의학의 육사六邪의 변화가 농도와 스트레스를 변화시키는 기초가 된다. 육사六邪는 공간물질의 속성으로 그 농도와 압력을 조절하는 무기는 약물의 '기氣'와 '미味'다. 기는 농도와 압력을 낮추고 미는 농도와 스트레스를 증가시킨다.

③ 치료방법

《공간의학》은 치료에 있어서 지실至實과 지공至空을 원칙으로 하여 기능을 조절하고 그 질환을 없게 하며, 승昇·강降·부浮·침沈을 기초로 하여 약물의 기氣와 미味를 도구로 각 부위 공간의 에너지를 전체적으로 운용, 이동시키고 추推·선宣·제提의 방법으로 에너지를 압력으로 변화시켜 인체의 청탁한 세포를 촉진한다.《공간의학》의 치료 방법은 공간 에너지 농도 차와 압력 차를 증가시키고 허와 실의 대비 강도를 높인다. 따라서 허에 도달하고 실제에 도달하여 에너지를 고속으로 움직이는 것이다. 목적이 있으면 세포 간의 큰 충돌을 야기하는데 에너지장의 큰 변화로 에너지 유통을 원활하게 한다. 이로 인해 인체장人體場의 자연적인 정상 상태를 회복하고 인체의 건강을 회복하는 것이다.

《공간의학》은 병명을 참고하되 병명에 얽매이지 않는다고 주장한다. 폐를 보면 폐를 치료하지 않고, 간을 보면 간을 치료하지 않는다. 그래서 암이라는 말도, 천식이라는 말도 없이 질병의 임상적 증상을 치료의 근간으로 삼자고 주장한다. 인체의 기능이 조절되지 않는 주요 원인은 초점이 맞지 않고, 초점이 내려가지 않아 힘이 없고, 중간 초점이 움직이지 않기 때문이다. 초점이 막히면 물질과 에너지가 막히게 된다. 초조하고 힘이 없는 것은 인체의 원동력이 결여된 것이다. 전통 한의학에 따르면 이것은 기(正氣)가 부족한 것이다(內經有"正氣存內, 邪不可幹"之說). 초조하고 움직이지 않는 것은 위로는 초조하고 갈 곳이 없는 것이고. 막히면 통하지 않으며 아래는 초조하고 갈 곳이 없는 것이다. 움직이면 힘이 없고, 가운데서 움직이지 않으면 활력이 없기 때문에 병이 생기는 것이다.《상한론傷寒論》을 배우는 주된 방법은 태양경太陽經을 소통시키는 것인데, 태양경은 사진邪進이나 사출邪出의 문호이기 때문에 병을 치료할 때 활로를 찾고, 또 찾아내야 살 길이 생긴다.

공간의학의 치료법은 거두어들일 수 있어서 작은 것도 커진다. 특히 심장의 좌·우 기능의 변화에 주의하여 심장의 좌·우 심방 및 심실心室의 기능을 뚜렷하게, 그리고 대량의 임상실험으로 인체의 작은 순환의 동력이 대순환을 촉진할 수 있다는 것을 검증하였다. 우심을 동력으로 하여 우심의 회류回流를 높이고, 우심으로 좌심을 움직이게 하는 것이 혈압을 해결하고 조절하는 관건이자 하체순환을 조절하는 관건이다.

④ 용약用藥

한약은 전통 한의학의 의료 공구로 약물의 총강總綱은 사기四氣, 오미 五味이다.《공간의학》은 인체의 공간을 사기와 오미가 작용하는 장소라고 지적했다. 한방 약초의 기와 맛은 인체의 에너지가 오르고, 떨어지고, 뜨고, 가라앉는 조절기調節器다. 각각의 약물은 인체의 공간을 떠돌며 공간 에너지의 농도와 압력을 변화시키고 세포 내·외 물질과 에너지의 변화의 방향을 바꾸는 '기'와 '미'를 가지고 있다. 즉 세포 밖 에너지의 농도가 높고 스트레스가 높을 때 '기'나 '미'의 작용 하에 세포 안으로 침투하여 물질로 변화 아는 것이다. 그 반대 역시 마찬가지이다.

인체 내의 승강昇降 부침浮沈은 또 인체 공간의 에너지 흐름의 방향을 상당 부분 결정한다. 한방효과는 국소공간의 농도 변화를 개선해 오장육부, 경락 등의 작용을 개선한다. 한약의 약초는 기와 맛의 변화를 통해 인체의 기능을 조절하고 회복한다.

공간의학은 약물이 오장육부에 작용하는 것이 아니라 인체의 한 부위에 작용하는 공간이라고 지적했다. 예를 들어 ① 인삼은 하초의 에너지 농도를 높인다. ② 백술白術은 위장 공간의 에너지 농도를 증가시키기 때문에 백술을 거듭 복용하면 사하瀉下 작용이 있다. ③ 야교등夜交藤은 임상관찰에 의하면 우심방 회류의 효과를 증가시키기 때문에 인체 회류에 독특한 효과가 있어 정맥질환 치료에 가장 좋은 약이다. 약물은 '기'와 '미'에 따라 공간 영역에 작용하며 공간 관계는 견인牽引과 청화淸化다. 청화는 공간을 비우고 견인은 동력을 공급한다.

⑤ 약물적응용

《공간의학》은 약물의 응용에 있어서 전통적인 투약 방식과는 확연히 다른데, 약의 기능을 구체화한 기초로 인체의 기능 변화에 맞추어 사용하기 때문에 사용량이 적고 약물이 적으며 치료 효과가 좋은 특징이 있다.

인체 《공간의학》이 강조하는 것은 전반적인 의학·예방의학으로, 부저釜底에서 병의 원인을 제거하는 '치본治本'의학과 양생학이다. 많은 난치병과 만성질환, 심지어 서양 의학에서 흔히 생각하는 불치병에 대한 대책과 효과가 있다. 20여 년의 임상 실천을 통해 환자가 수만 명에 이르고, 다양한 서양 의학이 인정한 불치병을 다루며 탁월한 치료 효과를 보여 이 새로운 이론의 정확성을 증명했다.

인체 《공간의학》의 이론과 실천은 한의학과 서양 의학의 생리·병리학을 동시에 이해할 수 있을 뿐만 아니라 전통 한의학의 오묘함을 깊이 이해할 수 있는 새로운 사고의 길을 열었고, 현대 의학이 해석할 수 없거나 불치병이라고 여겼던 많은 병증에 대해 《공간의학》의 새로운 이론, 새로운 발견의 계시를 통해 비교적 원만한 해석을 얻었으며, 확실한 치료 방법을 찾아냈다. 이것은 천여 년 동안 한의학 역사에서 시대적 의의를 지닌 창조와 발전이다. 인체 《공간의학》은 나아가 우주과학의 신비에 대한 "잠재 의식과학"을 언급하여 많은 의학과 인체과학의 천년 신비를 제시할 수 있는 과학적 단서를 제공하였고, 또한 인류가 직면한 많은 현대적 도전과 현대 의학이 직면한 곤경에 새로운 활로를 예시하였으며, 인류의 미래 건강과 번영에 새로운 희망을 가져왔다.

제 4 편

도가 道家와 도교 道敎

근대 중국학자들은 도가와 도교는 서로 연결돼 있으면서도 구별되는 개념으로 보고 있다. 습관적으로 도교道敎를 도가道家, 또는 황노黃老라고 부르기도 하지만 엄밀히 말하면 양자가 완전히 같은 것은 아니다.

도가란 서한西漢 사마담司馬談에서 시작된 논육가요지論六家要志로, 선진 제자백가 중에서 노장사상으로 대표되는 학파學派, 또는 전국시대인 진한秦漢 시기에 성행했던 황로지학黃老之學을 가리킨다. 이들은 모두 사상思想과 이론상 '도道'를 최고 범주範疇로 삼아 도를 존중하고 자연을 본받으며 청정무위의 법칙으로 자신과 나라를 다스리는 수신 및 치국의 도리, 인간과 자연 사이의 관계를 다뤄 도가라고 부른다.

도교는 일종의 종교적 실체다. 말 그대로 '도교道敎'는 '도道'의 교화나 설교, 또는 '도道'를 믿고 정신적 형체 수련을 통해 성선득도成仙得道하는 종교를 뜻한다. 도교는 종교적 실체로서 독특한 경전적 교리와 신선신앙, 의식행사뿐만 아니라 종교 전승, 교단조직, 과계科戒제도, 종교행사장도 갖추고 있다. 이런 종교 동아리는 초기 도가학파와는 분명 다르지만 도가道家는 도교道敎의 상위권이고, 도가道家와 도교道敎의 요체는 모두 도道다. 도가를 사상思想이라고 한다면 도교는 신앙信仰이다.

1 도가道家

도가道家 또는 노장사상老莊思想은 중국사상中國思想의 여명기인 춘추전
국시대 이래 유가 사상와 함께 중국 철학의 두 주류를 이룬 사상이다. 제
자백가의 하나로, 대표적인 사상가는 노자와 장자이며, 전국시대 중기에
유가와 함께 유력하였다.

춘추시대 노자는 옛 성선현聖賢의 큰 지혜를 모아 오래된 도가사상
의 정수를 총결總結해 무위무불위無爲無不爲(무위로 하지 못하는 것이 없다)의
도덕이론을 형성했다. 이 도가의 사상이 이미 정식으로 정형화되었음을
나타낸다. 이때부터 예나 지금이나 나라를 다스리는 지존至尊의 보술寶術
이 되었다. 황제黃帝, 이윤伊尹, 태공太公, 신갑辛甲, 죽자鬻子, 노자老子, 문자
文子, 열자列子, 장자莊子, 관자管子, 갈관자鶡冠子 등을 대표로 하여 무위無爲,
박박樸樸, 여시천이與時遷移, 응물변화應物變化 등을 주장하였다. 특히 중요
한 것은 도가가 비록 고전이 있기는 하지만, 사상은 권유圈囿에 속하지 않
는다는 점이다. 도가사상의 형성은 총화, 발전, 저서를 주요 경로로 하였
으며, 각 사상의 도약마다 오랜 기간 많은 사람들의 업적이 축적되어 도
가의 생명력을 다시 한 번 부각시켰다. 도가 인물은 세상에 뛰어들어 공
을 세우기도 하고, 공성불거功成弗居를 이루기도 하며, 긴 세월 동안 재난
이 닥칠 때마다 호연도기浩然道氣로 재난의 근원에 도전하여 주사위도誅
邪衛道를 베풀고, 반정反正을 깨뜨리기도 하며, 이로 인해 많은 사람들에게
회자膾炙되는 전설적인 장章을 울리게 하였다.

도가는 참된 길, 즉 도道는 인위人爲를 초월한 곳에 있으며 그것은 직
관에 의해 체득되는 것으로 사람은 그 참된 길로 돌아가지 않으면 안 된
다고 가르쳤다. 또 인위를 배제하고 무위자연無爲自然이 될 것을 권했는데,

274

배제해야 할 인위 중에서 주된 것은 유가의 인仁이나 예禮라고 말했다.

유가와 도가의 차이점을 살펴보면, 현실적이며 긍정적인 유가가 군주의 통치권을 합리화하여 역대 왕조의 통치이념으로서 사회의 기본사상으로 자리 잡은 것에 비해, 도가사상은 현실 부정적이고 도피적인 성향이 강해 하층민을 중심으로 뿌리를 내려 후에 도교로 발전하였고, 주로 민간신앙과 철학적 사고의 원천이 되었다. 이러한 차이로 인해 유가가 지배자의 사상을 대변한다면 도가는 지배층에 대항하는 피지배자의 사상으로 대변되었다.

1) 도가道家의 탄생

① 역사歷史

기원전 260년, 도가사상은 노자老子로부터 시작된다고 한다. 전설에 의하면 노자는 초나라의 사람이라고 한다.

남방인 초楚 나라의 문화는 북방 문화와 처음부터 달랐다. 북방의 풍토에서 생긴《시경》과 초나라의 풍토에서 생겨난《초사楚辭》를 비교하여 읽어보면 그 다름을 알 수 있다. 《초사》에 실린 시들 중 대표적인 작품인 굴원의 〈이소離騷〉를 읽으면 초조해 하고 있는 굴원에 대하여 굴원의 누이가 고독한 성실함을 지키지 말고 세속 사람들과 동화同化되는 것이 좋다고 타이른 말이 있다.《초사》의 한 작품인 〈어부사漁父辭〉에서는 홀로 결백함을 지키려 고민하는 굴원에게 어부는 세속의 진애塵埃와 탁한 것을 사람들과 함께 하라고 권유하고 있다. 이러한 사고는 참으로 도가적이다.

《논어》에는 초나라의 광인狂人을 가장한 접여接輿라는 인물이, 정치의 이상에 불타서 여러 나라를 여행하는 공자에게 지금의 정세는 정치에 종사하는 것이 위험하니 그만두는 편이 좋다고 초나라 격조의 노래로 비판하는 말이 있다.

이와 같은 예로 볼 때 초나라 지방에는 예부터 도가적 사고방식과 연관된 인생관이 유행했던 것으로 보인다. 도가사상도 그러한 사회적·지리적 배경에서 생긴 것인지도 모른다.

도가는 한나라 이후 구체적인 모습을 가진 철학 학파로서의 독립성은 잃어버렸지만, 그 사상은 후세 중국 불교에 수용되었고, 도교道敎 교리의 형성을 도왔으며, 문예의 발달을 촉진시켰다.

도가道家는 중국 고대의 주요 철학 파벌 중 하나이다. 도를 세계 최후의 본원으로 하여 이름을 도가라 하였다. 주요 저서로는《노자老子(도덕경道德經)》,《장자莊子》, 외에《황제내경黃帝內經》,《문자文子》,《열자列子》,《관자管子》,《갈관자鶡冠子》,《여씨춘추呂氏春秋》와《회남자淮南子》,《역경易經》등이 있다.

도가는 도를 세계의 본원本原으로 삼고, 유약한 인습因襲을 도의 작용으로 삼아 정치적으로는 무위치無爲治를 주장하였는데, 도와 무위無爲에 대한 이해가 다르기 때문에 내부적으로는 또 다른 분파로 나뉘어 있고, 학파에 따라서는 사상의 중심이 다르거나 치국治國, 치신治身에 치우쳐 있다.

도인道因은 마땅히 방법이 없어야 하지만, 다만 변화하는 것이 적절해야 한다. 도가는 '때에 따라 옮기고 때로는 변화한다(여시천이與時遷移, 응물변화應物變化).' '허무함을 기본으로 하고, 인습으로 사용한다(허무위본虛無爲本, 인순위용因循爲用).' 그런 고로 태사공太史公은 '변變'을 두드러지게 강조했다. 도가가 가진 직업적 강점과 깊은 지식 배경 덕분이다. 도가는 사관史官에서 나왔는데, 고대에는 사관의 직책이 주로 성상星象 관찰과 역법歷法

제정, 왕실 전적 관리, 기록물 수집, 화하華夏 부족의 모계사회부터 부계사회까지 모든 관헌이 보유한 진귀한 전적典籍을 관장하는 역할을 하였기 때문에 당시의 모든 지식 분야에 통달한 위대한 학자였다.

도가道家의 '도생일道生一, 일생이一生二, 이생삼二生三, 삼생만물三生萬物'의 우주론 체계는 《역전易傳》이 제시한 "태극太極은 생량의生兩儀, 양의생사상兩儀生四象, 사상생팔괘四象生八卦"와 유사하다. 노자는 삼재三才에서 만물을, 공자는 음양 사상四象(노음노양老陰老陽, 소음소양少陰少陽)에서 만물을 낳는다고 보았다.

어느 도가 학자의 기본 수행방향을 말했는데, 이를 9도九道라 한다. ① 도덕道德, ② 음양陰陽, ③ 법령法令, ④ 천관天官, ⑤ 신징神徵, ⑥ 기예伎藝, ⑦ 인정人情, ⑧ 계기械器, ⑨ 처병處兵이라고 한다. 하나라도 부족하면 안 되고, 도가가 될 수 있는 사람은 전면적인 인재여야 한다.

《독자치언讀子卮言》 중 《논도가위백가소종출論道家爲百家所從出》에 따르면 오직 노자는 사관으로서 수천 년 학고學庫의 열쇠를 쥐고 있었기 때문에 그 문을 닫을 수 있었다. 노자가 나가자 마침내 천지의 비밀을 다 털어 버리고, 고금의 집대성을 이루었다. 학자가 그를 따르고 천하를 풍미風靡하였다. 도가의 학문이 마침내 민간에 보급되었고 도가의 무리들이 이미 대중들에게 무리를 이루더니, 마침내 길을 나누어 달려왔다. 각자 스승의 하나를 얻으면 속히 출연하여 9가九家의 학문이 되었다. 그래서 9류九流라는 이름이 붙는다."고 말했다.

《선진학술개론先秦學術概論》에도 "도가의 학문은 사실 제가諸家의 강령이다. 제가는 모두 명일절明一節에 쓰이고, 도가는 그 모든 것을 도맡아 하며, 제가는 그 기능을 다한다."고 쓰여 있다.

② 도가道家의 발전

전설에 따르면 노자는 물소를 타고 주나라를 떠났다.

《노자》에 실린 글은 때때로 압운押韻을 갖고 있다. 그것은 철학시哲學詩로서 전해진 것이 어느 시기에 산문으로 정리된 것같이 느낌을 주기도 한다. 《노자》의 사상을 노자 개인의 철학으로만 보기 어려운 점도 있다.

남방의 초나라에서 발생한 생활 철학과 그것을 전한 철학시가 언젠가 《노자》에 나타나는 말과 표현으로 종합되어 응축된 것이 아닌가 한다. 그리고 그 철학은 인생 경험을 많이 쌓아 올린 노옹老翁(늙은이)의 말이라 하여 추앙되다가 나중에 아예 노자라는 개인의 철학처럼 굳어진 것처럼 보이기도 한다.

도가에 대해서는 오늘날 아직도 알 수 없는 점이 여러 가지가 있다. 도가사상은 주로 은자隱者의 철학인 것으로 설명되기 때문에 도가사상을 주장한 사람의 성격도 분명하지 않다. 현재 중국 학자들의 평가에 의하면 도가사상은 몰락한 귀족들 사이에서 생겼을 것이라고 한다. 도가 철학에는 준열한 역사와 풍토 위에서 생활한 서민들의 지혜도 혼입되어 있지만, 몰락 귀족들 사이에서도 인기가 있었다. 노자와 장자의 철학을 사랑하여 뛰어난 시를 지은 도연명도 몰락 귀족이었다.

시조 노자의 사고방식에는 유물적唯物的인 요소도 보였지만 장차 그 사상은 열자에서 장자를 거치면서 매우 유심적唯心的인 철학으로 변모해 갔다.

2) 도가道家의 굴곡屈曲

① 기원起源

《한서·예문지漢書·藝文志》에 일찍이 도가의 서적은 《황제사경黃帝四經》, 《황제명黃帝銘》, 《황제군신黃帝君臣》, 《잡황제雜黃帝》, 《역목力牧》, 《이윤伊尹》, 《태공太公》, 《신갑辛甲》, 《죽자鬻子》, 《관자管子》 등이 있으며, 도가의 사상에는 복희伏羲, 여와女媧, 신농神農, 황제黃帝, 이윤伊尹, 허유許由, 소부巢父, 강태공姜太公, 신갑辛甲, 죽자鬻子, 관자管子 등을 암시한다. 또 유가 문화가 주周나라 문화에서 기원한 것과 달리 도가학자들은 송宋·초楚·진秦·제齊 등에서 많이 나와 도가사상이 하夏·은殷나라 문화와 밀접한 관련이 있음을 시사한다.

② 성형成型

춘추 말년에 노자의 도덕경德德經의 등장을 기치로 하여 도가사상이 완전히 정형화되었다.

③ 흥성興盛

노자 이후 전국시대에는 도가 내부가 서로 다른 파벌로 바뀌어 6대 파가 유명했는데, 노장老莊학파 외에도 양주楊朱학파, 황로黃老학파, 팽몽전병신도彭蒙田騈慎到파, 노자老子학파와 송윤宋尹학파가 모두 흥성하였는데, 그중에서도 황로黃老파가 가장 성하였다. 이때 황로사상은 전제田齊의 치국治國사상이 되었고, 백가쟁명百家爭鳴을 통해 제자들에 큰 영향을 미쳤을 뿐만 아니라, 초楚나라와 여불위呂不威의 통치 시기에 진秦에도 영향을 미쳐 전국 말기 몽문통蒙文通 선생이 말한 황로독성黃老獨盛이 백가百家를 압도하는 형국이 되었다.

④ 좌절挫折

진秦나라가 중국을 통일하기 전에 여불위가 조직한 《여씨춘추呂氏春秋》
는 도가사상을 근간으로 하여 각 학설을 종합해 보면, 여불위가 대통일
이후의 이데올로기로 삼으려 했던 것이 분명하다. 그러나 집권한 진시황
은 법가法家사상을 채택했고, 중국을 통일한 지 얼마 되지 않아 분서갱유
焚書坑儒를 하는 등 도가를 비롯한 제자백가諸子百家를 좌절시켰다.

⑤ 휘황輝煌

한漢나라가 세워진 후 오랜 전란의 파괴로 진秦의 통치사상을 반성하
고 도가를 치국사상으로 선택하여 '문경文景의 치治'라는 성세盛世를 이루
어 냈다. 감택闞澤은 한漢의 경제景帝가 황자黃子·노자老子의 의리가 유달리
깊어 이들을 경經으로 고치고 도학을 세웠다며 황黃·노老의 책이 한무제
漢武帝 존육경尊六經 이전으로 승격됐다고 기록했다.

⑥ 압제壓制

한무제漢武帝가 집권한 후 동중서董仲舒의 건의를 받아들여 "유술儒術을
숭상하라."고 하여 도가의 발전이 잠시 억압되었다.

⑦ 부활復活

위진남북조魏晉南北朝시대에는 담현지풍談玄之風이 불면서 도가사상이
부활하였으나 이번에는 황노黃老가 아니라 노장老莊에 대한 재해석, 그리
고 그 영향이 깊은 위진현학魏晉玄學을 형성하였다. 이후 노장은 도가의

정통이 되어 오늘에 이르고 있다.

⑧ 잠장潛藏

위진남북조 이후 도가 사상은 여러 차례 대란 이후 나라를 다스리는 구급대가 되었고, 또한 사대부의 실의에 이은 정신적 기탁寄托이었지만, 절대다수는 철학, 과학, 기술 등에서만 계속 기능을 발휘했다. 당송唐宋 시대까지 도가가 다시 절정에 이르게 되었기 때문에 학자가 말하기를 당唐의 불교사상, 송宋의 불유사상佛儒思想 모두 위대한 시기를 맞았지만 그동안 도가의 실력은 이교二教를 압도했다. 원나라에 와서 도가가 연화상태緣化狀態로 변했다. 또한 도가사상은 불교와 결합하여 중국식 불교인 선종禪宗을 형성하였고, 또한 유교인 송명리학宋明理學과 양명심학陽明心學의 형성에 도가가 중요한 역할을 하였다.

⑨ 재부흥再復興

만청晩淸시대에는, 서양의 충격을 따라 유가의 통치 질서가 강한 충격을 받은데다, 도가와 서구의 자유민주적 관념이 서로 맞아떨어져 다시 부흥했다. 1991년 동광벽董光璧 선생이 먼저 정련精煉하여 당대當代 신 도가의 개념을 제시하여 진고응陳鼓應 등의 큰 호응을 얻었고, 이후 유도론唯道論, 도상道商, 천도자유주의天道自由主義, 자화론自化論 등 새로운 이론들이 등장하였으며, 그중에서도 도상道商 같은 이론은 실생활에서도 응용되고 널리 퍼졌다.

3) 도가경전道家經典
도가경전을 열거해 보면 다음과 같다.

《도덕경道德經》,《도가역道家易》,《태일생수太一生水》,《문자文子》,《장자莊子》,《열자列子》,《육도六韜》, 노자갑본권후고일서老子甲本卷後古佚書(《오행五行》,《구주九主》,《명군明君》,《덕성德聖》), 노자을본권전고일서老子乙本卷前古佚書(《경법經法》,《십대경十大經》,《칭경稱經》,《도원경道原經》),《물칙유형도物則有形圖》,《탕처어탕구湯處於湯丘》,《탕재시문湯在啻門》,《역전易傳》,《격양가擊壤歌》,《금인명金人銘》,《건기명巾幾銘》,《어총사語叢四》설지도說之道,《죽자鬻子》,《귀곡자鬼穀子》,《항선恒先》,《팽조彭祖》,《삼덕三德》,《용왈用曰》,《이윤서伊尹書》,《태공太公》,《신갑辛甲》,《주훈周訓》,《범물류형凡物流形》,《윤문자尹文子》,《신자慎子》,《소서素書》,《손자병법孫子兵法》,《수백론守白論》,《갈관자鶡冠子》,《시자尸子》,《행기옥패명行氣玉佩銘》,《관윤자關尹子》,《자화자子華子》,《여씨춘추呂氏春秋》,《회남자淮南子》,《관자管子》,《노자지귀老子指歸》,《노자하상공장구老子河上公章句》,《형론衡論》,《세설신어世說新語》,《부자符子》,《무군론無君論》,《유자劉子》,《원차산집元次山集》,《왕무공문집王無功文集》,《당현종문집唐玄宗文集》,《천수자天隨子》,《종현선생문집宗玄先生文集》,《화서化書》,《현진자玄眞子》,《무능자無能子》,《백아금伯牙琴》,《소요영이백수逍遙詠二百首》,《수계선생전집須溪先生全集》,《역룡도서易龍圖序》,《동파역전東坡易傳》,《도가일서집본십칠종道家佚書輯本十七種》,《울리자鬱離子》,《장원신문집莊元臣文集》,《부산전서傅山全書》,《노장老藏(《노자집성老子集成》)》,《각도가제자전적주소各道家諸子典籍注疏》,《도장道藏》 등등이다.

그러나 도가道家의 전적典籍은 바다처럼 넓고, 이들 주요 전적 외에도 수많은 경전經典이 남아 있으며, 화하문화華夏文化의 부흥애자復興愛者들이 찾아다니며 공부하고 있다.

주注 : 경서의 글귀에 대한 주해를 전傳, 전箋, 해解, 장구章句 등이라고도 하고, 소疏를

282

대주對注의 주해注解, 또는 의소義疏, 정의正義, 소의疏義 등이라고도 한다.

4) 도가유별道家類別

도가 사상은 복잡한 학설로서, 상고로부터 지금까지 이미 수천여 년이 지나고, 중간에는 자연히 많은 발전의 단계를 거쳐 많은 다른 명칭이 출현한다는 것은 말하지 않아도 안다. 그것의 비교적 이른 시기에는 지역과 시간에 따라 정도가鄭道家, 진도가晉道家, 진도가秦道家, 초도가楚道家, 제도가齊道家, 전국도가戰國道家, 선진도가先秦道家, 원시도가原始道家 등의 여러 가지 호칭이 있었다. 방향별로는 북방도가와 남방도가가 있다. 전국 말戰國末부터 진한秦漢까지가 큰 단계로, 당시 사람들은 '법술지학法術之學' 또는 '황로도덕지술黃老道德之術'이라고 칭했다. 위진魏晉에 이르러서는 또 큰 단계로, '현풍玄風' 또는 '현학玄學'이라고 불렀다. 각 단계의 도가는 비록 "본래는 노자에게 귀속된다."지만, 모두 자신의 특징을 가지고 있다. 도가의 사상은 "모두 하늘에 있는 코끼리를 받들어 땅에 엎드려 조사하라."고 하였다. 천지를 벤치마킹해 행동방식은 무위무언無爲無言의 가르침이다. 시대 변화에 맞춰 변화해야 한다. 후대는 무게중심이 다르기 때문에 분파로 나뉘어 다양한 분파가 형성되었다. 한서 예문지 재반고가 추앙하는 사관史官도 도가류道家流만 37가家 993편이다.

5) 도가道家의 학파學派

① 노장老莊의 학파

노장老莊파는 노학老學·장학莊學의 총칭이다. 자연을 근본으로 하고 천성을 존대하며 법천심法天心을 무심히 하며, 청정함으로 사람으로 하여금 퇴욕소망退欲消妄하게 하고, 자신의 허무로 남의 망심妄心을 가라앉히게 한다. 청허淸虛를 스스로 지키며 제물을 탐내지 않는다. 이로 인해 물질적 누를 끼치지 않고 세상을 떠돌지 않는다. 역대 문인 아사雅士의 정신적 터전이 됐기 때문이다. 한나라 초기의 특수한 역사적 여건 속에서 노자의 무위사상을 골자로 한 황로사상이 통치자의 존경을 받았다. 그러나 세월이 흘러 유학이 독존하자 도가는 재야의 학문으로 전락했다. 도가 사회 캐릭터의 변화는 '장자'의 정치적 이단 사상을 대두시키고, '노자'의 자연관 우주론과 결합해 '노장老莊' 사상을 형성한다. 이때부터 노장을 주류로 하는 도가는 이단異端의 자세로 천도관天道觀과 인생관人生觀, 정치론政治論 전반에 걸쳐 경학經學에 도전하여 동한 세대의 정치와 위진시대의 사상계에 심대한 영향을 주었다.

노장학은 사회, 정치의 이화異化 및 문화 편향에 대한 비판정신이 역대 이단학자들의 사상적 언행에 동조해 불합리한 현실을 비판하는 정신적 무기가 됐다. 예를 들면 진나라 포경언鮑敬言의 무군론無君論, 명나라 이지李智의 동심설童心說, 하심은何心隱의 육욕설育欲說, 탕현조湯顯祖의 지정론至情論, 청나라 당견唐甄의 파숭론破崇論, 원목袁牧의 성령론性靈論 등은 모두 노장학 정신에 힘입은 바 크다. 노장학 내부에는 이단파異端派, 현학파玄學派, 중현학파重玄學派 등이 있다. 그 대표적인 인물로는 노자老子, 장자莊子, 왕필王弼, 곽상郭象, 혜강嵇康, 완적阮籍, 장담張湛, 한백韓伯, 포경언鮑敬言, 도연명陶淵明, 성현영成玄英, 왕현람王玄覽, 이영李榮, 왕적王績, 오균吳筠, 당현종唐玄宗, 원결元結, 무능자無能子, 육구몽陸龜蒙, 소식蘇軾, 진경원陳景元, 등목鄧牧, 유진옹劉辰翁, 유기劉基, 장원신莊元臣, 부산傅山 등이다. 대표작으로는 《노자老子》, 《장자莊子》, 《혜강문집嵇康文集》, 《완적문집阮籍文集》, 《세설신어世說新語》, 《무군론無君論》, 《원차산집元次山集》, 《왕무공문집王無功文集》, 《당현종문집唐玄宗文集》, 《천수자天隨子》, 《종현선생문집宗玄先生文集》, 《백아금

伯牙琴》,《울리자鬱離子》,《장원신문집莊元臣文集》,《부산전서傅山全書》,《각도가제자전적주소各道家諸子典籍注疏》 등이다.

② 황로黃老 학파

황로파는 신국동치身國同治를 주장하였는데, 둘 다 자연을 근본으로 하여 사인事因을 따라야 하고, 물인物因은 움직이게 하여 법천지法天地로 하여금 만물은 자연이니 무위사물無爲使物인 나도 자연히 사물을 함께 하며, 사물과 함께 놀며, 말 못할 것은 가르치고 스스로 변화시키는 것이 가능해애 한다. 일종의 '대음희성大音希聲' 같은 '인仁'이 형성돼 아무것도 할 수 없는 것처럼 보이지만 실제는 무소불위無所不爲의 능력이 있다. '남을 다스리는 것은 소중하지 않고, 자신을 다스리는 것은 소중하다'(불귀치인귀치기不貴治人貴治己)를 주장하며, 풍속에 따른 약식으로 인해 시세에 따라 변하고, 연고를 없애고, 휴양생식休養生息을 도모하여 역대 대란 이후 정부의 치세구급대가 되었다. 동시에 중국 고대 성세와도 밀접한 관계가 있다. 대표 인물로는 황제黃帝, 강자아薑子牙, 노자老子, 문자文子, 열자列子, 범려範蠡, 관자管子, 전병田騈, 송견宋鈃, 윤문尹文, 갈관자鶡冠子, 굴원屈原, 여불위呂不韋, 유안劉安, 엄준嚴遵, 왕충王充, 유주劉晝, 여단呂端 등등이 있다. 대표작으로는 《태공太公》,《노자老子》,《문자文子》,《열자列子》,《황제사경黃帝四經》,《황제내경黃帝內經》,《신자慎子》,《갈관자鶡冠子》,《관자管子》,《려씨춘추呂氏春秋》,《회남자淮南子》,《논형論衡》,《유자劉子》 등등을 들 수 있다.

③ 양주楊朱 학파

양주楊朱파는 전생에 걸쳐 해를 피하고 나를 귀하게 여기며 개인의 생명을 소중히 여기고 타인에 대한 침탈을 반대하고, 자신의 침탈을 반대하며, 사물과 왕래하고 물성에 물들지 않으며, 무위로써 서로 누를 끼치지 않고 쌍방이 서로 간섭하지 않는다는 원칙에 입각하여 개체에 대한 자기완성을 통해 사회 전체의 화합에 이르게 된다는 학설이다. 대표 인물로는 양주楊朱, 고자告子, 무마자巫馬子, 맹계자孟季子, 자화자子華子, 첨자詹子(첨하詹何), 위모魏牟, 전파田巴, 아설兒說, 공손룡公孫龍 등이며, 춘추전국시대에는 세상이 용납되지 않아 멸망하였다. 그러나 그 전생보성全生保性의 사상은 도교 전반에 걸쳐 계승됐다. 저서가 많이 산실되었다. 그 중에서도 대체원출大體源出《노자》와 《노자》 제30장, "귀이신위천하貴以身爲天下, 약가기천하若可寄天下, 애이신위천하愛以身爲天下, 약가탁천하若可托天下,《노자 제80장, "감기식甘其食, 미기복美其服, 안기거安其居, 악기속樂其俗" 등이 있다.

④ 신新 도가파道家派

신도가新道家는 주로 당대當代의 신도가를 가리키는데, 동광벽董光壁 선생이 〈당대 신도가當代新道家〉라는 글에서 먼저 제시한 것으로, 그의 글에서 신도가는 도가의 사상 계발에 탁월한 공헌을 한 과학자들을 가리킨다. 훗날 진고응陳鼓應, 호부침胡孚琛, 공령굉孔令宏, 허항생許抗生, 장경화張京華, 궁철병宮哲兵 등은 신도가의 개념을 확장하여 도가 도교에 종사하는 모든 전문가 학자로 정의하고, 도가의 전통을 계승하여 새로운 조건에서 새로운 시스템을 만들어 운용하게 한 신도가라고 할 수 있다. 자신의 천성대로 살겠다는 생각과 남의 천성대로 사는 것을 반대하지 않는 현대인들을 모두 신도가로 여기는 사람들도 있다. 대표 인물인 금악림金嶽霖, 진고응陳鼓應, 호부침胡孚琛, 허항생許抗生, 공령굉孔令宏, 장경화張京華 등이며, 대표작으로는 《도가적인문정신道家的人文精神》,《논도論道》,《당대신도가當代新道家》,《도가문화연구道家文化研究》 등이 있다.

위와 같은 저명한 도가학자 외에 환유강상還有薑尚, 허유許由, 소부巢父, 황석공黃石公, 조참曹參, 한문제漢文帝, 한경제漢景帝, 두태후竇太後, 급암汲黯, 왕충王充, 왕도王導, 사안謝安, 이세민李世民, 이륭기李隆基, 이백李白, 이필李泌, 엄복嚴複, 양증신楊增新, 안정리顏廷利 같은 정치가와 사상가들도 도가사상에 승복하거나 도가사상의 영향을 많이 받아 예로부터 도가의 인물로 여겨졌다.

6) 도교道教와 관계關係

도가 제자인 장도릉張道陵은 노자의 사상을 황로방술黃老方術과 접목시켜 도교조직을 만들었다. 노자의 《도덕경》을 근간 경전으로 삼아 '도道'와 '덕德' '태상로자太上老子'를 최고의 신앙으로 삼았고, 고대에는 도가의 막강한 영향력이 도가와 도교를 분리하지 않으면 불교가 도교를 흔들 수 없어 불교도인 석도안釋道安 등이 도가와 도교의 혼용을 극구 나누었다. 초기 도교가 도가와 도교라는 단어를 혼용해 도가의 영향을 받아 성장할 수 있었던 것은 천사도天師道 덕택이었다. 그런데 요즘 어떤 도교도道教徒는 원시천존元始天尊의 지위를 높이기 위해 황제, 노자, 장도릉의 삼조三祖를 부정하는데, 도교가 삼조설법에서 유래한 것을 학자와 이야기할 때의 편법이라고 생각하기도 한다. 실제 불교의 변정론辨正論, 청정법행경清淨法行經과 같다. 도교파는 장도릉張道陵, 왕중양王重陽 등이 대표적이며 대표작으로는 《도장道藏》이 있다.

주注 : 이천여 년 동안 사람들은 종종 '노장老莊'과 '도교道教'와 '도가道家'를 혼동하였다. 노장과 도가는 별개였다. 노장지학老莊之學이란 원래 노자와 장자의 철학사상을 가리키는 말이지만, 도가가 전국적으로 분화되기 시작하면서 분파와 사상적 성향이 달라졌고, 전국 중후반, 진한秦漢 이후에는 더욱 복잡해졌고 간단하지 않다. 기계적으로 도가와 노장老莊, 도교를 혼동해서는 안 된다. 도가는 전체 도가의 수많은 난잡한 유파를 통칭하는 개념이다. 노장·도교는 도가의 많은 학파 중의 하나일 뿐이다. 가르치는 것이 도교라고는 절대로 말할 수 없다. 바로 도가다.

7) 도가이단道家異端

도가道家는 백성들이 인정하는 평등만이 행복하다고 생각하고, 부역세 부담이 없다고 생각하며, '내족의식內足衣食의 쓰임 외의 세력 다툼'을 벌이는 사회는 없어야 된다는 것이다. 그들의 무군無君 사상은 중국 고대 사회에서 일가를 이루었으며, 후대의 반군주反君主 전제주의 사조에 중요한 영향을 끼쳤다.

유가는 평등은 인간성에서 비롯되고 인간성은 선량해야 하며 증명된 평등으로 인정해야 한다고 생각하였고, 도가는 과거 평등이 이미 좋은 성과를 거뒀다면 현재의 평등 인식 기반 위에서 현재와 미래 사회가 더 발전해야 한다고 생각했다. 그러나 유가의 예교계층禮敎階層은 인간의 발전을 가로막고 나라를 훔친 제후諸侯가 되어 백성을 착취하는 깃발이 되었기 때문에 여러 이데올로기를 비인절례非仁絕禮적으로 해소하고, 인간이 모두 만족하는 사회, 인정받는 평등함을 얻어야 한다고 했다. 서·동주西·東周를 맞아 예가 무너지고 낙담하는 정국의 인심에 공자孔子로 대표되는 유가는 황제를 흠모하며 주례周禮를 회복하기 위해 뛰어다녔고, 노장老·莊으로 대표되는 도가는 냉소적이며 구사회의 식인문명을 부정하는 편협함도 있었다.

하나는 회복을 위한 의도를 위주로 하고, 하나는 깨지지 않고서는 세울 수 없다고 말하고 있는 것이다. 문화와 문명의 발전 과정에서 위선과 부패는 늘 그림자처럼 따라다녔고, 노·장의 흐름은 진위를 떠나 이단주의적인 경향을 보였다. 소삽부蕭萐父는 도가를 이단자로 여겼다. 기성질서에 대한 부정적 비판과 변혁이다. 말세적 상황이 전개될 때 마다 성실하고 양심적인 지식인들이 노·장의 경향을 보이는 것은 통치자의 지배를 반대하는 사상문화 시스템이다. 그러나 통치자가 의지하는 사상문화 시스템은 예교禮敎정신으로 유지되기 때문에 반예교反禮敎적 교리와 함께 지식인 자신이 행위를 통해 현실에 반전한 상실감과 분노를 변화시키지 못하고 심신이 초췌해지는 데 필요한 대가를 치러야 한다.

유가의 중추中樞가 인仁이라면 도가의 중추는 자연自然이다. 도가에 따르면, 유교의 창도倡導는 좋으나, 엄한 율律에 의지하여 이미 의도적으로 해냈고, 조심하지 않으면 안으로는 몸을 상하게 하고 밖으로는 사람을 혼란하게 할 뿐이다. 송나라 때 선비가 '존천리存天理, 멸인욕滅人欲'으로 발전한 것을 알 수 있다.

도道는 자연을 기본으로 하고 인간의 타고난 욕망으로 미루어 생활에 더욱 가까이 다가온다. 허무함을 체體로 하여 유약함을 강점으로 삼고, 집일執一하게 생각하고, 물건을 제물齊物로 하면 자연스럽고 지혜롭다, 강약을 합하여 서로 잊게 하는 일종의 대음희성大音希聲과 같은 인仁이 되므로, 유교에서 '온검공량양溫檢恭良讓'의 인덕仁德을 펼치지만, 도가道家는 자연을 어떻게 할 것인가를 더 중요시하기 때문에 '허무虛無, 제물齊物, 수일守一, 유약柔弱, 순수소박純粹素樸'이라는 오덕이 있다. 오덕을 완성하면 유교가 제창하는 '인'과 '의'가 저절로 이루어진다.

사람은 누구나 소지하는 즐거움을 알고, 소지하지 않는 즐거움을 모른다. 자연의 극치는 어린 아이처럼 무식무시無識無是하고 물성物性을 받지 않는다. 지극히 당연하다고 할 수 있겠다. 여기까지 왔다면 이것을 도가道家는 지인至人이라고 말한다.

8) 도가道家의 오해

도가를 소극적이다 라고 말하는 부분에 대해서, 소극적인지 아닌지는 역대로 의견이 분분했지만, 오늘날에는 크게 세 가지 오해가 있다

① 도가는 쓸데없는 것을 추구하고, 아랫사람에게 구걸하며, 소극적으로 세상을 피한다고 생각한다는 설.

《노자》,《장자》를 펴면 수약守弱·무용無用·거하居下라는 말이 나온다. 그러나 도가의 뜻은 그것에 구하지 않는다. 한 사람이 그 상사를 대할 때 눈썹을 숙이고 눈높이를 맞추는 것을 겸손하다고 말하는 것과 아랫사람을 대할 때 겸손이라고 말하는 것과는 다르다. 도가가 세상을 피한다고 생각하지만 도존즉은道存則隱, 도폐즉현道廢則現(도가 있으면 숨고, 도가 무너지면 곧 나타난다.)이다. 이 말은 줄곧 여러 도가의 전적에서 나왔지만, 정작 세상을 피하는 것은 도가의 껍데기로 현실을 직시하지 못하는 '유도인類道人'일 뿐이다.

② 도가는 자연에 맡기고, 무위無爲, 즉 아무것도 하지 않는 것이라는 설.

도가에서 흔히 볼 수 있는 '무위'라는 두 글자는 무위가 아니라 도道를 따라 행동하고 법천지法天地를 행한다는 뜻이다. 무위無爲는 유위有爲의 극치일 때다. 순박하고 자연스러워지며 악을 행하지 않고 자화自化하며 자족自足하고 스스로 이 모든 것을 얻어야 할 것처럼 보이는 것, 이것이 무위이다. 즉, 백성은 모두 '나는 자연이다'라고 하는데, 도가는 자연에 맡기는 것이 아니라 만사는 운명에 맡기고, 자연은 저절로 이루어지게 하고, 자연히 생겨서 물성物性에 물들지 않고, 일에 지치지 않는 것 이것

이 무위이다.

③ 도가가 너무 환상적이라고 생각한다는 설.

도가는 결코 음양가陰陽家가 아니다. 오늘날 도가의 명언을 빌어 이른 바 음양생변陰陽生變, 오행상생五行相生의 대부분은 양두羊頭를 구육狗肉이라고 속여 파는 것으로, 본래의 의미는 오로지 돈벌이에만 있다. 진정한 공력이 있는 수련자는 그렇지 않다. 더구나 도가는 순수 소박함을 추구하고, 더 나은 삶의 방식을 추구할 뿐이지 음양을 점치고 돈을 벌어 일시적인 즐거움을 추구할 수는 없다.

9) 도가道家와 각 학파관계

① 법가法家

법가는 중국 역사에서 법제를 핵심사상으로 제창했던 중요한 학파이며, 도가와 법가의 관계는 주로 황로黃老파와 법가法家의 관계였다는 점에서 학술적 연원淵源으로 볼 수 있다. 법가학파는 도의 규칙성을 중시하여 도道와 이理의 관계를 명확히 하고 도가사상을 계승 개조했다. 이들이 중점적으로 밝힌 법술세法術勢란 모두 황로의 도가가 먼저 제안했다. 여러 면에서 비슷한 점이 있어 많은 사람들이 황로 도가는 법가와 마찬가지로 '인군남면지술人君南面之術'이라고 보았다. 그러나 황로는 '도의 근본이 청정淸靜하고 이도생법以道生法'의 원칙을 고수하고 있어 법가학파와 대조적이다. 또 황로 도가는 백가겸채百家兼采를 주장했는데, 이것이 새로 태어난 한나라가 황로사상으로 반란을 일으켜 경제를 회복해야 하는 요인이다.

② 유가儒家

중화문화의 가장 중요한 양익兩翼인 도가와 유가의 관계는 서로 배우려는 측면도 있고 대립하는 측면도 있다. 춘추전국시대 공자가 노자를 모셨고, 황로의 도가道家와 유가儒家가 서로 영향을 주기도 했다. 그러나 당시에도 유도儒道의 다툼은 이미 단초가 되어 맹자孟子는 양주楊朱, 장자莊子는 유가儒家, 순자荀子는 장자莊子에 대해 강하게 비판하였다. 서한시대에도 유도儒道 다툼이 본격화되자 사마천은 "노자는 유학이 부족하고 유학도 노자가 부족하다."고 꼬집었다. 한무제漢武帝가 집권한 뒤 유가는 승자가 되고 도가는 억압되다가 위진魏晉 때 현학玄學이 일어나 도가가 부활하고 유도의 다툼이 다시 시작됐지만 이 단계에서 유도의 조화를 주장하는 시각이 더 유행하기도 했다.

위진 이후 순용유가純用儒家는 왕망식王莽式 재앙을 불러오기 때문에 이후의 통치자들은 대부분 외유내법外儒內法, 또는 외시유가外視儒家, 내시황로內施黃老였다. 많은 왕조가 입국立國한 초기에 유가사상과 황로사상은 서로 겉과 속이 되어 사회 경제 문화의 회복을 위해 중요한 역할을 하였다. 송명 시기에 많은 학자들이 유석도儒釋道의 삼교三敎합일을 주장했고, 유가의 송명의 이학理學과 양명심학陽明心學이 형성되는 과정에서도 도가사상이 강하게 영향을 받았다. 청대에 이르러 제자학諸子學이 흥기하자 많은 유가 학자들이 도가를 정련하여 유도회儒道會 통인사通人士가 되었으며, 이후 도가가 부흥할 수 있는 기초를 닦았다.

③ 명묵名墨 양가兩家

도가道家와 명가名家, 묵가墨家의 관계도 밀접하다. 노자의 제자인 문사文子가 묵자墨子에게 배웠다는 설이 있고, 《묵경墨經》에도 노자의 사상적 대목이 들어 있는데, 장자는 묵자를 옛 도술자道術者라고 했다. 묵가를 도가 사상의 극단화로 보는 학자도 있다. 명묵名墨 양가兩家의 사상도 도가에 큰 영향을 미쳤다. 우선 명가名家의 대표주자인 혜시惠施(공손룡公孫龍도 포함될지도 모른다)와의 오랜 논쟁에서 형성된 장자의 학술사상, 양립을 주장하는 황로黃老 도가는 더욱 적극적으로 명묵名墨 두 집안의 가치 있는 사상을 받아들인다. 황로 도가의 저서《관자管子》,《항선恒先》,《여씨춘추呂氏春秋》,《회남자淮南子》등에 명묵名墨 사상이 많이 담겨 있다. 도가학자 송견宋鈃과 윤문尹文은 명묵名墨 사상을 많이 채택했기 때문에 전자는 묵가墨家, 후자는 명가名家로 여겨졌다. 훗날 위진 현학玄學의 대두도 명가名家의 변명석리辨名析理와 밀접한 관련이 있다. 명묵량가名墨兩家의 대가 없는 그들의 일부 관점과 저서도 도가도교의 보존에 의존해야 비로소 우리가 끝까지 살펴볼 수 있다.

④ 병가兵家

이택후李澤厚(중국"實踐美學" 학파적 개창자) 선생은 "노자'가 직접 강병講兵하는 곳이 여러 군데 있긴 하다. 어떤 말은 손자병법의 연장선상에 있는 것 같다."고 말했다. 사실 노자뿐 아니라 도가의 다른 저서인《황제사경黃帝四經》,《문자文子》,《여씨춘추呂氏春秋》,《관자管子》,《회남자淮南子》등에는 병가사상이 많이 들어 있으며, 병가 저서와 똑같은 구절도 있다. 또 도가학자 갈관자鶡冠子는 조趙나라 장수 방난龐煖의 스승이기도 했는데, 방난龐煖은 여러 차례 그에게 가르침을 청해 연燕나라를 무찔렀고,《한서예문지漢書藝文志》도 여러 도가의 저서를 병가에 포함시켰으며, 또한 병가의 친밀함이 서로 영향을 미쳤음을 말해준다. 그러나 도가의 논병論兵은 그 '경신리국經身理國'의 부산물로 단순히 군사에만 관심이 있는 병가兵家와는 차원이 다르다.

⑤ 잡가雜家

황로 도가는 제자백가諸子百家에 대한 병합으로 얼룩덜룩한 특징을 보여 역사적으로 종종 잡가로 취급됐지만 사실 황로 도가는 제자백가사상에 대해 어느 것 하나 빠지지 않았다. 이러한 것들이 《관자》, 《여씨춘추》, 《회남자》에 반영되었는데, 바로 도가사상을 지도하여 제자백가의 학설을 받아들여 통달했을 뿐이다. 정精, 정신精神, 일一, 응應, 인因, 허虛, 정靜, 시변時變, 무형無形, 무위無爲 등의 개념이 끊임없이 등장하는 것으로 《안자춘추晏子春秋》와 같은 순수 잡가와는 다르다. 그래서 호적胡適은 중국 중고 사상사 장편에서 "잡가는 도가의 전신이고, 도가는 잡가의 신명新名이다. 한漢 이전의 도가는 잡가雜家, 진진秦 이후의 잡가雜家는 道家라고 불러야 한다."고도 했다.

⑥ 불교佛教

불교가 처음 중국에 들어왔을 때 도가道家의 철학을 통해 교리를 선양한 것을 '격의불학格義佛學'이라고 한다. "중화방술과 현학玄學은 도가의 자연 설에서 비롯됐다. 한나라 위나라 때 청담淸談의 바람이 크게 불었고, 불경의 번역이 비교적 많았기 때문에 불교는 방술에서 벗어나 독립하여 청정무위淸淨無爲의 현명함을 이야기하므로 위진魏晉의 세수世邃가 현리玄理의 태종大宗이 되었다. 위진의 현학 후기에 노장철학은 현학자들뿐만 아니라 불교승들의 추앙을 받으며 위진시대 현불玄佛 합류의 추세에 직접적인 영향을 미쳤다. 가장 칭송할 만한 사람은 라집羅什의 동래東來 법현法顯의 서행西行이었고, 도안道安의 지도자 군륜群倫이다, 라집의 번역업이 크게 열렸고, 무엇이든 문하십철사성門十哲四聖은 모두 당시 노장老莊을 정연精研했던 일류 학자들이다. 승조僧肇는 동진시대 불교철학 이론가로 어릴 적부터 경사를 살피고 묘적을 구비하며 매 노장을 중심 삼아 전통문화를 익혔으나 노장철학으로 반야중관학설般若中觀學說을 발전시켜 최초의 중국화 불교철학 시스템을 만들었다. 이후 불교는 도가道家 등 중국 고유의 문화전통을 결합해 천태종天台宗, 화엄종華嚴宗, 선종禪宗 등 중국식 불교의 종파를 형성했고, 특히 선종禪宗은 도가道家인 '임자연任自然'의 이념을 결합해 당송년 시대에 풍미해 오늘날까지 세계에 널리 퍼져 있다.

⑦ 자유주의自由主義

도가와 자유주의의 관계를 가장 먼저 발견한 만청晚清 학자는 "황로黃老의 도道는 민주주의의 나라가 하는 것이다." "나라를 다스리는 것은 백성의 자유에 귀 기울이고 자화하라." "나라를 다스리는 것은 자연에 순응하고 그 자유에 귀 기울이니 간섭을 받아서는 안 된다."고 하였다. 이후 많은 서구 고전적 자유주의도 도가사상을 추앙하기 시작했고, 도가사상을 인류 공통의 자유 대 전통의 중요한 부분으로 인식했다. 미국의 자유지상주의자 로즈버드와 바오야스는 노자와 도가를 '세계 최초의 고전적 자유주의자'라고 불렀다. 오스트리아 학파를 대표하는 하이에크는 1966년 9월 도쿄 강연에서 자발적 질서 이론을 언급하면서 '나는 무위이민자화無爲而民自化, 나는 조용하고 민자정民自正'이라는 노자를 인용해 자신의 주장을 입증한 바 있다. 또 일부 서양학자는 도가사상을 서구 자유주의의 직접적 근원으로 보고 있다. 근대 중농학파重農學派를 대표하는 퀘이네는 '무위無爲'를 '자유로운 방임放任'으로 번역해 애덤 스미스에게 직접적인 영향을 끼쳤다는 것이다. 반면 잉글랜드의 저명한 경제학자 L·Young은 애덤 스미스의 자유로운 경제사상이 사마천의 《화식열전貨殖

列傳》에 나오는 저류지수低流之水의 시장 매커니즘에서 비롯된 것으로 보인다.

⑧ 기독교基督教

기독교는 서양인들에 비해 도가 문화를 일찍 접했고, 《도덕경》은 17세기 말 18세기 초 선교사들이 서방에 소개한 것이 최초다. 그러나 처음에 선교사들이 도가 문화에 대해 기본적으로 배척했던 것을 20세기 이후 저술의 인식이 깊어지고 중국인의 기독교인이 증가하면서 확연히 달라졌다. 오늘날 기독교인들은 일반적으로 도가 문화에 대해 두 가지 태도를 가지고 있다.

하나는 도가의 사상 전반에 대해 부정하는 것이다. 이것은 주로 기독교 근본주의자이다.

둘째는 임어당林語堂. 원보가袁步佳, 우리오사尤利烏斯, 격리이格裏爾 등을 대표하여 기독교와 도가사상을 양립할 수 있다고 보고, 양 극단의 대립적 생활양식으로 평가할 필요가 없기 때문에 기독교와 도가사상의 소통과 융합에 힘썼다는 것이다.

⑨ 도교道敎

도가와 도교라는 단어가 항상 구별 없이 사용되는데, 관건이 되는 이유는 이들 사이에 매우 밀접한 관계가 있기 때문이다. 첫째, 도가와 도교는 서로 다른 학파가 아닌 한 학파 발전의 다른 단계다. 도교는 유교를 흡수하고 겸용했고, 민간무술과 같은 여러 전통사상과 불교사상이지만, 도가사상은 도교의 가장 근본적인 기초가 되므로 도가사상이 없다면, 도교는 그 양만큼 민간신앙의 하나로서 유석도儒釋道의 삼파 정립이 불가능하고, 둘째 도교의 신앙과 숭배의 대상은 민간 고유의 신령 외에 많은 것이 '도가'의 이념과 인물의 신화이다(예컨대 태상노군 등). 셋째, 도가가 한漢나라 유도儒道 싸움 이후 도교로 이어지지 않고 신앙의 힘이 없었다면 묵가, 명가 등의 학파처럼 역사의 연기 속에 묻혀버렸을 것이다. 넷째, 불교 초전기에 황로黃老를 부회한 것처럼 도교에서는 도가사상을 기치로 노장老莊을 흠모하는 모도자慕道者들을 끌어들여 도가를 숭상하는 문인들이 대거 입도入道했다. 위진 이후에는 도사가 되지 않는 도가가 없었다. 많은 도교인들이 성현영成玄英의 중현학설重玄學說, 진단陳搏의 무극도 등 도가이론의 전승과 창신에 탁월한 공헌을 했다.

그래서 도가와 도교를 완전히 대립시키는 것은 역사적 사실과 맞지 않다. 도가와 도교는 여러모로 연결돼 있지만 차이점도 뚜렷하다.

우선 도가道家는 선진先秦 때 창당한 사상류파思想流派이고, 도교道敎는 양한兩漢이 형성된 것이다(도교 신학 일파는 태상노군太上老君이고, 일파는 원시천존元始天尊이다).

다음으로는 도가道家가 일종의 사상류파思想流派로서 대도를 숭상하고, 도道는 도법자연道法自然을 주장하며, 학술 활동과 기타 정치 문화 활동을 주로 하고, 《도덕경道德經》《장자莊子》《황제4경黃帝四經》 등을 경전으로 삼았다. 도교는 종교로서 도가의 인물을 신격화해 인지도를 높이고, 신선숭배와 신앙, 일련의 종교의식과 행사로 '장생불로長生不老'를 추구하였고, 주요 전적은 《도장道藏》이다.

셋째, 도가에서는 말 안 하는 가르침을 중시하고 엄격한 조직과 사승관계師承關系가 없으나 도교는 사승관계를 중요시하며 교인과 조직이 있어 그 주요한 파벌의 대물림을 잘 알고 있다.

넷째, 도가道家(특히 黃老도가)는 백가百家를 겸용하지만 도가를 위시하여 융통하게 된 반면, 도교에서는 '단丹을 위시하여 도道', 유儒를 위시하여 도道, 불佛을 도라는 민간신앙의 의미가 짙다.

　다섯째, 도가는 노장파, 황로파, 양주楊朱파로 나뉘는데, 노장파에 약간의 은세隱世 사상이 있는 것을 제외하면 황로파와 양주파는 모두 적극적으로 사용하였으나, 도교는 불교의 영향을 받아 출세사상을 널리 알렸다. 그래서 도교는 이론적으로 도가사상의 많은 요소를 취하여 노자와 원시천존元始天尊을 모셨지만 둘을 혼위混爲할 수는 없었다.

2 도교道教

도교는 중국 5대 종교 중 유일하게 중국에서 발원해 중국인이 세운 종교로 중국 토 종교로도 불린다. 도교는 중국 고대 시대의 정치, 경제, 문화에 심각한 영향을 끼친 적이 있으며, 지배계급의 3대 정신적 지주 중의 하나이다. 신중국 성립 이후 종교제도 민주개혁으로 중국 도교가 새로 태어나 사회주의 사회에 적응하는 길을 걷고 있다.

1) 형성形成과 발전

동한東漢에서 위진남북조魏晉南北朝까지 도교가 형성되고 확립된 시기였다. 동한 후기 황로도黃老道가 실체를 이루면서 태평도太平道, 천사도天師道 등 민간 원시 교단이 잇따라 설립되었다. 이후 위진남북조를 수백 년 동안 개조하여 도교의 경전교의經典教義, 수수지방술修持方術과 과계의범科戒儀範을 갖추게 되었고 신흥 도파가 번성하여 통치자의 인정을 받아 성숙한 정통종교로 변모하였다.

수당隋唐~북송北宋 시대에는 지배계급의 존숭으로 도교가 번성하고 사회적 영향이 컸으며, 도교의 철학, 양생술 부주법符咒法 과의규장科儀規章도 더 잘 갖춰졌다. 만당晩唐~북송北宋 이후 도교 내부에는 유불도儒佛道 삼교합일 사상의 등장과 내단술內丹術의 수지修持가 주류를 이루는 금단도파金丹道派가 일어나고 있는 등 새로운 변화가 나타나고 있다. 남송南宋~금원金元 시기에 이르러 도교에 변혁이 일어났다. 화북華北에는 전진도全眞道, 태일도太一道, 진대도眞大道 등의 신도파가, 남쪽에는 금단파金丹派 남종南宗, 천심天心, 신소神霄, 청미淸微, 정명淨明 등의 신도파가 생겨났고, 초기에는 천사도天師道, 상청파上淸派, 영보파靈寶派도 교리와 도법에 혁신이 있었다. 삼교합일을 알리고 내단 수련에 치중한 것이 이 시기 도교의 주요 특징이다.

명明~청淸 양 대에는 중국 봉건사회가 말기로 접어들면서 도교 발전이 정체 상태에 빠졌다. 근대 중국의 도교들은 명~청의 여서餘緒를 계승하여, 개별 시기를 제외하고는 줄곧 밑바닥을 맴돌았다.

신중국 성립 후, 구사회 도교에 존재했던 불합리한 제도와 폐습에 대해 개혁을 진행하였는데, 도교의 면모는 새롭게 되었다. 중국 도교협회의 성립은 전국 도교도들의 대연합을 실현하고, 많은 애국 도교인들이 도교 사업을 발전시키기 위해 함께 노력하기 시작했다.

개혁개방 이후 90년대 초까지 '도교지식전수반' 5기 등 도교 인재 206명을 양성했는데, 대다수가 오늘날 도교계의 주축이 됐다. 1990년 5월 정식으로 설립된 중국 도교학원은 중국 도교 사상 첫 현대식 대학으로 도교 인재 양성의 새로운 단계를 밟았다. 현재 전국 도교계는 이미 10개의 도교교를 설립했으며, 경의강습經義講習, 궁관관리宮觀管理, 도의양생道醫養生 등 여러 개의 전공을 개설하고 있으며, 석사 대학원생, 학부, 전문대 등 세 가지 계층을 포함하고 있다. 도교수의 통합 교재와 학위 수여, 교사 직함 평가 등이 착실히 추진되는 등 도교 규범화가 강화되고 있다. 전국 도교계의 공동 노력으로 궁관宮觀은 기초교육을 담당하고, 성省·시市·현縣급 도교협의회는 단기 교육을 실시하고, 도교에서는 전문교육을 실시하는 도교 교육 체계가 이미 초보적으로 구축되어 도교계의 인재 공백이 효과적으로 개선되었다.

도교계는 여러 해 동안 도교 연구와 도교 문화 고양에서 두드러진 성과를 거뒀다. 중국 도교협회가 조직·편찬한 《중화도장中華道藏》은 명明 '도장道藏' 이후 처음으로 도교 경서를 체계적으로 정리한 것으로 당대 중국

문화사와 도교사의 대사건으로 꼽힌다. 현재 조직·편찬 중인《중화도장》
은 당과 정부의 높은 관심을 받아 국가 기획문화 중 하나로 꼽힌다.《도
의집성道醫集成》《도경정요道經精要》등 대형 총서도 곧 출간된다. 이 밖에
도 중국 도교협회는《노자집성老子集成》《도교대사전道教大辭典》《도교문
화지려道教文化之旅》시리즈를 조직해 펴내는 등 사회적으로 좋은 영향을
미쳤다.

　도교계道教界는 많은 영향력 있는 도교 문화 활동을 개최하였다. 2001
년부터 중국과 홍콩, 대만, 싱가포르에서 열여섯 차례 연속 도교 음악회
공연이 열려 국내외 여러 도교 악단이 참가해 문화를 계승하고 우수한
인재를 양성하는 적극적인 역할을 했다. 2002년부터 상해上海·복건福建·호
남湖南·강서江西에서 도교 사상과 중국 사회발전·진보 심포지엄을 네 차
례 열어 성과를 거뒀다. 도조道祖 노자老子 탄생 기념행사, 왕중양 조사王
重陽祖師 탄생 900주년 기념행사, 지방 도교계와 협력해 성도成都도교문화
제, 응담鷹潭도교문화제, 광동廣東도교문화제, 호남湖南도교문화제, 무당산
武當山 대흥 600년 축제 등을 개최했다. 길림吉林성 길림시에서 제1회 도교
문화예술주간 행사를 열고 도교의 문화적 매력을 전방위로 과시하는 새
로운 방식을 모색했다. 그 내용은 다음과 같다.

　사회주의 건설에 적극 참가하여 공익 자선 활동을 전개하였다.

　개혁개방 이래, 각 지역의 궁관은 자양심을 잘 가꾸는 동시에 자신의
강점을 발휘하여, 궁관 문화재의 유적 보존과 주변 생태 환경의 보호와
개선, 이재민 구제, 의료시약, 지방 설립 지원, 지방 경제 발전 촉진 등의
분야에서 모두 적극적으로 공헌하여 현지 정부와 대중의 호평을 받았다.
1993년 도교계 최초로 애국 애교 선진단체와 선진개인 표창대회를 열었

다. 회의에서는 "도교계의 사회 공헌을 하나의 중심 과제로 삼아 전국 도교계에 선진을 배우고 격려하며 선진을 표창하는 새로운 풍조를 불러일으키자"고 제안했다.

도교계는 장강 유역의 대홍수, 문천 지진 등 큰 재난이 닥쳤을 때 기복법회와 기부금 등을 조직하는 등 도교 특유의 구호활동에 기여하고 있다. 2003년 국내외 도교계와 연합해 감숙 민근현에 중국 도교 생태림 기지를 조성해 황사를 다스리고 환경을 보호하고 있다. 2012년부터 중국 도교협회와 다른 전국 종교단체들이 공동으로 '종교 자선주간' 캠페인을 벌이는 한편 심등心燈을 밝혀 자선의 도움이 광명행 캠페인을 본격화해 지금까지 8개 성 1만여 명의 눈병 어린이들을 구호하고 있다.

공익자선의 영향이 날로 높아지는 가운데 도교계는 현대 공익자선사업의 경험을 능동적으로 받아들여 현대사회 발전에 맞는 공익자선 경로와 방식을 모색하고 있다. 2015년 12월 중국 도교협회는 '도교계의 공익자선과 사회봉사 활동에 관한 지도의견'을 발표해 도교 공익자선사업을 본격화하고 전문화하는 방향으로 나아가고 있다. 2016년 중국 도교협회는 공식적으로 상선자선기금上善慈善基金을 설립했다.

도교계는 생태문명 건설을 강력히 추진하자는 당과 정부의 요청에 호응해 4차례에 걸쳐 중국 도교 생태보전 포럼을 개최하고 중국 도교협회는 '중국 도교계 환경보전 8년 계획(2010~2017) 요강 의견'을 채택했다. 1995년 세계종교환경보호정상회의 2009년 세계종교환경보호기금과 유엔개발계획(UNDP)이 공동 주최한 윈저페스티벌에서 중국 도교계 대표들은 모두 선언문을 발표하여 도교의 생태환경 이념과 구체적인 계획을 소개하여 참가 세계 각 종교들의 높은 동의를 얻었다. 도교계의 노력으로 천인합일天人合一 도법자연道法自然 같은 도교적 이념이 자리 잡았다.

2) 주요 교의主要教義

도교는 선진先秦 도가道家 사상을 계승 발전시켜 '도道'를 최고의 신앙으로 삼아 최고의 경전과 상도술上道術, 최고의 신령神靈을 연출하는 등 경전 도술의 신선 체계神仙體系를 방대하게 구축했다. 도교는 도를 닦을 수 있다고 생각하고, 수련修煉의 목적은 득도하여 선仙이 되는 것이며, 궁극적인 목표는 형신구묘形神俱妙하여 도道와 합진合眞하는 것이다. 도교는 노자老子를 도조道祖로 모시고 노자의 저서《도덕경》을 주요 경전으로 삼고 있다.

존도귀덕尊道貴德, '도'는 도교신앙의 핵심인 도교에서 도를 최고 신앙으로 삼고,《도덕경》을 경전으로 삼아 존도귀덕한다. 도는 천지만물을 만드는 본원이라고 생각하고 우주와 음양, 만물은 모두 도에 의해 화생한다. 덕德은 곧 '득得'이고, 도道는 사람과 만물에서 곧 덕德이다. 사람과 만물은 모두 도생道生에 의해 덕德이 길러지므로 마땅히 덕을 지켜야 한다.

선도귀생仙道貴生, 장생성선長生成仙은 도교 수행의 목표이고 도교에서 도를 닦아서 득도得道하면 선仙이 이뤄진다고 해서 수련修煉을 중요시 한다. 도교는 생명을 매우 중요하게 여기며, 수도修道는 장생불사長生不死로 규정하고, 수련을 통해 생명의 길이를 연장하고, 생명의 존립의 질을 높여 영생을 이루어야 한다고 주장한다. 도교는 청정무위淸淨無爲와 과욕寡欲의 자세로 세속생활을 대하고 '아명재아불유천我命在我不由天(내 팔자는 나에게 있고 하늘에 있지 않다)'의 정신으로 수련하며, 각종 도술수련을 통해 도와 합일해 불사의 신선을 이루어 낸다.

3) 삼청三淸과 존신尊神

도교의 신선 계보는 삼청三淸, 사어四禦, 성신星神과 사방의 신神 등으로 복잡하고 방대하다.

① 삼청三淸

옥청玉淸에 원시천존元始天尊, 상청上淸에 영보천존靈寶天尊, 태청太淸에
도덕천존道德天尊(太上老君)은 도교 숭배의 최고신이다. 원시천존은 삼청전
중앙에 가장 높은 지위에 있고, 영보천존은 둘째로 원시천존 왼쪽, 태상
노군은 원시천존 오른쪽에 봉안되어 있다.

元始天尊 : 옥청대제玉淸大帝 (도교 제 1존신)

靈宝天尊 : 태상대도군太上大道君, 상청대제上淸大帝 (도교 제2존신)

道德天尊 : 태상노군太上老君, 혼원노군混元老君, 태청대제太淸大帝 (도교제
　　　　　3존신으로 老子가 도덕천존이시다.)

| 도덕천존 | 원시천존 | 영보천존 |

② 5노군五老君

동방안보화림청영시노군東方安宝華林青靈始老君

남방범보창양단영진노군南方梵宝昌陽丹靈眞老君

중앙옥보원영원노군中央玉宝元靈元老君

서방칠보금문호영황노군西方七宝金門皓靈皇老君

북방동음삭단욱절오영현노군北方洞陰朔單郁绝五靈玄老君

4) 천지일월성신天地日月星辰등 대신大神

① 4어四御

삼청三淸을 보좌하는 네 명의 천제天帝를 말한다.

옥황대제玉皇大帝는 사어지수四御之首의 우두머리로 천도를 총괄하며, 중천자미북극대제中天紫微北極大帝는 옥황제玉皇帝의 천경지위天經地緯, 일월성진日月星辰은 사시四時의 기후氣候를 다스리고, 상궁천황대제上宮天皇大帝는 천황과 도와 천지인과 세상의 병兵을 장악하며, 모든 별을 거느리고 후토황지기後土皇地祇는 음양의 생육, 대지의 산하를 관장하여 옥황상제와 각각 천공지모天公地母라고 일컬어진다. 옥황상제는 민간에서 가장 숭배를 받는 신이다.

옥황대제玉皇大帝 또는 현궁고상옥황대제玄穹高上玉皇大帝

중천자미북극대제中天紫微北极大帝

구진상궁천황대제勾陈上宫天皇大帝

후토황지지后土皇地只

중국에서는 도교를 비롯해 민간에서도 최고의 신으로 옥황대제를 받들었다. 옥황대제는 해, 달, 바람, 비 등의 자연현상과 인간들의 생사, 화복, 수명, 길흉 등을 지배하는 최고의 신으로 인식되었는데 이 신앙은 수당隋唐 시대에 이르러 보편화되었다.《도덕경》에서도 옥황대제는 삼계 즉 시방十方, 사생四生, 육도六道를 총괄 주재하며 우주의 일체를 주재하고 그 권위는 끝이 없다고 하였다. 명청明淸 시대에 이르러서는 "천상에는 옥황이 있고 지상에는 황제가 있다."라는 말까지 유행하였다.

또한 도교에서는 제성諸星을 별나라 군대로 보고 북두칠성이 인간 생사화복을 관장한다고 여겼다. 두모원군斗姆元君은 북두칠성의 어머니, 또는 두斗의 할머니로 불리며 가장 존경을 받았다. 도교에 따르면 두무원군은 주어왕周禦王의 비妃인 자광부인紫光夫人으로 9남을 낳았으며, 초생初生 2남은 천황대제天皇大帝, 자미대제紫微大帝, 후생後生 7남은 북두칠성군北斗七星君이다.

사방四方의 신은, 청룡靑龍, 주작朱雀, 백호白虎 현무玄武이다. 북송 때 현무를 진무眞武라고 고쳐 부르면서 가장 숭배 받았다.

② 팔선八仙

이철괴李鐵拐, 종리권鐘離權, 장과노張果老, 하선고何仙姑, 남채화藍采和, 여동빈呂洞賓, 한상자韓湘子, 조국구曹國舅

③ 오성五星

세성歲星 (목성木星)

형혹성熒惑星 (화성火星)

태백성太白星(금성金星)

신성辰星 (수성水星)

진성鎭星 (토성土星)

④ 사영이십팔숙四靈二十八宿

청룡靑龍(동東) : 각角, 항亢, 저氐, 방房, 심心, 미尾, 기箕

백호白虎(서西) : 규奎, 루婁, 위胃, 묘昴, 필畢, 자觜, 참參

주작朱雀(남南) : 정井, 귀鬼, 유柳, 성星, 장張, 익翼, 진軫

현무玄武(북北) : 두斗, 우牛, 여女, 허虛, 위危, 실室, 벽壁

⑤ 시방제천존十方諸天尊

동방옥보황상천존東方玉宝皇上天尊

남방현진만복천존南方玄眞萬福天尊

서방태묘지극천존西方太妙至极天尊

북방현상옥신천존北方玄上玉宸天尊

동북방도선상성천존東北方度仙上聖天尊

동남방호생도명천존東南方好生度命天尊

서남방태령허황천존西南方太靈虛皇天尊

서북방무량태화천존西北方無量太華天尊

상방옥허명황천존上方玉虛明皇天尊

하방진황동신천존下方眞皇洞神天尊

⑥ 호법신護法神

제1위 : 마원사馬元師, 마원사는 눈같이 희다.

제2위 : 조원사趙元師, 조원사는 철같이 검다.

제3위 : 온원사溫元師, 온원사는 청대같이 푸르다.

제4위 : 관원사關元師, 관원사는 피와 같이 빨갛다.

육십원신六十元辰, 용사이장龍蛇二將, 수화이장水火二將.

청룡青龍, 백호白虎.

뇌신雷神, 풍백風伯, 우사雨師.

5) 진인眞人 선인仙人

① 사대진인四大眞人

생도 사도 없고, 비움도 차 있음도 없음을 진인이라 한다. 남화진인南華
眞人 : 선진도가학자先秦道家学者 장주莊周 (장자) 미묘원통진군微妙元通眞君 :
선진도가학자先秦道家学者, 통현진인通玄眞人 : 신견辛銒, 일명 계연計然 통령
진인洞靈眞人 : 항창자亢蒼子, 또는 항상자亢桑子·경상자庚桑子

② 선인仙人

세속을 초탈하여 신통의 변화와 장생불사하는 사람을 선인이라고 한
다. 적송자赤松子 : 신농神農 때의 우사雨師, 적정자赤精子 : 전욱顓頊시대의 사
람 팽조彭祖 : 전욱제顓頊帝의 현손玄孙, 용성공容成公 : 황제黃帝의 스승(師),
안기생安期生 : 해상선인海上仙人, 삼모진군三茅眞君 : 모영茅盈, 모고茅固, 보충
茅衷의 대·중·소·군을 말함, 허진군許眞君 : 진晋나라 때의 도사 허손許遜

6) 각 계파

① 북오조北五祖

동화자부보원입극대도東華紫府輔元立極大道君 왕현보王玄甫

정양개오전도수교제군正陽開悟傳道垂敎帝君 종리권鐘離權

순양연정경화채우제군純陽演正警化采佑帝君 여동빈呂洞賓

해섬명오홍도순우제군海蟾明悟弘道純佑帝君 유해섬劉海蟾

중양전진개화보극제군重陽全眞開化輔極帝君 왕중양王重陽

② 남오조南五祖

자양진인紫陽眞人 장백단張伯端

취현진인翠玄眞人 석행림石杏林

자현진인紫賢眞人 설도광薛道光

취허진인翠虛眞人 진니환陳泥丸

자청진인紫淸眞人 백옥섬白玉蟾

③ 북칠진北七眞

단양포일무위보화진군丹陽抱一無爲普化眞君 마옥馬鈺—우선파遇仙派

장진응신현정온덕진군長眞凝神玄靜溫德眞君 담처단譚處端—남무파南無派

장생보화종현명덕진군長生輔化宗玄明德眞君 유처현劉處玄—수산파隨山派

장춘전덕신화명응주교진군長春全德神化明應主敎眞君 구처기邱處機—용문파龍門派

옥양체현광자보도진오진군玉陽體玄廣慈普度眞晤眞君 왕처일王處一—유산파崳山派

태고광영통현묘극진군太古廣寧通玄妙極眞君 학대통郝大通—화산파華山派

청정연진현허순화원淸靜淵眞玄虛順化元君 손불이孫不二—청정파淸靜派

④ 남칠진南七眞

유해섬劉海蟾 계통으로 남오조의 5명에 유영평劉永平과, 팽사彭耜를 추가.

역사는 북오조와 북칠진을 북파北派 또는 북종北宗, 남오조와 남칠진을 남파南派 또는 남종南宗이라 한다

⑤ 전진교파全眞敎派

전진교全眞敎는 중국 금나라 때 왕중양王重陽이 주창한 도교의 신파이다. 전진교의 역사를 거슬러 올라가 보면 종리권鐘離權이 등장한다.

종리권은 여동빈에게 영보필법靈寶畢法을 전하면서 자신은 산을 내려가지 않겠다고 맹세했으니 동빈이 산에서 내려가 세상에 도를 전하도록 했다. 이어서 여동빈은 왕중양에게 전하고 왕중양은 종·여 두 조사의 수련대법을 공부하여 대업을 완성한 후 후대에 〈삼선공三仙功〉을 남겼다. 이어 왕중양은 북칠진인(마단양, 손불이, 학대통, 마처일, 유처현, 담처단, 구처기)에게 전하고 그중에서 막내격인 구처기邱處機(1148년 - 1227년) 는 천선장원天仙壯元이라고도 불리웠다.

이 영보필법을 후세에 계승 전수하기 위하여 금대金代의 세종世宗 대정칠년大定七年(1167)에 왕중양이 산동성 영해에서 전진교全眞敎를 창립했다. '전진全眞'은 본래의 진성眞性을 보전한다는 뜻이다. 전진교는 유儒·佛불·도道 3교 통합을 주장하며 '명심견성明心見性'을 강조한다. 원나라 칭기즈칸은 왕중양의 제자 구처기丘長春에게 천하도교를 관장하게 하여 전진교全眞敎를 절정에 이르게 하였다. 이때부터 영보필법은 도가의 비법이 되어

하늘에 맹세하고 전수되면서 외부에는 누설되지 않았다.

전진교 수련은 청정무위淸靜無爲, 거정거욕去情去欲, 수심연성修心煉性, 양기연단養氣煉丹, 인치함욕忍恥含辱을 내수內修로 삼은 것을 '진공眞功'이라 하고, 전도제세도인傳道濟世度人을 외수外修로 삼은 것을 '진행眞行'이라 한다.

전진도사는 반드시 계를 받아야 비로소 선적이 될 수 있다. 청나라 순치順治 때 전진파全眞派의 율사律師 왕상월王常月이 《초진계율初眞界律》를 편찬하고, 초진계初眞戒·중극계中極戒·천선대계天仙大界를 백 일 동안 전하여 삼단대계三壇大戒라고 불렀다. 수계자는 반드시 출가하여 일정한 연수를 기르고 신앙이 경건하여 수계한 후에 계설戒牒을 나누어 주어야 한다. 규정을 어긴 자는 청규淸規에 따라 처벌한다.

전진은 도사를 출가시키기 위하여 독신으로 보내며 여소茹素로 도관에 머물게 하였다. 머리를 길게 기르고, 머리를 빗어 상투를 틀면 관을 쓸 수 있다.

왕중양의 제자들인 북칠진들도 각각 종파를 만들었으니 그 개종조開宗祖들은 교세의 확대에 힘쓰면서 점점 교단으로서의 체제를 갖추어 나갔다.

⑥ 정일교파正一敎派

'정일正一'은 '정正으로 사邪를 다스리고, 하나로 만萬을 통일한다'는 뜻이다. 정일파正一派는 용호파龍虎宗, 모산종毛山宗, 각종종閣宗宗 등 부록파符籙派가 뭉쳤다. 원元 성종成宗 대덕大德 8년(1304년) 제38대 천사天師 장여재張與材에게 '정일교주正一敎主 겸 주령삼산부主領三山符'라는 칙명이 내려져 《정일경正一經》을 주로 받들고 있다.

정일파는 부록재초符籙齋醮, 기복양재祈福禳災, 거사구귀祛邪驅鬼, 초도망령超度亡靈 등의 활동을 중시한다.

수록授籙은 정일파에 전승되는 중요한 방식이자 정일파에 있는 도사道士 수진성선修眞成仙의 중요한 조건이다. 오직 녹록를 받아야만 '명등천조名登天曹'가 가능하고 도위신직道位神職이 있고, 재초齋醮 중의 장사章詞가 천정天庭에 봉달奉達하여 신령호우神靈護佑를 받을 수 있기 때문에 녹록를 받아야만 재초의전齋醮儀典을 주관할 자격이 있다. 녹생籙生을 받는 자는 일정한 조건을 갖추어야 한다. 녹록를 받으면 녹설籙牒를 발급하게 된다.

⑦ 전진교全眞教 용문파龍門派

용문파의 창시자는 구처기邱處機(1148~1227)이다. 그의 자는 통밀通密이며 호는 장춘자長春子이다. 등주燈住의 서하栖霞 사람으로 왕중양王重陽 조사를 스승으로 모시고 수진성선하는 위대한 법을 전수받아 수행했다. 은거하여 몰래 수행하며 생사의 고비를 여러 번 겪었으나 마침내 정과正果를 이루게 되었다. 1222년에 서아시아 원정 중의 징기스칸의 초청을 받아 고령에도 불구하고, 제자인 이지상 등과 함께 멀리 서역까지 여행을 하여 현재의 아프가니스탄에서 징기스칸을 만났다. 불로장수의 비결을 묻는 징기스칸에게 전진교의 가르침을 설명하였고, 징기스칸은 이에 보답하여 장춘진인에게 몽골 제국의 점령지 어디서라도 전진교를 보호하는 특혜를 베풀어 주었다.

용문파 창시자 구처기

　한편 구처기邱處機가 창립한 용문파龍門派는 지금까지 18대 장문掌門을 배출했다.

　용문파의 제1대 시조인 구처기로부터 900여 년을 지나오면서 지금은 영령자靈靈子 왕리핑王力平, 1949~현재 생존) 거사가 18대 계승자로 도맥을 이어가면서 후학들에게 영보필법을 전수하기 위해 국제사회에서 선도 학습 등을 지도하고 또한 선도계몽에 기여를 하고 있다.

용문파龍門派 계보系譜

1대 丘處機　2대 趙抱元(法名, 道聖)　3대 張碧芝(法名, 德純)　4대 陳冲夷(法名, 通微)　5대 周大拙(法名, 玄朴)　6대 張靜定·沈靜圓　7대 趙眞嵩　8대 王常月　9대 伍守陽　10대 孫太觀　11대 高東籬　12대 閔一得　16대 無極道人(現在生存)　17대 淸靜道人·淸虛道人　18대 王力平(1949년생, ~)　(13대~15대는 확인 불가)

(필자도 현재, 靈靈子 王力平, 尊師 門下에서 師事 받고 있음.)

313

7) 주요 의궤主要儀軌

① 재계齋戒

도교는 신선을 숭경하고 제사를 지내며 기도를 드린다. 정중하고 경건함을 표시하기 위해 기도하는 사람은 몸과 마음을 깨끗이 하고 일정한 행동규범을 지키는 것을 재계齋戒라고 한다. 공양재供養齋, 절식재節食齋, 심재心齋가 있는데 심재가 중요하다. 도교의 계율에는 상품·중품·하품이 있으며 '삼계三戒' '오계五戒' '팔계八戒' 등이 있다.

② 예의공과禮儀功課

도사는 보통 사람에게는 공수례拱手禮를 하거나 읍례揖禮를 하고 신선에게는 고배叩拜의 예禮를 올린다.

독경讀經은 제도祭禱의 중요한 내용으로, 경문이나 신선성호神仙聖號를 읽으며 제신諸神의 진선眞仙의 공덕을 기렸다.

일상공과日常功課 중의 하나는 독경이고, 다른 하나는 수련을 위해 정좌한다. 매일 아침에는 〈청정경清淨經〉〈심인경心印經〉 등을, 저녁에는 〈구고경救苦經〉〈무시천존설천득도경無始天尊說天得道經〉 등을 읽고 외운다.

8) 도교道教의 인물

도교는 중국의 토생 종교이지만 도가道家와 도교道教로 구분되는데 그 기원은 황제를 전형典型으로 삼고 노자의 가르침을 따르고 있다고 해서 황로지학黃老之學 이라고 하다가 지금으로부터 1800년 전 장도능張道陵은 처음으로 도교를 창립하였으니 노자를 교조道祖로 모시고 장도릉은 교조教祖가 되었다. 노자 이후 700년이 지나서였다. 후인들은 장도릉이 도교를 창립하기 이전을 도가道家라고 하면서 노자의 사상과 정신을 본받는 것이었다면 도교道敎는 포교를 중심으로 하는 집단화된 종교단체의 모습을 말한다.

우리나라에서는 주로 선도仙道라고 호칭하는데 선도는 신선이 되어 불로장생하기 위한 수련방법을 총칭한 단어로서 단도丹道라고도 한다.

만약 신선이 된다면 유한한 인간사 속에서 무한의 이상세계를 향해서 시간과 공간이라는 절대 구속을 뛰어넘어 영원한 삶을 누릴 수 있다고 믿는 것이다. 그것뿐이 아니다. 장수는 말할 것도 없고 온갖 도술道術과 방술方術, 환술幻術 등을 다 부려 현실적으로 상상을 뛰어넘는 경지에까지 이르게 한다. 보통 사람들로서는 과연 이 모든 것을 믿어야 될지 좀처럼 의구심을 떨쳐 버리지 못하는 것이 사실이다. 죽림칠현竹林七賢의 한 사람인 혜강嵇康(223~262)도 이런 기우奇遇를 불식시키기 위해서 양생론養生論에서 이렇게 주장했다.

"세상 사람들이 말하기를 신선은 배워서 될 수 있으며 불노장생하는 것도 인간의 힘으로 될 수 있다고 했다. 또 다른 사람들은 말하기를 제일 긴 수명은 120살인지라 이것은 옛날이나 지금이나 똑같다. 만약 이 나이를 초과하였다면 귀신이나 다름없거늘 불가능하다고 주장한다. 이 두 가지 다 현실정에 어긋난다고 보아 내가 한번 말해 보도록 하겠다. 신선을 비록 직접 목격한 적은 없으나 역서에 기록으로 남아 있으며 전대 역서에 기재되어 전해 내려오는 것 모두 명백히 담론을 통해 이른 것이니 꼭 있는 것이다. 후략"

또한 하夏·은殷·주周에 걸쳐 800여 세를 살았던 중국 고대中國古代의 장수의 대명사로 알려진 전설적 인물 팽조彭祖는 다음과 말하였다.

"사람이 기를 받았으니 비록 방술을 모른다 할지라도 이를 수련하기를 그에 맞게 하기만 하면 수명을 120세까지는 누릴 수 있다. 그 수명을 누리지 못하는 자는 모두가 기를 손상했기 때문이다. 그리고 다시 조금이라도 도를 알게 되면 240세까지는 살 수 있다. 그리고 거기에 대하여 노력하면 480세까지 살 수 있으며 그 이치를 다 아는 자는 죽지 않을 수 있다."

동진(317~419)시대 중국에서 가장 뛰어난 도교 연금술사鍊金術師로서 유교 윤리와 도교의 비술을 결합시키려고 노력했던 갈홍葛洪(283-343)도 84인人의 신선을 소개하는 《신선전神仙傳》이라는 저서를 남겨서 신선세계를 뒷받침했다. 지금으로부터 약 1800년 전 일이다. 대략이나마 중국 신선들의 면면들을 살펴보자.

① 수隋·당唐 이전
○ 적송자赤松子: 신농神農씨 때 선인, 물을 다스리는 우사雨師. 신농씨에게 가르침을 배풂. 곤륜산에서 서왕모西王母와 함께 선도를 닦았다고 함.
○ 광성자廣成子: 황제黃帝의 스승, 공동산 석실에 살면서 3개월간 황제에게 도를 전했다고 함. 천이백 세의 수명을 누렸다고 함.
○ 팽조彭祖: 767세에도 노쇠하지 않고 소년의 혈색을 지녔다고 함.
○ 황제黃帝: 《황제내경》의 저자, 《황제내경》은 한의학의 시조로 알려져 있다.
○ 동방삭東方朔: 전한前漢시대의 문인, 속설에 서왕모西王母의 복숭아를 훔쳐 먹어 장수하여 삼천갑자를 살았다고 한다.
○ 장자庄子(기원전369~286): 명名은 주周, 자字는 자휴子休.

316

○ 장도능張道陵 (34~156): 도교 창시인. 제1대 천사. 본명 장릉.

○ 위백양魏伯陽: 호는 백양, 《주역참동계周易參同契》의 저자.

○ 갈현葛玄 (164~244): 삼국시대 방사方士. 갈홍의 증조부.

○ 갈홍葛洪 (283~363): 동진東晉 도교이론가道教論家, 연단가煉丹家, 의학
가医学家. 자字는 아천雅川, 호号는 포박자抱朴子. 저서 《포박자》 등. 갈
현의 증손.

○ 구겸지寇謙之 (365~448): 북위 도사北魏道士, 자字는 보진辅眞.

○ 도홍경陶弘景 (456~536): 도교학자, 연단가, 의약학가.

② 수隋·당唐 시대

○ 손사막孫思邈(581~682) : 당시대 도사, 의약학가.

○ 이전李筌 : 당 현종시대인唐玄宗時人. 호号는 달관자達觀子. 숭산 소실산
에서 《황제음부경소黃帝阴符經疏》를 얻음.

○ 종리권鐘離權 : 전설적 도교 8선 중의 한분. 성은 종리, 이름은 권, 자
字는 운방雲房.

○ 여동빈呂洞賓(798~?) : 당대 도사, 8선. 성은 여, 이름은 암嵒, 자字는
동빈.

○ 진박陳朴 : 당말 오대인, 자 충용冲用. 종리권에게 도를 전수받음.

○ 유해섬劉海蟾 : 오대 도사. 이름은 조操, 자字는 소원昭遠.

○ 김가기金可紀 : 신라인, 신라 문성왕(838~) 때에 당에 유학 빈공과에
합격, 신선술에 매료되어 관직을 버리고 종남산 자오곡에서 종리권
에게 도학을 공부 신선을 이룸. 당의 선종宣宗이 어명으로 그를 불렀
으나 "신은 옥황대제의 조서를 받아 영문대시랑英文臺侍郎이 되어 2
월 25일에 하늘로 올라가야 합니다." 하고 어명을 거절하고 다음해

2월 25일 아름다운 꽃들이 만발한 봄날 종남산 자오곡 위로 오색구름이 일고 학이 울며 봉황이 날고 생황·통소의 악기 소리가 천상에서 고아하게 들려오면서 푸른 옥으로 만든 화려한 수레가 형형색색의 깃발을 앞세우고 하늘에서 내려왔다. "옥황상제의 사자가 도인을 모시러 왔다." 김가기는 2000여 명이 지켜보는 가운데 수레에 올라타 하늘로 올라갔다.

③ 송宋·금金·원元 시대

○ 진단陳搏 (?~989) : 북송 초 도사. 자는 도남圖南, 호는 부요자扶搖子.

○ 장백단張伯端 (984~1082) : 북송 도사. 도교 내단파 남종 개산조사.

○ 백옥섬白玉蟾 (1194~?) : 남송 도사. 도교 내단파 남종 제5조.

○ 팽사彭耜 : 남송 말 도사. 자 계익季益, 호 학림鶴林. 백옥섬에게 사사 받음.

○ 이도순李道純 : 송말원초 전진도사. 자 원소元素, 호 청암清庵.

○ 왕중양王重陽 (1112~1170) : 금대 도사. 도교 전진도 창시자. 명 중부中孚 자 윤경允卿.

○ 마단양馬丹陽 (1123~1183) : 금대 도사, 전진도 북7진. 명 옥鈺, 자 宜甫.

○ 손불이孫不二 (1119~1182) : 금대 여도사. 호 청정산인清靜散人, 마단양의 처, 금나라 대정 9년(1169), 왕중양의 지도를 받고 출가하여 도를 이룸.

○ 담처단譚處端(1123~1185) : 금대 도사. 자 백옥伯玉.

○ 학대통郝大通 (1140~1212) : 금대 도사. 명 린璘, 자 태고太古.

○ 왕처일王處一 (1142~1217) : 금대 도사. 전진교 북7진. 호 옥양자玉陽子.

○ 유처현劉處玄 (1147~1203) : 금대 도사. 자 통밀通妙, 호 장생자長生子.

○ 구처기邱處機 (1148~1227) : 금대원초 도사. 도교전진도 북칠진. 용문파

창시자.

○ 황원길黃元吉 (1271~1325) : 원대 도사. 자 희문希文, 호 중황선생中黃先生.

④ 명明·청조淸祖 시대

○ 장삼풍張三豊 : 원·명 도사. 명 통通, 자 군실君實, 호 현현자玄玄子.

○ 오수양伍守陽(1573~1644) : 용문파 제8대종사. 자 단양端陽, 호 충허자沖虛子 유화양과 함께 오류파라고 함.

○ 왕상월王常月(?~1680) : 명말 청초 도사. 명 평平, 호 곤양자昆陽子.

○ 유일명劉一明 (1734~1821) : 청대 도사. 호 오원자悟元子.

○ 유화양柳華陽(1736~?) : 청대인《혜명경慧命経·序》의 저자. 어렸을 때 불교를 신봉하여 출가했다가 오충허 진인을 만나 대도에 이름.

○ 민일득閔一得(1749~1836) : 청대 도사. 초명 초부苕尃, 자 보지補之·소간小艮.

○ 설양계薛陽桂 : 청조 오중인. 자 심향心香, 금개산에서 민일득에게 사사받음《금선직지성명진원金仙直指性命眞源》 저작.

○ 이서월李西月(1806~1856): 청조 악산인. 본명 이평권李平权, 호 함허涵虛.

9) 현재의 도교활동

도교와 도교협회에서는 적극적으로 교류 채널을 구축하고 확장하여 대외 교류와 교왕을 심화시키고 있다. 그 활동 상항을 살펴본다면 4가지로 요약할 수 있다.

① 국제도교포럼 개최다.

중국 도교협회는 중화종교문화교류협회와 손잡고 2007년 서안과 홍콩, 2011년 호남, 남악 형산, 2014년 강서 응담, 용호산, 2017년 호북 십언무당산에서 4차 국제도교포럼을 개최했다. 4차 포럼은 주제가 뚜렷하고 내용이 충실하며 특색이 있어 중앙 지도자의 충분한 긍정과 사회 각계의 찬사를 받으며 도교의 국제적 영향력을 높였다. 1차 포럼에는 17개국 대표가 참여했으나 4차 포럼에는 30여 개국으로 늘어났다.

② 홍콩·마카오·대만 지역 도교계와의 교류를 심화시키는 것이다.

개혁개방 이후, 내륙 도교계와 홍콩·마카오·대만 지역의 도교계는 갈수록 빈번하고 광범위하게 왕래하고 있으며, 매년 여러 개의 팀을 조직하여 상호 방문하고 있으며, 친목 체제, 문화 연구, 공익 자선, 인재 양성, 도교 개최 활동 등의 방면에서 전방위적인 교류 협력을 전개하고 있다. 예를 들어 1993년 중국 도교협회가 중국·홍콩·대만 지역의 유명 도교 궁관을 연계해 베이징 백운관白雲觀에서 나천대초성전羅天大醮盛典을 열었고, 이후 1998년 대북台北의 지남궁指南宮, 2001년 산서의 금산綿山, 2007년 홍콩, 2012년 호북의 무당산武當山에서 각각 나천대초羅天大醮를 개최해 홍콩마카오와 본토의 많은 궁관이 참석했다. 중국 도교계는 2005년 7월 대만 '중화도교총회' 초청으로 96명의 공연단을 구성해 대만으로 '해협 양안 도교 콘서트'를 개최하는 등 3차례의 투어를 벌여 대만 동포들의 호평을 받았다. 중국 도교협회는 2006년부터 홍콩 향항봉영선관香港蓬瀛仙館과 합작해 매년 홍콩 중문대학에서 중국 청년 도장을 모아 여름방학에 참여하고 있다. 2014년부터 중국 도교협회의 제창으로 1년에 한 번씩 중국과 대만, 중국과 홍콩과 마카오 지역 도교계의 신준 진복회 체제가 형성되었다.

③ 도교문화의 세계화를 적극 추진하는 방안이다.

도교계는 개혁개방 이후 5대륙 40여 개국의 도교 조직과 학술 조직과 차례로 연계를 맺었다. 2012년부터 "도행천하道行天下" 행사를 개최, 협회 중국 도교에 걸쳐 미국·독일·이탈리아·한국·태국·영국·프랑스·벨기에·일본 등과의 문화 강좌, 도교의 문화 전시회, 도교의 음악 행사, 무술공연 등 활동이 활발하였고, 현지 대학 등 유명 도서관에《중화도장中華道藏》과 《노자집성老子集成》 등을 기증하여 국외 민중의 도교에 대한 인지를 증진시켰다. 중국 도교협회는 세계도교연합회의 발의를 제안했고, 각국(지역) 도교 조직의 적극적인 호응을 얻었다. 이것은 처음으로 등록된 국제 종교조직이 될 것이다.

④ 문명의 상호 감식鑑識 강화다.

도교계는 세계종교환경보호회의, 종교와 정신적 지도자인 세계평화 천년대회, 세계와 전통종교지도자대회, 세계종교평화회의, 아시아종교평화회의에 적극적으로 파견하였다. 세계종교지도자연맹대회 등 국제종교 회의는 환경보호, 종교대화, 세계평화 문제에 대해 도교계의 주장을 발표했다. 대화를 통해 중국 도교가 주장한 '자연화합·인류평화·종교화목'등의 주장은 세계 여러 종교로부터 폭넓은 공감을 얻어 조화 세계와 인류의 운명공동체 구축에 적극 기여했다.

10) 명산궁관名山宮觀

도교의 명산은 동천복지洞天福地로 불렸는데, 십대동천十大洞天, 삼십륙 소동천三十六小洞天, 칠십이복지七十二福地를 가리킨다.

1983년 국무원은 북경백운관北京白雲觀, 요녕태청궁遼寧太清宮, 천산무량관千山無量觀, 강소모산도원江蘇茅山道院, 절강포박도원浙江抱樸道院, 강서용호산천사부江西龍虎山天師府, 산동노산태청궁山東嶗山太清宮, 태산벽하사泰山碧霞祠, 하남숭산중악묘河南嵩山中嶽廟, 호북자소궁湖北紫霄宮, 태화궁太和宮, 장춘관長春觀, 광동충허고관廣東沖虛古觀, 사천청양궁四川青羊宮, 상도관常道觀 (포괄천사동包括天師洞)화조사전和祖師殿, 섬서옥천원陝西玉泉院, 진악궁鎭嶽宮, 동도원東道院, 팔선궁八仙宮, 누관대樓觀台 등 21개 도교 중점궁관重點宮觀을 확정하였다.

11) 주요 절일主要節日

도교는 그 신앙과 관계가 깊은 날과 섬기는 신령과 조상의 탄신일을 기념일로 한다. 주요 명절로는 정월대보름날, 상원절, 천사장도릉탄신이월 십오일天師張道陵誕辰二月十五日, 태상노군太上老君탄신일, 3월 28일, 동악대제 東嶽大帝탄신일, 4월 14일, 여순양조사呂純陽祖師탄신일, 5월 13일, 관성제군 關聖帝君탄신일, 하지일夏至日, 영보천존靈寶天尊탄신일, 7월 15일, 중원절中元 節, 10월 15일, 하원절下元節인 동지일冬至日, 원시천존성탄일元始天尊聖誕日 등 이 있다.

12) 주요 금기主要禁忌

① 도교는 초단醮壇은 신이 내려간 곳이라고 생각하고 신성하고 엄숙 하며, 오만한 물건과 더러운 사람이 들어가는 것을 허락하지 않는다. 초 단醮壇에 직접 온 도사道士는 술을 마시지 말고 오신五辛 등 많은 금기를 지켜야 한다.

② '무불조진戊不朝眞'의 금기 : 음력 천간이 '무戊'인 날을 맞아 분향焚 香, 조신朝神, 송경誦經, 종소리, 재초齋醮도 할 수 없다. 궁관宮觀은 무戊의 전날 저녁이면 주전主殿 밖에 무戊의 팻말을 걸어 도중道眾에게 알린다.

③ '도불언수道不言壽'의 금기 : 도교는 악사로 사는 것을 즐기며 성선으로 살기를 추구하기 때문에 도교도들은 서로 생신연령生辰年齡 등을 묻지

않는다.

④ 음식에 있어 도교는 소는 공로가 있고, 개는 의리가 있으며, 기러기는 서열이 있고, 가물치는 효심이 있으므로 먹지 못한다. 전진도사는 전혀 육식을 하지 않는다.

3 우리나라의 도교道敎

도교道敎는 고대 중국에서 발생한 종교로서, 신선사상을 근본으로 하여 음양·오행·복서·무축·참위 등을 더하고, 거기에 도가道家의 철학을 도입하고, 다시 불교의 영향을 받아 성립했다. 도교는 하나인 도道의 세 가지 모습인 옥청(玉清: 원시천존)·상청(上清: 영보천존)·태청(太清: 도덕천존)의 삼청三清을 최고신으로 하는 다신교이다. 전으로는 도교 성전의 집성인《도장道藏》이 있다. 도교의 신자를 도교인 또는 도교도라고 하며, 우화등선羽化登仙을 목표로 하는 무리라는 뜻에서 우류羽流라고 하기도 한다. 도사道士는 도교의 전문적 종교가이며 여성 도사는 여관女冠이라고 한다.

도교는 크게 도교 경전으로서의《도장》, 도교 사원으로서의 도관, 도교의 성직자 또는 전문적인 종교인으로서 도사·여도사의 체제를 갖춘 교단 도교 또는 성립 도교와 이에서 벗어난 도교 단체 또는 도교 신앙을 통칭하는 민중 도교로 구분한다. 현세이익적인 면도 있지만 수행을 통해 신선이 되는 길을 가르치는 것을 중심으로 하는 교단 도교에 비해 민중 도교는 전적으로 현세이익적이라는 특징을 지닌다.

도교의 창시자는 오두미도 또는 천사도의 창시자인 후한(25~220)시대의 장도릉(34~156)으로 알려져 있다. "도교"라는 말을 최초로 사용한 사람은 북위(386~534)의 구겸지(365~448)로, 구겸지는 도교를 집대성한 사람 또는 최초의 교단 도교의 창시자로 알려져 있다.

고대 중국의 전설상의 통치자인 황제와 도가의 이론가라 할 수 있는 노자老子를 신봉한다고 하여 황로사상 또는 황로교라고도 한다. 노자와 장자를 중심으로 한 도가사상과는 구별되어야 한다.

1) 신라사선新羅四仙

《청학집淸鶴集》에 의하면 환인桓仁이 동방의 최초 선조仙祖이고 맥脈이 문박文朴에 대代가 이어지며 다시 영랑永郎에 전해져서 마한馬韓 때 보덕신녀寶德神女가 영랑의 도(永郎之道)를 이어받았다고 한다.

신라의 화랑을 국선國仙이라고도 칭하는데 영랑永郎·술랑述郎·남랑南郎·안상安詳을 4선四仙이라고 부른다. 이 4선은 모두 영남 사람이라는 것이고 고성高城 삼일포 남쪽에 있는 조그마한 산봉의 돌벽에 영랑도남석행永郎徒南石行이란 여섯 글자가 쓰여 있으며 그 조그마한 섬에 후세인이 사선정四仙亭을 세웠다고 한다.

통천通川에 사선들이 소요하였다는 사선봉이 있고 간성杆城에 선유담仙遊潭·영랑호永郎湖가 있다. 금강산에 영랑봉이 있는데 선도仙徒들이 놀았던 곳이라 한다.

장연長淵에 아랑포阿郎浦가 있고, 강릉江陵의 한송정寒松亭이 있는데 사선들이 노닐던 곳이다.

《청학집》은 이외에도 선가仙家를 열거하고 있다. 선가로서는 호공瓠公 물계자勿稽子, 대세大世 구칠仇柒, 옥보고玉寶高 우륵于勒, 장미선녀薔薇仙女 연주連珠, 김가기金可紀, 최승우崔承祐, 자혜慈惠, 최치원崔致遠, 이청李淸, 명법明法, 권청權淸 등이다. 이 선파는 고려·조선조의 단학파로 이어졌다.

우리나라 신선 중에도 중국 역사에 기록된 신선이 두 분 있으니 신라시대의 김가기金可記와 최치원崔致遠이 그 주인공이다. 김가기는 스승 종리권鍾離權의 문하에서 40여 년의 수련행공 끝에 신선의 반열에 올라, 중국 16선仙의 한 분으로 추앙받고 있으며, 최치원은 12살의 나이에 당唐에 유학하여 18년을 공부하고 귀국하여 국내에서 활약했으나 당시 신라 말기

풍전등하風前燈下의 정치적 환경에서 직접 나라의 멸망을 지켜보는 기로에서 뜻을 펴보지도 못한 채 가야산에서 신선의 세계로 자취를 감추었다.

① 김가기金可記 (?~859)

김가기金可記는 신라 문성왕 때에 중국 당나라에 유학해서 뛰어난 성적으로 학업을 마치고 외국인을 대상으로 치르는 과거시험인 빈공과賓貢科에 합격 진사가 되었다. 최치원도 빈공과를 치러서 급제한 사람 중 한 사람이다. 김가기는 성품이 침착하고 도를 좋아하였으며 사치스러운 것을 거들떠보지 않았다. 그리고 복기服氣(도가의 수양법)로 몸을 단련함을 스스로 낙으로 여겼다. 그는 박학하고 기억력이 뛰어났으며 문장을 잘 지었다. 깨끗하고 아름다운 용모를 지녔으며, 거동과 말함에 깊은 멋이 풍겼다는 평을 받았다.

그는 중국 종남산 자오곡에 있는 띠풀로 엮은 집에서 살고 있었는데, 은밀하게 숨어서 손수 기이한 꽃을 심고 이상한 과수를 많이 길렀다. 그는 늘 향불을 피우고 조용히 앉아 깊은 생각을 하면서 일상을 보냈다. 또한 그는 도덕경과 여러 신선경을 외우고 익히는 것을 중단하지 않았다.

그는 늘 두고 온 고향을 잊지 못하다가 3년 후 고국인 신라로 돌아왔다. 이때 당나라의 시인 장효표가 신라로 돌아가는 김가기를 안타까워하면서 김가기의 문장을 높이 받들어 남긴 시가 있다. 그 시를 감상해 보자.

- 送金可記歸新羅송김가기귀신라
登唐科第語唐音 당나라 과거에 급제하고 당나라 말을 하지만
望日初生憶故林 해가 뜨는 곳을 바라보고 고향을 그리워한다네.

326

鮫室夜眠陰火冷 교실(鮫室)에서 잠을 자는데 음화陰火가 썰렁하고

蜃樓朝泊曉霞深 아침에는 상서로운 기운이 머물고 새벽안개가 깊어
지네.

風高一葉飛漁背 바람이 거칠어 나무 잎이 물고기의 등 위로 날아가고,

湖淨三山出海心 호수는 고요하여 삼신산이 바다 가운데서 솟아오르네.

想把文章合夷樂 생각에 잠겨 문장을 동이의 음악에 맞추니

蟠桃花中醉人蔘 복숭아(蟠桃)꽃 속에서 인삼 향기에 취하리라.

- 당나라 장효표 -

그리워하던 고국 신라로 돌아왔지만 정세가 어지럽고 백성들이 도탄
에 빠져 있던 현실을 직면하고 희망을 찾을 수 없어서였을까? 아니면 그
동안 보아 왔던 신선神仙에 대한 미련을 버리지 못하고 그것을 완성하기
위해서였을까? 그는 다시 당나라로 떠났다. 당나라에서 관직에 등용되어
몇 해를 보냈으나 신선술에 매료되어 관직을 버리고 종남산 자오곡으로
들어가 수련에 전념했다.

그리고는 남몰래 덕을 베푸는데 힘써 남들이 청하는 바가 있으면 처
음부터 거절하지 않았다. 정확하고 부지런히 일을 하되, 남들과 함께 생
활하지는 않았다. 차츰 명성이 높아졌다.

'김가기는 신선이다.'

'김가기는 하늘을 날고 구름과 비를 내리게 한다.'

김가기의 명성이 당나라에 널리 퍼지자 당나라 선종宣宗 2년 3월 어명
으로 그를 불렀다. 김가기는 황제에게 상주하기를

"신은 옥황상제의 조서를 받자와 영문대시랑英文臺侍郞이 되어 내년 2월
25일에 하늘로 올라가야 하옵니다." 하였다.

그리고는 종남산에서 나오지 않았다. 선종宣宗은 매우 이상하게 생각하고 그를 궁내로 불러들이라고 하였으나 김가기는 한사코 사양하며 나아가지 않았다.

"신라인 김가기가 옥황상제의 영을 받았다니 신기하지 않은가?"

당나라 선종이 대신들에게 물었다.

"그는 이미 신선술을 통하였으니 능히 상제의 영을 받았을 것입니다."

대신들이 일제히 아뢰었다.

"짐은 아직 신선을 만나지 못했다. 김가기에게 궁녀 네 명과 향, 악, 금과 비단을 하사하라. 또한 내시 두 사람을 파견하여 김가기의 시중을 들게 한 뒤에 그가 과연 승천하는지 자세히 살피고 아뢰도록 하라."

내시들과 궁녀들은 선종宣宗의 영을 받아 종남산으로 와서 김가기의 시중을 들면서 그의 동태를 살피기 시작했다. 김가기는 홀로 방에 가부좌를 틀고 앉아 있어도 그의 표정이 너무나 엄숙하고 선기가 가득하여 감히 범접할 수 없었다. 그런데 김가기가 선도에 심취해 있는 자오곡의 초옥에는 밤마다 방 안에서 남녀의 담소하는 소리가 들리어, 내시들과 궁녀들이 창틈으로 몰래 들여다보니, 선관仙官과 선녀가 각기 용과 봉 위에 앉아서 의젓하게 담소를 나누고 있지 않은가.

'저분이야말로 진정 이인이로구나.'라고 판단, 다시는 그를 감시하지 않았다.

해가 바뀌어 2월 25일이 되었다. 봄경치가 아름답고 꽃들이 만발한 가운데 종남산 자오곡 위로 오색구름이 일고, 학이 울며, 봉황이 날고, 생황·통소·금석 악기의 소리가 천상에서 고요하게 들려오면서 푸른 옥으로 만든 화려한 수레가 형형색색의 깃발을 앞세우고 하늘에서 내려왔다.

"옥황상제의 사자가 도인을 모시러 왔다."

이 때 종남산 자오곡 일대에는 김가기가 승천하는 것을 보기 위해 조정대신들과 인근의 사람들이 구름처럼 몰려와 있었다. 김가기는 수많은 사람들이 지켜보는 가운데 수레에 올라타 하늘로 올라갔다. 이때가 당 대중 12년(859년) 2월 25일이었다.

《속신선전續神仙傳》에 의하면 신선술을 공부하여 하늘로 올라간 사람은 모두 16명인데 김가기도 그 중 한 사람이라고 기록하고 있다.

참고문헌 : 《해동역사海東歷史》《동사강목東史綱目》《속신선전續神仙傳》《열선전列仙傳》
《태평광기太平廣記》

② 최치원崔致遠 (857~?)

신라 말의 학자. 우리 한문학의 비조鼻祖. 자字는 해운海雲, 호號는 고운孤雲. 경주 최씨의 시조. 12세에 중국 당나라에 들어가 18세에 그곳 빈공과賓貢科에 단 한 번에 급제하고, 〈토황소격문討黃巢檄文〉으로 크게 문명을 떨쳤다. 885년(헌강왕 11년) 나이 28세 때 귀국, 그동안 품어오던 크나큰 포부를 펴 보고자 하였다.

당시 어지러운 시국에 진성여왕에게 개혁책인 시무책을 올려 6두품이 오를 수 있는 최고 관등인 아찬이라는 중앙관서 벼슬에 올랐으나 골품제의 한계와 의심 시기 질투 등으로 그 뜻이 용납되지 못하므로 곧 실망하고, 대산군大山郡 태수(현 전북 칠보 태인 일대)를 자원하여 지방으로 나가 뜻을 펼치려 했으나, 때는 이미 계림황엽鷄林黃葉으로 기울어가는 국운이었다. 양길, 궁예, 견훤, 왕건 등 지방 군웅들이 할거하니, 난세를 비관하여 벼슬을 버리고 각지를 유랑하다 마침내 가야산에 은둔 종적을 감추고 나중에 신선이 되어 승천하였다고 전해지는바, 중국의 문헌에도 신선의 반열에 올라 있다.

저서에 《고운집》,《계원필경桂苑筆耕》등이 있다. 고려 현종 때 문창후文昌侯로 추봉되었고, 학문과 문학에서 깊은 업적을 남겨 문인들은 그를 동국문종東國文宗으로 추앙하고 있으며, 조선시대에 동방 18현 중의 한 분으로 문묘文廟(공자를 제사하는 묘당)에 배향되었다.

2) 최초의 도교와 천존상天尊像

당고조唐高祖가 천존상을 주어 도사를 고구려에 보내어 《도덕경》을 강의하게 하였더니 영류왕榮留王과 국인國人들이 들었다는, 기록이 《삼국유사》에 있다. 당나라의 천존상은 높이 3자 5치로서, 운관雲冠을 쓰고 안개와 같은 옷을 몸에 걸쳤으며 손에는 손잡이가 달린 향로와 향을 들고 있다. 관冠에는 새가 앉아 있고 발에는 방두리方頭履란 앞이 사각으로 되어 있는 신발을 신고 신발 밑에 연화蓮花을 밟고 있으며 천존 뒤에는 잎이 보인다.

잎 위에 거북이 엎드렸으며 왼쪽 팔꿈에 구름 모양이 있고 빛이 등에 있다. 빛 속에서 청룡靑龍이 목을 쳐들고 있으며 오른쪽 어깨 앞에 범이 왼쪽을 향하고 있다. 몸 주변에 화염이 둘러싸고, 눈썹·수염·머리카락은 그림붓으로 그린 듯이 가늘다. 구름이 전신을 둘러싸고 군데군데에 천화天花가 붙어 있다. 머리 위에 있는 빛 위에 큰 꽃이 우산雨傘 모양으로 덮고 있다. 이 신상神像이 《도교영험기道敎靈驗記》 권4 《목문천존험木文天尊驗》에 기록되어 있는 원시천존상元始天尊像이다. 고려 예종睿宗 2년(1107)에 처음으로 천존상을 옥촉정玉燭亭에 안치하고 월초月醮를 올렸다. 그 옥촉정은 연경궁후원延慶宮後苑(개성開城)에 있었다.

3) 도교의 궁관宮館

① 복원궁福源宮

도교의 사원이다. 고구려 보장왕은 불사佛寺를 도관으로 삼고 당나라에서 온 도사 숙달叔達과 그 외 8명을 맞이하여 《도덕경》을 강의하였다. 고려조 예종睿宗은 복원궁福源宮을 마련하고 송나라 도사 두 명을 맞아들여서 제자를 뽑아 도서道書를 배우게 하였다. 복원궁은 왕부王府(수도首都)의 북쪽에 있으며 대화문大和門 안에 정화문政和門을 세웠는데 대화문 방榜에는 부석지문敷錫之門, 정화문 방에는 복원지관福源之觀이라고 쓰여 있었다. 궁내에 삼청상三淸像과 혼원황제混元皇帝(老子)의 화상畵像이 있었다고 한다. 여기에 10여 명의 우류羽流(道人)가 있었다.

이 궁 외에도 도관으로서 옥촉정玉燭亭, 회경전會慶殿이 있었고 수춘궁壽春宮, 여구궁麗丘宮, 문덕전文德殿, 태청관太淸觀, 태일전太一殿, 구요당九曜堂, 청계배성소淸溪拜星所, 정사색淨事色, 소전색燒錢色 등이 있었는데 호천오방제昊天五方帝, 태일太一(太乙)이 봉안되어 왕이 여기에 행차하여 초재醮齋를 올렸다. 이런 고려시대의 도관이 조선조에 이르러서는 소격전昭格殿에 합일되었다.

소격전은 소격서昭格署와 그 의미를 달리하므로 구별되어야 한다. 세조世祖 12년에 소격전을 없애고 소격서로 갱정하여 관제로 하였다. 그러나 소격서의 관제에 관한 존폐가 여러 왕에 의해서 문제되었다. 소격전에는 삼청전·태일전·직숙전과 십일요전十一曜殿이 있었다.

소격전은 소격서로 대치됨으로써 없어지고 또 소격서가 임진왜란 때 중국에서 나와 있던 명군明軍에 의하여 관왕關王숭배가 전래된 후 서울 남대문과 동대문 밖에 관왕묘關王廟가 설립되었다. 지방에서는 강진·남원·성주·안동에 각각 관왕묘를 세웠으며, 성주와 안동의 것은 선조宣祖 31년에 창건되었다. 이것들이 도교의 명맥을 유지하였다.

② 소격서昭格署

조선조 세조가 즉위 12년에 도류道流의 사원격인 소격전昭格殿을 소격서로 개칭하고 관서의 하나로 하였다. 중종 13년에 조광조趙光祖의 상소에 의해서 폐지되었다.

20년 만에 다시 설치되었으나 임진왜란 이후 폐지되었다가 소격서의 요원인 도류道流는 취재取材로써 선발하였다. 과목에는 송誦에 금단禁壇, 읽을 때 영보경靈寶經, 과의科儀에는 연생경延生經, 진무경眞武經, 용왕경龍王經 가운데에서 3경三經을 택하게 되었다. 이곳 도류는 백의白衣와 오건烏巾을 착용하고 치성을 드리며 푸른 종이(靑詞:일종의 祝文)에 축원하는 글을 써서 이를 불사르는 등 절차가 매우 복잡하였다.

이 관청 곁에 우물이 있었는데 제사를 지낼 때에 썼으므로 우물 이름을 성제정星祭亭이라 했다. 물맛이 몹시 좋아서 권근權近, 강희맹姜希孟 등이 이 물을 읊은 시가 전해 온다. 이곳에 소속된 관리는 영(令:종5품) 1명, 별제(別提:종6품) 2명, 참봉(參奉:종9품) 2명이었다. 잡식으로서는 도류가 15명, 상도(尙道:종8품) 1명, 지도(志道:종9품) 1명이었다.

4) 초재醮齋

도류道流가 드리는 제를 초재라고 하였다. 소격서에서 집행된 초재를 본다면 그 종류는 이렇다. 성숙星宿초, 태양성 및 화성火星초, 북두, 금성, 태음, 혜성彗星 등의 초재가 있는데, 조선조에서는 소격전에서 집행되었다. 이 초재들은 양재禳災에 목적이 있었다. 그러므로 소격전에서는 주로 성신星辰에게 기원하였다.

① 초제청사醮祭靑詞

도류들이 초제 때에 쓰는 축원문을 청사라고 한다. 초례문이나 도장문道場文이 모두 이 청사의 종류로서 여러 가지이다. 청사는 푸른 종이에 축원문을 쓴 것인데 제가 끝나면 불로 태워버렸다.

② 종규鐘馗

《동국세시기東國歲時記》에 궁가宮家나 여염집에서 정월이 되면 액과 병을 물리치기 위해 종규鐘馗가 귀신을 몰아내는 형상이 그려진 그림을 문에 붙이는 풍습이 있었다고 한다.

요즘에도 붉은 먹으로 귀신을 그린 부적이 방이나 변소에 붙어 있는 것을 본다.

그런데 그 종규는 당 현종 때에 사람에게 근심을 안겨 주고 기뻐하던 허모虛耗가 양귀비楊貴妃를 괴롭히고 궁중을 뛰어다니며 기뻐하고 있는 것을 붙잡아서 눈알을 빼고 머리부터 그냥 먹어버린 자이다.

그런데 종규는 과거에 떨어져 궁중의 계단에 머리를 들이받고 자살한 종남현終南縣 출신의 진사로서, 왕이 죽은 그를 후하게 장사지내 주자 종규는 그 은혜를 갚으려고 천하 귀신을 평정하기로 작정했던 것이다. 현종은 유명한 화가 오도자吳道子에게 종규의 모습을 그리게 했다. 그리고 신하에 명하여 제야의 밤에 집집마다 그 그림을 붙이도록 명하였다. 이런 전설의 인물이 종규이다.

바로 이 종규는 도교에서 쓰이는 벽사 부적이다. 신차神茶, 울루鬱壘를 그린 도부桃符와 '신차神茶·울루鬱壘' 4자를 쓴 첩자의 두 주인공도 도교에서 귀신들이 있는 도삭산度朔山을 감독하는 두 신이다. 입춘에 액막이로 쓰였다는 벽사문 중의 열두 신명神名도 도교적인 것이다. 도교신앙과 관

련된 풍속은 복서ト筮, 부적 등에 잠재하고 있다.

5) 도가道家와 도교道敎의 의미

도가와 도교는 사상과 신앙의 관계라고 할 수 있다. 즉 도가의 이론가라 할 수 있는 노자는 종교로서의 도교에서는 신선으로, 옥황상제에 버금가는 신격화가 이루어질 정도이다. 도가는 노자와 장자의 사상을 주축으로 하나, 도교는 노자의 저서인《도덕경》에 절대적인 권위를 부여하고 경전화하였다. 중국의 민간 신앙으로서의 도교는 중국인의 신앙 체계에서 아주 중요한 요소이다. 즉 중국인은 어떤 종교를 믿든지 그 기본 신앙에는 도교적인 요소가 있다고 할 수 있다.

도교도 여러 가지 파가 있다. 그중에 천사도는 장씨가 교주를 세습하여 현재 대만에도 천사도의 마지막 교주가 생존하고 있다. 신선·연단·불로장생·옥황상제 등을 믿는다. 불교와 교류하면서 서로 강력한 영향을 주고 받았다.

도교는 엄밀하게 말하면, 신선사상에 중국의 민간신앙이 합쳐져서 이루어진 종교다. 흔히들 '유불선' 삼교라고는 말하지만 '유불도' 삼교라고는 말하지는 않는다. 그러나 일반에서는 도교와 신선도를 흔히 같은 단어로 이해한다. 그 골자는 불로장생에 있으며, 의학·약학·화학·연금술을 동반하고, 그 위에 신비적인 방술을 닦음으로써 스스로 진인, 신인 또는 선인이 되기를 원한다.

도교가 백성들의 호응을 얻을 수 있었던 것은 유교의 성리학처럼 배타주의나 편향주의로 나아가지 않고 모든 것을 포용하는 조화로움을 지녔기 때문이다. 민간신앙으로서의 도교는 현세의 이익을 전적으로 하여 농민 폭동과도 관련을 맺어 송나라 이후《태상감응편太上感應篇》,《보권寶

卷》,《공과격功過格》 등의 책이 나타났다.

중국의 무술도 도교와 관련이 되어있다. 주로 도교 사원 내에서 또는 도교 고승들에 의해 만들어지거나 훈련되었으며, 후에 평신도들에게 전파되는 경우가 많다. 이러한 양식에는 도교의 원리, 철학, 이미지 등이 포함되어있다. 대표적으로 무당파의 무당권이 있다.

6) 도교道教 역사

후한(25-220) 말기에 성립된, 장도릉(34-156)을 개조로 하는 오두미도 또는 천사도가 도교의 원류이다. 장도릉의 자손은 장시성의 용호산龍虎山에서 정일교를 개교하였다. 서진(265-317)의 재상의 딸인 위화존(魏華存: 3세기 말-4세기)은 모산파 또는 상청파를 열었다. 동진(317-420) 시대에 갈홍은 《포박자》를 지어 일파를 열었다.

하지만 아직 민간신앙의 차원에 머물러 있었고, 북위(386-534)의 구겸지(365-448)에 이르러 교단도교로 확립되어 국가적 종교로 불교와 대립했다. 양나라(502-557)의 도홍경(452-536)은 모산파를 대성하였다. 당(618-907)·송(960-1279) 시대에는 조정의 지지를 얻어 도교가 성행하였다. 이후 도사들이 퇴폐풍조를 초래하여서 금나라(1115-1234) 때는 혁신 운동이 일어나 전진도全眞道·태일도太一道·진대도眞大道의 세 파가 창시되었다.

7) 경전經典

도교의 경전으로는 불교의 대장경에 해당하는 《도장道藏》이 있다. 현재의 도장은 5,305권의 《정통도장》과 180권의 《속장》을 합하여 총 5,485권으로 이루어져 있다

《정통도장》은 동현(洞玄)·동진(洞眞)·동신(洞神)의 '삼동三洞'과 태현太玄·태

평太平·태청太淸·정일正一의 '사보'로 구성된 삼동사보(세 개의 중심부과 네 개의 보완부)의 체계로 이루어져 있다. 이러한 구성 체계는 당시에 중국의 한역漢譯 불교경전이 체계화되던 것의 영향을 받아 성립된 것으로 삼동三洞은 4세기 말에서 5세기 초에 성립되었고 사보는 5세기 말에서 6세기 초에 성립되었다.

8) 교단教團 도교와 민중民衆 도교

도교는 본래 민간 신앙을 기반으로 하여 일어난 중국의 자연종교이다. 도교는 정령 숭배를 기반으로 하여 신선사상을 중심으로 삼고, 거기에 도가, 역, 음양오행, 복서, 참위, 점성 등의 사상 및 이론과 무격 신앙을 가미하고, 다시 그 위에 불교의 체제와 조직을 본떠 결합한, 불로장생을 주목적으로 하는 한편 수壽·복福·록祿을 구하는 현세이익적인 자연종교이다.

이 자연 종교로서의 도교는 후대에 종교 교단으로서의 체제와 조직을 갖추어 교단도교가 되었다. 즉, 도교 경전으로서의 《도장道藏》, 도교 사원으로서의 도관道觀, 도교의 성직자 또는 전문적인 종교인으로서 도사·도사의 체제를 갖추어 성립적 종교 또는 교단적 종교가 되었다. 시간이 흐르면서 시대에 따라 도사들 간에 주장의 차이가 생겨나고 이에 따라 많은 분파가 생겼다. 1910년 경에는 중국에서 140여 개의 도교 종파가 있었다. 이 종파·종교를 성립 도교 또는 교단 도교라 부르고 이에서 벗어난 도교 및 그 집단을 민중 도교라고 부른다.

민중 도교는 매우 강한 주술성을 보이며, 고타마 붓다·공자·관음보살·예수 그리스도·무함마드·관우關羽·토지신 등에 대한 개인적인 신앙을 토대로 형성된 보권寶卷 계통의 성격을 띤 종교이다. 민중 도교에 속하는 분파 또는 단체로는 무위교無爲教·원돈교圓頓教·홍양교弘陽教·선천교先天教·구궁도九宮道·金丹八卦道金丹八卦道·일관도一貫道 등이 있는데, 이들은 전적으로 현세 익적이다.

9) 삼국시대 이후 도교

① 삼국 시대

한반도로 도교가 전래된 첫 기록은 기원후 624년의 고구려(BC c.37-AD 668) 영류왕(재위 618-642) 7년 때이다. 《삼국사기》에 따르면 영류왕은 당나라에 사신을 보내어 도교가 들어올 수 있도록 도와줄 것을 요청하였다. 그러자 당나라에서는 천존상天尊像, 그리고 도법과 함께 도사를 파견하였다. 파견된 도사는 노자의 도법을 강의하였는데 영류왕과 수천 명의 고구려인들이 강의를 들었다. 이듬해인 625년에는 고구려에서 학인들이 당나라로 파견되어 불교와 도교의 교법을 배워왔다.

고구려의 도교와 관련된 다른 기록으로는 643년과 650년의 기록이 있다. 643년의 고구려의 마지막 왕인 보장왕 2년에는 당시의 실권자인 연개소문淵蓋蘇文의 건의로 당나라에서 숙달叔達을 포함한 도사 8명과 함께 《노자도덕경》을 보냈다. 고구려 조정에서는 한 사찰에 이들 파견된 도사들이 거처하게 하였는데, 이것은 불교 사원을 도교의 사원인 도관으로 삼았다는 것을 의미한다. 650년의 고구려 보장왕 9년에는 수도인 평양에 있던 반룡사盤龍寺의 승려 보덕普德이 고구려에서 국가적으로 도교를 숭상하고 불교를 경시하여 불교가 쇠퇴하자 이러한 상황을 개탄하며 백제로 옮겨가 전주에 경복사景福寺를 세우고 열반종의 교의를 강론하였다. 이와 같이 고구려에서는 일시적으로 도교를 매우 숭상하였다. 고구려 말기에 융성했던 도교는 《삼국유사》의 고려본기에서 전하는 기록에 의하면 오두미도였는데, 장도릉이 창시한 최초의 오두미도가 아니라 상당히 수정되고 발전된 형태의 것이었다.

신라(BC 57-AD 935)는 당나라와의 문물 교류가 활발하였으므로 도교가 상당히 유행했을 것으로 여겨지지만 자세한 기록이 없다. 그러나 국모신國母神인 서술성모西術聖母를 일명 선도성모仙桃聖母라 하여 후세에 여선으로 숭배한 일이 있으며, 국가의 제사에 오악신五嶽神을 받들어 어느 정도 도교적 색채를 띠게 되었다는 기록은 있다. 신라 말기의 김가기(?~859)·최치원(857~?) 등은 중국에서 정통 도교를 배우기도 했다.

② 고려

고려(918-1392)에 들어와서는 도교를 중시하는 송나라(960-1279)의 풍습이 조금씩 전래하다가 예종(재위 1105-1122) 때에 송나라 휘종(재위 1100-1125)이 도사 두 명을 보내어 도법을 전하였고, 이에 고려에서는 개성의 북쪽에 복원관福源觀이라는 도관을 세워 삼청상三淸像을 모시고 도사를 두었다. 그러나 도교는 국가 중심의 도교 의식에 그치고 일반 민중의 종교적 발전에까지는 이르지 못하였고, 성신星辰에 대한 신앙, 부적의 사용, 경신庚申을 지키는 것 등이 대중화되었다. 도교에서 행하는 제사 및 기도 의식을 재초齋醮라고 하는데, 고려에서는 정사색淨事色이란 마을이 있어서 여기에서 재초가 행해졌다.

③ 조선

조선에서는 고려의 뒤를 이어 도교의 재초를 행였지만 복원관을 비롯한 여러 재초 거행 장소를 폐지하고 경복궁의 북쪽에 소격서昭格署를 한 군데만 두었다. 소격서에 태일전太一殿, 삼청전三淸殿 등을 세우고 천존天尊,

성군星君, 신장神將 등 수백 위를 모셔 놓고 때때로 재초를 거행하였다. 지금의 삼청동, 성제정星祭井, 소격동昭格洞 등이 당시의 도교 유적이다. 조선에서 도교는 국가적으로는 그 규모가 축소되었으며 쇠퇴일로를 걷게 되었다. 그러나 민간에서는 단학과 선풍 및 도교에서 유래한 풍습이 전대에 비하여 많이 행해졌다. 임진왜란 이후에는 명나라의 군사들에게서 배운 관우關羽 숭배 등이 유행하였다.

우리나라에서는 현재 중국과는 달리 도교를 정식 종교로 규정하지 않고 있다.

제5편

윤회輪廻

윤회道

1) 윤회론輪廻論

윤회輪廻(산스크리트어 삼사라(Saṃsāra)는 계속 흐르고 있다는 뜻에 따라 번역한 것으로 윤회전생輪廻轉生 또는 생사유전生死流轉이라고도 한다. 마치 수레바퀴가 회전하여 멎지 않는 것처럼 중생이 번뇌와 업業으로 인하여 '길 잃은 세계'(迷界), 즉 삼계三界(欲界, 色界, 無色界)와 육도六道(地獄道, 餓鬼道, 畜生道, 阿修羅道, 人道, 天道)에 다시 태어나고 죽는 것이 끝이 없는 것을 말한다. 이 괴로운 존재인 윤회에서 벗어나는 경지가 선종善終이자 열반涅槃이다.

윤회사상은 주로 힌두교, 자이나교, 불교, 시크교 등 주로 인도계 종교들에서 윤회를 믿으며 중요한 교의 중의 하나로 여기고 있다. 서양의 경우, 고대 이집트 종교, 피타고라스 학파, 영지주의, 헤르메스주의 등에서 윤회를 믿었거나 믿고 있다. 도교의 최종 수련 목표도 윤회의 고리를 끊고 윤회를 벗어버리기 위한 것이다.

윤회 사상은 인도 사상의 현저한 특색이었으며, 불교 역시 이 사상을 가졌다. 윤회를 반복하는 것은 깨닫지 못한 사람들의 삶의 모습이며 "있는 모습"이라고 부르기도 한다. 해탈의 경지에 도달하지 못한 사람은 그 깨달음, 경지 또는 구원된 상태에 도달할 때까지 계속하여 이 세상으로 재탄생한다는 내용의 교리이다. 이 세상에서 겪는 삶의 경험이 자신의 발전에 더 이상 필요치 않은 상태 또는 경지에 도달할 때 비로소 이 세상으로의 윤회가 끝난다. 윤회, 즉 삶과 죽음, 곧 인생사는 어둠을 극복하여 깨달음 또는 구원에 이르는 여정이다.

윤회 이론에 의하면 어떤 한 개인이 갖는, 현재의 생은 수억겁의 전체 생 가운데 하나의 생이다. 하나의 생, 그것은 윤회라는 넓고 긴 강물 속에 하나의 물결에 불과한 것이다. 윤회란 한 인간이 죽은 다음 그가 전생에서 지은 행위 즉 업보業報에 의해 결정되어진 모습으로 이 땅위에 다시 태어난다는 것을 말한 것이다. 그래서 윤회는 곧 진화進化이다. 지상에서 수 억겁의 많은 연속적 생애를 통해 신분이 바뀌어서 태어나고, 성性을 바꾸어 가면서 태어나고, 또한 민족이 다른 인종으로 거듭 태어나면서 진화하여 성현들로 상징되는 완전에 도달하는 것이다. 윤회론은 결코 무지한 사람들의 미신이 아니다. 실제로 인도를 비롯한 동양의 여러 불교국가에서는 셀 수 없이 많은 교양인들이 윤회론을 믿고 그에 따른 도덕적 원리를 바탕으로 생활하고 있다.

태어난 자들은 반드시 죽는다. 그리고 죽은 자들은 틀림없이 다시 태어난다. 다시 몸을 받은 영혼은 낡은 육체를 버리고 새 육체로 바꾸어 입는다. 마치 낡은 옷을 버리고 새 옷으로 바꾸어 입는 것처럼. 티벳 불교에서는 린포체 신앙이라는 것이 있다. 린포체 신앙을 쉽게 설명하자면 다음 생에 자신이 받을 몸을 예언하는 것으로 그들은 죽음을 가장 큰 축복으로 받아들인다. 칠팔십 년 동안 사용하여 낡아버린 육신을 새 육신으로 바꾼다는 의미로 죽음을 맞이하고 있는 것이다. 사람이 태어나고 죽고 하는 것은 수레의 바퀴와 같이 생과 사는 서로 돌고 돌면서 그치는 때가 없다.

윤회의 원리는 간단하다. 영혼은 다른 세계에서 정해진 기간이 지나면 이 지상이나 또 다른 곳에 그의 잔고殘高를 가지고 오게 된다. 이 잔고가 새로운 생을 결정짓는데, 즉 영혼이 다시 태어날 종족, 세계, 그리고 사회적인 계급, 성性, 영혼이 취하게 될 도리, 모습 등등은 모두 이 잔고가 결정한다. 이 잔고가 완전히 고갈되면 윤회는 끝나게 되고 해탈을 얻게 되는 것이다.

윤회론이 없다면 사후에 보상도, 벌도, 없고 덕을 닦기 위해 바치는 모든 노력도 헛일이다. 그리고 해탈을 얻기 위해서 이 생에서 고행하는 것 역시 아무 의미가 없다. 모든 악으로부터 해방은 죽음과 더불어 선한 자에게나 악한 자에게나 똑같이 일어난다고 한다면 "인생의 유일하고도 합당한 목표는 단지 감각적인 만족을 취하는 것일 뿐이다."라고 말하는 외도자外道者들의 주장이 정당화 될 수 있을 것이다.

다시 태어나는 자는 죽은 자와 다르다. 그러나 그는 죽은 자로부터 나온다. 그러므로 그는 죽은 자가 지은 업에서 벗어날 수 없다.

윤회론은 인간의 영혼이 오랜 세월 동안 연속되는 생을 거치면서 서서히 진화를 한다는 이론이다. 우주만물의 진화론을 당연하게 받아들이는 사람은 윤회론 역시 타당하다고 받아들이는데 주저하지 않으리라고 믿는다. 윤회론은 외적 형태, 즉 신체적인 구조가 진화할 뿐 아니라 의식도 진화하므로 심리적이고 영적인 요소도 진보한다고 보아야 한다. 윤회론은 인간의 정신을 점진적으로 성장해 가는 단계인 만큼 인간으로 하여금 자질과 능력에 맞게 자신을 조금씩 펼쳐 나갈 수 있는 기회를 주는 것이다.

진화는 수백만 년 전에 일어났던 것이 아니고 지금 이 순간 이곳에서도 계속되고 있다. 이것이 바로 우리가 존재하는 의미이자 목적인 것이다. 윤회론은 자아에 의한 자아의 탈바꿈을 발생시킨다.

인간의 영혼과 운명을 어떻게 풀어야 하는가? 하고 생각을 하다 보면 '인간은 죽고 나면 아무것도 남은 것이 없을 것이다.' 아니면 '천국이나 지옥이 있을지 모른다.' 또 아니면 '다시 태어날지도 모른다.' 등 상상이 꼬리를 무는데 다시 태어난다는 것이 윤회론이다.

윤회는 어떤 일정한 법칙 아래서 작용한다. 그 법칙은 기본적으로 우리가 살아가면서 발생하는 업장業障에서 오는 원인과 결과의 작용과 반

작용이다. 즉 자신이 전생에 지녔던 성격상의 장·단점을 유전으로 받아서 그런 성향에 걸 맞는 어떤 삶속으로 태어난다는 말이다. '뿌린 대로 거둔 다.'는 우리나라의 속담대로 자업자득이다. 이같이 우리들이 현재 처하고 있는 모든 것들은 과거에 우리들이 행한 행위의 결과이다. 즉 현재의 생은 옛날에 지은 업장의 결과이므로 또한 미래의 우리들의 생은 현재의 행위에서 어느 날 다시 태어날 생의 상태를 결정한다는 것, 이것이 재생신앙再生信仰이다.

'인간은 자기가 만든 세계 속으로 태어난다.'는 인도의 속담도 있다.

2) 불교의 윤회사상

불교 경전에서는 업業과 보報 사이에 직접적인 인과관계가 있으므로 그들의 성질도 동일성을 띤다고 말한다. 즉 선업에는 즐거운 과보(善報)가 따르고, 악업에는 괴로운 과보(惡報)가 따른다는 것이다. 업業설의 인과율에서 볼 때 이유 없는 행복도 없고, 이유 없는 고난도 없다. 행복한 삶은 선업의 과보이고, 고통스러운 삶은 악업의 과보이다. 그러나 이러한 인과율은 현실세계의 실상에 부합되지 않는 면이 있다. 인간의 현실을 보면 착하게 사는 사람이 고통을 당하는 경우가 있는 반면에, 악한 사람이 편안한 삶을 사는 경우도 있다. 이러한 문제점을 불교 경전에서는 삼세업보설三世業報說과 육도윤회설六道輪廻說로 풀어간다. 삼세업보설은 업보의 인과율이 전생, 현세, 내세의 삼세에 걸쳐 전개된다는 것이다. 사람의 의지가 작용한 업에는 반드시 그 과보가 따르는데, 현세에 받을 수도 있고 내세에 받을 수도 있다는 것이다. 육도윤회설은 선악의 업에 따라 여섯 세계를 윤회한다는 것이다. 육도六道의 도道는 취趣라고도 번역되는데, '가는 곳'을 의미한다. 그리고 육도란 업에 의해서 가게 되는 천天, 인人, 아수라阿修羅, 아귀餓鬼, 축생畜生, 지옥地獄의 여섯 세계를 말한다. 육도에서 앞의 셋을 선업에 대한 선도 또는 선취라 하고, 뒤의 셋을 악업에 대한 악도 또는 악취라고 한다.《잡아함》권28에서는 선취로서 아수라 대신 열반涅槃을 넣어 천, 인, 열반을 말하기도 한다.불교의 윤회사상은 사후에 일정한 위치를 점하고 머무르는 것이 아니라, 지옥에도 떨어지고, 혹은 동물이나 혹은 사람으로도 태어나며, 태어남과 죽음을 반복하며 끝없이 여러 세계를 돌고 돈다는 것이다. 윤회 사상은 불교 고유의 것이 아니고 고대 인도 사상에서 불교로 유입된 것이다. 그러나 불교에서 고대 인도의 사상을 그대로 따른 것은 아니다. 고대 인도 사상에서는 윤회에 대해 실질적인 장소를 순환하는 것이라고 생각했다. 즉 사후에 인간이 실질적인 존재로서 어딘가 정해진 장소에서 어떠한 형태를 갖추어 태어나고 변모한다는 것이다. 하지만 불교는 이것을 비판하고 윤회를 생명의 무한성의 상징으로 파악하였으며, 궁극적으로는 윤회를 초월한 열반의 세계를 목표로 하였다. 기독교의 부활사상과 불교의 윤회사상은 현생의 삶 그 이후의 문제에 대해 말하고 있다. 그러나 이 두 사상 사이에는 커다란 차이가 있다. 부활은 일회적이며 영원한 세계를 말하고 있는 반면에, 윤회는 지속적으로 반복되는 세계를 이야기한다. 부활은 그 이후의 영원한 삶을 말하는 반면에, 윤회는 끝없이 돌고도는 한시성을 지닌 삶을 말한다. 부활사상과 윤회사상은 기독교와 불교의 우주 인생관의 근본적인 차이를 보여 준다.

3) 삼계三界 육도六道

초기 경전에 의하면 윤회는 삼계와 육도(여섯 세계)를 통해 전개된다. 삼계는 욕계欲界, 색계色界, 무색계無色界로 구분한다.

① 욕계欲界

지옥, 아귀, 축생, 인간, 그리고 저급한 신들이 사는 세계다. 여기에 사는 모든 존재들은 욕망의 생활을 하고 있다. 욕계는 도덕적인 가치와 윤리적인 상벌이 있는 곳이다. 또한 지식과 지식의 대상이 있는 곳이고, 업과 업을 짓는 자가 있는 곳이고, 나쁜 길(惡道)과 좋은 길(善道)이 있는 곳이다.

② 색계色界

더 이상 욕망을 모르고 정신적인 즐거움만 가지고 있는 신들이 사는 세계다. 여기에 사는 존재들의 육체는 에테르ether로 되어 있다. 이 색계는 사선四禪에 해당되는 4층으로 이루어져 있고 각 층은 몇 개씩의 부속 층들을 가지고 있다.

③ 무색계無色界

이름이 말하고 있는 것처럼 모든 물질적인 공간이나 조건에서 완전히 벗어나 있다. 그러므로 이곳에는 층이 없고 비물질적인 사천四天으로 이루어져 있다. 무색계에는 육체도 없고 욕망도 없는 순수한 정신적인 존재들이 살고 있다.

육도六道는 지옥도地獄道, 아귀도餓鬼道, 축생도畜生道, 아수라도阿修羅道, 인간도人間道, 천신도天神道 등이 있다. 처음의 4도四道는 악도라 하고 끝의 2도二道는 선도라 한다. 이와 같은 도道(세계)들은 그곳에 사는 존재들이 전생에 지은 그들의 업에 의해 현생에서 받게 된 결과이다.

① 지옥도地獄道

《장아함》 19권에 있는 지옥품에 의하면 지옥도에는 8개의 지옥이 있고 지옥마다 다시 16개씩의 소지옥이 딸려 있다. 지옥들은 세계와 세계 사이와 지하에 위치하고 있다. 지옥에 태어나는 존재들은 그들이 지은 악업의 결과가 다할 때까지 긴 세월 동안 수많은 고통을 받는다.

② 아귀도餓鬼道

아귀들은 굶주린 존재들이다. 바늘 구멍만한 입을 가지고서 항상 배고픔과 목마름에 고통을 받는다. 아귀들은 지상이나 세계와 세계 사이에 살고 있다.

③ 축생도畜生道

모든 종류의 벌레들, 물고기들, 새들, 짐승들, 그리고 용 같은 존재들과 물이나 산림 속의 저급한 신들이 산다.

④ 아수라阿修羅道

인도 신화에 등장하는 인간과 신의 혼혈인 반신이다. 인드라와 같은 인도 신화의 천신에 대적하는 악한 무리로 나타난다. 아수라 역시 윤회를 벗어날 수 없는 존재이다.

⑤ 인간도人間道

인간들은 중간적인 장소를 차지하고 있다. 밑으로는 축생, 아귀, 지옥의 세계가 있고 위로는 신들의 세계가 있다. 인간도에 태어나는 것은 큰 특전이다. 이 도道에는 고苦도 있지만 구원(해탈)에 필요한 조건이 되는 수행을 할 수 있는 것은 이 도에서뿐이다. 신들은 인간들보다 좋은 조건을 가지고 있지만 그들이 해탈을 얻기 위해서는 인간계에 다시 태어나지 않으면 안 된다. 붓다가 머무는 곳은 오직 이 도에서뿐이다. 그리고 존재들이 업을 짓는 것도 오직 이 도에서뿐이다. 다른 도에서는 업을 소비할 뿐이다.

⑥ 천신도天神道

신들의 활동 영역과 그들이 머무는 장소들은 다양하고 그 수가 많다. 그들의 거주지는 욕계의 일부에서부터 모든 세계와 무색계에 미치고 있다. 천도天道는 욕계에 8개, 색계에 22개, 그리고 무색계에 4개 등 모두 합쳐 34개가 된다. 신들은 그들이 전생에 지은 선업에 의해서 장수와 지복을 누린다.

도교에서는 지옥을 18개 층으로 보고 지옥품계를 정해 놓았는데 그것을 나열하면 아래와 같다.

18층지옥十八層地獄

① 발설지옥拔舌地獄 ② 전도지옥剪刀地獄 ③ 철수지옥鐵樹地獄 ④ 얼경지옥孼鏡地獄 ⑤ 증롱지옥蒸籠地獄 ⑥ 동주지옥銅柱地獄 ⑦ 도산지옥刀山地獄 ⑧ 빙산지옥冰山地獄 ⑨ 유과지옥油鍋地獄 ⑩ 우갱지옥牛坑地獄, ⑪ 석압지옥石壓地獄 ⑫ 용구지옥舂臼地獄 ⑬ 혈지지옥血池地獄, ⑭ 왕사지옥枉死地獄 ⑮ 책형지옥磔刑地獄 ⑯ 화산지옥火山地獄 ⑰ 석마지옥石磨地獄 ⑱ 도거지옥刀鋸地獄.

위 지옥에 들어가는 예를 줄여서 1층 지옥과 18층 지옥의 예만 들어보겠다.

① 일층 발설지옥拔舌地獄: 중국 민간전설 중 18층 지옥의 제1층

세상에서 살면서 도발하고 이간질하고 비방하여 사람을 해치고 말을 뻔지르르하게 하고 교묘한 말로 상대를 속이고 거짓말을 잘 하는 이런 사람은 사후에 혀를 뽑아버리는 발설지옥에 들어간다.

⑱ 18층 도거지옥刀鋸地獄: 중국 민간전설 중 18층 지옥의 제18층

남의 물건을 도적질하고 위아래 가리지 않고 사기치고 부녀자 나 아이들을 유혹하여 인신매매를 한 자에게는 죽어서 도거지옥 에 들어간다. 도거지옥에서는 사람의 옷을 벗기고 4개의 말뚝 위 에 큰 대자로 묶어놓고 밑에서부터 머리 부분까지 톱으로 썰어내 는 형벌이다.

지옥에서의 체류 시간

18층의 지옥의 층은 공간적 상하가 아니다. 지옥에서 있는 시간 과 형벌은 같지 않다.

제1지옥은 인간세상에서 3750년이 1일이고 이 1일이 30일이면 1 월, 1월이 12월이면 1년이라고 한다. 죄인에게는 1만 년의 형벌이 가해지는데 이는 인간세상에서는 135억 년이 된다고 한다.

제2지옥은 인간세상에서 7500년을 1일로 보고 죄인에게는 2만 년의 형벌을 받게 되는데 이는 인간세상에서 540억 년이라고 한다. 그 후 각 옥살이의 형기는 제1옥의 형기에 배 이상을 추가한다.

351

윤회는 시작이 없다. 그 길이는 거의 무한하다. 살아 있는 존재들은 시작이 없는 때로부터 그들의 업이 완전히 다할 때까지 3계와 6도를 통해서 한 생에서 다음 생으로 떠돌아다닌다.

지옥에서 목숨을 마치고 인간으로 태어나는 사람, 지옥에서 목숨을 마치고 도로 지옥에 나는 사람, 지옥에서 목숨을 마치고 천상에 태어나는 중생이라든지 아니면 어리석고 무식한 범부들은 천상에서 목숨을 마치면 지옥·축생·아귀 속에 태어난다고 말하는 것으로 보아 순서대로 윤회하는 것이 아니고 천상에서 바로 지옥으로 떨어질 수도 있고, 인간에서 다시 인간으로, 지옥에서 인간이나 다시 지옥으로 윤회한다는 것이다.

무명無明에 덮이고 욕망의 결박에 묶이면 많은 생 동안 윤회한다. 무명과 욕망은 결합되어 윤회의 주원인으로 나타나고 있다. 우리들이 지금까지 추구해 온 것에 의하면 무명이 윤회의 제일의 원인이고 욕망은 그것의 이차적인 원인이라고 결론을 내릴 수 있다. 욕망은 무명 때문에 일어나는 것이고 무명이 찾고 욕구하는 것, 우리는 그것을 욕망이라 부른다.

그러나 무명, 또는 욕망은 직접적으로 윤회를 일으킬 수 없다. 그것들은 반드시 업의 단계를 거쳐야 한다. 사실 윤회는 전적으로 오직 업에 달려 있다. 현재의 명名(정신)과 색色(존재)이 선업 또는 악업을 짓는다. 그리고 이 업의 결과로 명과 색은 다시 태어난다.

4) 윤회의 설화

불교에서는 권선징악을 넘어선 해탈의 차원에서 이 윤회설이 강조되었다. 윤회한다는 것은 결국 괴로움이므로 영원히 윤회에서 벗어나는 열반이나 극락 왕생 등을 보다 중요시하였던 것이다. 따라서 이 한 생에서 다음 생이 어떻게 전개되는가 하는 데 대한 관심보다 현실의 삶에서 한 생각 한 생각을 깊이 다스려서 언제나 고요한 열반의 세계나 불국토佛國土에 있는 것과 같은 상태를 유지하고 점검하도록 하는 데 치중하였다.

그리고 현재의 마음이 번뇌로 가득 차 있는 것이 곧 지옥이고, 탐욕으로 가득 차 있는 것이 아귀이며, 어리석음으로 가득차 있는 것이 축생이라고 보는 등 이 순간의 마음가짐에 따라서 끊임없이 육도를 윤회한다고 보았다.

특히, 신라의 원효元曉는 윤회의 원인을 일심一心에 대한 미혹이라고 보았다. 그는 《대승기신론소大乘起信論疏》에서, "일심 외에 다시 별다른 법이 없으나 다만 무명으로 말미암아 스스로 일심을 알지 못하고 갖가지 파도를 일으켜서 육도를 윤회한다."고 하였다. 곧 일심을 깨달을 때 윤회를 면하여 해탈할 수 있음을 밝힌 것이다.

《삼국유사三國遺事》에도 윤회에 대한 기록은 풍부하게 보이고 있는데, 일반인을 교화시키는 데 가장 설득력이 강하였던 사상이 윤회설임을 증명하는 것이기도 하다. 그리고 윤회에 관한 이야기들은 중생의 교화를 위해서 가장 널리 이용되었다.

《삼국유사》의 사복불언蛇福不言에 보면, 남편 없이 아들만을 기르던 한 과부가 죽었다. 열두 살이 되도록 말도 못하고 기동도 하지 못하였던 아들 사복은 고산사高仙寺로 원효를 찾아와서 함께 장례를 치르자고 하였다. 원효는 "그대와 내가 전생에 불경을 싣고 다니던 암소가 죽었으니 같이 가서 장사를 지내자."고 하였다. 곧 과부 어머니는 전생에 소였던 것이다.

또, 〈혜통항룡惠通降龍〉에도 윤회사상이 그대로 나타나 있다. 당나라에서 병을 내고 다니던 교룡蛟龍은 혜통의 신술에 쫓겨 신라 땅으로 가서 횡포를 부리고 다녔다. 이에 정공鄭恭이 당나라에 가서 혜통을 모셔와 용을 쫓아보내자, 앙심을 품은 용은 정씨 집 앞에 한 그루의 버드나무로 환생하였다. 원한을 품은 용의 환생인 줄을 모르는 정씨는 이 버드나무를 무척 애지중지하였다.

그 뒤 신문왕이 죽어 장례행차를 하는데 이 버드나무가 지장을 주게되자 베어 릴 것을 명하였다. 그러나 "내 목은 베어도 이 나무만은 벨 수 없다."고 하면서 정공이 버티자 왕은 격분하여 정공의 목을 베고 그 집을 묻어버렸다. 버드나무로 환생한 용이 이렇게 원한을 푼 것이다.

또, 불국사를 지은 김대성金大城은 전생에 가난한 집에 살았던 불심이 돈독한 아이였다. 몹시 가난하였지만 어머니의 허락을 받아 내세의 행복을 기원하면서 전답을 모두 법회에 보시布施한 뒤에 죽었다. 이 아이가 죽은 바로 그 순간에 정승 금문량金文亮은 그 아이가 대성이라는 아기로 환생할 것이라는 계시를 받는다.

그 뒤 그의 아내가 임신하여 아이를 낳았는데, 주먹 안에 '대성' 두 글자가 새겨진 금간자金簡子를 쥐고 태어났다. 자라서 재상이 된 김대성은 현생의 부모를 위하여 불국사를 지었고, 전생의 부모를 위하여 현재의 석굴암인 석불사石佛寺를 지었다. 이와 같이 신라시대에는 전생과 내생이 현세와 밀접하게 연결되는 윤회사상이 토착화되어 민중의 의식구조를 형성하였다.

나아가 왜구에 시달린 문무왕은 죽어서 용이 되어 호국하겠다는 의지를 보이고 수중릉水中陵을 만들게 하였으며, 김유신은 죽어서 33천天의 신이 되어 신라를 돌보았다고 한다. 이러한 이야기는 윤회사상이 호국사상에까지 결부될 수 있었음을 증명하는 것이다.

윤회사상은 고려시대에도 크게 유행하였다. 고려 공양왕 때 개성에 전염병이 크게 나돌아 많은 사람들이 죽었다. 그 중에는 겨우 다섯 살 된

눈먼 아이만을 남겨 놓고 부모가 죽어버린 집도 있었다. 그 집에서는 개한 마리를 기르고 있었는데, 부모가 죽어 아이가 굶주리게 되자, 이 개가 눈먼 동자에게 꼬리를 잡게 하여 마을의 집들을 다니면서 걸식할 수 있도록 하고, 밥을 다 먹고 나면 샘가로 데리고 가서 물을 먹여주기까지 하였다.

이 소문이 조정에 알려지자 어명으로 개에게 정3품의 벼슬을 내렸다. 또한, 마을에서는 이 개가 자비로운 보살이 환생한 것이라고 하여 개가 지나가는 것을 보면 모든 사람들이 합장하여 절을 올렸다고 한다.

그러나 고려시대에는 직접 선행과 수행을 닦아 좋은 세상에 태어나기를 바라는 면보다는 기복의식 등을 통하여 내세를 기약하는 경우가 많았다. 이와 같은 그릇된 실천 때문에 불교의 윤회설은 고려 말기와 조선 초기에 유생들로부터 크게 비판을 받게 되었다. 그 대표적인 것으로는 정도전鄭道傳의 《불씨잡변佛氏雜辨》이다. 정도전은 성리학의 이론을 바탕으로 죽고 나면 아무것도 존재하지 않는다고 주장하여 윤회설의 기본사상이 되는 영혼불멸설을 부인하였다.

또, 남효온南孝溫은 그의 〈귀신론鬼神論〉에서 불교의 윤회설을 유교의 이기설理氣說로 비판하고, 죽은 뒤에는 아무것도 없음을 주장하였다. 이에 대하여 조선 초기의 고승 기화己和는 《현정론顯正論》을 저술하여 윤회설의 도덕성·사회성 등을 피력하였다.

"천당과 지옥이 설사 없고 육도윤회가 전혀 없다고 할지라도 사람들은 그러한 말을 듣고 천당을 생각하여 선을 좇고, 지옥을 두려워하여 악을 버리게 되는 것이니, 윤회설은 백성을 교화하는 데 있어 그 이익이 막대한 것이다. 하물며 천당과 지옥 등의 육도가 정말로 존재한다면 선한 사람은 반드시 천당에 오르고 악한 사람은 반드시 지옥에 떨어지게 될 것이다. 이런 것을 듣고 착한 사람은 더욱 선에 힘써서 천당의 낙을 누리려는 것이요, 악한 사람은 악을 그쳐서 지옥에 들어감을 면하려고 할 것이다. 그런데도 굳이 윤회설을 배척해서 망령된 것이라고 할 이유가 어디 있는가."

그러나 이와 같은 논란과는 달리 조선시대에도 사대부 계층을 제외한 서민 대중들은 신라시대 이래의 뿌리 깊은 윤회설을 깊이 신봉하였다. 특히, 윤회 전생의 시간적 계기가 되는 죽음에 관한 민속에는 윤회관이 큰 영향을 미쳤다.

육체는 현세에서 사라져 없어지는 현세적 부속물이고, 윤회 전생하는 주체는 혼이다. 그러기에 숨이 끊어지면 가족들은 재빨리 망인의 저고리를 들고 지붕 위로 올라가서 그 저고리를 흔들며 육체를 떠나가는 혼, 윤회 전생의 주체를 불러들여야 한다. 이를 초혼招魂이라 한다. 그 주체를 불러들여 보다 좋은 세상으로 전생轉生하게끔 공을 들일 시간을 벌기 위하여 이와 같은 초혼 습속이 생겨난 것이다.

그리고 남존사상男尊思想을 유지하기 위하여 부녀자를 억압하는 데에도 윤회설은 이용되었다. 걸핏하면 아내에게 손찌검을 하거나 후려치는 악한 남편이라 할지라도 윤회설은 이를 구제하고 있다. 이런 남편은 전생에 한 마리의 소였고, 아내는 전생에 그 소의 주인이었으며, 전생에 주인이 소를 가혹하게 부렸기 때문에 얻어맞는 아내가 된 것이라고 합리화시켰던 것이다.

또, 나쁜 버릇을 고치는 금기교육에도 윤회설은 큰 역할을 하였다. '눈을 너무 흘기면 가자미가 된다', '손 든 날 장사를 치르면 망령(죽은 영혼)이 여우가 된다', '처녀 죽은 시체를 네거리에 묻지 않으면 구렁이가 된다.', '고기뼈를 핥아 먹으면 죽어서 강아지가 된다' 이와 같은 금기들은 윤회설에 입각하여 일상의 바람직하지 못한 버릇을 못하게 바로잡아 왔던 것이다.

그리고 소외되기 쉽고 불행한 사람을 마을 전체가 감싸고 위하고 도와주는 힘의 근원으로서 윤회설이 작용하기도 하였다. 동해안 어촌에서는 백치白痴가 죽으면 내세에 오징어 임금님이 되어서 많은 신하들을 이끌고 고향에 되돌아온다고 하였다. 이 윤회설에 의하여 오징어잡이로 반년 먹을 것을 마련하는 어민들은 백치를 소중히 여기고 보살피지 않을 수 없게 된다는 것이다. 왜냐하면 오징어 떼를 몰고 귀향하게 될 것이기 때문이다.

그리고 애꾸를 놀리거나 소외시키면 그 한이 맺혀서 내세에 늑대나 멧돼지가 되어 놀려먹은 사람의 후손을 해치거나 그 집 전답을 해친다고 한 것도 같은 의미를 지닌다. 소외되기 쉽고 버림받게 마련인 장애자를 인간애로써 감싸게 한 것이 바로 불교에서 비롯되어 서민층에까지 체질화된 윤회설인 것이다.

불교의 윤회설은 고전소설에도 적지 않은 영향을 끼치고 있다. 가장 대표적인 것은 《심청전》이다. 아버지 심봉사의 눈을 뜨게 하기 위하여 공양미 300석에 몸을 팔아 인당수에 뛰어들 수밖에 없었던 심청은 용궁에 윤회전생을 한다. 용궁에서 호사스럽게 3년을 보내다가 옥황상제의 명령으로 인간계로 다시 윤회 전생한다. 한 송이 연꽃으로 인당수에 떠오르자 뱃사람들이 연꽃을 건져 송나라 황제에게 바쳤고 황제는 왕비로 맞게 된다는 내용이다.

《장화홍련전》에서도 계모의 간계로 장화와 홍련이 원한을 품고 죽게 되는데, 옥황상제가 그 원한을 통촉하여 다시 인간세상에 태어나게 해주고 있다. 장화와 홍련의 아버지가 꿈에서 그 윤회의 계시를 받고 부인에게

두 딸이 다시 태어날 조짐이라 하였으며, 그 뒤 딸 쌍둥이를 낳게 되었다.

《왕랑반혼전王郎返魂傳》도 윤회설을 주제로 한 대표적인 소설이다. 지옥도에 빠지게 될 남편을 구하기 위하여 10년 전에 죽은 그의 아내 송씨가 꿈속에 나타난다. 그리하여 아미타불을 염불함으로써 염라대왕의 용서를 받고 아내와 더불어 인간세상에 다시 환생하게 된다.

그러나 죽은 지 얼마 되지 않은 왕랑은 현세에 돌아와 의지할 육체가 있지만, 10년 전에 죽은 송씨는 의지할 육체가 없어 때마침 죽어가고 있던 월씨국月氏國의 한 공주의 육체에 의지하여 환생을 한다. 이렇게 윤회 전생한 두 부부가 열심히 불교를 믿어 극락세계로 왕생한다는 것이 이 소설의 줄거리이다.

그리고 윤회설은 설화 속에 가장 왕성하게 살아 있다. 한 가난한 과부가 오누이를 남기고 죽었다. 염라대왕은 그 과부가 현세에서 가난하게 살아 명승고적도 구경하지 못한 채 저승으로 온 것을 불쌍히 여겨 개로 환생시켜서 오누이가 사는 집으로 돌려보낸다. 살기 어려운 아들은 이 개를 잡아먹으려 든다. 이때에 한 승려가 찾아와서 그 개는 어머니가 환생한 것이라고 가르쳐준다. 아들은 크게 뉘우치고 그 개를 업고 명승지 유람에 나선다. 돌아오는 도중에 개는 이제 소원을 풀었다고 하면서 스스로 무덤을 파고 들어가 죽는다.

이와 같이 윤회 전생과 관련된 설화는 수없이 많다. 불교의 대표적인 의식도 이 윤회설을 그 바탕으로 삼고 있다. 수륙재水陸齋는 한 맺힌 고혼들을 좋은 세상에 태어나게 하는 의식이며, 예수재豫修齋는 내세에 좋은 곳에 태어날 것을 살아 있을 때 미리 기원하는 의식이다. 특히, 49재는 윤회사상에 의하여 생겨난 가장 대표적인 의식이다. 돌아가신 부모가 지옥이나 아귀도나 축생도에 빠지지 않을까 하는 불안이 추선追善의 불사인

49재를 상례 속에 도입되게 한 것이다.

윤회설은 현세에 사는 사람들에게 악을 배제시키고 선을 취하게 하는 데 지대한 영향을 미쳤다. 우리의 역사가 법이나 규범의 제약 없이도 평화롭게 살아온 데는 이 윤회사상의 영향이 적지 않았으며, 현재에도 우리 민족의 마음속에는 윤회사상이 크게 지배하고 있다.

5) 선종善終

선종善終은 선생복종善生福終이란 말의 준말이라고 하는데 이것은 천주교에서 쓰는 말이다. 천주교 신부가 임종할 때 성사聖事를 받아 큰 죄가 없는 상태에서 죽는 일을 이르는 말이다. 개신교에서는 죽음을 일컫는 용어로 소천召天이란 말을 쓴다. 소천은 하나님의 부름을 받는다는 뜻이다. 천주교에서는 선종, 개신교에서는 소천으로 죽음을 각각 부르듯이 신神을 칭할 때도 천주교에서는 하느님, 개신교에서는 하나님으로 다르다. 불교에서는 죽음을 일컫는 용어로 입적入寂이나 열반涅槃이란 말을 사용한다. 입적은 수도승이 죽은 것을 뜻하고 열반은 일체의 번뇌에서 벗어나 완벽한 깨달음의 경지에 들어간다는 의미로 석가모니를 비롯한 고승의 죽음을 가리키는 말이다. 천도교에서는 본래의 자리로 되돌아간다는 의미로 환원還元이라는 용어를 사용한다. 임금이 세상을 떠났을 때를 승하昇遐, 또는 붕어崩御, 대통령 등 국가수반은 서거逝去라고 하며, 일반적으로 죽음을 존칭해서 쓰이는 말로 별세別世, 영면永眠, 작고作故, 타계他界, 운명殞命, 사망死亡, 산화散華, 순국殉國, 순교殉敎, 기세棄世 등으로 불리운다. 그리고 가시다, 돌아가시다라는 죽음을 표현하는 순우리말도 있다. 그리고 아버지를 여읜 맏아들이 조부모가 돌아가셨을 때 치르는 상喪을 승중상承重喪, 자손이 부모나 조부모보다 먼저 사망했을 때는 참척慘慽이라고 칭한다.

도가道家에서는 선종善終은 수련修煉을 거쳐서 맨 나중에 도달해야 할 어떤 경지이다. 도가수련을 거쳐서 얻어지는 것 중에, 첫째 자기의 임종을 정확히 알아야 하는 것이 중요하다. 수행이나 수련을 통해서 고승들이나 신선들은 이러한 과정을 거쳤음을 우리는 잘 알고 있다. 둘째 임종 이전에 몸에 질병이 없어야 한다. 선종은 윤회의 고리를 끊고 육신 그대로 승천昇天하여 영원히 선계仙界에 머무를 수 있어야 하는데 도道를 담을 수 있는 그릇인 몸이 조금이라도 이상이 생기지 않고 선천의 몸, 즉 티끌만한 잡것도 섞이지 않은 태어났을 때의 몸 상태를 그대로 유지하여야 되기 때문이다. 셋째 선종善終은 악惡이 없는 상태라고 해서 곧 선善하다고는 말할 수는 없다. 선善을 실천하여 행동으로 보여 주어야 그것이 선善이다. 넷째 선善을 행해서 선善하게 끝난다고 하더라도 그 끝이 어디로 가는지 대부분 일반인들은 알 수 없는 상황에서도 자기 자신은 어디로 가는지 알 수 있는 경지라야 비로서 선종善終이라고 할 수 있다. 인생의 삶 중에 가장 이루기 어려운 것이 선종善終이다.

몸뚱이(色)는 모인 물거품 같고, 느낌(受)은 떠 있는 거품 같으며, 생각(想)은 마치 아지랑이 같고, 지어감(行)은 마치 파초 같으며, 의식(識)은 허깨비의 법과 같으니라. 《반야심경》에서는 사람이 살아가는 여정을 위와 같이 색수상행식色受想行識으로 표현했다.

인과因果는 거시적 인과와 미시적 인과로 크게 나눌 수 있다. 거시적 인과는 불변하는 것처럼 보이지만 미시적 인과는 끊임없이 변한다. 인과를 철저히 깨쳐 수억겁 동안 자신을 옭아매고 있는 윤회의 굴레를 확연하게 알고 나면 '생각과 행위에 의해서 인과는 끊임없이 변한다'는 사실을 몸소 체험하게 될 것이다. 수억겁을 윤회하면서 자신의 아뢰야식(모든 법의 종자를 갈무리하고 일으키는 근본 심리 작용) 속에 축적되어 있는 수천억만 개의 업의 조각으로 이루어진 이 몸뚱이는 지금 자신이 갖고 있는 그 모습으로밖에 될 수 없다.

육체적으로 서로 닮고, 동일한 양육 환경에서 자란 두 쌍둥이가 흔히 완전히 다른 성격을 나타내는 이유는 무엇인가라는 질문에도 전생의 삶이 다른 윤회이론으로써 어려움 없이 답을 할 수 있다. 예를 들면 어떤 종류에 속하든지 간에 갓 태어난 새끼 짐승이 태어나자마자 아무도 가르쳐 주지 않았는데도 어미젖을 빨기 시작하는 것은 어째서일까. 오리새끼는 알에서 나오자마자 못으로 달려 들어가 헤엄을 치는 것은 왜일까. 이와 같이 여러 가지 의문들에 대해서 우리는 간단하게 그것은 그들이 전생에서 가지고 있었던 습관(業) 때문이라고 설명할 수 있다.

이렇게 인간이 천차만별한 것은 각자가 지은 업 때문인 것이다. 인간들이 지은 업이 각각 다르듯이 그들의 삶도 동일하지 않다. 모든 존재들은 유산으로 그들의 업을 가지고 있다. 그들은 업의 상속자들이고 자손들이고 부모들이다.

업이 과보로서 나타나기 전에는 어떻게, 그리고 어디에서 있게 되는가. 그것은 업을 물질적인 것으로 생각한다. 그래서 그것은 생의 단자單子 속에 들어가서 머문다. 마치 물이 여러 운하運河에 의해서 못 속으로 흘러들어갈 수 있는 것처럼. 업은 영혼에 붙어서 그것에 결합되어 그것을 사로잡고 일종의 사슬 속에 그것을 가두어 둔다. 그리고 때가 오면 업은 생生의 상황으로 변화한다.

붓다나 아라한들과 같이 해탈을 얻은 사람들의 업은 과보를 맺지 않는다. 그들은 선과 악에서 해방되었고 악의 뿌리를 뽑아 버렸기 때문이다. 그들에게는 뿌리는 파괴되었고 그들은 업의 근원을 근절시켜 버렸다.

마치 순금이 더 이상 정련精鍊되지 않는 것처럼.

일반적으로는 윤회의 원인은 업이라고 생각한다. 어리석음이 구하고 욕심내는 것을 욕망이라 부르고, 욕망이 짓는 것을 업이라 부른다. 즉 욕망이 업의 원인이라는 것을 알 수 있다. 정신의 안정을 찾기 위해서 하는 수도자의 수련도 정진하는 데 중中을 잃고 너무 심하게 하면 마음이 평정되지 못하고, 너무 태만하게 하면 사람을 게으르게 한다. 수도하는 데도 욕망을 버리고 균형을 취해서 중도를 따라야 한다.

우리는 시간적으로만 생각하면 영원한 것이 있을 것 같고, 공간적으로만 생각하면 절대적인 것이 있을 것 같은데, 시간과 공간을 분리할 수 없는 실체로서 동시에 인식하니까 이 우주에는 영원한 것도 절대적인 것도 없는 것이다.

죽어서 다른 곳에 다시 태어나는 존재들에게는 시간이 존재하나, 죽어서 다른 곳에 다시 태어나지 않는 존재, 즉 열반을 성취한 존재에게는 시간이 존재하지 않는다. 다시 태어나지 않는 것은 시간이 계속되지 않는 것과 동일한 의미를 가지고 있는 것이므로 어떤 사람에게서 그가 다시 태어나지 않을 것이라는 것을 아는 것, 그것은 그에게 시간의 끝이 왔다는 것을 아는 것이다. 윤회에서 벗어나는 것, 그것은 시간에서 벗어나는 것이다.

6) 열반涅槃

열반은 연꽃(연화蓮華)이 진흙물에 젖지 않는 것처럼 모든 번뇌에 물들지 않는다. 열반은 청량해서 마치 신선한 물이 열을 진정시키는 것처럼 모든 번뇌를 가라앉힌다.

또한 열반은 허공처럼 열 가지 특성을 가지고 있다. 열반은 절대로 태어나지도, 늙지도, 죽지도 않는다. 그리고 사라지지도, 재생하지도 않는다. 그것은 정복할 수 없다. 어떠한 도둑도 그것을 훔쳐갈 수 없고, 아무것에도 매이지 않는다. 그것은 아라한들이 돌아다니는 곳이다. 아무것도 그것을 방해할 수 없다. 그리고 그것은 끝이 없다.

열반에 도달한 이후에도 육체적인 고苦를 느끼지만 정신은 그것을 더 이상 느끼지 않는다. 정신적인 고苦의 원인, 즉 무명 또는 욕망이 그 이상 존재하지 않기 때문이다. 열반을 성취한 붓다 역시 몇 번이나 병과 부상으로 고통을 받았다.

붓다의 모든 가르침이 열반을 성취하는 것이라고 한다면, 열반, 이것이 바로 성스러운 삶이 빠져들 곳이다. 열반은 성스러운 삶의 목적이며 성스러운 삶의 끝이다. 열반에 이르는 길은 지극히 가깝고 지극히 멀다. 지극히 먼 까닭에 교敎를 따라가면 천 겁을 부지런히 가도 이르지 못하고, 지극히 가깝기 때문에 말을 잊고 있노라면 돌아가는 길이다. 누구든지 지시된 길을 따라가고 올바른 것을 배우고 행해야 할 것을 행하며 행해서는 안 될 것을 멀리 피하고 생각해야 할 것을 생각하고 생각해서는 안 될 것을 물리치는 사람, 그 사람은 열반의 길에 도달할 수 있다. 이 길은 모든 사람에게 열려 있는 길이다. 그러나 개인적으로 각자가 스스로 가야 할 길이다. 자기 자신의 노력으로 혼자서 걸어가야 할 길인 것이다. 어떠한 제사도, 의식도, 기도도 쓸모가 없다.

재가자와 출가자의 차이는 출가자 쪽이 열반을 성취하는 데 더 빠르고 더 효과적일 뿐 출가생활이 열반을 성취하는 데 유일하고도 필수적인 조건은 아니다. 출가자는 팔정도를 따르면서 열반을 목표로 삼고, 재가자는 공덕을 짓고 신앙생활을 해서 천상계나 인간계에 다시 태어나고자 한다. 열반에 이르는 단계로는 선한 행위의 실천에서 지혜를 획득하고 지혜의 획득에서 무상無常·고苦·무아無我를 이해하게 된다. 이것을 이해하게 함으로써 무명과 욕망을 소멸시킨다. 무명과 욕망이 소멸되면 업이 생산 되지 않는다. 업이 없게 되면 열반이 이루어지게 된다.

경전의 곳곳에서는 팔정도八正道가 열반을 얻는 데 가장 좋은 방법이라고 가르치고 있다. 팔정도는 정견正見, 정사正思, 정어正語, 정업正業, 정명正命, 정진도精進道, 정념正念, 정정正定이다. 이 팔정도의 마지막 목표는 정정正定에 이르는 것이다. 팔지八支 가운데 처음의 지支는 제8지인 정정正定을 얻기 위한 준비 단계일 뿐이다. 정정正定은 다시 4단계로 나누어진다. 그것이 사선四禪이다. 여러 경전에서 이 4선에 대한 설명을 하고 있다.

① 제1선

욕심을 떠나고 악하고 착하지 않는 법을 떠나 각覺(거친 생각)도 있고 관觀(세밀한 생각)도 없으면서 번뇌를 떠나 기쁨과 즐거움이 있게 된다.

② 제2선

각과 관이 이미 쉬고 속이 고요하고 한마음이 되어 각도 없고 관도 없어 정定에서 기쁨과 즐거움이 생기게 된다.

③ 제3선

기쁨과 욕심을 떠나고 모든 것을 버리고 구함이 없음에서 노닐며 바른 생각과 바른 지혜로 몸에 즐거움을 깨닫게 된다.

④ 제4선

즐거움도 없어지고 괴로움도 없어지고 기쁨과 근심의 근본이 이미 없어져 괴롭지도 않고 즐겁지도 않으며 생각을 버리고 청정하게 된다. 제4선에 도달하게 되면 우리들의 정신은 완전히 순수하고 청정해져서 모든 집착으로부터 벗어나게 된다.

불교에서는 번뇌에 속박된 현상 세계를 차안此岸(이 언덕)이라 하고 열반의 세계를 피안彼岸(저 언덕)이라고도 한다. 열반은 번뇌의 불을 꺼서 깨우침의 지혜를 완성하고 완전한 정신의 평안함에 놓여진 상태를 뜻하는데, 불교의 수행과 실천의 궁극적인 목적이다.

해탈은 몸과 마음의 고뇌와 속박의 원인인 번뇌로부터 해방되는 것, 벗어나는 것, 또는 해방된 상태 벗어나 있는 상태를 말한다.

해탈에 대한 사상은 불교 이전부터 인도의 사상계에 보급되어 있었던 것으로서 인도에서는 일반적으로 인생의 궁극적인 이상과 목표를 해탈에 두고 있다. 이는 불교도 마찬가지로 불교에서는 고뇌를 낳는 근본인 무명을 멸함으로써 해탈의 도가 달성된다고 한다.

7) 윤회의 세계

윤회의 세계에는 삼도三道가 있다. 즉 인간도人間道, 조상도祖上道, 신도神道(天上) 등이다. 이 삼도 가운데서 신도神道(신들의 세계)는 해탈의 세계와 같은 것이다. 그러므로 2도二道만 남게 된다. 신들의 세계에 간 자는 죽음으로부터 해방되어 죽지 않으므로 이것은 해탈 또는 열반에 가까운 상태라고 말할 수 있다. 조상들의 세계로 간 자는 그가 이 세상에서 지은 공덕에 해당하는 시간만큼만 그곳에 살다가 죽는다. 인간도에 태어나기 위해서는 선을 행해야 한다. 악을 행하면 동물의 세계에 태어나게 된다. 이 동물의 세계에 떨어지는 존재들은 윤회와 해탈의 길에서 제외된다. 그들은 끝없이 그런 상태로 되돌아오도록 선고되었다. 그리고 그들은 하나의 명령, 즉 살아라, 죽어라 하는 법칙에 따르도록 되어 있다. 사람이 죽으면 목소리는 불 속으로, 호흡은 공기 속으로, 눈(시각)은 태양 속으로, 정신은 달 속으로, 귀(청각)는 공중으로, 몸은 땅속으로, 영혼은 정기精氣속으로, 털들은 풀 속으로, 머리털은 나무들 속으로 들어가고 피와 정액은 물속에 가라앉는데 이것은 선행에 의해 좋게 되고 악행에 의해 나쁘게 된다고 한다.

8) 도교의 지옥

도교에서는 죄악을 징계하는 지하신전地下神殿을 지옥이라고 하며 지하에 있는 귀신들의 세계를 말한다.

일반적으로 도교의 신도들은 풍도지옥酆都地獄과 태산지옥泰山地獄이 존재하며 시왕전十王殿이 이를 다스린다고 본다.

① 태산지옥泰山地獄

전설에 의하면 태산지옥은 동한위진東漢魏晋 시대의 영향이 매우 크며 18층 지옥으로 구성되어 있고, 동악대제東嶽大帝의 관할에 속해 있으며, 동악대제는 36지옥을 관리한다고 한다.

태산지옥은 일반 귀혼鬼魂, 즉 보통의 지옥이라 할 수 있으며 사람이 죽은 후의 죄행을 심사하는 공능을 갖고 있다고 한다.

② 풍도지옥酆都地獄

전설에 의하면 멀리 요원하기만 한 북방의 나풍산羅酆山 정상에 육천궁六天宮이 있는데 귀혼鬼魂들의 총본부이며 산이나 하천, 바다 등 처처의 지옥들을 여기서 파견하는 기구가 있어 관리한다고 한다. 그곳의 산 정상에는 24개의 지옥이 있는데, 포괄산包括山 정상에는 8지옥八地獄, 즉 감천옥監天獄, 평천옥平天獄, 허무옥虛無獄, 자연옥自然獄, 구평옥九平獄, 청조옥淸詔獄, 천현옥天玄獄, 원정옥元正獄이 있으며, 산 중앙에도 역시 8지옥, 즉 현사북옥玄沙北獄, 황천옥皇天獄, 금벌옥禁罰獄, 현사옥玄沙獄, 형정옥形正獄, 율령옥律令獄, 구천옥九天獄, 청냉옥淸冷獄이 있으며 산 아래에도 8지옥이 있는데 즉 무량옥無量獄, 태진옥太眞獄, 현도옥玄都獄, 사십구옥四十九獄, 천일북옥天一北獄, 하백옥河伯獄, 누겁옥累劫獄, 여진옥女眞獄이 있다.

③ 10전염왕전十殿閻王殿

도교에서는 명부冥府를 십전十殿으로 나누고 각각에 1왕을 두어 관리를 해 왔다. 10전에 있는 용왕은 도교적으로 선악을 가려 인과관계를 교화한다고 한다. 한마디로 생사윤회를 조종하는 신이다.

시왕전의 형성 유래는 당말 대명왕大冥王 신앙이 부흥한 이후부터라고 한다. 풍도지옥酆都地獄의 6천궁六天宮을 믿으면서 10왕전十王殿을 완성하였다고 하는데 10왕전은 다음과 같다.

제1전 : 진광왕 장秦廣王蔣, 제2전 : 초강왕 력楚江王曆, 제3전 : 송제왕 여宋帝王余, 제4전 : 오관왕 여五官王呂, 제5전 : 염왕천자포閻王天子包, 제6전 : 변성왕 필卞城王畢, 제7전 : 태산왕 동泰山王董, 제8전 : 도시왕 황都市王黃, 제9전 : 평등왕 육平等王陸, 제10전 : 전륜왕 설轉輪王薛이다.

대략 송대宋代 시대, 지금의 중경 풍도지구의 민간인들이 모여서 풍도대제의 다스림을 기리는 곳이었으나 점차 지옥경관으로 일으켜 조성하여 지금에 이르렀다고 보고 이것은 귀문화鬼文化의 유산으로 여기고 있다.

9) 윤회에서 벗어나기 위하여

정각을 얻어서 견성성불의 도를 이루기 위해 정진 수행하는 스님도, 선천의 몸으로 되돌리고 신선을 추구하며 환골탈태의 고행을 마다하지 않는 도가道家의 수련도, 궁극적으로 최종 목표는 윤회에서 벗어나기 위해서이다.

우리의 생명은 부모의 몸을 통해서 태어나 자신에게 주어진 길을 열심히 살다가 인연이 다하면 흩어져 죽는다. 그러나 죽음으로써 모든 것이 끝나는 것이 아니라 죽음은 새로운 시작에 불과한 것이다. 우리의 삶이 윤회하면서 계속된다면 현생에서 해결하지 못한 문제는 다음 생에 그대로 그 문제를 이어 받게 되며 언젠가는 그 문제를 해결해야만 그 문제에서 벗어나게 되는 것이다. 이것이 우리가 현생에서 수행하지 않으면 안되는 이유이다. 생명의 본질을 추구하기 위하여 현생에서 노력하고 애쓴만큼 다음 생에는 더 좋은 조건 속에서 그만큼 더 성숙된 성품으로 삶을 시작하게 되는 것이니 그러므로 수행은 다음 생을 위해 현생에서 보험을 들어 놓은 상태다.

'수행 없는 빈 몸은 길러도 이익 없고, 무상하고 덧없는 목숨은 아껴도 보전하지 못한다.'(無行空身 養無利益, 無常浮命 愛惜不保.) 원효대사의 〈발심수행장〉에서 밝힌 어록이다. 모든 중생들에게 수행을 독려한 말일진데 수행은 너무나 많은 고행을 강요한다. 원효대사의 수행 독려에 관한 또 하나의 말을 인용한다.

배슬여빙무연화심拜膝如氷無戀火心 : 좌선하는 무릎이 마치 얼음장같이 차

갑더라도 불기운을 그리워하는 마음을 갖지 말고,

아장여절무구식념餓臟如切無求食念 : 굶주린 창자가 곧 끊길 지경이라도 먹을 것을 구할 생각조차 말라. 〈발심수행장〉

수행을 위해서 겪어야 하는 참으로 무서우리만큼 대단한 발심이다.

"얕은 식견으로 헤아리지 말고 우러러 믿는 것이 좋다." 이 또한 원효대사의 말이다. 우리가 신앙생활을 하면서 믿고 있는 믿음이란 결정적으로 그렇다고 믿는 순수한 믿음이다.

① 이치가 실로 있음을 믿고,

② 그것을 수행으로 얻을 수 있음을 믿으며,

③ 그것을 닦아서 얻은 때에는 무궁무진한 덕이 있음을 믿는 것이다.

만약 누구든지 이 세 가지 믿음을 진실을 담아 일으킨다면 모름지기 불법에 들어가 모든 공덕을 나타나게 하고, 모든 마의 경계로부터 벗어나 더 이상의 높음이 없는 득도에 이른다.

윤회사상을 믿고 있다는 증거로, 붓다는 "비구들이여 나는 정각을 성취하지 못한 보살이었을 때 정념正念하여 이렇게 생각하였다. 참으로 이 세상은 괴로움에 빠져 있다. 태어나고 늙고 쇠해지고 죽어서 다시 태어난다. 나는 삼매에 든 상태에서 청정하여 더러움이 없어졌고 또 번뇌가 없어졌으며 또 두려움이 없어져서 과거 무수한 겁의 전생의 일을 스스로 알게 되었다. 그때에 나는 1생, 2생, 3생, …10생, 20생, …100생, 500생…을 모두 알게 되었다. 즉 나는 어디서 나서 무엇이었으며 이름은 무엇이었던가. 어떤 음식을 먹었고 어떤 괴로움과 즐거움을 받았던가. 저기서 죽어 여기서 나고 여기서 죽어 저기서 난 인연의 본말을 모두 알게 되었다."고 말했다.

사실 깨달음이란 한 개인의 소유가 아니고 모든 생명체의 공동 소유라는 인식이 절실하다. 수행을 통해 깨달음에 이르는 데 있어서는 다음 조건을 충족시켜야 한다.

첫째, 자신의 생명을 내던질 만큼 지극하고 절실해야 한다.

둘째, 자신도 잊을 만큼 무심해야 한다.

모든 중생들은 6바라밀을 실천함으로 무심의 강에 이를 수 있다. 6바라밀은 보시布施, 지계持戒, 인욕忍辱, 정진精進, 선정禪定, 지혜智慧를 말한다.

① 보시布施

자신을 남에게 베풀어주는 것이다. 눈의 도적을 버리면 모든 빛의 경계를 떠나서 마음에 인색함이 없어지므로 저절로 보시가 이루어진다.

② 지계持戒

자기 자신을 잘 지키는 것이다. 귀의 도적을 막으면 소리의 경계에 시달리지 않으므로 구속에서 자유로운 지계가 이루어진다.

③ 인욕忍辱

자기 자신을 잘 다스리는 것이다. 코의 도적을 항복시키면 향기와 나쁜 냄새에 균등하여 자유롭게 길들여지므로 저절로 인욕이 이루어진다.

④ 정진精進

자기 자신을 향상시키는 것이다. 혀의 도적을 제어하면 삿된 맛을 탐내지 않으며 싫어하는 마음이 없어지므로 저절로 정진 속에 머무는 것이다.

⑤ 선정禪定

나와 남이 하나가 되는 것이다. 몸의 도적을 항복시키면 모든 애욕에 초연하여 요동하지 않고 물들지 않으므로 항상 선정 속에 머물게 된다.

⑥ 지혜智慧

생명의 본래면목을 깨닫는 것이다. 뜻의 도적을 조복하면 무명을 따르지 않고 항상 생각이 깨어 있어 행하는 모든 행위가 법에 맞으며 모든 공덕을 즐겨 닦으므로 지혜의 빛이 항상 밝게 비출 뿐이다.

이 여섯 가지 중에서 단 한 가지의 실천이 부족하더라도 깨달음과는 십만 리나 멀어진다. 위의 실천이 원만히 이루어지면 깨달음의 문이 열리게 된다. 이 문은 자신과 우주가 하나가 되어 있는 그대로의 상태이다. 깨달음이란 자신의 내부에서 일어나는 공명 현상이다. 정신과 육체가 일체가 되는 것이며 너와 내가 하나 되는 것이며 자신과 우주가 합일되는 현상이다.

(‘공명’- 발음체가 외부 음파에 자극되어 이와 동일한 진동수의 소리를 내는 것. 그러므로 공명은 주파수가 딱 들어맞을 때 일어나는 현상이다. 즉 자기 자신을 내세우는 일반적인 상태에서는 자신의 주파수와 상대방의 주파수는 다르기 마련이다. 자신을 버리고 마음을 쉬게 할 때 세상의 모든 일과 우주의 모든 현상에서 일어나는 주파수와 자신의 주파수가 확실하게 일치하여 공명현상을 일으키는 것이다.)

우리가 절에 가서 몸을 낮추고 믿음으로 부처님 전에 절을 하고 기도祈禱를 하면 감응의 길이 열려 있기 때문에 기도하는 자는 관념과 형상을 초월하여 기원하는 대로 돌아감이 있다. 마찬가지로 주문呪文도 기도

371

다. 세속의 신주神呪에도 큰 위력이 있어서 주문을 외우면서 신에게 기도하면 복은 불러오지 아니함이 없고 화를 물리치지 아니함이 없다. 신부神符도 같은 이치이다. 깨달음을 성취했다고 해서 실제로 이루어진 것은 아무것도 없다.원래 내 정신에 존재하고 있는 것에 대한 인식의 확장일 뿐이다.

우리가 기억해야 할 것은 영혼의 기억들은 지구에서 주기적으로 몸을 얻어 환생하는 영속적인 개체가 인간의 기억 속에 저장되어 있다는 것이다. 이 기억을 되살리기 위해서 명상을 통해 의식의 활동을 잠재우고 끊임없는 생각의 소용돌이를 초월하게 되면 무위의 상태가 되어 선정 상태에서 인격자아의 의식의 중심은 영혼자아 의식의 중심과 일체가 된다. 전생의 기억이 또렷이 떠오르는 것은 바로 이런 상태에서다. 명상은 적절하게만 행하면 최고의 영적·심리적 보호 수단이 된다. 명상은 결코 기억들이 표면으로 떠오르도록 강요하지 않으며 그 기억들에 대한 지식 또한 설익은 것으로 나타나지 않는다.

이상 윤회를 벗어나기 위한 불교의 수행과정을 들여다보았다면, 도가에서는 정좌수련을 통해 금단金丹의 몸으로 만드는 수련에 역점을 둔다. 그 금단의 오묘한 비밀은 유위를 이용하여 무위로 들어가는 데 있다. 먼저 그대는 춤추는(靜坐) 법을 배워야 하고 모든 에너지를 춤 속으로 몰입시켜야 한다. 그리고 어느 날 고요가 절정에 이르고 온몸이 황홀감에 취해 있으면 갑자기 춤추는 유위(識神)는 사라지고 무위(元神)의 춤이 시작될 때 그 신비한 경험이 시작된다. 그때 그 무위의 상태에서 그대는 춤이 저절로 일어나는 것을 보게 된다. 거기에는 그대가 어떤 노력을 해야겠다는 유위(의식)는 있을 수 없으며 만약 어떤 의식을 갖는 즉시 무위는 사라져 버린다. 그것은 행위 없는 행위이다. 그것이 명상의 전부이고 무위로 들어가는 유일한 길이다. 곧바로 무위로 들어가는 법은 없다. 무위의 상태에서 내단 형성에 필요한 소약을 하전에 모으고 영성 있는 외약과 대약을 끌어와 합일시키며 몸 안의 용호가 교구하고 감리坎離도 부합하고 연홍鉛汞이 상투하여 진식眞息이 발동하고 진종자眞種子가 생기는 등 어려운 수련 과정을 거쳐서 오랜 기간 수련으로 이를 팽련烹煉시킴으로써 금단金丹(불교에서는 사리舍利)을 만들어낼 수 있다. 금단의 몸이 얻어지면 무너지지 않는 금강불괴金剛不壞의 몸이 된다.

여동빈呂洞賓이 스승 종리권鐘離權에게 물었다.

"사람이 살아감에 편안하여 병들지 않고, 건장하여 늙지 않으며, 나서 죽지 않으려면, 어떠한 도라야 가능하겠습니까?"

종리권이 대답하기를

"사람이 태어남은 부모가 교접함으로부터 두 기氣가 서로 합하면 곧 정혈精血(정자와 난자)이 태포胎胞(수정란)를 만든다. 태초太初(氣의 시작) 이후에는 태질太質(形의 시작)이 있어 음이 양을 이어 생겨나 기가 태를 따라 변화하는데, 2백80일이면 형체가 만들어지고 신령한 빛이 몸으로 들어가 모체와 분리된다. 태소太素(質의 시작. 사람의 선천단계) 이후에는 이미 기와 액의 오르내림이 있어 황아黃芽(眞陽의 氣와 眞陰의 液이 서로 합쳐진 상태)가 자라는데, 5천 일(5000일이 경과하면 기가 최고에 도달 선천의기와 후천의기가 총화를 이룸)이면 기가 넉넉하고 그 수는 저절로 81장丈(81은 9×9=81이므로 9,9는 순양의 수 중에서 최고를 가리킴)에 가득 차며, 바야흐로 15살이 되면 곧 동남童男(남자 15세 누정漏精 이전의 동체가 동남童男이다.) 이때는 음 가운데 양이 반이 되니 동쪽 햇빛에 비유할 수 있다. 이때를 지나면 원양元陽을 상실하고 진기가 흩어지니 기가 약해지며 병들고 늙어 죽게 된다. 평생 우매하여 스스로 신령스런 빛을 잃고 평생 완악하여 자기도 모르게 수명을 줄이니 이 때문에 내생來生에 몸이 같거나 다름이 있고 수명이 길거나 짧음이 있게 된다. 이미 태어난 것은 다시 죽고 이미 죽었으면 다시 태어난다. 전전하여 깨닫지 못하고 대대로 타락하면 곧 이류異類(사람과 같지 않는 다른 생명)에 몸을 잃고 다른 껍질에 영혼이 통하니 지극한 진인의 근성이 사람에게 돌아오지 못하고 방도傍道에 윤회하여 영원히 해탈할 수 없다. 혹시 진선이나 성인을 만나면 그 죄보罪報를 없애 주어서 가죽을 벗고 껍질을 벗어 사람 몸을 얻게 되나 바야흐로 어리석은 벙어리나 우매함 가운데 있어 덕행을 백겁 동안 쌓아 복지福地에 태어나도 오히려 기한饑寒과 남은 질병에서 벗어나지 못한다. 연이어 진화하면서 상승하여 옮겨가면 점차 완전한 모습을 이루기는 하지만, 오히려 노비나 비천한 가운데 있게 되고, 혹시라도 이전의 비천함을 되풀이 하게 되면 산비탈에 서서 방울을 굴리는 것처럼 다시 방도傍道에 들어가 윤회하게 된다.

　사람이 윤회에 떨어짐을 면하고 몸을 이류에 빠지지 않도록 하려면 마땅히 그 몸이 병들고 늙고 죽는 고통이 없도록 하여 하늘을 이고 땅에 서서 음을 지고 양을 끌어안아서 사람이 되고 귀신이 되지 말며 사람 가운데에서 수련하여 신선을 취하고 신선 가운데에서 상승하여 하늘을 취하여라."(종여전도집에서)

윤회를 벗어나기 위한 대가는 너무나 지난하고 멀기만 하다.

　이러한 윤회를 벗어나기 위한 수련의 목표는 비승飛昇이다. 이 비승의 과정을 거치면 인간은 육도(지옥도, 기아도, 축생도, 아수라도, 인간도, 천신도) 윤회의 길에 들지 않으므로 윤회의 고리를 끊어버리게 된 것이다. 육체는 잠시 존재하는 것이고 육신을 분해하는 방법으로는 사람이 죽으면 매장埋葬하여 서서히 분해시키는가 하면, 더 빨리 분해하기 위해서는 화장火葬

하는 방법을 쓰고 있다. 그러나 자연스럽게 분해하는 방법으로는 도가수
련의 비승飛昇이다. 우리도 탈 윤회에 도전해 보아야 하지 않겠는가.

비승飛昇

몸 밖에 새로운 공간을 이용해서 내 몸이 분해되어 우주 밖으
로 사라지는 것을 말한다. 이 비승을 위해서는 자연 우주공간에
나의 신神을 보내 유형무질의 공간을 형성해서 사람 몸의 에너지
를 흡수할 수 있게 하는 수련을 하는데 사람의 몸에 있는 에너지
가 자연 우주공간으로 빨려 들어가면서 몸이 사라지는 것이다. 저
위 우주공간에서 힘이 강해지면 사람의 몸을 분해하여 빨아들일
수 있다.

비승에는 2가지 유형이 있다. 첫째는 본인이 언제 갈 것인지를
알고 있어야 하며, 비승하는 광경을 주변에서 살펴보면 먼저 사람
의 몸에서 빛을 발산하고 나중에 향기를 내뿜으면서 몸이 사라진
다고 한다. 이러한 기록이 자세하게 남아 있는 분은 경현자허진인
瓊炫紫虛眞人, 백옥섬白玉蟾 등이 있다. 둘째는 죽은 후 며칠 사이에
시체가 비승하는 경우이다. 이를 시해선尸解仙이라고도 하는데 그
예로는 기독교의 예수, 불교의 달마대사, 도교의 구처기 조사 등
이 있다. 이 두 가지는 모두 좋은 결과이다.

사람은 한평생 3번의 비승할 수 있는 기회가 있다고 한다.

첫 번째는 모태 속에서 음양이 결합되고 정자와 난자가 만나
는 과정에서 잘못되면 이때 비승하거나 사람 아닌 다른 존재로 태
어날 수 있었는데 운이 좋아서 이 과정을 거쳐 사람으로 태어나게

된 것이다. 종교적인 입장에서는 사람 아닌 다른 존재로도 태어날 수 있기 때문이다. 이것을 증명하라면 불가능하다 그러나 사람으로 될 수 있다는 것은 증명이 가능하다고 한다. 두 번째는 사람이 죽음으로써 공덕의 여부에 따라 비승할 기회를 맞는다. 사람이 죽어서 어디로 가는지는 아무도 모를 뿐 아니라 과학적으로도 증명이 안 된다. 누구나 이 두 번의 기회는 거친다. 다음 세 번째는 도가에서 말하는 수련을 마치면, 살아서 비승할 수 있다고 한다. 이 비승을 위해서는 3개의 공간 즉 인체 우주공간, 수련장의 공간, 자연 우주공간의 에너지가 잘 조화되어야 하는 것을 전제로 삼는다. 이러한 수련을 계속하다 보니까 비승이라는 단어에 더 익숙해지고 몸으로 실감할 수 있는 것 같다. 비승은 100세 이후에 하는 것이 제일 바람직하다고 한다.

중국 도교 역사의 기록에 의하면 한국 사람이 비승한 예는 김가기와 최치원 두 사람이라고 한다. 김가기는 신라 사람으로 당시 최승우, 자혜스님 등과 당나라에 유학해 종남산에서 종리권에게 사사 받아 40년 동안 많은 제자들을 육성하였는데, 제자들이 보고 있는 가운데 반좌盤坐 중에 사라져서 다시는 종적을 찾을 수 없었다고 한다.

최근에는 티베트에서 라마 한 분이 이 방식으로 비승하였는데 손톱과 머리카락 일부를 남겼고 나머지는 깨끗하게 사라졌다고 한다.

공덕을 쌓아 증과證果를 이루고 비승飛昇하여 부처에게 아뢰어서 직분을 받고, 조종祖宗에서도 뛰어나 대효大孝를 하는 것이 사람의 삶이다.

천지를 관리하여 중생을 이익되게 하여 충성을 다하고 소리를 듣고 감응하여 고통과 어려움을 구원함에 방편을 쓰며 삼계내외三界內外의 인천人天이 우러러보아 귀하고 영화로우며 반도부회磻桃赴會로 상승上乘의 위에 올라 현요顯耀하며 법륜상전法輪常轉하여 중생을 다 인도함으로써 원願을 마친다면 이것이 신선이다.

나는 행복의 완성을 두 가지로 분류해 보았다. 물질적인 완성과 정신적인 완성이다. 그런 측면에서 본다면 물질적 부자가 있을 것이고, 정신적 부자가 있을 것이다. 이것을 뒤집으면 물질적 거지가 있고 정신적 거지도 존재한다는 것이다. 여기서 물질적 부자를 열거하자면 말할 것도 없이 재벌들을 비롯한 돈이 많아 재산을 축적한 사람들을 말하는 것이고, 정신적 부자로는 평생을 진리를 추구한다면서 무소유로 살아가면서 신앙생활을 삶의 전부로 여기고 살아가는 수행자들, 비구 및 비구니스님들, 목자들, 신부들, 수녀들 등일 것이다. 여기서도 알 수 있는 것은 물질적 부자는 당장 내 손에 잡히는 당대를 위한 것이라면, 정신적 부자는 눈에 보이지는 않지만 영원한 진리 속에서 부와 귀를 담보할 수 있다는 믿음으로 보아야 할 것이다.

그래서 중요한 것은 행복의 완성을 위한 어떤 기준을 분명히 해놓아야 할 필요가 있다. 선천의 삶과 후천의 삶이 그것이다. 즉 영혼까지를 위한 삶이냐! 아니면 당대만을 위한 삶이냐! 이 두 가지를 가늠 하는 것이다. 종교적으로 말하자면 앞의 영혼의 삶은 다음 생에 나라는 사람이 진화하여 다시 태어난다는 윤회론을 신봉하는 것이라면, 후자는 내가 죽으면 천당과 지옥으로 갈 뿐이라는 믿음으로 귀착된다. 앞의 것은 불교나 힌두교 또는 도교 등에서 말하는 가르침이고, 후자는 기독교 등에서 주장하는 교리이다. 당대만을 위하는 삶이라면 물질적 부귀영화를 최우선시할 것은 당연하다. 그러나 태고이래 지금까지 물질적 부자는 여기서 거론할 가치를 못 느끼지만 정신적 부자를 자부하는 사람들은 수천 년을 거쳐 모든 인류들의 신앙의 대상이 되어 과거에도 그래왔고 현재에도, 또 미래에도 인간이 살아가기 위한 길잡이가 되고 있다는 사실이다.

이러한 길을 마다하지 않은 인물 중에 예수나 석가가 그 한가운데 있다. 누구도 이 두 인물이 생전에 부자라고 말하는 사람은 없을 것이다. 지금 우리가 부처님으로 모시는 석가는 자신은 물론 제자들에게도 탁발걸식托鉢乞食한 음식을 먹으면서 수행하게 했으며 제자가 탁발한 음식 중에 썩은 돼지고기가 있어 이것을 제자 대신 자신이 먹음으로써 이 세상을 버리기까지 했다. 부귀영화는 이들에게 수행의 적이었다. 그러한 석가도 500생을 윤회하면서 진화하여 부처가 되었다. 2500여 년이 지난 지금 석가는 생존 당시 탁발걸식한 그대로 물질적 거지로 남아 있을까? 아니다. 세계의 처처에는 사찰들이 말할 수 없이 많다. 이 재산은 누구에 의한 것이고 누구를 위한 것이며 누구의 것인가! 그뿐만이 아니다. 그 사찰에 모이는 수많은 신도들은 석가를 흠모하여 찬양하며 지상 최고 신앙의 대상이 되어 그의 조상造像 앞에서 무릎을 꿇고 머리를 조아린다. 그렇다면 이 시대의 석가는 최고의 행복을 누리고 있는 것일까? 정신적 행복을 추구하는 성현들은 이것이 전부가 아니다. 지금 석가는 죄를 짓고 지옥에서 고통에 헤매는 모든 죄인들이 지은 죄를 위해 자신이 대신 벌을 받기를 원하며 죄인들을 교화하고 있다. 모든 보살이나 아라한 등도 석가를 뒤따라 모두 지옥에서 죄인들을 교화하고 있다고 한다. 이것은 자기만이 깨달음을 얻어 해탈을 하는 것보다는 모든 중생들이 다 함께 구원을 얻어 해탈을 이루어 내야 한다는 측은지심惻隱之心의 발현이라고 하겠다. 이런 현상은 불교뿐 아니고 도교나 힌두교 등 다른 종교에서도 찾아볼 수 있는데 중국 당나라 시대의 신선인 여동빈呂洞賓은 천선天仙으로 선계에 올라갈 것을 마다하고 지선地仙으로 남아 중국인들을 계도하고 있다고 해서 중국인들 최상의 신선으로 추앙 받고 있다. 물론 예수도 그 많은 교회가 도처에 세워져 있고 목자들과 신자들의 존경을 한 몸에 받고 있지 않은가! 일련의 이런 삶이 즉 물질적 거지로 살았다고 하지만 생전에 끊임없는 고행을 감수한 수행과 공덕으로 사후에는 뭇 인류의 신성神聖이 된 것 아닌가. 우리들도 수행과 공덕을 쌓아 영혼을 맑게 하여 하늘을 감동시킴으로써 결국에는 물질적 행복과 정신적 행복을 함께 누린다는 전제 아래 언제나 내 앞에 닥친 모든 여건의 호好, 불호不好를 가리지 않고 만족해하면서 그대로 받아들이는 것, 이것이 지상 최고의 행복이라고 감히 생각을 해보는 것이다. 행복해야겠다는 일념으로 평생을 위만 올려다보면서 사는 사람은 평생을 불행하게 사는 것이요, 아래를 내려다보면서 현재의 삶에 만족하고 사는 사람은 평생을 행복하게 사는 비결이다.

행복은 남이 전해주거나 가져다 바치는 것이 아니고 내가 실생활에서 하나씩 만들어 가면서 쌓아가는 공덕이다.

36천天

도교의 36천은 중국 민간종교의 도교道教를 근거로 도道가 만물을 생성하고 우주의 세상을 열었다는 이론이다. 신선들이 살고 있는 공간으로 전해져 오고 있다. 도교의 생각대로라면 하늘 위에는 36층의 하늘이 있어 이것을 36천이라고 하며 36중重의 천계에는 매개마다 하나의 도읍이 있어서 득도한 천신이 거느리고 다스린다. 원래는 9천설, 32천설이었다가 3청과 대라천을 포함하여 지금은 36천으로 전해지고 있다.

통칭統稱		36천天의 명칭
삼계 三界 (28天)	욕계 欲界 (6天)	태황황증천太皇黃曾天, 태명옥완천太明玉完天, 청명하중천淸明何重天, 현태평육천玄胎平育天, 원명문거천元明文擧天, 칠요마이천七曜摩夷天. 생전에 살인, 절도, 음란죄를 지은 사람이 가는 곳이다. 이곳에 들어가면 인간의 수명은 1만 년이 된다.
	색계 色界 (18天)	허무월형천虛無越衡天, 팔극몽예천八極蒙翳天, 적명화양천赤明和陽天, 현명공화천玄明恭華天, 요명종표천耀明宗飄天, 축락황가천竺落皇笳天, 허명당요천虛明堂曜天, 관명단정천觀明端靖天, 현명공경천玄明恭慶天, 태환극요천太煥極瑤天, 원재공승천元載孔升天, 태안황애천太安皇崖天, 현정극풍천顯定極風天, 시황효망천始黃孝芒天, 태황옹중천太黃翁重天, 무사강유천無思江由天, 상설완락천上撰阮樂天, 무극담서천無極曇誓天. 생전에 나쁜 일을 하지 않았거나 노한 표정을 짓지 않았던 사람이 살 수 있는 곳이다. 색계에서 인간의 수명은 1억만 년이다.
	무색계 無色界 (4天)	호정소도천皓庭霄度天, 연통원동천淵通元洞天, 한총묘성천翰寵妙成天, 수락금상천秀樂禁上天. 남의 험담이나 거짓말을 하지 않았던 사람이 들어갈 수 있다. 이곳에서의 수명은 1억만 년의 1억 배이다.
4범천四梵天		무상상융천無上常融天, 옥륭등승천玉隆騰勝天, 용변범도천龍變梵度天, 평육가혁천平育賈奕天. 무색계에서 선행을 쌓은 선남신녀는 서왕모의 초대를 받아서 4범천으로 올라올 수 있었다. 여기까지 도달하면 이제 인간에게는 죽음을 기다리는 공포는 더 이상 존재하지 않는다. 영구히 생명을 보장받게 되는 것이다.

	삼청천 三清天	옥청경청정미천玉淸境淸微天(옥청), 태청경대적천太淸境大赤天(태청), 상청경 우여천上淸境禹餘天(상청) 이곳은 신선을 비롯한 대부분의 신들이 사는 세계이며 인간은 도달할 수 없는 곳이다. 지위 높은 신선은 자신의 궁전을 갖고 있으며 선왕 등 선관들의 거주지도 있다.
성경사천 聖境四天	대라천大羅天 천국의 최상층이다. 대라천은 위의 35천을 거느리고 기타 하늘의 도읍은 무한하다. 대라천은 모든 하늘 밖을 감싸고 있어서 그 끝이 없다. 우주공간 위에 무한적으로 존재하는 것이다. 현도라는 도시가 있으며 그 중심부에 옥경이라는 궁전이 우뚝 솟아 있다. 이곳의 주인이 도교 최고의 신 원시천존이다. 그는 우주의 창조신이며 혼돈에서 모든 사물에 질서를 부여하였고 현재에도 우주의 모든 질서를 주관하고 있다.	

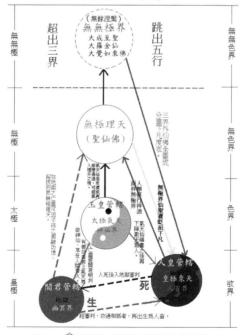

381

부록

조현도

1 벽곡辟穀

1) 벽곡辟穀

벽곡辟穀은 피곡避穀, 벽독辟毒, 각곡卻穀, 단곡斷穀, 절곡絕穀, 휴량休糧, 절립絕粒, 거곡去穀, 각립卻粒, 청장淸腸 등으로 불리기도 한다. 중국에서는 벽곡辟谷으로 쓰고 있으나 곡谷은 곡穀의 간체자簡體字이고 우리나라에서는 번체자繁體字를 채용하므로 곡穀으로 썼다.

벽곡은 선진先秦시대부터 전해온 술術이다. 대약大藥과 동시에 행공하는 행기술行氣術이다.

〈대대예기역본명大戴禮記易本命〉에 의하면 "육식肉食을 하는 자는 용맹하고 사나우며, 곡식穀食을 하는 자는 지혜가 있고 정교하며, 기식氣食을 하는 자는 신神이 밝아지고 장수하며, 불식不食 자는 죽지 않는 신神이다(食肉者勇敢而悍, 食穀者智慧而巧, 食氣者神明而壽, 不食者不死而神).''라고 했다. 이것이 벽곡술辟穀術의 이론적 근거이기도 하다.

벽곡의 방법으로는 자연벽곡법自然辟穀法, 영성벽곡법靈性辟穀法, 강박벽곡법強迫辟穀法, 상시벽곡법嘗試辟穀法, 21일벽곡법21日辟穀法, 최면벽곡법催眠辟穀法 등 방법이 다양하다.

또한 역대도사들 중에서 도홍경陶弘景이나 진단陳搏 등은 저서를 통해 복기벽곡服氣辟穀과 복약벽곡服藥辟穀의 2가지로 나누기도 한다.

복기벽곡服氣辟穀은 복기와 벽곡을 서로 배합하는 것으로 처음 시작에서부터 차츰차츰 양을 줄이면서 10일 후에는 완전히 음식물을 끊는 방법인데 이렇게 하다가 3년 후에는 자연스럽게 단곡斷穀을 이루어 낸다는 것이다.

복약벽곡服藥辟穀은 영양가가 높고 소화가 더딘 콩, 대추, 밤, 복령, 황정, 천문동, 인삼, 꿀 등으로 배합한 환丸을 지어서 단곡 후에 1~2환씩 곡기穀氣의 대용으로 복용하는 방법이다.

우리의 몸 안에는 삼시충三尸虫(팽거彭倨, 팽질彭質, 팽교彭矯)이 있어서 우리의 수련을 방해한다고 보아 이 삼시충은 곡기를 먹고 살기 때문에 벽곡으로 이를 물리칠 수 있다고 믿고 있다.

벽곡의 원리나 의미로 본다면 첫째 인체의 노화 및 질병들의 주요 원인은 대장 속의 대변이 축적되어 부패되어서 유해물질을 생산해 내고 있기 때문에 이것을 벽곡을 통해 깨끗하게 제거할 수 있다. 우리가 평소 섭취하는 음식에 내재한 사악한 기운을 피할 수 있으며 장기간의 음식물 섭취로 인하여 체내에 쌓여 있는 노폐물을 청소 제거하기도 한다. 벽곡은 의도적으로 음식의 적폐를 해소하여 몸 상태를 개선하는 의미가 있다. 둘째 건강미健康美를 찾기 위해서는 이보다 더 좋은 방법이 없다고 하며, 셋째 음식을 섭취하지 않아 대신 대자연의 우주에 있는 진기를 탈취하여 몸의 탁기나 병기와 교환하는 역할을 하는 것이므로 노화를 방지하고 건강 장수할 수 있다고 한다. 벽곡은 아주 적게 먹거나 전혀 먹지 않고 영양분을 우주에서 받아들이기 때문이다. 모든 생물들은 대자연으로부터 에너지를 받아서 생존하고 성장해 왔다.

특히 여자들의 경우 2~3일 정도만 벽곡을 해도 매우 좋다고 한다. 여자는 혈血, 남자는 기氣가 주류인데 남청여탁男淸女濁 현상이 생겨난다. 여자들은 생리적인 주기가 매달 반복되므로 여자들의 벽곡은 탁濁함을 제거하고 남자들의 벽곡은 기氣를 기른다. 벽곡을 하면 기가 부족할 텐데 어떻게 기가 보충이 될 수 있을까라는 의문이 생길 수 있다. 그러나 음식물과 물을 마시지 않은 채 며칠이 지나면 체내의 불필요한 불순물이 빠져 나가면서 오히려 생명력이 더 강해진다. 벽곡을 하면서도 기를 기를 수 있는 것은 에너지의 전환이 이루어지기 때문이다.

벽곡의 또 다른 목적은 내 안의 기억을 모두 되살리는 데 있다. 나의 한두 살 이전, 또는 모태 속에 있을 때의 기억은 남아 있지 않다. 하지만 9개월 이상 모태 속에 살았었는데도 머릿속의 기억에는 남아 있지 않지만 내 몸속의 기억에는 남아 있다. 우리 모두도 어렸을 때는 약간의 젖만 먹어도 잘 자랄 수 있었다. 그것은 밥 대신 기氣를 몸으로 받아들이는 식기食氣 과정이 월등히 뛰어났기 때문이다. 이때가 몸의 기억이 머릿속의 기억을 훨씬 초과하였을 때이고 성장해서는 반대로 머릿속 기억이 몸속 기억을 뒤덮고 있는 상황이다. 벽곡은 이런 현상을 극복하기 위한 방법으로 억눌리고 있는 몸속 기억을 되살리자는 수련공법이기도 하다.

벽곡에는 단곡斷穀과 단식斷食이 있다. 단곡은 밥을 먹지 않고 과일 등을 먹는 것이고 단식은 음식물을 일체 먹지 않고 물만 마시는 것이다. 이 두 가지를 모두 실험할 수 있다. 이 과정을 거쳐서 육심肉心과 진심眞心을 알 수 있다. 참지 못하고 먹으려는 마음은 육심이고 먹지 않고 벽곡하려는 마음은 진심이다. 이는 자기의 영靈과 육심肉心의 투쟁으로 본다.

사람은 육체가 성장함에 따라 정情과 욕망이 나타난다. 이 과정에서 사념邪念과 정념正念이 드러난다. 벽곡과정에서도 육체가 요구하는 것들이 드러난다. 육체는 먹고 싶은 욕망에서 뭔가를 계속 요구하는 생각을 내보내고 몸속에서는 이러한 동요가 생겨서 자꾸 먹으려는 생각과 욕망이 생긴다. 그러나 5일 정도는 아무것도 먹지 않는다고 하더라도 몸에는 아무 이상이 없다. 이것을 간단하게 표현하자면 육체적인 신념信念과 몸속의 진정한 신념信念 사이에 다툼이 생기는 것이다. 벽곡은 이 두 가지 신념의 투쟁이라고 말할 수 있다. 정념이 많은 부분을 차지하고 발휘될 때 도가에서는 그 사람을 성인聖人이라고 부른다. 육체적인 신념이 많은 부분을 차지하고 그에 따라 생활을 한다면 그런 사람을 소인小人이라고 한다. 이러한 부분은 벽곡을 하면서 반좌수련 과정에서 모두 드러날 수 있다.

우리의 몸은 음식물을 섭취하지 않으면 체내에서 에너지의 분배가 새로이 이루어지게 된다. 체내의 오장을 포함한 다른 기관도 영양공급의 배치와 순서가 새롭게 이루어진다. 이때의 체내 조절은 음식물을 섭취하면서는 불가능하다. 이 과정에서는 물과 기氣를 섭취하면서 체내 조절이 이루어진다. 몸 안의 정기를 밖으로 방사하지 않고 체내에서 움직이게 하여 그 정기를 전신에 분배하는 과정이다. 음식물을 섭취할 때는 내장의 기관을 통해서 에너지가 전신에 분배되었지만 음식물을 먹지 않는 벽곡상태에서는 체내에 남아 있는 에너지를 재차 분배하는 과정이 새로이 이루어지게 되는 것이다. 이때에는 자연환기법自然換氣法이나 수면공睡眠功 등의 보조공補助功을 이용하여 기氣를 먹는 식기법食氣法을 할 수 있다.

3일 이상을 단곡斷穀하여야 벽곡이라고 하며 3일 이하는 절식節食이라고 한다. 3일~7일 사이를 단기 벽곡, 8일~14일까지를 중기벽곡, 15일 이상을 장기벽곡이라고 한다.

그런데 중국의 고서에 의하면 벽곡기간으로는 일반적으로 7일을 기초로, 7배수하여 7일, 14일, 21일, 28일,……7×7=49일까지 하는 것을 1단계로 보고 있다. 뿐만 아니라 9일로부터 9배수하여 9일, 18일, 27일, 36일,……9×9=81일까지 한다는 기록도 있다.

그러나 초보자들은 5일, 7일, 10일 정도로 끝내는 경우가 대부분이다.

공부가 천선공天仙功의 높은 단계에 이르면 벽곡辟穀 수련을 하는데 이때는 단곡斷穀, 단식斷食, 악고握固 등을 통해 음식을 조절해 나간다.

단곡斷穀은 곡기로 된 음식물을 먹지 않고 과일이나 물만을 마실 수 있다. 그 대신 아침에 일찍 일어나 자연환기법과 큰 나무와의 평형공 등을 통해 영양을 섭취한다.

단식斷食은 아침과 저녁으로 물만을 마시고 과일도 섭취하지 않는다.

악고握固는 먹지도 마시지도 않고 특별히 고요하고 외진 곳을 찾아서 나무 의자 위에서 계속 정좌한다. 그러면 스승이 주위를 맴돌면서 물을 뿌려주는데 피부의 모공을 통해서 수분과 영양물질을 흡수하게 된다. 악고 과정에서 사람이 죽었다가 살아나는 활사인活死人의 경험을 한다. 이러한 경지는 스승의 지도나 도움 없이는 불가능하다.

수련에 앞서 첫째 심리상태를 잘 조절해야 한다. 둘째 생리적으로 준비를 해야 한다. 벽곡수련을 할 준비가 되었는지부터 점검해야 한다. 이 수련을 하다 보면 7~8일째가 가장 힘이 드는 고비라고 할 수 있다. 배고픔 때문에 힘이 드는 것이 아니고 먹고 싶은 욕망 때문에 그렇다.

기존의 수련은 음식물을 먹으면 체내에 정精이 생기고 정을 기화시켜 연정화기煉精化氣에서 연기화신煉炁化神의 순서였으나 벽곡을 하게 되면 그 순서가 뒤바뀌게 된다. 신神이 기로 전환되고 기로부터 정으로 전환되고 정으로부터 체내에 필요한 에너지가 되어서 몸에 공급을 하게 된다. 도가에서 말하는 '수련은 역逆이다. 역으로 하면 신선이 된다'는 내용과 일맥상통한다.

사람이 가지고 있는 기억은 두 가지이다.

하나는 머릿속에서 사유화된 기억이다. 일상생활을 하면서 눈으로 보고 귀로 듣고 글을 읽어서 머릿속에 남아 있는 기억이다.

또 하나는 몸속에 밴 기억이다. 눈, 귀, 코, 입을 떠나서 존재하는 기억인 것이다. 즉 자전거 타는 것을 처음 배울 때의 기억은 없지만 그 기억은 몸에 배어 있어서 수십 년이 지나도 자전거를 탈 수 있는 것처럼 말이다.

이러한 기억을 원시적인 기억이라고도 한다. 두 가지 기억들은 벽곡과정에서 모두 드러날 수 있다. 또한 두 가지 기억들이 몸속에서 부딪힐 수도 있다. 특히 원시적인 기억은 우리가 모태胎 속에서 보낸 시절은 물론이고 태어난 이후라도 우리의 기억들은 머릿속의 기억으로 남아 있지 않은 부분들이 많다. 머릿속에서는 사라졌지만 우리의 육체는 그 기억들을 그대로 보존하고 있는 것이다. 몸으로는 기억을 갖고 있지만 머릿속으로는 기억이 적을 수 있는 것이다. 이 두 가지 기억들은 벽곡과정에서 모두 드러날 수 있고 또 부딪힐 수도 있다. 벽곡과정에서 머릿속에서 기억하지 못한 많은 지난 기억들이 드러날 수 있기 때문이다. 정상인이라면 벽곡 3일째 되는 날에는 위장과 간의 독소들이 밖으로 배출되어 깨끗이 청소된다. 그 때가 되면 몸속에 보존되어 있는 기억들이 더 많이 드러날 수 있다. 도가에서는 우리는 '육체적인 나'가 있고 그 속에 '진정한 나'가 있다는 말이 있다. 이 경지에 이르면 육신은 잠시 머무는 것이고 그 육체 속에 우리의 '진정한 나'가 있는 것이다. 주로 7~8일 이후 나타난다. 벽곡으로 몸을 비운 상태에서 신神이 활발해지기 때문이다.

3일차부터는 혈당의 수치가 낮아진다. 평소 혈당이 높으면 혈당을 낮추는 효과를 볼 수 있지만 평소 혈당이 낮은 사람은 사탕을 먹어서 수치를 조절하여야 하는데 몸이 지나치게 힘들고 식은땀이 나면 사탕을 먹는다.

벽곡 5일째에 체중이 감소한다. 8일이나 10일 정도 되면 체중이 오히려 늘어나는 현상이 발생한다. 겉보기에는 체중이 많이 빠진 듯해도 실제로는 체중이 늘어나 있다. 이런 경우는 물을 조금만 마셔도 체중의 변화를 가져온다.

벽곡하는 과정에 위장과 간의 독소들을 밖으로 배출시키는데 보통 3

일째에 위장이 깨끗이 청소된다. 3일이 지나서도 변을 볼 수 있는 것은 평소에 음식을 잘 먹어서 기름진 부분이 남아 있기 때문이다. 3~4일이 지나면 잠이 잘 오지 않을 수도 있다. 그 때가 되면 몸속에 보존되어 있던 기억들이 더 많이 드러날 수 있다. 도교의 표현에 우리에게는 '육체적인 나'와 그 속에 '진정한 나'가 있다는 말이 있다. 이 때가 되면 도교의 이 표현을 이해할 수 있다. 육신은 우리가 잠시 머무는 상태이고 그 육체 속에 우리의 '진정한 나'가 있는 것이다.

일본의 전문교수진들이 실험을 통해 밝힌 것을 보면 벽곡 7일째부터는 인체의 세포 수량이 점차적으로 증가하였고 벽곡 10일차부터는 급증해서 평시의 2배로 증가했으며 인체면역력은 크게 높아졌다고 발표하기도 하였다.

벽곡이 끝난 이후 음식섭취는 죽을 먹되 처음부터 많이 먹으면 안 되고 적당히 먹어야 하는데 위장의 움직임을 시작할 만큼만 먹으면 된다. 2~3일이 지나면 정상적 식생활로 돌아온다.

2) 벽곡辟穀 수련 일기

왕(王力平) 선생님의 문하생들은 선생님의 지도하에 벽곡수련에 들어갔다. 때는 11월 말에서 12월 초까지 10일간이며 장소는 강원도 홍천에 있는 대명콘도에서 실시했다. 10일 중 3일은 수련생 전원의 기장을 하나로 조절하는 단곡斷穀수련이었고 5일간은 단식斷食의 기간이었으며 나머지 2일은 마무리 수습하는 수련이었다.

여기서 선생님이 지도하는 가운데 수련생들에게 이끌어 주신 말씀을 그대로 옮겨 본다.

벽곡하는 가운데 도교의 수련은 그 효과를 증대시켜 준다. 그래서 수련과정에 벽곡의 단계는 필수적이다. 벽곡 수련은 심신을 안정시키고 의념을 사용해서 기를 움직이는 내용이 많은 부분을 차지하고 있다. 예로부터 도교와 불교는 사람이 의념을 사용해서 체내와 기를 포함한 많은 것들을 움직일 수 있다는 가르침을 전하고 있다. 수련 중, 첫째 의념으로 호흡을 조절하고 통제하였다. 이것은 누구나 할 수 있는 내용으로 의념을 사용하여 호흡을 가늘고, 길고, 균일하게 조절하였다. 둘째로 의념을 사용하여 호흡으로부터 전신으로 통제범위를 넓혀 간다. 의념으로 호흡을 조절하고 호흡을 통해서 전신을 조절하는 것은 누구나 할 수 있다. 수련자가 궁극적으로 도달해야 할 목표는 의념을 사용하여 호흡도 조절하고 의념을 전신에 퍼뜨려서 신神을 전신으로 퍼뜨리고 다시 자기의 신神을 자기에게 도움이 되는 에너지로 전환하는 과정이다. 이 부분을 잘하면 의념을 통해서 내장 속에서도 이동이 가능한 상태가 될 수 있다. 즉 신神(여기에서 신은 눈으로 보아서 머무는 곳을 말한다.)이 이르는 데 기氣가 이를 수 있고 기가 내장에 이르면 그 내장에서 에너지의 전환이 발생하고 최종적으로 체내에 변화가 생길 수 있다.

다음으로 머리의 칠규七竅(눈, 코, 귀, 입)를 밀폐시켜야 한다. 그다음으로 반관내시返觀內視하면서 심장을 바라보는 과정이 있다. 그리고 심장의 박동소리를 들어야 한다. 이 때는 자기의 의념과 염력 모두 심장에 집중되어 있어야 한다. 의념이 이르면 신이 이르고 신이 이르면 기가 따른다. 그리고 심장의 소리를 듣는 과정이 있다. 심장 자체는 우리가 듣던 듣지 않던 계속 움직임이 있다. 우리가 고요함을 이루지 못했기 때문에 평소에 그 소리와 움직임을 알지 못했다. 소리가 들리지 않으면 잠깐 폐기상태를 유지한다. 우리의 신神과 의意(귀로 들어서 소리가 머무는 곳)가 모두 고요함에 이를 수 있다. 그러나 심장은 계속 움직임이 있기 때문에 누구나 귀를 기울이면 그 소리를 들을 수 있다.

심장의 소리를 듣고 나서 그 소리를 중전中田으로 옮기라는 도인사導引辭 내용이 있었다. 중전으로 옮길 때에는 심장을 생각지 말고 소리만 중전으로 옮겨오는 것이다. 도교와 불교의 서적에 심성心聲을 듣는다는 표현은 빈 공간의 소리를 말한다. 그리고 중전에 움직임이 나타날 수 있다. 중전은 하나의 공간이지만 그 안에 움직임이 있을 수 있다. 내장의 움직임을 들을 때와 다른 점은, 중전은 빈 공간 속의 움직임이고 이 과정에 강렬한 의념이 필요하다는 점이다. 중전의 움직임을 듣다 보면 자기도 모르게 육신을 생각지 않게 된다. 벽곡을 시작하면서 초보자는 두려움도 있을 수 있으나 중전의 소리를 들으면서 육신을 생각하지 않으면서 두려움도 없어질 것이다.

중전으로 소리를 옮겨왔다가 하전下田으로 내려가는 과정이 있다. 소리도 움직일 수 있고 이동할 수 있다는 사실을 알아야 한다. 움직일 때는 천천히 움직인다. 다시 하전의 움직임을 들어야 한다. 하전으로 들어가는 과정도 신神이 기氣속으로 들어간다고 표현한다. 하전의 움직임을 들으면서 그 움직임에 따라 호흡이 진행될 수 있다. 하전의 움직임에 따라 이루어지는 호흡을 진식眞息이라고 한다. 이 때는 소리로써 하전의 범위를 통제하는 과정이라고 볼 수 있다.

실제로 하전의 소리로 하전을 통제하고 하전의 움직임을 통제할 수 있을 때에는 다른 내장도 그와 같이 할 수 있음을 의미한다.

예전의 묵운오행黙運五行은 체내의 정精을 움직여서 기氣가 되고 신神을 도왔다고 할 수 있다. 지금 공부는 신이 천천히 기가 되고 하전에 모여서 체내에 중요한 에너지로 전환되는 과정인 것이다. 하전에서 다시 집결되면서 새로운 정精으로 전환된다고 말할 수 있다. 이틀간의 도인사 내용이 대략 이러한 과정이다. 돌이켜 보면 의념을 사용하여 머리의 칠규七竅(눈·코·귀·입)를 통제하고 자신의 호흡과 체내의 내강內腔을 통제하는 과정이라고 말할 수 있다. 의념을 사용하여 신神이 기氣가 되고 기가 정精이 되었다.

이것은 예전에 배웠던 정이 기가 되고 기가 신이 되는 공부의 방향과 반대가 된다. 역으로 가면 신선이 된다는 말과 일맥상통한다. 다년간의 수련을 거쳤으므로 신에 대한 조절이 어느 정도 가능해질 수 있다. 신이 맑으면 기가 풍족하게 되어 몸이 좋아질 수가 있다. 지금까지 수련을 간단히 이해하자면 의념을 사용하여 자신의 신을 통제하고 신이 다시 체내에서 새로운 에너지가 된다. 우리가 하는 반좌의 시간이 길지 않아서 도인사의 내용이 익숙해진다면 집에서 개인적으로 할 때 1시간 30분에서 2시간 30분 정도는 되어야 한다. 그리고 이 과정에서 시시각각 자기의 체내를 관찰하는 것이다. 체내의 박약한 부분을 자기는 인지할 수 있다.

여기서 공동 수련하는 동안은 도인사의 방법을 체득하는 과정이기 때문에 필요한 만큼 시간을 확보하기 힘들다. 벽곡을 하는 동안 새로운 내용이 추가될 수 있고 '유형무질有形無質'의 나를 단련하는 내용도 추가되어야 하기 때문에 이 부분의 시간을 늘일 수 없었다.

여러분의 반좌盤坐하는 상황을 살펴보았는데 모두 잘하고 있다. 반좌를 하면 '신념神念'이라는 것이 생길 수 있다. 단경은 신념을 '진정한 나의 심성心聲'이라고 전하고 있다.

도인사의 내용으로 보았을 때 몸이 밀폐 된 후 신神과 기氣와 의意가 모두 몸속에 모여 있는 상황이다. 몸이 밀폐될 때 머리의 7규七竅도 모두 막은 상황이다. 인간이 가진 육감이 외부와의 연결이 끊어진 상태로 될 수 있다. 이 때 우리의 몸속에서 나타나는 의념을 신념이라고 말한다. 이 부분은 벽곡 수련과정은 물론 일상생활을 하는 데 중요한 역할을 할 수 있다. 진정한 나의 심성이고 무정無情하고 사념邪念 없는 생각이라고 할 수 있다.

사람은 대자연으로부터 많은 에너지를 받아서 지금까지 생존하고 성장해 왔다. 사람은 육체가 성장함에 따라 정과 욕망이 나타난다. 이 과정에는 사념과 정념이 모두 드러날 수 있다. 벽곡과정에도 육체가 요구하는 내용이 드러난다. 육체는 먹고 싶은 욕망에서 계속해서 뭔가를 요구하는 생각을 내보낸다. 마음속에서는 이러한 동요가 생겨서 자꾸 먹으려는 생각과 욕망이 생겨난다.

그러나 5일 정도는 아무것도 먹지 않는다고 해도 아무런 일도 생기지 않는다. 육체적인 신념과 마음속의 진정한 신념 사이에 다툼이 생기는 것뿐이다. 벽곡은 두 가지 신념의 투쟁이라고 말할 수 있다. 정념이 많은 부분을 차지하고 발휘될 때 도교에서는 그 사람을 성인聖人이라고 부른다. 육체적인 신념이 많은 부분을 차지하고 그에 따라 생활하면 소인小人이라고 한다. 지금의 반좌과정에서 이런 부분들이 모두 드러날 수 있다.

식사를 하지 않고 벽곡수련을 하면 이 두 가지 즉 신념과 욕망이 더욱 쉽게 드러날 수 있다. 벽곡수련 중에 욕망이 없는 신념이 나타났다면 앞으로 일어날 일들을 미리 예측하고 그 판단을 잘 할 수 있게 된다. 욕망이 없는 신념이 나타났으면 눈앞의 일을 자꾸 떠올리게 된다. 그리고 벽곡과 지금의 도인사를 결합하여 수련을 계속 진행하면 불교와 도교에서 말하는 육신통六神通과 같은 신총에 관한 공부로 발전할 수 있다.

수련 중 다리에 통증이 나타나면 안절부절 하는 상황이 있을 수도 있다. 그때 쉽게 욕망이 나타난다. 그러나 이때 나타나는 욕망은 단순한 내용이다. 신이 계속 몸속에 있고 모든 것이 몸속에 있을 때 다리 통증이 생겨서 나타나는 욕망은 단순한 것이다. 잠시의 통증을 참아내면 족하다. 이것은 앞으로의 큰 쾌락을 얻기 위한 것임을 알아야 한다. 다음부터는 반좌하면서 신념이 나타나면 그것이 정념인지 사념인지 살펴 보아, 평소에 없던 지기의 능력을 초과하여 예감이 나타나는지도 살펴보라.

벽곡 수련 중 단곡 3일째다. 지난 시간 도인사를 되돌아보면 체내의 소리를 듣는 과정이 있었다. 예전에는 두 눈으로 천목혈天目穴을 사용해서 볼 수 있는 수련을 하여서 지금은 천목혈을 이용하여 볼 수 있는 능력이 어느 정도 생겼다. 지금은 두 귀로 자기의 체내의 소리와 체외의 소리를 듣는 수련을 많이 할 것이다. 단경은 '소리도 일종의 에너지다'라고 말하고 있다.

소리를 듣고 득도나 성불한 예가 있다. 관세음보살도 파도소리를 듣고 성불하였다고 하며 화산華山의 고덕高德도 수면공을 하면서 산의 소리를 듣고 득도하였다. 신라인 감가기도 종남산의 자오곡에서 등선하였는데 고문헌에 의하면 계곡에서 산들의 움직임 소리를 듣고 등선하였다고 한다. 석가모니도 자기의 심성心聲을 들으면서 심경心經을 적었다고 한다. 자기의 심성을 들었다고 되어 있을 뿐 심장의 움직임을 들었는지 체내의 소리를 들었는지에 관한 정확한 표현은 없다. 색즉시공色卽是空과 공즉시색空卽是色은 모두 심성을 들으면서 표현한 말이라고 한다.

우리의 수련도 반좌하면서 심장의 소리를 듣는 과정이 있는데 소리가 들리지 않아도 그 움직임을 느낄 수 있다. 그리고 자세히 집중해야만 소리가 들리는 경우가 있고 소리가 들리지만 알아듣지 못하는 경우도 있다. 이러한 상태들도 본인이 반좌하면서 고요함에 이르렀을 때 일어날 수 있는 내용들이다.

내일부터 벽곡수련 중 단식을 시작하는데 첫 번째 순서는 체내를 비어 있게 만드는 것이다. 몸이 비어지면 내 몸의 움직임과 체내의 소리를 쉽게 들을 수 있다. 불교의 조사祖師들과 도교의 도사道士들의 성취는 체내가 모두 비워진 상태에서 이룬 것이지만 우리는 모든 것이 비워진 상태에 도달할 수 없다. 하지만 일단 비워진 상태에 이르러야 한다.

육체가 먹지 않고 있으면 배고픔을 느끼게 되고 심적으로는 먹으려는 욕망이 생긴다. 먹지 않으면 육체의 기분이 나쁘게 된다. 여러분은 먹지 않고 견디다가 음식을 먹으면 육체가 기뻐하는지 심령心靈이 기뻐하는지도 살펴보라.

벽곡하는 과정을 거쳐서 육체는 잠시 존재하는 것이고 내 안에 '진정한 나'가 있다는 것을 좀더 잘 알 수 있게 된다. 내 안에 또 다른 '진정한 나'가 존재하는 기초가 우리의 육체가 된다. 이는 개개인을 상대로 한 이야기다.

심경心經의 저작에 나오는 '진정한 나'는 지금 말하는 '진정한 나'와 다르다. 그 기초는 육체가 아니다. 그 '진정한 나'는 더 높은 경지에서 논하는 개념이다. 그 높은 경지는 벽곡을 하다 보면 개개인에게 그 느낌이 있을 수 있다.

벽곡수련을 다시 강조한다면 도가의 오랜 공부 방법 중 하나이다. 벽곡에는 우리가 평소 섭취하는 음식에 내재한 사악한 기운을 회피한다는 뜻이 담겨 있다. 장기간의 음식물 섭취로 인하여 체내에 쌓여 있는 노폐물을 청산하여 몸 상태를 개선하는 의미가 있다.

벽곡수련은 보통 3단계로 나눈다. 단곡과 단식, 악고握固이다. 일반인들이 음식을 먹지 않고 굶는 것과 벽곡수련은 아주 다르다. 예부터 벽곡에는 도인導引의 과정이 필요하였다. 즉 도인을 통한 토납술吐納術이 벽곡하는 동안 부족해진 에너지를 보충해야 하는데 그 방법으로 자연환기법을 할 수 있다. 보통 1시간 정도 해야 하는데 거처하는 앞 광장을 걸어보니 1시간 정도 걸렸다. 자연환기법을 식기법食氣法이라고도 하는데 음식을 먹지 않는 대신 체내의 기를 보충하는 방법이다. 또한 매일 하는 반좌도 에너지를 보충하는 방법이 된다.

음식물을 섭취하지 않으면 체내에서 에너지 분배가 새로이 이루어지게 된다. 체내의 오장을 포함한 다른 부분도 영양공급의 배치와 순서가 새롭게 이루어진다. 이 때의 체내의 조절은 음식물을 섭취하면서는 불가능한 것이다. 그 과정에는 물을 마시고 기를 흡수하면서 체내 조절이 이루어지는 것이다.

예전의 수련은 연정화기煉精化氣, 연기화신煉氣化神, 연신환허煉神還虛 순으로 이루어졌으므로 우리가 음식물을 먹으면 체내에 정精이 생기고 정을 기화氣化시켜서 연정화기煉精化氣를 하였다면, 벽곡을 하게 되어 그 순서가 뒤바뀌게 된다. 신神이 천천히 기氣로 전환되고 기로부터 정精으로 전환되고 정으로부터 체내에 필요한 에너지가 되어 전신에 공급을 한다. 도교의 역행하면 신선이 된다는 말을 뒷받침하는 것이기도 하다.

사람은 3일간 음식을 먹지 않으면 체내에 쌓인 노폐물은 모두 해소된다. 3일이 지났는데도 계속 변을 본다면 이것은 약간 비정상이다.

노폐물이 모두 배설되고 4~5일이 되면 아주 편안한 상태가 된다. 이 때는 기氣가 허한 느낌이 들면서 몸이 약간 나른해질 수 있다. 기력이 딸리고 몸이 휘청거리는 상태가 될 수 있다. 7~8일이 되면 정신상태가 황홀해지기도 하는데 문제는 전혀 없다.

음식물을 먹고 싶은 욕망이 생길 때 육체의 욕망인지 마음속의 욕망인지 생각해 보라. '육체의 나'가 있고 또 다른 '나'가 있을 수 있다. '영혼靈魂의 나'이다. '나'라는 존재가 둘로 분리되기 때문에 식신識神과 원신元神을 분리하여 사용한다. 식신은 우리의 육신에 대응하는 말로써 눈·코·귀·입·피부를 통해서 느끼는 부분을 말하고, 원신은 눈·코·귀·입·피부가 아닌 내심內心으로 느끼는 부분, 즉 '유형무질有形無質의 나'이다. 이 두 가지 신神의 작용으로 두 가지 기억이 우리 몸에 존재하고 있다.

도교에서 유의, 무의라고 표현하는 유의는 대뇌의 기억작용이다. 유의는 눈으로 보고 귀로 들어서 남아 있는 기억들을 말하는 것이지만 사실은 매일 반복되는 일상이나. 사소한 것들은 기억하지 않는다고 보아야 한다.

벽곡은 내 마음속 기억을 되살리는 목적도 있다. 내가 한두 살 이전 또는 모태 속에 있을 때의 기억은 남아 있지 않다. 하지만 9개월 이상을 모태 속에서 생활했었다. 이러한 것들이 머릿속의 기억은 남아 있지 않지만 육체가 아닌 나의 심 속에는 기억이 남아 있다.

벽곡의 첫 번째 목적은 나 안의 기억을 모두 되찾는 데 있다. 이를 위한 첫 단계는 단식을 하는 과정이다. 단식을 하면 어릴 때 젖 먹을 때 기억도 찾을 수 있다. 어렸을 때는 음식물을 먹지 않고 약간의 젖만 먹어도 잘 자랄 수 있었다. 지금은 밥을 먹지 않으면 살 수 없다. 그것은 어렸을 때 기氣를 몸으로 받아들이는 즉 기식氣息하는 과정이 좋았기 때문이다.

마음속의 기억이 머릿속의 기억을 훨씬 초과하였을 때이다. 지금 어른이 된 현실의 생활에서는 머릿속의 기억이 마음속의 기억을 뒤덮고 그 위에 있는 상황이다.

지금 반좌하는 도인사는 원신의 작용을 발동하는 내용으로 볼 수 있다. 매일 그 과정을 반복할 것이다. 벽곡하기 전과 벽곡을 시작한 후의 도인사가 어떤 차이가 있는지 잘 살펴보아야 한다.

벽곡수련과 배합하면 좋은 것 중 하나가 수면공睡眠功이다. 벽곡 중에 지금까지 잘 열리지 않았던 것 중에서 임맥任脈을 따리 기氣가 흐르는 전중膻中과 기해혈氣海穴, 그리고 관원혈關元穴 등을 수면공을 통해 열기 좋은 상황이 만들어진다.

지금의 수면공은 전체적으로 체내의 내기를 가지고 움직이는 것이다. 예전에 배웠던 수면공은 몸 밖의 4면 8방의 기운을 전신으로 끌어들이고 호기呼氣할 때는 한 점으로부터 밖으로 방사하였다. 그 공법은 천지 음양의 기를 몸으로 끌어들인 것이고, 지금의 수면공은 자기 몸 자체가 하나의 덩어리가 되어서 체내에서 움직임이 있게 한 것이다. 체내에 있는 에너지를 가지고 한 점을 중심으로 움직임이 있고 다시 한 점으로부터 체내에서 확산하는 수련이다.

다음으로 우리 육신의 변두리에 빛을 발산하여 유형무질有形無質의 존재를 키우는 것이다. 사람의 인체 변두리를 보면 빛이 발산하는 환環이 있는데 이것을 '유형무질의 나'라고 한다. 우리가 반좌를 끝내고 자리를 떴을 때에도 '유형무질의 나'가 그 자리를 지키고 있을 수 있다. 우리가 여기저기를 다니고 있을 때 '유형무질의 나'를 여기저기 데리고 다니면서 거두지 못한다는 말을 쓰기도 한다. 반좌가 잘 되어서 어느 수준이 되면 '유형무질의 나'가 그 방안에 남아 있는 시간이 길어질 수 있다.

수련방법은 흡기할 때 '유형무질의 나'의 변두리가 육신의 변두리까지 와야 한다. 이 때 몸은 움직이지 말아야 하고. 호기하면서는 육체의 표면에서 '유형무질의 나'의 표면까지 가야 한다. 수련의 상태가 좋아지면 빛의 두계가 넓어진다. 그렇지 않다면 빛과 환環이 줄어들고 피부의 끝에 붙다시피 한다. 불교에서도 "크게 하고 더 크게 해서 끝이 없을 정도로 크게 해서 방사할 때는 전 세계를 비추게 한다."라는 가르침이 있다. 벽곡이 진행되면서 체내가 비어진 상태가 되면 이 수련을 잘 수행할 수 있다.

다음으로는 벽곡 중에 몸이 비워진 장태에서 '유형무질의 나'로 압력을 가함으로써 체내에 새로운 공간을 형성하게 되는데 이것을 내강內腔이라고 표현한다. 흡기하면서 체내의 내강이 홀쭉해지면서 위로 길게 늘어나고, 호기하면서 체내의 내강이 옆으로 퍼지면서 아래로 끝까지 내려간다. 그리고 척추부분도 함께 수련하는데 미골尾骨로부터 요추腰椎와 흉추胸椎, 경추頸椎를 따라 올라가면서 척추脊椎의 마디마디가 늘어나는 듯이 위로 길어지면서 올라가고, 호기呼氣할 때는 경추에서 흉추, 요추, 미골까지 천천히 내려오는 것이다. 이러한 공법은 척추를 통한 기氣의 흐름이 순창해지도록 하는 것이 목적이다. 척추를 수도髓道라고 표현하기도 하는데 단선斷線과도 연관이 되고 백회와 회음과도 연관이 되어서 수련을 하다보면 척추 부분에서 밝아지는 현상이 생긴다.

척추에 관련된 호흡을 반복하면 내강 호흡으로 진행할 수 있는데 흡기하면서 몸이 가늘고 길어지고 호기하면서 몸이 가라앉으면서 옆으로 넓게 퍼지는 의념을 가진다면 내강內腔이 열릴 수 있다.

3) 벽곡辟穀 이후 식사조절

벽곡이 끝난 이후 첫 음식은 많이 먹지 말고 죽을 먹는 것이 좋다. 죽 대신 면 음식도 괜찮다. 면이 딱딱해서는 안 되고 양이 너무 많아도 안 된다. 위장의 움직임이 시작할 만큼 먹으면 좋다. 무엇을 먹어도 맛이 있을 것이다.

단식 5일이 지나면 새로운 반응이 있을 수 있다. 내적·외적으로 불편한 점이 있을 수 있으니 평소의 생활규범을 무너뜨리고 새로이 정립하기 때문에 많은 반응이 있을 수 있고 새로운 규율을 시작하는 것으로 볼 수 있다. 이러한 규율을 그대로 받아들이는 것이 좋다.

너무 배부르게 먹지 말고 평소 먹는 양의 50~60% 정도 먹으며, 5~6일이 지나면 체중이 그 상태에서 멈출 수 있다. 8일이 지나서 10일 정도 되면 체중이 오히려 늘어나는 현상이 발생한다. 겉보기에는 체중이 많이 빠진 듯하여도 실제로는 체중이 늘어나 있다. 이런 경우는 물을 조금만 마셔도 체중의 변화를 가져온다. 벽곡이 끝나고도 많은 음식을 먹을 필요는 없다.

우리가 몸을 지탱하고 보존하기 위해서는 누구나 하루 세끼 먹어야 하는 음식이지만 그 맛에 빠져서 식탐食貪의 유혹에서 벗어나지 못하는 경우가 허다한데 《식경食經》에서는 다음과 같이 설명했다.

음식섭취량십분표飮食攝取量十分表

인식引食	흠식欠食	균식均食	족식足食	만식滿食
10~20	30~40	50~60	70~80	90~100

단위 : %

우리의 몸을 건강하게 지탱하기 위해서 음식물을 섭취하는데 10~20%를 섭취했을 때는 음식을 몸에 끌어들인다는 뜻에서 인식引食이라 하고 30~40%를 먹었을 때는 조금은 모자란 뜻으로 흠식欠食이라고 하며 50~60%를 섭취했을 때는 균식均食, 즉 먹은 양이 몸의 형평과 균일하여 몸에 균형을 이루었다고 하며 70~80%를 먹었다면 만족하게 먹었다고 해서 족식足食이라고 하고 90~100%를 섭취했다면 만식滿食이라고 말한다. 여기서 육체적·정신적 건강에 가장 부합하다는 권장섭취량은 균식 이하이다. 만약 만식을 했다면 포만감에 젖어 당장은 행복을 느낄 수 있겠으나 이것은 과식이며 과식 이후에 오는 부작용으로 당연히 몸을 움직일 때마다 고통을 감수해야 하고 고혈압이나 당뇨, 비만 등 각종 성인병에 시달리면서 수명도 단축될 것이다. 이런 현상은 육체적 건강을 넘어 정신적 건강에도 치명적일 수밖에 없다. 그래서 과유불급過猶不及은 우리에게 주는 교훈이다.

노자老子도 《도덕경》을 통해 이렇게 밝혔다. "족함을 알면 욕되지 않고 그칠 줄 알면 위태롭지 않아 가히 장구할 수 있다."(知足不辱 知止不殆 可以長久 도덕경 44장)

벽곡을 마치면서 음식물 섭취에 관해서 정리를 해보면 첫째 음식물은 50~60%의 평균적인 음식량으로 조절하는 것이 좋다. 둘째 천지 자연의 기를 많이 섭취해야 하며 그 방법으로는 자연환기법自然還氣法과 평형공平衡功 등 외동공外動功 수련이 효과적이다. 셋째로 신神을 몸으로 거둬들여서 에너지로 전환하여 보충하는 방법이다. 신神을 몸으로 거둬들이는 과정은 눈을 감고 자기의 체내를 살펴보면서 한다. 벽곡으로 몸을 비운 상태에서 신神이 활발해질 수 있다.

우리나라에서는 단식의 일환으로 도처에 단식원이 있어 질병의 치료와 건강을 위한 방법으로 널리 유행하고 있으나 조금 더 깊이 들어가 벽곡의 의미를 정확이 알고 모든 과정을 수련하듯이 할 수 있다면 우리의 몸 상태를 선천의 몸으로 되돌릴 수 있는 최고의 수련 공법이다.

2 수련체계修煉體系

수련체계도修煉體系圖

→順則凡 : 순리 데로 순행하면 나이가 들어 죽게 되고 결국 귀신이 되는 이치					
도道	가도可道				
태 체 →	동 체 →	누 체 →	파 체 →	쇠 체 →	약 체 →
모태 안의 10개월 →	1~16세 →	16~32세	32~48세	48~64세	64세 이상
도道의 수련으로 내 몸을 역행해 가는 과정					
			← 漏體		
			破體		
← 胎體	← 童體			衰體	
					翁體
← 天仙功	← 地仙功	← 人仙功	← 인선법引仙法		
煉神還虛	煉炁化神	煉精化炁	← 연신섭기煉身攝氣		
← 선 천(返先天으로)		← 후 천(방선천倣先天하여)			
← 逆則仙 : 역행하는 법을 써서 후천에서 선천으로 가는 수련 하면 신선이 됨					

→ 순행, ← 역행. 나이는 남자의 경우

사람이 출생에서부터 성장 노쇠의 과정과 생육능력의 발생과 소실 등 전 생리과정을 도가에서는 태체胎體, 동체童體, 누체漏體, 파체破體, 쇠체衰 體, 약체翁體 등으로 분류하고 있다.

남녀 공히 수정란이 되어 어머니의 모태에 있을 때는 태체이다. 여기 서 선천수 남자는 8 여자는 7의 수에 따라 각기 분류가 되는데 남성 16세 이전 여성 14세 이전을 동체로 분류한다.

사람은 출생할 때 선천의 숫자를 가지고 태어난다. 이선천의 숫자는 남자와 여자가 다르다. 남자는 8이라는 숫자를 가지고 태어나고 여자는 7이라는 숫자를 가지고 태어난다. 이것은 2,000년전 《황제내경》에서 말한 것이다. 여자와 남자를 음양으로 보고 음양이기(7과8)를 만물을 생하는 오행과 곱해주면(7×8×5=280, 1달을 28일로 보면 만 10개월) 태아가 모궁母宮에 있는 기간이다.

젊음은 반드시 젊었을 때 지켜야 한다. 그 비결은 음욕의 절제다. 노자도 〈태상감응편〉에서 음욕의 절제를 다음과 같이 강조하였다.

"음욕을 절제 하여라. 음욕을 절제하면 사람의 정精이 삼초에 고루 있고 백가지 맥이 영화로우니라. 한번 음욕이 일어나면 모든 맥이 합하여 명문命門으로 부터 흘러나오나니 그 해로움이 극에 이르니라. 정을 충실히 하고 근골을 강하게 하는 것은 모두 음욕을 절제함에 있나니, 무릇 2월부터 4월까지 절제하고 아주 춥고 아주 더울 때 절제하고 일월의 흐름이 순조롭지 않을 때 절제하며 큰 바람 큰 안개 큰 뇌성 큰 비가 올 때 절제하고 본인이 태어난 본명일에 절제하여야 하고 경신일, 갑자일, 병정일, 매월 15일, 28일, 정월 초2일, 14일, 15일, 2월 초2일, 3월 초9일, 4월 초4일, 초8일, 5월 3일, 5일, 6월7일, 9일, 10월 10일, 11월 25일, 12월 초7일, 20일은 마땅히 계를 지켜 절제하여야 한다. 세인들아 삶을 장수하고자 하거든 반드시 음욕을 절제 하여야 한다. 마음은 악독함이 가득하고 자애로운 듯한 얼굴을 하는 사람은 표범과 같아서 웃음 속에 칼날이 숨어있고 쉽게 등 뒤에서 배반하나니 참으로 위험하고 흉하도다. 선인은 항상 고요할 때는 눈을 감고 천지의 이치를 생각하며 몸 안에 하늘의 광명이 가득 차게 하느니라."

남성 16세 여성14세 부터는 모두 정자와 난자를 생산하기 시작하고 교합하여 아이를 낳으니 남성 32세 여성 28세 까지를 누체漏體로 분류한다. 또 남성 48세 여성 35세 까지를 파체라 하고 남성 64세 여성 49세까지를 쇠체로 분류하고 남성 64세 이후 여성 49세 이후를 약체로 분류했다.

선도仙道의 수련은 수련자의 해당 나이에서 연신섭기煉身攝氣 과정을 통해 즉 환원還原, 보루補漏, 축기築基하여 동체로 돌아오고 동체에서부터는 연정화기煉精化炁(人仙功)과정의 수련을 통해 태체 직전까지 도달하면 여기까지가 후천의세계이다. 방선천倣先天하여 즉 수련을 통해 선천을 모방하여 여기까지 왔으니 이때는 반선천返先天 즉 선천으로 돌아가야 한다. 선천의 세계인 태체胎體에서 연기화신煉炁化神(地仙功) 과정과 연신환허煉神還虛(天仙功) 과정을 모두 마치면 마침내 태체 이전 허무의 경계인 무극의 연허합도煉虛合道로 돌아간다. 그래서 도가에서는 수련하여 역행하면 신선의 경지에 이르는 것이고 순행하면 범인凡人이 되어 귀신이 된다고 하였다.

사람이 천지 사이에 태어나 신선神仙이나 부처 성인聖人 현인賢人되기를 모두 갈망하지만 이루지 못하는 것은 왜인가? 모두 다 희喜를 노怒를 애哀를 락樂을 욕欲을 떼어버리지 못하고 이를 밝히지 못했기 때문이다.

유가에서 이르기를 "보이지 않는다 하더라도 경계하고 삼가 하라, 듣지 않는다 하더라도 두려워하고 무서워할지라." 불가에서는 "안眼, 이耳, 비鼻, 설舌, 신身, 의意의 육근六根을 없게 하고 색色, 성聲, 향香, 미味, 촉觸, 법法의 6진六塵을 없애라" 하였다. 도가에서는 "더할 나위 없는 황홀에 더할 나위 없이 깊고 아련함이로다"하였다.

삼교三敎 성인께서는 모두 사람들에게 사욕私慾을 떼어버리라고 가르치셨는데 무엇 때문인가? 사욕私慾은 바로 음陰에 속한다, 음에 순응하면 귀신鬼神이 되고 양陽에 순응하면 신선神仙이 된다.

단경에 이르되 "아침에는 양화陽火로 나아가고 저녁에는 음부陰府로 물러나는 도리를 세상의 선남신녀善男信女들은 모르는 도다" 하였다. 진양進陽과 퇴음退陰의 공행을 모른다면 속히 세상의 한결같지 않는 모든 것 일필의 갈고리로 찍어 없애버리고 덕행을 쌓아 하늘을 감동시키고 명사를 만나 성性과 천도天道를 지시 받고 진양進陽, 퇴음退陰의 도리를 구전심수 받으면 힘들이지 않고도 얻을 것이다 하였다.

12경락과 기경8맥이 막히는 시기는 생후 5,000일, 즉 15세쯤 동체童體에서 누체漏體로 변화될 시기이다. 이때는 일생에서 몸의 변화가 가장 심하고 확실하여 양陽이 다하고 음陰이 생장하는 시기이기도 하다.

몸 안의 저항력抵抗力이 떨어지고 15세인 동체를 넘어서면 술과 담배 기름진 음식 등으로 자신의 몸을 망치면서 주어진 생명을 단축시키고 있는 것이다. 즉 매연가스나 미세먼지 등은 호흡을 통해 그리고 피부를 통해 우리 몸속으로 들어오면 그것이 병기病氣, 사기邪氣, 탁기濁氣가 더해지고 저항력은 약화시키니 병을 이겨내는 면역력이 약해질 수밖에 없는 것이다. 특히 이 음기들은 몸 안에 들어오면 허리띠를 매는 허리둘레 시계를 차고 있는 손목부위 등 고정적으로 압력을 받고 있는 부분과 또한 피부의 모공毛孔이 막혀있어서 피부호흡이 어려운 부분에 음기들이 뭉쳐있는 것을 알 수 있다. 그래서일 것이다. 도가의 수련방법은 근육을 경직硬直되게 하지 않으며 15세 이하의 유연하고 부드러운 피부로 되돌아가게 하고, 나중에는 어머니 뱃속에서 막 태어난 몸과 같이 순양체純陽體로 되돌아가게 하는 것이 수련의 목적이다.

최근 보도된 '면역치료법 별전'에 관한 기사 중 인체 내 희소한 면역세포가 다수 면역세포와의 경쟁에서 살아남는 원리를 한·미 공동연구팀이 밝혀냈다고 한다. 그 기사를 일부만 인용해 보면 "이번 연구에서 전체 면역세포 중 1~3%에 불과한 선천성 림프세포가 80%를 차지하는 T세포와의 경쟁에서 우위를 차지하며 생존을 이어간다는 사실이 밝혀졌다. 선천성 림프세포는 선천성 면역을 담당하는 희소 면역세포로 기생충, 장 점막 내 감염, 알레르기, 항암 면역반응 등에서 중심역할을 수행한다. 암세포와 바이러스 감염세포가 침입할 경우 먼저 활성화해 선천성 면역 반응을 일으키는 '자연 살해 세포'가 대표적이다."

여기서 말하는 '선천성 림프세포'가 바로 선천先天의 원기元氣이며 양중陽中의 순양체純陽體로 보여 진다. 이 순양체純陽體의 활동으로 우리의 몸은 면역력이 활성화 되어서 자체 자정自淨능력을 높임으로써 우리 몸을 보호하고 있다. 순양체純陽體의 중요성이다.

우리 몸의 저항력은, 자연 그대로인 시골에서와 도시에서 있을 때 확연히 다르다는 것을 느꼈다. 시골에서 어쩌다 서울 등 도시에 가서 이틀만 지나면 탁한 공기가 코로 숨 쉬는 호흡과 모공毛孔호흡을 통해 병기病氣, 사기邪氣, 탁기濁氣 등이 몸 안으로 들어오기 때문에 몸 안에서 탁기가 발악하게 되므로 온 몸이 근질근질하여 가려움증에 못 견지디만 그길로 시골에 내려오면 맑은 공기의 호흡만으로도 탁기를 정화시켜 언제 그랬냐는 듯이 말끔해지는 것이 그 증거다.

수련이 더 깊어져서 몸이 만들어질수록 청정한 산속을 찾는 이유이기도 하다.

수련체계도(2)

연煉 허虛 합合 도道			허虛 하여 무극에 이르나 공空은 다함이 없다. 허虛를 단련하여 도道와 합하니 근본을 구해 원천으로 들어감이라.		
연煉 신神 환還 허虛	천天 선仙 공功	제10법 /超脫分形	①초내원에서 ⑫초범입성까지 12단락이 있다. 神을 화로로 삼고 性을 약으로 삼고 慧를 火로 삼으며 定을 水로 삼아 九宮不滅, 乾坤相轉하여 天人同化한다.		
		제9법 /內觀交換			
		제8법 /朝元煉炁			
연煉 기炁 화化 신神	지地 선仙 공功	제7법 /金液還丹	①환정보뇌에서 ⑯황백법까지 16단락이 있다. 神을 화로로 하고 氣를 藥으로 삼고 해를 火로 삼고 달을 水로 삼아 七返九還, 坎離相投하여 金液還丹한다.		
		제6법 /玉液還丹			
		제5법 /肘後飛金晶			
연煉 정精 화化 기炁	인人 선仙 공功	제4법 /燒煉丹藥	①음양교한에서 ⑰연양양신까지 17단락이 있다. 몸을 화로로 하고 氣를 약으로 삼으며 心을 火로 삼고 腎을 水로 삼아 그믐 바다에서 보물을 찾고 빈 하늘에서 보름달을 찾아 음양이 상합 한다.		
		제3법 /龍虎交媾			
		제2법 /水火聚散			
		제1법 /陰陽匹配			
연煉 신身 섭攝 기氣	인人 선仙 법法	축築 기基	제12법 /養心沐浴	제1법 수심정좌 중 ①盤坐 ②靜坐 ③收心靜坐에서 시작하여 제12법 양심목욕 중 ①有欲觀竅 ②無欲觀妙까지 33단락이 있다. 호흡을 통해서 천체 우주의 기氣를 인체 우주로 받아들이면 두 번째의 기炁가 되는데 이 기를 오장으로 보내고 또 기화시키면 정精을 생성하고 이것을 하전에 들어가게 한다. 수련을 통해 천지간의 정기精氣를 흡수해서 보존하는 것이 보루 과정이고 이렇게 체내의 부족한 정자를 보충해서 우리 본원으로 환원시키는 것이 환원 과정이다.		
			제11법 /聽息隨息		
			제10법 /凝神寂照		
		보補 루漏	제9법 /內觀反聽		
			제8법 /修無漏		
		환還 원原	제7법 /調眞息		
			제6법 /安神三步功		
			제5법 /調凡息		
			제4법 /收視反聽		
			제3법 /無視無聽		
			제2법 /調身		
			제1법 /收心靜坐		

後記

　도道는 우주 만물의 생성 이전부터 있었다. 도道 자체는 묘사할 수 없고 어떤 속성도 없는 추상적인 실체이지만, 사람들은 그것을 말할 때 전지전능 등 다양한 속성을 부여한다. 따라서 속성, 차별, 제약이 없는 도道는 말할 수 없는 도道라고 하는, 즉 직관만 하고 깨달음을 얻는 도道가 있다면, 이와는 달리 속성, 차별, 제약이 있는 도道를, 말할 수 있는 도道라고 하는 두 가지 도道가 생기게 된다. 나는 이 두 가지 중 전자를 도道 후자를 가도可道라고 보았다.

　상도常道는 절대적인 실재이며, 만물의 근원과 법칙이다. 비상도非常道는 사람의 주관화를 거친 可道로, 현상이나 경험의 일종이다. 도道의 도체道體는, 형이상形而上의 의미 실체이며, 도道는 결코 혼자 존재하는 것이 아니지만, 세상과 완전히 분리된 것이며, 가도可道는 시공時空 등 모든 것을 초월한 무한한 본체이다. 그것은 천지와 만물 사이에 태어나며, 모든 것을 포함하며, 모든 사물에 표현된다. 세상 사람들은 이 모든 도체道體 자체가 내포하고 있는 성질 속으로 들어가 도와 하나 되기 위해서 자기를 수양하며 도를 수련하는 근거이기도 하다.

　도道는 중국 고대 철학의 기본 천도天道, 인도人道, 지도地道 등을 포함하고 있다. 노자가 말하는 도道는 첫째, 우주의 본원本源이며, 세상은 출발

411

과 유래에 의해 만들어지는 기초이며, 둘째, 우주의 본질이나 세계가 그런 까닭, 즉 세계의 모습(세계의 구체적 현실성)의 결정할 수 있는 힘이고, 셋째, 세상이 형성되고 생산되고 발전하는 모든 역사, 즉 도가 자신을 근본으로 하고, 자신을 본질로 하는 자기생성, 자기발전, 자기표현, 자기완성의 모든 역사에 대한 기술記述이다.

도가 진화하는 만물을 생성하는 것은 우주론의 문제이고, 도가 만물의 존재를 결정하는 것은 바로 본체론本體論의 문제이다. 노자의 논술은 상당히 간결하지만 이미 이 두 가지 문제를 제기한 것이 중국 철학사에 기여한 공로다.

노자老子 철학의 핵심은, 도라는 것은 1. 우주 만물의 생성과 발전의 총 근원이고, 2. 자연 순리의 법칙이며, 3. 인류사회의 일종의 규칙이 있는, 법칙이다.

도덕道德이라고 하는 도道는 어떤 하나의 위에 있지만, 형이상(形而上)의 위에는 형이 없어서, 말로 표현할 수 없는 것, 이것이 도道이다.

덕德은 가도可道에서 파생된 만물의 모든 것의 존재가치와 법칙을 펼치고 이용하는 것을 말한 것이다.

금년에도 예년에 없었던 무더위가 찾아왔다. 이러한 기후변화는 자연의 순리를 역행했기 때문이다. 자연의 섭리를 알고 자연의 순리에 따라 자연에 순응할 수 있다면 자연위에 군림하여 자연을 초월할 수가 있다. 그러기 위해서는 자연을 바로 알아야 한다. 그것의 지름길은 도의 수련이다.

도의 수련은 머리나 지식이나 어떤 기원하는 것으로는 이루어지지 않는다. 의지를 가지고 도가 지향하는 무위자연無爲自然속으로 빠져들어 선천先天의 몸을 만들어야 한다.

412

본 서書가 도道를 수련하고자 하는 독자들에게 도움이 되었으면 하는 바람이다.

● 이승훈李昇勳 지음

1947년 영광靈光에서 출생.

중국 전진도 용문파 18대 장문 靈靈子(왕리핑) 문하에서 사사.

전통 도가 공법인 영보필법靈寶畢法 공부.

영축산靈鷲山 영지곡에서 수련

저서로《신용호비결》《신용호비결2》《신용호비결3》《도덕경》

e-mail : koko1289@nate.com

道·可道(도·가도)

초판 1쇄 발행 2022년 7월 26일

지은이 | 이승훈

펴낸이 | 이의성

펴낸곳 | 지혜의나무

등록번호 | 제1-2492호

주소 | 서울시 종로구 관훈동 198-16 남도빌딩 3층

전화 | (02)730-2211 팩스 | (02)730-2210

ⓒ이승훈

ISBN 979-11-85062-42-6 (03150)

* 잘못된 책은 바꾸어 드립니다.